지금, 역사란 무엇인가

지금,
역사란 무엇인가

새로운 시대가 과거에 던지는 질문들

헬렌 카, 수재너 립스컴 외 최파일 옮김

까치

옮긴이 최파일

서울대학교에서 언론정보학과 서양사학을 전공했다. 역사책 읽기 모임 '헤로도토스 클럽'에서 활동하고 있으며, 역사 분야를 중심으로 해외의 좋은 책들을 기획, 번역하고 있다. 축구와 셜록 홈스의 열렬한 팬이며, 제1차 세계대전 문학에도 큰 관심을 가지고 있다. 옮긴 책으로『글이 만든 세계』,『백년전쟁 1337-1453』,『마오의 대기근』,『내추럴 히스토리』,『제1차 세계대전』,『인류의 대항해』,『시계와 문명』,『왜 서양이 지배하는가』,『근대 전쟁의 탄생』,『스파르타쿠스 전쟁』,『트로이 전쟁』,『대포 범선 제국』,『십자가 초승달 동맹』, 버트런드 러셀의『자유의 조직』등이 있다.

편집, 교정_김미현(金美炫)

지금, 역사란 무엇인가 : 새로운 시대가 과거에 던지는 질문들

저자 / 헬렌 카, 수재너 립스컴 외
옮긴이 / 최파일
발행처 / 까치글방
발행인 / 박후영
주소 / 서울시 용산구 서빙고로 67, 파크타워 103동 1003호
전화 / 02 · 735 · 8998, 736 · 7768
팩시밀리 / 02 · 723 · 4591
홈페이지 / www.kachibooks.co.kr
전자우편 / kachibooks@gmail.com
등록번호 / 1-528
등록일 / 1977. 8. 5
초판 1쇄 발행일 / 2023. 3. 6
　　2쇄 발행일 / 2023. 5. 30
값 / 뒤표지에 쓰여 있음
ISBN 978-89-7291-794-6　93900

우리의 아이들에게

차례

머리말

역사는 확인된 사실들을 모아놓은 것이다. 역사가는 생선 장수의 좌판 위에 있는 생선처럼 문서나 비문碑文 등에 있는 사실들을 집어들 수 있다. 역사가는 그것들을 모은 다음 집에 가지고 가서 자기 마음에 드는 방법으로 그것들을 요리하여 내놓는다.

— E. H. 카,『역사란 무엇인가*What is History?*』(1961)

1961년 에드워드 핼릿 카는 케임브리지 대학교에서 "역사란 무엇인가" 라는 제목으로 연속 강연을 했다. 강연은 "생선 장수의 좌판 위에 있는 생선"처럼 사실들은 역사가가 차려내고 싶은 대로 차려지는 것이며 역사는 대체로 해석적이라는 점을 보여주는 취지로 진행되었다. 이러한 생각은 당시 큰 인기를 얻었고, 대단히 획기적이며 혁명적이었다. 따라서 "역사란 무엇인가"의 강연문은 책으로 출간되었고, 이후 수 세대에 걸쳐 역사학도와 역사가들에게 핵심 텍스트가 되었다. 카의 저작은 대단한 인기를 누려 2018년에 펭귄 클래식으로 재출간되었다. 나 역시 카의 핵심 텍스트로부터 영향을 받은 역사가이지만, 그가 내게 끼친 영향은 그보다 더 거슬러갈 것이다. E. H. 카가 나의 증조부이기 때문이다.

역사와 역사학에 대한 나의 기억들은 집안에서는 "교수the prof."라는 별명으로, 혹은 "테드"라는 애칭으로 통했던 E. H. 카의 유산으로 인해서 증폭되었다. 그는 내가 태어나기 6년 전에 세상을 떠났지만, 우리 집안에서 면면히 이어지고 있는 그의 기운은 나의 증조부이자 우리의 가장 위대하고 영향력 있는 역사가이자 사상가 중 한 명과의 가상의 대화를 유도하며 역사를 향한 지칠 줄 모르는 관심을 부추겼다. 나는 운 좋게도 그가 면밀하고 사려 깊게 창조한 저작이 역사의 당당한 무대에서 인정을 받는 것을 지켜볼 수 있었고, 그의 아들(이자 나의 할아버지인) 존과 더불어 그 책이 "후속 연구와 이 세상이 나아갈 길에 대한 미래의 이해를 자극하리라"는 희망을 공유하고 있다. 이 책에 모은 여러 목소리들은 『역사란 무엇인가』에서 영감을 받았으며, 세월에도 변하지 않는 카의 저작에 표하는 경의인 동시에, 역사에서 그리고 우리가 역사를 말할 때 밀려나거나 주변적으로 취급된다고 느끼는 사람들에게 건네는 올리브 가지이기도 하다. 『지금, 역사란 무엇인가』는 역사는 우리 모두의 것이라고 큰 목소리로 주장한다. 모든 역사들에 자리를 마련해줌으로써 우리는 바야흐로 훨씬 깊고도 폭넓은 과거를 이해할 수 있으리라.

2021년 3월 케임브리지에서

헬렌 카

서문

역사로 들어가는 여러 길들
헬렌 카와 수재너 립스컴

스코틀랜드의 메리 여왕은 1587년 2월 8일에 노샘프턴셔 포더링게이 성에서 참수되었다. 처형대에 뉘인 그녀의 머리는 서투르고 유혈 낭자한 몇 차례의 시도 끝에 몸뚱이에서 떨어져나왔다. 스코틀랜드 메리 여왕에 관한 이 섬뜩한 이야기는 나 헬렌이 네다섯 살 무렵 아버지와 함께 소풍을 나가서 포더링게이 성 유적을 배회했을 때부터 기억하는 최초의 역사적 사실이다. 이유는 나도 잘 모르겠지만, 그 역사적 사실은 나를 사로잡았다. 나는 참수가 거행된 정확한 위치를 알아내려고 아버지를 졸라서 포더링게이 성을 몇 번이고 다시 찾아갔던 것 같다 (참수 장소가 궁금한 분들을 위해서 말하자면 그레이트 홀 한가운데이다).

나는 어린 시절의 토요일을 대부분 이런 식으로 보냈다. 바로 이런 모험들—성, 저택, 교회, 성당, 기념물, 고대의 돌을 구경하러 가는 소풍—을 통해서 나는 과거에 매혹되었다. 나는 다른 곳에서도 역사를 열심히 찾았다. 가령 자연에서는 "수령이 가장 긴 나무는 나이가 몇

살일까?" "그 나무는 헨리 8세 시대에도 이 자리에 서 있었을까?" 생각했다. 영화의 경우, 아주 어려서 「브레이브하트Braveheart」를 보고서 마법과도 같은 영화라고 생각했다. 풍경과 신화 측면에서 나는 스톤헨지의 누이동생 격인 에이브버리 스톤스 근처에서 자랐다. 여기에서 나는 멀린에 관한 몽상에 빠져 엑스칼리버가 지금은 어디 있을지 궁금해했다.

이런 종류의 역사는 학교에서 배우는 역사보다 훨씬 더한 흥분을 불러일으켰다. 반면 학교에서 배우는 역사는 이상하게도 영 실망스러웠다. 교과서의 역사는 내가 생각하는 역사와 들어맞지 않았다. 나의 역사는 사실과 날짜들 이상이었다. 그것은 과거의 느낌, 신화, 마법, 우리가 알지 못하는 것이었다. 이 모든 것이 내가 역사 속으로 들어가는 길이었다.

입양된 탓인지 아니면 기억력이 나쁜 탓인지 어린 시절 나 수재너에게 전해내려온 역사들이란 전부 우리 집안의 한쪽에 관한 것뿐이었다. 부계 쪽 가계도를 따라가면, 우리 집안은 1668년 9월에 포츠머스 교구 교회에서 세례를 받았고 나중에 포츠머스 항구에서 익사한 리처드 립스컴으로 거슬러가는데, 그는 아마도 술에 취해서 부두에서 떨어져 사망한 듯하다(지난해 말에 립스컴 성씨의 먼 친척이 그의 초상화를 내게 보내왔다. 짧게 자른 머리에 흰 가발을 쓰고—그의 앞이마에서 원래 머리카락이 있던 선을 아주 희미하게 감지할 수 있다—매우 곱고 속이 비치는 한랭사[寒冷紗 : 엷은 면포/옮긴이]로 만들어진 크라바트 혹은 프릴이 달린 리넨 셔츠 위로 갈색 코트와 조끼를 맞춰서 수수하게 차려입은 그는 적당히 부유한 상인이었던 것처럼 보인다. 그러니까, 자신의 초상화를 의뢰할 만큼은 부자이지만 그렇다고 손을 그릴 줄 아는 화가를 기용할 만큼 부자는 아닌 사람 말이다). 나는 가장자리에 밀 이삭과 "J. T. Lipscomb A. D. 1851"이라는 머리글자가 돋을새김으로 새겨진 길이 잘 든 도마를 가지고 있는데, 틀림없이 리처드 립스컴의 손자 존 토머스 립스컴의 도마였을 것이다. 그다음으로는 여러 프레더릭들이 등장하는 계보가 있다. 여기에는 마흔여섯 살에 동료 성직자를 만나러 옆 동네로 갔다가 자전거를 타고 귀가하는 길에 불상사를 당한 프레더릭 벨 립스컴 목사가 있다. 지역 신문의 보도에 따르면, 당시 "술집 마구간에 매여 있던" 웬 망아지 한 마리가 느닷없이 길로 뛰쳐나와서 그와 부딪혔다고 한다. 프레더릭 벨은 길바닥에 내동댕이쳐졌고 의식을 회복하지 못했다. 유족으로는 아내와 다섯 자식이 있었다. 그 다섯 자식 중 한 명이 나의 증조부이다. 증조부는 영국 육군 의무 부대의 의사로서, 그 시대의 많은 사람들과 마찬가지로 인도에서 자신의 성공적인 경력 대부분을 밟아나갔다. 그는 벨젠의 강제 수용소가 해방되었을 때 그곳에 처음 들어간 의사들 중 한 명이었다. 그는 내가 태어나기 8년 전에 사망했으며, 나는 지금 그의 책상에서 이 글을 쓰고 있다.

이런 가족사는 성장 과정에서 왜 과거가 그렇게 매혹적으로 다가왔는지를 보여주는 한 가지 이유이다. 나는 한참 나중에야 집안의 족보를 거슬러가는 것이 어김없이 여자들의 흔적을 놓치게 된다는 의미임을 깨달았다. 가계도만 놓고 보자면, 사람들은 아들을 낳고 죽는다. 하지만 이 거의 손에 잡힐 듯한 친척들을 둘러싼 전설은 내게 묘하고, 말로 설명하기 힘든 전율을 안겨주었다. 그 가족사family histories는 과거를 멀게, 하지만 동시에 말 그대로 친숙하게familiar 느껴지게 만들었다. 이것이 내가 역사 속으로 들어가게 된 계기였다.

지금 이 순간 역사는 초미의 관심사이다. 그것은 방금 나온 따끈따끈한 뉴스의 초점, 열띤 논쟁의 주제이며—아니면 적어도 우리는 그렇다는 인상을 받으며—일각에서는 우리가 역사를 빼앗기고 있다는 우려를 표명한다. 하지만 우리는 역사에 얼마나 뜨거운 관심을 가지고 있고, 대체 그 역사란 실제로 무엇인가?

　2021년 3월 「데일리 텔레그래프*Daily Telegraph*」는 "'소비에트' 대학들이 역사를 허구화하고 있다"라는 제목의 기사를 실었다. 기사는 대학교육 차관 미셸 도넬란의 다음과 같은 발언을 보도했다. "이른바 교과 과정의 탈식민화는 사실상 역사를 검열하는 행위이다. 역사학도로서 나는 우리 역사를 안전하게 지키는 열렬한 수호자이자 옹호자이다. 우리 역사를 지키고 보호하지 않으면, 역사를 편집하기 시작하면, 우리가 역사의 오점이라고 보는 것들을 빼버리기 시작하면 역사는 허구가 된다……." 그녀의 말은 이어진다. "그곳에서 나오는 서사 대부분은 역사의 요소들을 제거하고 눈가림하는 행위, 그런 일은 일어나지 않은 척하는 행위이다. 그런 태도는 너무 순진해 빠졌으며 무책임에 가깝다." 도넬란은 그런 행태를 중국과 소련의 관행들에 비교했다.

역사에서 불편한 단편들을 제거해버린다는 발상은 그 자체로 매우 문제적이다. 대학들이 역사를 허구화하거나 검열하고 있을지도 모른다는 생각 역시 누구에게나 우려를 자아내기에 마땅하다. 하지만 이런 일이 지금 일어나고 있는가? "교과 과정의 탈식민화"는 인종, 제국, 노예제의 역사들을 고려하는 일을 동반한다. 그것은 제국주의적 태도를 영속화하지 않고, (보통은) 백인 식민 지배자들의 경험 너머의 역사적 경험들에 관심을 기울인다. 이 작업은 "역사"에 담긴 목소리들을 검열하기보다는 오히려 다각화하고, 역사의 단편들을 제거하기보다는 역사의 "오점들"을 검토한다. 프리얌바다 고팔이 말했듯이, 이 작업은 "역사의 '불쾌한' 단면들을 **되돌려놓는**" 일이다. 다시 말해, 교과 과정의 탈식민화란 도넬란의 생각과 거의 정반대의 작업을 의미한다. 하지만 도넬란의 발언에서 우리가 특별히 주목할 부분은 그녀가 "역사학도"이자 "우리 역사를 안전하게 지키기 위한 옹호자"로서 발언하고 있다고 극구 주장한다는 점이다. 이 지점에서 우리는 역사란 무엇인가를 두고 더 생각해볼 필요가 있다.

2020년대 초반 영국에서 역사란 무엇인지는 혼란스럽게 느껴진다. 2020년 6월, 노예 무역상 에드워드 콜스턴 동상이 브리스틀에서 끌어내려지고, 옥스퍼드 대학교 오리얼 칼리지 바깥에 있는 제국주의자

세실 로즈의 동상을 퇴출시키려는 운동이 다시금 세력을 규합하고 있을 때, 보리스 존슨 총리는 트위터에 "이제 와서 우리의 과거를 편집하거나 검열하려고 해서는 안 된다"라는 발언을 올렸다. 이는 같은 달에 문화부 장관 올리버 다우든이 런던 해크니에 있는 주거 박물관 Museum of the Home에 보낸 편지에서 보인 태도이기도 하다. 박물관은 근래에 노예 무역상 로버트 제프리의 이름을 딴 로버트 제프리 박물관에서 지금의 명칭으로 이름을 바꾼 상태였고, 입구 위쪽에 있는 제프리의 조각상을 다른 곳으로 옮기는 문제와 관련하여 공식 협의가 진행 중이었다. 다우든은 박물관 이사들에게 "우리가 [지금과] 다른 역사를 가지고 있는 것처럼 행세할 수는 없다"라고 경고했다. 2개월 뒤, 문화부 장관은 임페리얼 전쟁 박물관, 역사적 왕궁, 영국 박물관 같은 기관들에 "정부는 각종 동상들의 퇴출을 지지하지 않는다"라고 입장을 밝히는 공문을 보내서 다시금 개입했다(사실 이 글을 쓰는 지금 정부는 조각상이나 기념물을 훼손하면 최대 10년의 금고형, 다시 말해 강간죄 최소 형량의 2배에 달하는 형벌을 내릴 수 있는 법안을 통과시키려고 하고 있다). 그는 역사적 환경에서 "논란이 많고 까다로운 부분들을 제거하는 일에는 집단적 과거에 대한 우리의 이해를 저해할 위험이 있다"라고 경고했다. 총리와 문화부 장관 두 사람 모두, 2016년 로즈는 퇴출되어야 한다Rhodes Must Fall 운동이 제기한 항의들에 대해 "일단 그런 규모로 역사를 다시 쓰기 시작하면 기념 조각상이나 역사적 건물은 하나도 남지 않게 될 것이다.……과거는 과거이다. 우리는 역사를 다시 쓸 수 없다"라고 발언한 미술사가이자 빅토리아 앤드 앨버트 박물관의 전 관장인 로이 스트롱 경의 견해에 맞장구를 치고 있었다.

역사 다시 쓰기에 관한 우려는, 2020년 9월에 내셔널 트러스트가 대서양 노예 무역과의 연결고리를 비롯해 트러스트 소유의 건축물 및 부동산과 식민주의와의 연관성에 관한 보고서를 펴냈다는 뉴스에 찰스 무어가 반응했을 때 그의 생각 전면을 차지하고 있었던 듯하다. 「스펙테이터_Spectator_」에서 무어는 그 보고서를 "수치스러운 선언서"라고 불렀다. 그는 과거 행위의 수치스러움을 언급하기보다는 과거에 대한 이러한 비판적 문서가 영국인들로 하여금 수치심을 느끼게 할 것이라고 걱정했다. 과거에 대한 비판적 검토가 현재를 얼룩지게 할 것이라는 생각이었다. 하지만 사실은 정반대이다. 우리가 얼룩진 과거를 무비판적으로 바라보기를 고집할 때, 우리는 계속해서 현재를 더럽힌다.

도넬란, 존슨, 다우든, 스트롱, 무어는 노예 무역상과 식민 지배자의 조각상들을 퇴출시키고 대학에서 가르치거나 문화유산에서 드러나는 역사를 재고하는 일이 역사 "다시 쓰기"와 같다고 생각한다. 『1066년과 기타 등등_1066 and All That_』의 표현을 빌리자면, 그들은 이것이 "나쁜 일"―일종의 과거 말소라고 여긴다. 하지만 이것은 틀림없이 거울을 들여다보는 일이다. 다른 인간들의 노예화, 압제, 식민화를 공식 허용하고 그로부터 이득을 본 사람들을 기리는 일을 그만 끝내고, 식민화되고, 억압받고 노예가 된 사람들의 이야기에 주의를 기울이고자 하는 태도는 과거를 지우는 일의 안티테제 그 자체이다. 그것은 특정 사람들을 영웅시하고 다른 이들은 지우는 검열된 버전의 역사를 수용하기를 거부하는 일이다. 이 책에서 샬럿 리디아 라일리가 유려하게 논증하듯, 역사 다시 쓰기란 역사가가 하는 일과 언제나 해온 일에 대한 정의이다(옥스퍼드 대학교 현대사 석좌교수인 로버트 길디는 "역사는 다시 쓸 수 없다"라고 말하는 사람들은 그저 "우리가 이미 쓴 역사를 너희가 다시 쓰면 안 된다"라고 말할 뿐이라고 공박한다). 역사는 물론 특정한 정치적 서사를 내세우거나 역사의 특정 부분들을 말소하기 위해서 다시 쓰일 수도 있다—하지만 그것은 우리의 시선이 지금까지는 감춰져온 역사의 불편한 편린들을 향하도록 다시 쓰일 수도 있다. 후자의 형태일 경우 역사 다시 쓰기란 새로운 증거나 새로운 시각에 직면하여 현명하게 자신의 사고를 바꾸는 행위와 동일하다. 그리고 사실, 역사 다시 쓰기의 더 해로운 사례들을 찾고자 한다면 우리는 더 멀리까지 갈 것도 없이 다수의 조각상 건립 사례만 살펴봐도 충분하다. 노예 무역상들, 그리고 남북 전쟁이 끝나고 한참 뒤와 짐 크로 인종 분리법 시대에 세워진 남부 연합 지도자들의 기념비에 관해서 역사가 줄리언 헤이터는 그 기념 조각상들이 "하나의 이야기를 전달하기 위한 것"이었다고 말한다. "그것들은 역사를 다시 쓰기 위해서, 본질적으로 인종 분리와 아파르트헤이트의 대두를 정당화하기 위해서 고안되었다." 반대로 그는 그 조각상들을 무너트리는 일은 이 다시 쓰기를 수정하는 하나의 방식, 말하자면 다시 쓰기를 다시 쓰는 방식

이라고 본다. 다시 말해 이 책의 저자 중 한 명인 알렉스 폰 턴즐만이
『무너진 우상*Fallen Idols*』에서 주장한 대로

조각상들은……사실 역사에 관한 것이 전혀 아니라, 역사에서 우리 자
신이 비춰지는 모습을 바라보는 방식에 관한 것이다. 긍지 대 수치, 선
대 악, 영웅 대 악당. 조각상들은 역사에 대한 기록이 아니라 역사적 기
억에 대한 기록이다. 조각상들은 우리가 무슨 생각을 해야 하는지에 관
해 특정 시점의 누군가가 생각한 것을 보여준다.

역사에 대한 우리의 기억과 과거에 관해서 우리가 인정하기로 선택
한 사항은 중요하다. 로이 스트롱 경에게는 죄송한 말이지만, 윌리엄
포크너를 인용하자면, 과거는 과거가 아니기 때문이다. 역사에 관해
우리가 어떤 이야기들을 들려주는지, 누구를 기리는지, 그리고 그것
들이 구현하는 관념과 가치들이 무엇인지가 오늘날 우리가 사는 세
계를 규정한다.

이 논쟁 전체는 지금 역사란 무엇인지, 그리고 그것을 쓰고, 다시 쓴
다는 것이 무슨 의미인지 우리가 오랫동안 골똘히 생각할 필요가 있
다는 사실을 분명하게 보여준다. 그리고 그 작업을 어떻게 할지 고민
하는 과정에서 우리는 역사 자체로부터, 다시 말해 60년 전 E. H. 카의
글로부터 약간의 길라잡이를 얻을 수 있다.

『역사란 무엇인가』의 핵심 아이디어는 카가 아직 케임브리지 대학교에서 고전을 전공하던 학생에 불과했을 당시에 떠올랐다. 카는 기원전 5세기 페르시아 전쟁에 대한 헤로도토스의 서술이 그가 글을 쓰고 있을 때에 한창 진행 중이던 펠로폰네소스 전쟁(기원전 431년)에 대한 그의 태도를 통해서 형성되었음을 깨달았다. 카는 이것을 "매혹적인 계시"라고 불렀고, "그 깨달음이 역사란 대체 무엇인가를 처음으로 이해할 수 있게 해주었다"고 말했다. 카에게 헤로도토스는 역사가들이 객관적 사실에 의지하는 것이 아니라 그 사실들에 대한 자신들의 경험에 기댄다는 점을 입증했다. "기원전 5세기 그리스에 대한 우리의 그림은 너무도 많은 단편들이 소실되었기 때문이 아니라 그것이 대체로 아테네 시의 극소수의 사람들에 의해 구성되었기 때문에 결함이 있다." 이러한 논지가 『역사란 무엇인가』의 뼈대를 구성했다.

그러나 역사가가 주관적일 수밖에 없다는 사실의 수용이 역사를 연구하는 구체적인 방식은 아니었다. 19세기 역사가들은 자신들이 마치 올림포스의 신들인 것처럼 과거에 접근했다. 그들은 자신들이 객관적 역사를, 역사적 사실로 받아들여진 사건들에 대한 냉정하고 단선적인 타임라인을 서술할 수 있다고 믿었다. 1830년대에 역사학자 레오폴트 폰 랑케에 의해 유명해진 대로 말이다. 랑케는 "단지 실제로 어떠했는가를 보여주고자" 했다. 카에 따르면 이런 접근법은 "얼토당토않은 오류"였다. 카는 우리가 과거에 대한 주관적 이해를 진술할 수 있는 반면, 우리에게 제시된 사실들로부터 과거가 정확히 어떠했는지는 도저히 알 수 없다고 설명했다.

"역사적 사실이란 무엇인가? 이것은 우리가 좀더 꼼꼼히 생각해보아야만 하는 중요한 질문이다." 그리하여 카는 "사실"을 연구하는 역사가들에 의해서 그것이 어떻게 준비되고 제시되는지를 분석함으로써 사실에 대한 심문을 시작한다. 이 과정에서 그는 사실들을 두 가지 범주로 나눈다. 하나는 과거의 사실들이고, 다른 하나는 현재의 사실들이다. 과거의 사실은, 이를테면 "헤이스팅스 전투는 1066년에 벌어졌다"처럼 반박의 여지가 없지만 기초적이다. 현재의 사실이란 역사가가 사실이라고 선택한 사실이다. 이 책에서 자주 되풀이될 비유에서 카는 다음과 같이 썼다. "대체로 역사가는 자신이 원하는 종류의 사실들을 얻게 될 것이다. 역사는 해석을 의미한다." 예나 지금이나 진실은 사실들을 전달하는 사람들에게 유리하도록 사실들이 바뀌거나 조작될 수 있다는 점이다. "대안 사실"은 새로운 현상이 아니다. 카 생전에 스탈린 정권과 영국 정부는 문서를 파괴하고 증거를 조작하고 역사를 왜곡했다. 고의였든 고의가 아니었든, 카는 『역사란 무엇인가』에서 이러한 사실의 오용과 잘못된 전달 역시 살펴본다. 그는 모든 역사학도들에게 무엇보다도 잘 분간할 것을 촉구한다.

그렇다고 해서 카가 언제나 주관성의 깃발을 흔든 것은 아니다. 1950년대 초반 냉전기에 전 세계의 정치적 기후는 특히나 당파적이어서, "합리적인 자유주의적 세계관"을 추구하면서 객관성을 끌어안도록 그를 압박했다. 자유주의를 나름대로 수용하려는 카의 시도는 냉전기에는 설 자리가 없었고, "편을 정하지" 않으려는 입장 때문에 그는 스탈린의 변호자라는 비난을 받았다. 조지 오웰에 따르면 카는 소련의 성공들을 칭찬하면서 소비에트에 동조적인 시각을 견지했다. 스탈린이 대대적인 만행을 저지르기 전인 1929년에 카가 자신의 『소련사History of Soviet Russia』 저술을 마무리하기로 결정한 것도 의혹과 비판을 야기했다. 심지어 카의 전기 작가인 조너선 해슬럼은 "역사란 무엇인가" 강연이 실제보다 10년 전에 이루어졌다면 매우 달랐으리라고 믿는다. 세계가 더는 엄청난 핵무기 불안에 시달리는 처지가 아니었으므로 카는 더는 자유주의를 보호해야 할 필요성을 느끼지 않았고, 해슬럼에 따르면 "그것을 자유롭게 공격해도 좋다고 느꼈고 그래서 의욕적으로 그렇게 했다."

1950년대 카의 정치적 논쟁들에도 불구하고 『역사란 무엇인가』는 10년 뒤의 그의 정치적 견해를 반영하지 않는다. 따라서 『역사란 무엇인가』는 이 책에서 줄곧 그러하듯 그 책 본연의 가치에 따라서 평가받아야 한다. 역사는 끊임없는 심문과 재해석이 필요한 과정이라고 카는 말했다. "역사가와 그 [또는 그녀의] 사실들 간에 끊임없는 상호 작용 과정"이 있기 때문이다. 이 책은 그 과정을 이어간다.

이 책은 『역사란 무엇인가』를 다시 돌아보는 첫 시도가 아니다. 1985년에 역사 잡지 「히스토리 투데이History Today」는 다양한 분야의 역사와 그 분야들을 연구하고 조사하고 글을 쓰는 데 따르는 문제들에 관해서 저명한 역사가들의 글을 연재했다. 이 글들은 줄리엣 가드너의 편집을 거쳐 『오늘날 역사란 무엇인가*What is History Today?*』라는 제목의 선집으로 맥밀런 출판사에서 출간되었다. 각 장에는 "군사사란 무엇인가?", "과학사란 무엇인가?", "제3세계 역사란 무엇인가?", "외교사란 무엇인가?" 같은 제목이 붙었다. 각 주제마다 4–5명의 역사가들이 짤막한 답변을 내놓았다. 편집자와 "여성사란 무엇인가?" 장에 기고한 5명을 제외하면, 63명의 남자 역사가들에 비해 여성 역사가는 딱 1명이었다. 비백인 기고자 역시 단 1명이었다.

2002년에 데이비드 캐너다인은 『굿바이 E. H. 카*What is History Now?*』를 내놓았다. 그 책에서는 10명의 쟁쟁한 학계 역사가들(리처드 J. 에번스, 린다 콜리, 펠리페 페르난데스–아르메스토, 이 책에도 글을 실은 미리 루빈 등등)이 다음과 같은 형식의 질문에 대답했다. "오늘날 사회사란 무엇인가?", "오늘날 정치사란 무엇인가?", "오늘날 지성사란 무엇인가?" 서평들은 이 책을 "오늘날 역사를 공부하는 학생이라면 반드시 읽어야 할 책"이자 "대학원생과 학자들에게 더 없이 귀중한 책"이라고 설명했고, 실제로 이 책이 겨냥한 독자층 역시 그 사람들이었다. 하지만 우리는 그 대화가 학계보다 더 크다고 생각한다. 그 질문은 우리같이 역사를 공부하는 사치를 누리는 사람들에게 국한되지 않는다. 거기에는 걸려 있는 것들이 너무 많다.

『역사란 무엇인가』가 출간되고 60년이 흐른 지금, 과거를 어떻게 탐구하고 조사해야 하는지에 관한 E. H. 카의 질문들은 여전히 유효하다. 60년이 흐른 지금, 과거에 대한 우리의 이해를 재조사하고 재검토하고 재해석하는 일은 시의적절할뿐더러 중대하다. 그 과거는 선택된 극소수의 과거가 아니라 다수의 과거이며, 우리는 입증하고 공유하고자—온 세상을 향해 외치고자—한다. 역사란 우리 모두에게 속한다는 것을.

필자 두 사람의 집에는 저마다 "왕 자ruler of rulers"가 있다. 기원후 43년부터 1952년까지 영국의 역대 국왕들의 이름이 새겨진 30센티미터 자로, 역사 애호가에게 선물로 사주기 딱 좋은 기념품이다. 하지만 사실 그 자는 "영국의British"를 "잉글랜드의English"로 치환한다. 그 자는 스코틀랜드 국왕 목록은 제공하지 않으며, 이론異論이 존재하는 마틸다 여왕과 제인 여왕도 누락했다. 이 자는, 하나의 학문 분야로서 역사학이 경험적이고, 객관적이고, 역사적인 사실들에 대한 직선적이고 포괄적인 목록에 우리가 접근할 수 있도록 해주는 듯 보여주는 좋은 사례이다. 하지만 사실 과거는 훨씬 배배 꼬여 있고, 논쟁의 여지가 많으며, 혼란스럽다. 이 책에 실린 글들이 보여주듯이 이제 우리는 역사 서술이 언제나 선별과 해석을 수반할뿐더러, 역사가들이 사실들을 끌어낼 수 있는 문서고의 자료들 역시 선별의 결과물임을 안다. 우리가 가지고 있는 증거는 부분적이며, 문서고에는 그 나름대로 침묵과 삭제가 존재한다. 2017년 BBC「리스 강연Reith Lectures」에서 힐러리 맨틀 경이 설명한 대로,

역사는 과거가 아니다. 역사는 과거에 대한 우리의 무지를 조직하는 과정에서 진화시켜온 체계적인 방법이다. 그것은 기록으로 남아 있는 것들에 대한 기록이다.……수 세기가 체를 통과하는 동안 체에 남아 있는 것이다…….

그러나 시간이 과거의 사람들을 아주 고운 먼지로 갈아버려서 우리가 역사의 체에서 아무것도 걸러낼 수 없다면 어떻게 될까? 문서고에 도달하지 못한 사연들을 지닌 사람들의 역사를 쓰려는 시도는 역사가들에게 거대한 도전 과제를 내놓는다. 우리는 침묵에 관해서 어떻게 쓸 수 있을까?

문서고 내 침묵들의 문제는, 역사가 현재에 구성될 뿐 아니라 역사에 대한 우리의 이해가 우리가 살아가는 현재를 구성한다는 점을 인식할 때에 특히나 초미의 문제이다. 우리는 과거의 유산들과 더불어 살아간다. 카는 역사가 "현재와 과거 사이의 끊임없는 대화"라고 인식했다. 인종주의와 성차별주의의 역사는 문서고에 남아 있는 것들과 그것들이 들려줄 수 있는 이야기를 결정한다. 문서고는 과거 권력의 성격을 증언하며, 오늘날의 권력 분배가 과거보다 더 공평하기를 원한다면 특정 사람들이 역사에서 배제되어온 과정을 이해할 필요가 있다. 그들의 이야기를 들려주고자 하는 일은 잘못을 바로잡는 길이다. 이는 죽은 자들을 위해서가 아니다. 그들은 여전히 죽은 자이다. 그 대신 이는 산 자들을 위한 길이다. 구식의 고고한 역사관에 따르면 과거에 던지는 질문들을 현재의 여러 현실들에 입각하여 결정하는 일은 시대착오와 당파성을 초래할 위험이 있을 것이다. 하지만 카는 우리가 의식적으로든 무의식적으로든 항상 현재의 관점에서 질문을 던진다는 사실을 보여주었다. 이 책에 글을 쓴 사람들 중 일부는 여성의 역사, 흑인과 원주민의 역사, 장애인의 역사, 퀴어의 역사를 연구한다. 지금 우리가 그런 사람들이 중요하다고 생각하기 때문이다.

역사로 들어가는 데에는 많은 길이 존재하며, 어떤 것이 옳거나 그르지도 않고 더 좋거나 나쁘지도 않다.

  어떤 사람들은 소설을 읽고, 머리칼을 흩날리는 섹시한 남자들과 곤경에 처한 숙녀들을 상상함으로써 역사를 즐긴다. 실제로 이런 로맨틱한 테마는 멋진 픽션들에 의해서 면면히 이어져왔고, 픽션은 역사를 향유하는 중요한 일부분이다. 힐러리 맨틀의 『울프 홀*Wolf Hall*』은 과거의 이야기를 전달하는 데에 허구가 가진 힘을 입증한다. "자유!" 대청大靑 물감으로 뒤덮인 멜 깁슨의 입에서 나오는 그 간단한 말은 13세기 후반 스코틀랜드의 독립을 위한 싸움을 즉각적으로 연상시키는 누구나 아는 말이다. 「브레이브하트」에는 시대착오가 넘쳐나기는 하지만, 한편으로 이 영화는 열정적이고 흥미진진하기도 하다. 누군가에게는 그것이 역사로 접근하는 통로이다. 「글래디에이터Gladiator」를 보거나 콜로세움을 방문하는 것도 에드워드 기번의 6권짜리 『로마 제국 쇠망사*The History of the Decline and Fall of the Roman Empire*』를 읽는 것만큼이나 고대사에 입문하는 타당한 길이다. 만약 영화나 콜로세움으로 역사에 대한 호기심이 유발된다면, 그것이 실제로 『로마 제국 쇠망사』로 이어질 수도 있다. 하지만 어떤 사람들은 역사란 모두에게 맞지는 않거나 어쨌든 자신들에게는 맞지 않는다고 느낀다. 그들은 역사가 "따분하거나" "그 많은 연대들을 통 모르겠다"고 생각한다. 이런 태도는 충분히 이해할 만하다. 많은 사람들이 역사에 입문하는 길이 이런 "자 역사"라고 생각한다. 마치 역사란 언제나 근엄하고, 직선적이고, 어렵고, 학구적이어야 한다는 듯이 말이다. 이런 역사에는 하나의 피부색, 하나의 젠더뿐이다. 이 책은 그 정반대를 입증하고자 한다. 역사란 유연하고, 가변적이고, 다채로우며, 비편향적일 수 있다는 사실을. 다시 말해 역사란 무엇보다도 해석이라는 사실을. 이 책에 다중적인 목소리들이 담긴 것은 그래서이다. 죽기 직전에 카는 『역사란 무엇인가』 제2판을 준비하고 있었다. 제2판에서 그는 역사 연구가 "낙관적인……어쨌든 미래에 대한 보다 건전하고 보다 균형 잡힌 전망"을 이끌어낼 수 있기를 바랐다. 이 책은 집단적인 관점을 제시함으로써 균형 잡힌 전망을 제공하고자 한다. 우리는 의도적으로 광범위하고 다양한 목소리를 담았다. 학계와 학계 바깥의 목소리, 상이한 경력 단계를 지나는 사람들, 학계를 대표하는 연구자들과 새로운 목소리들이 다양한 형식으로 역사를 논의하도록 말이다.

이 책은 누구의 역사가 어떻게 기념되어야 하는가에 관한 근래의 논쟁들에 자극을 받고 불편해진 모두를 위한 책이다. 지금까지 들어온 이야기들에 소외감을 느껴온, 그리고 그와 똑같이 역사에서 누락되어온 이야기들에 매력을 느끼는 모두를 위한 책이며, 과거에 관해서 스스로 공부하고 싶은 모두를 위한 책이다.

지난 60년 사이에 역사를 향한 대중의 관심이 급증했다. 영화, 텔레비전, 소설 그리고 미디어를 통해서 역사는 대중화되었고 오락으로 소비되어왔다. 지난 몇 년 사이에 역사는 인쇄 매체, 팟캐스트, 토크쇼, 뉴스 헤드라인, 각종 프로그램, 개인적 대화를 지배해왔다. 사람들은 묻는다. 역사는 지워질 수 있는가? 우리는 역사를 어떻게 이야기해야 하는가? 수백 년—심지어 수천 년—전에 살았던 사람들에게 우리의 가치 체계를 적용할 수 있는가? 이런 보편적인 질문들에 대답하고, 전 세계에 지각 변동을 가져온 거대한 코로나19 사태를 맞아 우리는 지금이 그 "대화"로, 그리고 E. H. 카의 질문으로 되돌아갈 때라고 믿는다. 지금, 역사란 무엇인가?

이 책에 실린 글들은 사람들이 과거에 접근하는 방식, 이를테면 영화나 문학, 가족사를 통해서 접근하는 방식을 탐구한다. 기고자들은 역사 연구의 다양한 접근법(종교, 인종주의, 환경, 감정의 역사와 과거의 신화 등)과 역사를 이야기하는 상이한 방식(예를 들면 서사적 방식, 몰입적 방식, 과거의 "물건들"을 매개로 한 방식)을 검토한다. 그들은 1961년에는 주류 서사의 일부가 아니었던 주변화된 역사들을 다룬다. 여성사, 흑인사, 퀴어 역사들, 장애인사, 원주민의 역사들을 다루며, 오늘날 우리가 제국의 역사를 어떻게 쓸 수 있을지, 우리의 역사들이 왜 지구적이어야 하는지, 그리고 그 점이 왜 아시아에 특별히 주목해야 함을 의미하는지 같은 문제들을 비롯해서 역사 수정revision이나 역사 "다시 쓰기" 문제를 고려한다.

이 책은 하나의 입문 경로를 제시하기 위해서 기획되었다. 그리고 역사란 모두를 위한 것임을 입증하고, 역사를 향유하고 해석할 수 있는 다양한 길들로 진입하고 공유하도록 당신을, 독자를 초대하고자 한다. 『지금, 역사란 무엇인가』는 과거를 어떻게 바라보아야 하는지, 현재를 어떻게 생각해야 하는지, 그리고 미래에 어떻게 행동해야 하는지 질문하는 모두를 위한 책이다.

01

지구사는 왜 중요한가?

피터 프랭코판

역사가들은 "지구사"가 무엇을 의미하는지를 두고 서로 생각이 다르다. 어떤 사람들에게 지구사란 일반적으로 과거를 살펴보는 데에 이용하는 지리학적 렌즈를 넓히는 일을 의미한다. 학교와 대학에서 역사 공부는 전통적으로 그리스와 로마 시대에서 시작하여 재빨리 중세로 넘어갔다가 튜더 시대, 잉글랜드 내전, 프랑스 혁명, 나폴레옹 전쟁을 거쳐 제1, 2차 세계대전에 도달한다. 그러나 근래에는 유럽이 아닌 세계 다른 지역들과, 수 세기에 걸친 유럽의 식민화의 영향을 받지 않은 지역들을 생각하고자 하는 환영할 만한 기획 덕분에 이런 관행이 바뀌기 시작했다.

그런 의미에서 "지구사"란 역사학 연구의 주류—그동안 주류 연구의 초점은 과도하게 "서양" 역사에 맞춰져왔다—에서 너무 오랫동안 무시되어온 세계의 여러 지역들에 관해서 역사가들이 생각하고 글을 쓸 수 있는 텅 빈 캔버스 같다고 할 수 있다. 가령 태평양 지역 부족의 역사나 1492년 이전(이나 이후) 아메리카 대륙 원주민 문화들의 역사, 식민지화 이전 아프리카 역사를 살펴보는 작업은 이런 넓은 정의에 들어맞는다. 이는 예전에 역사가들이 홀대해온 지역들과 주제들을 열어젖히며, 과거에 관한 더 드넓고 더 흥미진진한 전체적 시야를 형성하는 데에 개별적으로, 또 총체적으로 중요하다.

일례로 15세기와 16세기를 연구하는 대다수의 역사가들은 튜더 왕정과 프로테스탄트 개혁, 유럽을 변화시킨 새로운 정치사상을 다룬 글을 쓰는 반면, 같은 시기에 아프리카 역사상 가장 큰 국가들 중 하나였던 송가이 제국에 관해서는 논문은 고사하고 생각조차 해본 적이 거의 없다. 마찬가지로 18세기 유럽의 사회 변화, 계몽주의, 식민주의나 산업 혁명의 기원과 그것이 몰고 온 충격파에 관해서는 많은 관심을 기울이지만, 여타 지역의 제국들에서 무슨 일이 일어났는지에 관해서는, 이를테면 시암 왕국을 멸망시키고 아유타야가 약탈을 당하게 만든 버마 세력과 타이 세력 간의 군사적 대결, 다시 말해서 동남아시아 역사상 가장 파괴적인 순간 가운데 하나에 관해서는 거의 아무도 쓰지 않는다.

한편으로 다른 역사가들은 "지구사"를, 더 포괄적일뿐더러 더 균형 잡히고 유익한 관점을 열어줌으로써 현대 연구에 의해 잘 다루어질 수 있고 때로는 익히 잘 다루어진 사건, 일화, 시대들에 더 큰 지구적 결texture과 맥락을 제공하는 수단으로 생각한다. 가령 중세―애초에 유럽을 연구하는 사람들에게나 의미가 있지, 다른 지역들에는 별로

피터 프랭코판

혹은 전혀 의미가 없는 용어—를 다루는 역사가들 가운데 14세기 초 유럽 군주들의 외교적 접촉과 더불어 에티오피아 황제 베뎀 아라드와 교황 사이에 일어난 외교적 접촉에 관해서 논의하거나, 이집트의 맘루크 세력에 맞서서 몽골 조정과 잉글랜드 국왕이 동맹 제의를 했다는 점에 관해서 논평하는 이는 거의 없다. 하지만 당시 양자 간 교섭 과정에서는 오늘날의 중국 서부에서 기독교 주교가 파견되어 에드워드 1세를 알현했을 뿐만 아니라 그와 함께 미사도 드렸다.

마찬가지로 1776년 미국의 "독립선언서Declaration of Independence"와 1789년 바스티유 감옥 함락을 아우르는 혁명의 시대 이야기는 노예들이 권력을 잡고 식민지 주인들에게서 섬을 해방시킨 아이티를 흔히 간과한다. 제1차 세계대전에 관한 서술들은 유럽의 서부 전선에서 복무한 14만 명의 중국인(거의 전적으로 남성)들을 거의 어김없이 언급하지 않으며(제1차 세계대전 당시 복무한 중국인들의 공식 명칭은 중국 노동단Chinese Labor Corps이며, 군대 노무반에서 일하는 노동자들이었다/옮긴이), 아프리카와 중동에서 발생한 무력 충돌의 의미나, 전후 처리가 남아시아와 동아시아에 가져온 극적인 변화를 설명하지도 않는다. 제2차 세계대전 동안에도 적잖은 인구가 수행한 역할들이 기록되지 않거나 논의되지 않은 채 간과되어 우리가 과거를 생각하는 방식을 왜곡하고 있다. 한 예로 영국군과 거의 같은 수의 카자흐 병사들이 독일군에 맞서 싸우다 죽었지만, 전시에 죽은 카자흐 민간인의 수는 영국의 민간인 희생자 수보다 5배나 많다. 영국인의 관점에서 볼 때 이러한 사실은 예나 지금이나 역사의 각주에 불과하다. 그러나 카자흐인들에게는 당시나 지금이나 절대로 각주에 머물지 않는다.

그렇지만 또 어떤 역사가들은 "지구사"가 아무도 손대지 않은 빈칸을 채우는 데에 그치기보다는 짜임새가 더 필요하고 또 요구받는다고 생각한다. 이런 의미에서 지구사란 지구적 이야기를 들려주는 일, 서사들을 연결시키는 일이다. 지구사는 독자적인 주제들이라는 서로 독립적인 지하 격납고들을 신설하는 데에 그쳐서는 안 된다. 그보다는 사람들과 지역들, 심지어 대륙들을 하나로 연결하는 접점들을 찾아내고 부각시키고 보여줌으로써 무수한 점들을 연결시키는 일이 목적이 되어야 한다.

이것은 상품, 기술, 종교, 언어, 심지어 예술의 전파를 그리는 데에 차용과 연속성이 중요함을 보여주는 하나의 이야기를 제시할 것이다. 그것들이 폭력과 정복을 통해서 전파되든 수용과 평화적인 경쟁, 발전을 통해서 전파되든 말이다. 실크로드나, 태평양과 인도양을 홍해, 페르시아 만, 지중해와 이어주는 네트워크들 혹은 남태평양이나 카리브 해를 따라 있는 중앙아메리카와 미국 남서부 같은 지대들은 국지적, 지역적, 대륙 간 관계들의 영향이나 문화적 연계들의 발달, 신격神格을 둘러싼 변화하는 관념들과 더불어 운송, 기간 시설, 세금, 과세 같은 물류적 쟁점들에 초점을 맞춤으로써 각종 연결성들이 국지적인 층위에서 실제로 어떻게 작동하는지를 생각하는 데에 도움이 될 수 있다.

이러한 접근법은 사회들이 서로 간에 어떻게 차용하고 배우는지를 설명하는 데에 일조하고, 수백 년 전이나 심지어 수천 년 전에 살았던 사람들이 우리가 이따금 생각하는 것보다 더 "지구화된" 세계에서 서로를 어떻게 알고 있었는지를 보여줌으로써 과거에 대한 편협한 생각들을 교정한다. 스코틀랜드 최북단에서 발견된 거의 2,000년 전의 북아프리카산 도기, 또는 플리머스 앞바다에서 발굴된 1,500년 전 동지중해에서 포도주를 담고 온 암포라(Amphora : 주로 흙으로 빚어 만든 고대의 용기/옮긴이), 잉글랜드 중부에서 출토된 아랍어 각문刻文이 새겨진 중앙아시아산 주화는 복잡하고, 집약적이고, 연결된 세계를 말해준다. 이런 세계 앞에서 우리는 과거를 생각할 때의 지평을 넓힐 필요가 있다.

물론 단 하나의 관념이나 산물, 식품을 들여다보고 그것들이 일으킨 파장을 보여줌으로써 연결성들을 분해하는 작업도 가능하다. 실제로 초자연적 믿음들에 관한 개념이 어떻게 발전하여 남아시아에서 멀리 북유럽까지 퍼져나갔는지를 보여주거나, 면화나 감자, 바나나가 새로운 지역과 사람들에게 도입되었을 때에 일어난 사회적, 정치적 변화와 심지어 기대 여명에 미친 영향을 보여주는 뛰어난 역사책들이 근래에 여러 권 출간되었다.

물론 지구사가 상업적 교환의 프리즘을 통해서만 이야기될 필요는 없다. 오늘날 지구사 분야에서 수행되고 있는 가장 흥미진진한 작업의 일부는 유전학과 언어학에 관한 것이며, 기후 변화와 질병, 특히 유행병과 팬데믹에 관한 요즘의 관심은 지금 세대는 물론이고 이전 세대들도 쉽게 알아볼 수 있었던 문제들에 더 많은 주의를 환기시키고 있다.

그러나 어떤 역사가들은 "지구사"라는 꼬리표가 지나치게 단순하고 심지어 오해를 낳는다며 지구사라는 관념 자체를 그다지 좋아하지 않는다. 이러한 시각은 이 용어가, "지구적global"과 "지구화된 globalised" 등의 말들이 오늘날과 같은 의미를 지니지 않았던 과거에 생각한 지구적이고 지구화된다는 것이란 무엇인지에 관해서 일정한 관념들을 함축하고 있다고 본다. 이런 비판을 반박하거나 역사와 관련하여 그런 비판과 맞닿아 있는 "시대 구분periodisation" 문제를 따지고 들기는 쉽지 않다. "고대", "중세", "근대 초기" 같은 용어들은 서양을 연구하는 역사가들에게도 전적으로 문제가 없지는 않다. 하지만 그 용어들은 세계의 나머지 광대한 지역들에는 아예 의미가 없다. 게다가 역사가들은 한 시대만 전공하는 경향이 있어서, 더 넓은 지역들로 시선을 던질 수 있고 또 기꺼이 던지고자 하는 역사가들조차 "지구사"에 관한 작업을 하는 동안 지리적 경계들은 무너트릴지언정 시간적 경계들은 그대로 놔둠으로써 문제를 해소하는 만큼 다른 문제들을 야기하기도 한다.

혹자들은 지구사가 너무도 자주 "톱 다운top-down" 방식으로 흐를 수 있다고, 다시 말해서 사회의 더 풍성한 단면들을 고려하고 더 전문화된 분야들에서 작업하는 이들에게 친숙한 방법론을 이용하기보다는 통치자들과 궁정, 고위 관리들, 그리고 엘리트 문화와 외교 관계만

피터 프랭코판

살펴본다고 걱정하기도 한다. 많은 역사가들에게 제2의 천성인 다른 프리즘들은 요즘 더 수시로 제기되고 있다. 가령 지구사에서 그리고 지구사의 일부로서 젠더를 어떻게 독해할지 질문하는 젠더라는 프리즘(근래에는 이 역시 뒤쳐졌지만)이 여기에 해당된다. 지구적 테마들을 두고 작업하는 학자들 대부분이 남자라는 투덜거림도 이따금 들려오는데, 이는 그 자체로 젠더가 역사 연구뿐 아니라 역사가 본인들에게도 어떤 역할을 수행하는지 등 더 넓은 맥락의 문제들에 관해서 시사하는 바가 크다.

그러나 지구사 최대의 문제는 준거 틀보다 훨씬 더 기본적인 지점에 있는 듯하다. 사실, 문제의 핵심은 역사가라는 존재의 가장 단순한 요소와 관련이 있는, 기술적인 전문성이다. 복잡다단한 사료들을 취급하기 위해서는 훈련과 인내심, 경험이 필요하다. 글로 된 사료는 데이터만 뽑아낼 수 있는 문서가 아니다. 역사가는 그 문헌 사료를 이해해야 한다. 한 텍스트의 저자의 신원, 배경, 동기—그가 변호사인지 시인인지 상인인지 어린이인지—를 이해해야 한다. 이런 작업은 문헌에 적힌 단어들이 무슨 뜻인지만 이해하는 것이 아니라 그 의미와 맥락들을 이해할 수 있는 언어적 능력을 요구한다.

이는 군주를 찬양하기 위한 거창한 시부터 국가의 작동 체계와 물류를 기록한 공문서에 이르기까지 상이한 문학적 음역들을 이해해야 한다는 결론으로 이어진다. 다시 말해 역사가는 외교 문서, 과거의 사건들에서 목격자였거나 심지어 주인공이었던 사람들의 사적인 편지와 일기를 읽고 이해할 수 있어야 한다. 또한 이야기체 역사책이든 선박의 화물과 흘수, 속도와 위치를 기록한 항해일지든 간에 텍스트의 수용자들과 그들의 수용 방식을 이해해야 한다.

이는 역사적 기록으로 대변되지 않은 탓이든 입수 가능한 자료의 결함 탓이든—이러한 현실 자체도 어떤 종류의 사료들이 살아남고 왜 살아남는지에 관한 인식을 요구한다—들리지 않는 목소리들을 이해하고 대변할 수 있어야 한다는 뜻이기도 하다. 한 예로 우리는 대서양 너머로 수송된 수백만 노예들의 생각과 두려움을 어떻게 포착할 수 있을까? 또한 1,000년 전, 다시 말해 너무도 많은 문헌 증거들이 도시에서, 도시에 관해서, 그리고 소읍과 도시에 살았던 사람들을 위해서 쓰였던 시대에 농촌의 농업 인구들에 관해서 어떠한 상을 구축할 수 있을까? 또는 우연히 발견한 역사적 사실들을 어쩌다 얻어걸린 일화에 그치지 않도록 과거에 관한 통찰을 제공하는 사료로 제시하는 방법은 무엇일까? 우리가 머나먼 과거의 사람들이 어떻게 글을 썼는지는 안다고 하지만, 그들이 어떤 방식으로 말하고 농담하고 은어를 썼는지는 어떻게 알 수 있을까? 관료 계층이나 상업 엘리트의 일원이 아니었던 사람들이 작성한 것들을 비롯한 덜 공식적인 문서들을 역사 서술에 어떻게 포함시켜야 할까? 이것의 한 가지 좋은 실례(내가 가장 좋아하는 실례이다)는 러시아 노브고로드에서 발견된, 13세기 것으로 추정되는 자작나무 껍질 조각이다. 그것은 글자를 배열하여 쓰기를 배우는 어린 소년의 학교 숙제를 보여주는데, 어쩌면 글쓰기 연습을 하다가 아니면 그저 수업 시간이나 집에서 몽상에 빠져서 나온 결과물인 듯하다. 소년은—우리는 그의 이름이 온펌이라는 사실을 안다—나무껍질에 동물을 그린 다음 그 옆에 "나는 짐승이다"라고 적어놓았다.

다양한 1차 사료들을 처리하는 능력은 지구적 과거들에 관해 작업할 때에 필수불가결한 요소이다. 하지만 다른 기술적인 능력들도 필수적이기는 마찬가지인데, 다루려면 지식과 훈련이 필요한 사료들은 글로 된 자료들 외에도 무수하기 때문이다. 여기에는 주화, 봉랍 같은 고고학 발굴물, 화재가 있었음을 보여주는 유적지의 가옥 지층, 도시 성벽이나 관개 수로, 부장품 등이 있다. 이런 종류의 사료들은 전부 과거를 밝혀줄 수 있는 측면에서 이해되어야 하지만, 그것들의 의미와 한계의 측면에서도 고려되어야 한다. 가령 한꺼번에 땅속에 대량 매장된 주화 더미들의 시대 분포, 주화들의 금속 성분, 주조 연대와 발견의 맥락에 관한 이해가 없다면, 축장된 주화의 발굴이 그보다 많이는 아니더라도 최소한 해결하는 만큼의 문제들을 새롭게 야기할 수도 있다.

마찬가지로 역사 연구를 변화시키고 있는 새로운 종류의 풍성한 자료들은 역사가들에게 흔히 수학과 통계 분석 영역, 그리고 물리학과 생물학 분야의 기술적인 능력을 습득하고 연마할 것을 요구한다. 과거에 관해서 새로운 것을 거의 혹은 전혀 발견할 수 없다는 대중적 인식과 달리, 실상은 새로운 종류의 데이터와 새로운 방법론들의 폭발적인 성장 덕분에 정반대이다. 21세기 초는 우리가 과거를 바라보고 이해할 수 있는 방식에서 혁명적이고 획기적인 순간이 되고 있다.

예를 들어보자. 냉전기에 중앙아시아에 설치되었던 소련의 군사 시설들과 나중에는 탈레반 세력의 이동을 감시하기 위해서 찍은 인공위성 이미지를 이용한 프로젝트들은 이전에 현장에서는 확인되지 않았던, 육로 이동 상인들을 위한 카라반 숙소들(또는 카라반들이 쉬어가는 지점들)의 윤곽을 보여줌으로써 노다지 자료가 되었다. 새로운 광파탐지 및 거리 측정LIDAR 기술은 1,000년 넘게 자라온 열대우림 아래에 감춰진 수만 가지 구조물을 드러냄으로써 마야 시대 과테말라에 위치한 주거지들의 규모에 관한 우리의 지식에 혁명적인 변화를 불러일으켰다.

기후 과학에서의 발전 역시 지난 퇴적물, 화석화된 꽃가루 검사나 얼음 코어 조사를 통해서 과거에 관해 대단히 새로운 시야를 제공한다. 이런 자료들은 기온 변화에 관한 정보뿐 아니라 과거 지구의 화산활동과 심지어 로마 제국 멸망 이후의 몇 세기 혹은 흑사병 시대의 금속 제련에 관한 정보도 드러낸다. 두 시기 모두 실증적이고 측정 가능한 수준의 생산성 하락을 보이는데, 이러한 연구 결과는 다시금 이 대규모 변화들의 성격과 함의를 향해 새로운 질문들을 제기한다.

이런 맥락에서 "지구사"란 일단 들어가면 금방 자취를 감춰버리기 십상인 토끼굴이다. 눈길을 돌리는 곳마다 함정과 구멍들이 있다. 고개를 돌릴 때마다 점점 더 많은 지식과 새로운 도구, 기술들의 더 적극적인 활용이 요구된다. 화룡점정 격으로, 증거를 평가하고 분석하고 구성하여 조리 있고 균형 잡힌 연구 결과물로 내놓을 수 있는 능력도 필요하다. 이는 학술 논문이든 학계 발표문이든, 더 넓은 독자층을 대상으로 한 책이나 잡지 기사든 간에 마찬가지이다.

이런 요구 조건들이 어렵게 느껴진다면, 정말로 어렵기 때문이다. 역사가라면 누구든 기꺼이 말해주겠지만 역사를 쓰는 것은, 지구사든 다른 어느 역사든 "좋은 역사"를 쓰는 일과 매우 다르다. 지구사 개념에 대한 일부 비판은 과도한 단순화, 지나치게 포괄적인 진술, 충분히 섬세하게 그림을 그리지 않는 큼직큼직한 묘사에 대한 압력까지는 아니라고 해도 경향이 있을 수 있다는 가정을 중심으로 한다. 그런 경향은 오로지 자료들에—그것이 문헌이든 물질문화나 새로운 과학적 데이터든—밀착하여 작업한 다음 그것들을 어떻게 올바르게 이해하고 이용할 수 있을지를 철저히 숙고함으로써만 완화할 수 있다. 기본을 제대로 하는 것이 결정적이다. 상이한 종류의 자료들을 어떻게 독해하고 사용할지를 배운 다음, 자신의 판단력에 의지하여 가능한 한 최선을 다해 해석하는 일이 중요하다.

이것은 마침 어느 정도는 지구사에 대한 반동으로 등장한 또다른 새로운 역사학 조류와 나란히 작업함으로써 도움을 받을 수 있다. "미시사"는 섬세하고 세부적인 그림들을 그리기 위해서 더 작은 주제들이나 압축된 시간대를 들여다보고, 그런 식으로 깊은 주의를 기울인 덕분에 새로운 이해를 제공하면서 흥미진진한 시각을 제시한다.

초점의 협소함은 페르낭 브로델이 역사에 대한 탁 트인 접근법이라고 부른 "장기 지속longue durée"(혹은 "장기적 시각")보다 힘들지는 않다고 해도 그만큼 어려울 수 있다. 하지만 근본적으로, 지구사를 서술하는 최상의 방법은 수십 가지 미시사들을 토대로 국지적이고 고도로 세부적인 사료들과 그것들을 하나로 묶는 학술 연구들로부터 태피스트리를 짜는 것이다.

지구사가 무엇을 의미하고 지구사가 제기하는 도전에 어떤 것들이 있는지를 얼마간 살펴보았다. 이제 다음으로 던질 질문은 애초에 지구사가 왜 필요한가이다. 과거에 관한 익숙한 주제들을 익숙한 방식으로 독해하는 일이 뭐가 잘못인가? 대체 새로운 해석들이 왜 필요한가? 역사에 관해 더 열린 마음을 가지는 것은 왜 중요한가? 그리고 누구에게 중요한가?

E. H. 카가 훌륭한 혜안을 가지고 썼듯이, 역사가란 언제나 자기 시대의 산물이다. 사람이 자신의 배경, 청중, 수용 과정의 영향력과 편향성을 의식하기는 쉽지 않다. 하지만 오늘날 우리가 살고 있는 지구화되고 서로 연결된 세계에서 과거를 더 포괄적으로 사고하는 일은 어느 때보다 중요하다.

그것이 필요한 한 가지 이유는 겹겹이 쌓인 전제들과 던져진 적 없는 질문들로 구축된 사건, 시대, 사람들에 대한 불균형적이고 편향된 시각에 있다. 노예 무역상의 동상을 철거하고 그들의 "업적"을 기리는 건물들에 마침내 새로운 이름을 붙이는 데에 100년이 걸렸다는 사실은 깊은 고민 없는 역사의 수용뿐만 아니라 그러한 업적들이 애초에 무엇인지 질문을 제기하지 못한 근본적 실패와 관련해서도 새로운 통찰을 제시한다. 세계 최고의 박물관들이 소장품들을 구비하기 시작한 지 수 세기가 지난 지금에야 소장품의 유래와 입수를 둘러싼 사정, 때로는 순전한 절도에 관한 질문들이 제기되고 있다. 그러한 작금의 현실 역시 그 시대의—그리고 지난 수백, 수십, 수 년에 걸친—호기심의 결여는 물론, 과거가 어떻게 직조되는지를 고려하려는 비판적 사고의 결여를 방증한다.

1897년 아프리카 베냉에서 벌어진 습격에서 약탈당한 유명한 청동상이나 1860년 베이징 원명원에서 약탈된 유물들, 이탈리아와 그리스, 또는 알바니아와 리비아, 레바논 등등 그리스—로마 세계의 일부였던 지역들에서는 볼 수 없지만 멀리 떨어진 세계의 대형 박물관에 전시된 고전 고대의 걸작품들 다수를 어떻게 해야 하는지를 둘러싼 질문들에는 많은 대답들이 나왔다. 그리고 이 문제가 유럽인들만 직면해야 하는 쟁점이 아님을 주목하는 것 역시 중요한데, 세계 전역에 유사한 사례들이 많기 때문이다. 남아시아나 아메리카, 아프리카 어디에서나 예술품과 부富, 과거가 이전되고 강제로 박탈되었으며 어느 경우에는 고의적으로 훼손되기도 했다. 유럽의 박물관들은 세계 전역에서 가져온 독보적인 보물들을 소장하고 있다. 하지만 잘나가는 모든 나라와 제국들은 유물과 재화를 (남녀들과 더불어) 정복한 땅에서 빼앗아왔다.

모든 제국이 추출에 의존함에도, 유럽 제국을 세계의 다른 지역들에서 건설된 제국과는 "다르다"고 파악하는 자기 본위의 유럽 중심주의에 빠지기는 매우 쉽다. 물론 유럽인들이 세계 전역에 제국을 수립하던 근대 초기 이래로 추출의 규모는 더 커지고, 더 길게 지속되었다. 부분적으로 이는 새로운 기술들이 꽤 대량의 재화의 획득과 이전을 가능하게 했기 때문이다. 하지만 잉카 제국도 아메리카 대륙에서 다른 원주민 부족들을 지배하기 위해서 위계제, 박해, 폭력으로 이루어진 유럽 제국과 동일한 모델을 이용했고, 중앙아시아와 북아프리카에서 아랍인들, 아프리카에서 반투족이 팽창할 당시 반투인들도 마찬가지였다. 유물 반환은 최초의 시작점에서 끝나지 않는다. 다시 말해서 그것은 하나의 지적인 여정의 완주를 요구한다. 자기 생각에 맞는 대로만 시작점들을 고르는 대신─그렇게 고르는 시작점의 기준은 매번 세계의 다른 지역들에서 유럽인의 도래와 그들의 활동이지 않은가?─궁극적으로 인류 역사를 온전히 이해하는 것으로 되돌아가야 한다.

그럼에도 불구하고 반환을 둘러싼 논쟁의 한 가지 성과는, 과거와 현재의 역사들을 다시 쓰기 위해서 문화적 대상이 어떻게 취급되고, 약탈되고, 재전유되는지에 초점이 맞춰지기 시작했다는 점이다. 이런 초점의 이동 덕분에 로스앤젤레스의 게티 센터 같은 선구적인 기관들은 문화적 청소를 전쟁 범죄로 지정하라고 요구하고 있다. 유물을 파괴하거나 이전하는 행위, 심지어 판매하는 행위는 아름답거나 가

피터 프랭코판

치 있는 것들을 흔히 훼손할 뿐만 아니라 역사 자체를 손상시키고 왜곡하고 비튼다. 이른바 이슬람 국가IS가 이라크와 시리아에서 이슬람 이전 시대의 유적들을 때려 부수고 다이너마이트로 폭파시킨 배후에는 바로 그런 동기가 있다. 그들은 편협하고 비非다원적인 서사에 맞지 않는 과거를 지워버리고자 한다.

이것은 복수複數의 지구사의 중요성을 분명히 보여준다. 주류가 아닌 문화, 사람, 지역, 시대들을 누락하는 것의 효과는 그림에 빈칸을 남겨두는 데에 그치지 않고 역사들도 지워버린다. 지나치게 유럽에 초점을 맞춤으로써, 인류의 상당수는 그들 조상의 과거를 적어도 암묵적으로는 부차적인 것으로 취급당해왔다. 더 나아가 이것은 당연히 존중의 결여, 존엄의 결여 그리고 평등의 결여로 이어지는 공백을 낳는다.

흑인의 목숨도 소중하다Black Lives Matter 운동이 지구적으로 중요한 의미를 가진 이유는 미국에서 경찰에게 살해당한 무수한 흑인 가운데 한 명인 조지 플로이드의 잔혹한 피살이나 사회 곳곳에 만연한 제도적 인종차별에 대한 자발적인 항의 때문만이 아니다. 이 운동은 역사학과 역사가들이 과거의 현실들을 제대로 다루지 못했다는 고통스러운 진실을 전면에 부각시켰다. 현재 많은 학교와 대학들이 추구하듯이 인종과 민권의 문제를 다루는 일은, 노예 무역의 기원과 참상과 마찬가지로 그 문제(미국 사회 내 제도적 인종차별의 문제)를 온전히 다루지 못한다. 지구사는 다중적 초점들—무엇보다도 "범남반구Global

South", 다시 말해 역사 연구의 주류로부터 푸대접을 받아온 라틴아메리카와 아프리카, 아시아, 오세아니아 지역들로 초점을 이동시킴으로써 그 문제에 도움을 줄 수 있다. 많은 지역들이 자금과 자원이 부족해서 주류 역사 연구로부터 소외되어왔고, 이는 학생과 교사, 교수, 도서관과 온라인 역량에 명백하고 직접적인 영향을 미쳤다. 영어권이 아닌 지역들과 토착어로 이루어지는 작업에 특히 그렇다.

그러므로 21세기 지구화된 세계에서 우리는 이러한 불균형을 예리하게 의식해야 하며, 그 불균형을 해소하기 위해서 훨씬 더 열심히 노력해야 한다. 교환 프로그램과 역량 배양을 통해서, 현지 학자들의 요구에 대처함으로써, 마땅한 곳에서는 협업을 통해, 그들의 연구를 지원하고 그들의 연구 성과물이 읽히고 그들의 목소리가 들리게 해야 한다. 그리고 어쩌면 이것이 가장 중요할 텐데, 학교와 대학들이 이런 지역들에 대한 연구와 이런 지역들에서 나온 연구들을 우리의 교과과정에 통합시킬 공간을 마련해야 한다.

이는 2,000년도 더 전에 글을 썼던 어떤 이들에게만큼 오늘날의 역사가들에게도 명백할 것이다. 기원전 3세기 그리스의 역사가 폴리비오스는 언젠가 "말하자면 역사는 서로 무관한 일화들로 이루어져 있었다"라고 썼다. 하지만 그는 세계가 바뀌었다고 말을 잇는다. 이제 "역사가 유기적인 하나의 전체가 되었음"은 분명하다. "이탈리아와 아프리카의 사안들이 아시아와 그리스의 사안들과 연관되어 있고, 모든 사건들은 단일한 목적과 관계가 있고 그것에 이바지한다." 이런

피터 프랭코판

발언은 내 귀에는 지구사처럼 들린다.

과거에 관해서 쓰는 것은 쉬운 일이 아니다. 하물며 그에 관해서 잘 쓰는 일은 더 어렵다. E. H. 카는『역사란 무엇인가』에서 역사가와 "사실"의 관계를 논했다. 그 관계는 역사를 다룰 때에 고려할 수 있고 실제로 또 고려해야 하는 새로운 원재료들의 방대한 범위 자체 때문에 오늘날 훨씬 더 복잡하다. 하지만 언제나 가장 어려웠던 일은 침묵들에 관해 쓰는 일이다. 빈틈에 관해, 무슨 일이 언제, 어디서, 왜 일어났는지 알기 어려운 빈칸에 관해서 쓰는 일이다.

지구사로 말하자면—지구사라는 용어를 어떤 식으로 해석하든—많은 경우에 그 빈틈들이 문헌, 미술품, 음악, 고고학적 발굴물, 각문이나 고고식물학적 증거 같은 자료의 부재 때문에 빈틈으로 남은 것이 아니라는 점이 문제가 된다. 빈틈들은 주목을 덜 받아온 과거들을 포착하려는 주도적 의지의 결여, 그리고 그와 결합된 관심의 결여 때문에 여전히 아무도 손대지 않은 채로 남아 있다. 오늘날 역사는 갈수록 소수의 주제들에 관해서 갈수록 더 많은 것을 알게 되는 순환적인 이야기가 될 위험에 처해 있다. 지구사는 그런 결함을 어느 정도 교정하는 데에 보탬이 될 것이다.

확실히 일부 경우에는 여전히 상당한 장벽들이 존재한다. 구전은 훼손되기 쉬우며 언어들이 사멸하면—지금 소수 언어들은 유례없는 속도로 사라지고 있다—역사들도 영원히 소실되고 만다. 마찬가지로 학문의 자유는 전 세계적으로 동일하지 않다. 학자들만이 아니라

소수 집단, 때로는 제법 규모가 큰 소수 집단들도 표현의 자유를 상당히 제약받는 나라들이 존재하며, 그런 소수 집단들의 역사는 위협적으로 여겨져서 침묵을 강요받거나 고의적으로 왜곡당하고 있다. 조지 오웰이 『1984』에서 말한 대로 "과거를 지배하는 자는 미래를 지배하며, 현재를 지배하는 자는 과거를 지배한다."

우리는 때로 이런 충고—그리고 경고—가 전체주의 국가와 권위주의 국가에만 적용된다고 생각한다. 그리고 오웰이 그 문장을 제2차 세계대전 직후의 소련을 염두에 두고 썼음에는 의심의 여지가 없다. 하지만 이 메시지는 우리 모두에게 소중하다. 역사는 지평선을 넓히는 것, 시야를 확대하는 것, 우리가 타인들을 이해하는 것을 돕고 우리 자신을 더 잘 이해할 수 있도록 더 큰 맥락을 부여하는 것이어야 한다. 만일 우리가 그렇게 하지 못한다면 역사는 아이들에게 읽어주는 동화에 더 가까워진다. 다른 것을 다 떠나서 그저 친숙하고 흥미진진한 이야기 말이다. 그런 이야기들로 되돌아가는 대신, 「피터와 늑대 Pétya i volk」 초반의 주인공처럼 울타리 문을 활짝 열고 넓고 푸른 풀밭으로 성큼성큼 들어가 그가 오랫동안 죽치고 있던 뒤뜰 너머에 무엇이 있을지 탐험하는 편이 훨씬 보람차고, 공정하고, 활기 넘치지 않겠는가?

더 읽을 거리

David Abulafia, *The Boundless Sea: A Human History of the Oceans* (London: Allen Lane, 2019)

Peter Frankopan, *The Silk Roads: A New History of the World* (London: Bloomsbury, 2015) (『실크로드 세계사』, 이재황 옮김[책과함께, 2017])

Toby Green, *A Fistful of Shells: West Africa from the Rise of the Slave Trade to the Age of Revolution* (London: Allen Lane, 2019)

Ramachandra Guha, *Environmentalism: A Global History* (New York: Longman, 2000)

Pekka Hämäläien, *The Comanche Empire* (New Haven, London: Yale University Press, 2000)

Julia Lovell, *Maoism: A Global History* (London: Bodley Head, 2019).

Olivette Otele, *African Europeans: An Untold History* (London: Hurst & Company, 2020)

Eugene Rogan, *The Arabs: A History* (London: Allen Lane, 2009) (『아랍 : 오스만 제국에서 아랍 혁명까지』, 이은정 옮김[까치, 2016])

Camilla Townsend, *Fifth Sun: A New History of the Aztecs* (New York, Oxford: Oxford University Press, 2019)

02

역사는 왜 영화관에 있을 자격이 있는가?

알렉스 폰 턴즐만

『역사란 무엇인가』에서 E. H. 카의 관심사는 학계의 역사 연구였다. 하지만 대다수의 성인들이 역사를 정기적으로 접하는 경로는 대중문화이다. 역사는 영화가 탄생한 이래로 줄곧 영화관에 존재해왔다. 최초의 극영화로 평가받는 오스트레일리아 제작 영화 「켈리 갱 이야기 The Story of the Kelly Gang」(1906)는 역사 드라마였다. 마찬가지로 역사 영화들은 처음 등장한 이래로 줄곧 논쟁을 야기해왔다. 「켈리 갱 이야기」는 최초 개봉된 해에 오스트레일리아 일부 지역들에서 상영을 금지당했다. 「오스트랄라시안 The Australasian」은 당시 다음과 같이 보도했다. "무법자들의 생애에서 따온 몇몇 장면들은 그들이 인생을 보냈던 지역 및 그 오락물에서 재현된 일부 범죄들이 행해진 곳에서는 공개되지 말아야 할 것으로 보인다." 상영 금지 조치에도 불구하고, 아니 어쩌면 그 덕분에 영화는 대성공을 거두었다.

　역사 영화와, TV의 등장 이후 TV 프로그램은 변함없는 인기를 누려왔다. 하지만 1907년 오스트레일리아 당국자들이 느꼈던 불안감도 여전하다. 무심한 관찰자라면 2020년 영국 정부가 브렉시트와 팬데믹 사태로 정신이 없었으리라고 생각했을 것이다. 하지만 정부는 엘리자베스 여왕과 왕가의 생활을 다룬 역사 드라마 시리즈 「더 크라운The Crown」을 공격할 시간은 있었다. 2020년에 네 번째 시즌을 방영한 그 드라마는 찰스 왕세자와 다이애나 왕세자비의 관계를 비롯해 1980년대의 민감한 부분들을 다루었다. 찰스 왕세자의 친구들이 그 드라마를 "할리우드급 제작비로 트롤링하는" 드라마로 부르는 가운데, 역풍이 타블로이드 신문의 1면을 강타했다. 문화부 장관 올리버 다우든이 그 드라마에 허구라는 "취급주의 경고"를 붙일 것을 넷플릭스에 요청하겠다고 말한 것이다. "그 경고문이 없다면 드라마에 묘사된 사건들을 실제로 겪지 않은 세대의 시청자들이 허구를 사실로 착각할까봐 우려스럽다." 문화부 부장관 존 휘팅데일은 네덜란드에 일부 본사를 둔 넷플릭스를 규제하는 문제를 제기했다. 「메일 온 선데이Mail on Sunday」는 11월 28일에 「더 크라운」을 본 사람이 "찰스와 다이애나 왕세자비의 실제 결혼식을 시청한 사람보다 이미 더 많다"고 경악하며 보도했다. 역사가들이라면 드라마와 결혼식 중계방송 중 어느 방송이 더 효과적인 허구의 작품인지를 토론하며 즐거운 시간을 보낼지도 모르겠다.

물론 「더 크라운」은 그것이 허구의 작품임을 처음부터 직접적으로 밝힌다. 그것은 다큐멘터리가 아니라 역사 드라마라고 소개되며, 화려한 프로덕션 디자인은 실제 사건을 찍은 화면으로 오해받을 리 만무하다. 작품에 등장하는 사람들은 유명 배우들이며, 대화들, 특히나 사적인 대화들은 누가 보더라도 명백히 극적으로 각색되어 있다. 이것들은 관습이며 우리는 이 관습에 의거해서 영상물에서 허구를 알아볼 수 있다. 하지만 2020년대에도 1907년과 마찬가지로 관객이 그것을 허구로 이해하지 못하리라는 우려는 여전하다. 역사 드라마는 무해한 오락이 아니라 역사 왜곡이며 위험할 수도 있다는 것이다. 그것은 하이퍼 리얼리티hyperreality를 창조할 수도 있다. 하이퍼 리얼리티란 장 보드리야르가 처음 정의한 개념으로, 사람들이 실제와 실제의 흉내를 구별하지 못하는 상태를 일컫는다. 역사 드라마 비판가들이 두려워하는 지점은 여기에 있다. 무엇이 진짜이고 무엇이 가짜인지 구별할 수 없게 됨으로써 현실 자체가 분해되는 전망이다.

일부 사람들—암묵적으로 덜 똑똑한 사람들—이 역사 창작물(이하 "역사물")에 속아 넘어갈 것이라는 주장은 보통 개인적인 일화 말고는 그다지 과학적 증거 없이 제기된다. 이와 관련해서 유용한 데이터가 있는 한 가지 실례는 올리버 스톤의 블록버스터 액션 스릴러 「JFK」(1991)이다. 존 F. 케네디의 암살사건 수사를 다루는 「JFK」는 역사적 기록을 뒤집고 케네디 암살이 리 하비 오즈월드의 단독 범행이 아니라 고위층의 음모에 의한 것이라고 관객을 설득하기 위해서 안간힘을 쓴다. 스톤은 실제 기록 영상과 재구성 장면들을 군데군데 끼워넣음으로써 "다큐멘터리" 스타일로 영화를 촬영하고 편집했고 「더 크라운」같은 드라마들이 이용하는 역사극 장르의 관습들을 의도적으로 무시했다. 그러나 그가 내놓은 논거는 완전히 날조이다. 신뢰할 수 없는 목격자들은 믿을 만한 증인들로 재창조되었다. 음모의 범위를 확인해주는 내부 고발자는 난데없이 등장하고, 신빙성이 없다고 판명된 탄도학적 조사 결과는 결정적인 증거로 제시된다. 영화의 기저를 이루는 논제, 즉 케네디 암살 음모는 정부 최고위층까지 아우른다는 주장은 『아이언 마운틴에서 나온 보고*The Report from Iron Mountain*』라는 유명한 날조—1967년에 출간되었고, 1972년에 저자 본인이 패러디를 의도했음을 드러낸 저작—를 바탕으로 한 것이다. 그럼에도 불구하고 「JFK」는 대단히 권위 있는 작품처럼 비친다. 치밀한 각본과 뛰어난 연기가 결합된 굉장히 잘 만들어진 영화로, 오스카 상 8개 부문에 후보로 지명되었기 때문이다.

「JFK」는 대중적인 음모론들의 한계를 한참 뛰어넘어 허구를 가미했음에도 불구하고, 개봉 당시 영화를 본 관객들 모두 그 영화가 사실이라고 믿게 되리라는 우려가 있었다. 갤럽 여론 조사는 1963년부터 2013년까지 리 하비 오즈월드의 단독 범행을 믿는 미국인 대 암살 음모론을 믿는 미국인의 비율을 추적 조사했다. 1991년 영화 개봉 당시만이 아니라 반세기 넘게 축적된 비교 데이터가 존재한다는 이야기이다. 이 추적 조사는 영화가 미국인의 의식에 별다른 영향을 미치지 않았음을 보여준다. 1983년에는 미국인의 74퍼센트가 음모를 믿었다. 영화가 개봉한 다음 해인 1992년에 그 수치는 77퍼센트로 살짝 올라

갔다. 이듬해에는 75퍼센트로 떨어졌다. 훨씬 중요한 변화는 미국인의 50퍼센트가 음모를 믿은 1966년과 81퍼센트가 믿은 1976년 사이에 관찰된다. 이러한 인식 변화는 일체의 선택지들을 뒷받침하는 뚜렷한 증거가 존재하지 않음에도—논쟁의 소지가 다분하게도 그리고 솔직히 말해 무책임하게—모종의 음모가 존재한다고 결론을 내린 1976년 암살에 관한 하원 특별조사위원회의 조사 결과에 기인하는 듯하다. 대부분의 역사가들은 오즈월드가 단독으로 범행을 저질렀다는 견해를 취한다. 확실히 대다수의 미국인들은 역사가들의 견해에 동의하지 않지만, 이것이 올리버 스톤의 영화 때문이라고 할 수는 없다. 역사에 대한 대중의 시각은 영화 제작자들보다는 정치인들에 의해서 훨씬 더 강하게 영향을 받는 듯하다.

「JFK」의 한 가지 긍정적 효과는 그 영화가 개봉하면서 미 의회가 케네디 암살에 관한 남아 있는 모든 기록물을 공개하도록 명령했다는 사실이다. 지금까지 총 90퍼센트의 기록물이 공개되었고, 일체의 음모론을 뒷받침할 설득력 있는 증거는 여전히 발견되지 않았다. 다시 말하지만, 정치인들이 가능하게 하고 역사가들이 수행한 기록물 공개 작업은 영화보다 더 여론에 영향을 미친 듯하다. 2013년에 이르러 음모론에 대한 믿음은 61퍼센트로 떨어졌다.

「JFK」의 경우, 대중의 시각에 영향력을 행사하려고 작정한 대성공작 역사 영화는 사실 거의 영향을 미치지 못했으며, 영화가 낳은 효과가 무엇이든 그것은 오래가지 못했다. 하지만 역사 영화들이 대중의 의식에 미칠지도 모르는 더 미묘한 효과들이 있다. 스코틀랜드의 애국자 윌리엄 월리스에 관한 멜 깁슨의 1995년 대하 서사극「브레이브하트」는 흔히 스코틀랜드 내셔널리즘의 대두와 연계된다. 1990년대 스코틀랜드 영화의 정치적 이용을 연구한 샐리 모건 교수는 그 영화의 미학과 주제가 스코틀랜드 독립을 주장하는 운동가들에게 영향을 주었다고 주장한다. "나는 스코틀랜드가 이런 자기 이미지, 즉 잉글랜드로부터 분리될 필요가 있는 이 야성적이고, 제국에 저항하는 켈트 부족민이라는 이미지를 받아들일 자세가 어느 정도 되어 있었다고 본다." 1997년에 스코틀랜드가 자치권 이양에 찬성표를 던진 뒤, 훗날 스코틀랜드 자치 정부의 수반이 되는 앨릭스 샐먼드는 "스코틀랜드는 씩씩한 마음brave heart으로 이를 고대했다"라고 선언하여 군중으로부터 환호를 이끌어냈다.

역사적으로 보면「브레이브하트」는 터무니없는 대청 물감과 시대착오적인 킬트에 이르기까지 각종 연대와 세부 사항들이 모조리 틀린,「JFK」만큼이나 가공된 이야기이다. 영화는 역사적 오류를 실컷 남발하는 가운데 월리스가 에드워드 2세의 아내 이사벨라를 1304년 무렵에 임신시켰다는 줄거리까지 지어낸다. 이것은 확실하게 사실이 아니다. 1304년에 이사벨라는 아홉 살이었으며 아직 에드워드와 결혼하지도 않았고 프랑스에 살고 있었다. 모건 교수가 보여준 대로, 그 영화의 테마와 각종 이미지들이 스코틀랜드에 문화적 여파를 낳았다는 사실을 입증하는 일은 분명 가능하다. 하지만 그 영화가 기존의 독립 지지자들에게 영합한 만큼 스코틀랜드 민족주의에 대한 지지를 실제로 이끌어냈는지는 분명하지 않다. 영화가 그 터무니없는 역사적 주장들로 실제로 상당수의 사람들을 설득했다는 증거는 없다.

학교를 떠난 이후로는 대다수의 사람들은 픽션이 아니면 역사를 거의 접하지 않는다. 역사 다큐멘터리를 보고 역사 관련 논픽션 작품을 읽고 박물관을 방문하는 등 의식적인 노력을 하지 않는 한은 말이다. 흥미롭게도 역사 영화와 TV 드라마를 둘러싼 도덕적 패닉은 연극이나 소설로는 좀처럼 퍼지지 않는다. 물론 극작가들과 소설가들도 영화 제작자들만큼 사실로 장난을 치는 경우가 많다. 셰익스피어 사극에서 역사 왜곡의 사례들은 증거도 많고 잘 알려져 있지만 관객들은 별다른 경고 문구 없이 연극을 관람해도 괜찮다고 여겨진다. 콜슨 화이트헤드의 소설, 『언더그라운드 레일로드_Underground Railroad』(2016)에서 철도는 노예들을 조지아 주에서 몰래 빼돌리는 지하 열차로 문자 그대로 재창조된다. 조지 손더스의 『바르도의 링컨_Lincoln in the Bardo』(2017)은 세심하게 각주를 단 역사적 전거들과 작가가 멋지게 상상해낸 여러 유령들의 목소리를 결합하여 서술된다. 이 책들은 비판을 받기는커녕 역사에 대한 창의적이고 전복적인 시도로 널리 격찬을 받았다. 『언더그라운드 레일로드』는 퓰리처 상과 전미 도서상을 수상했으며, 『바르도의 링컨』은 부커 상을 받았다.

어쩌면 영화나 TV는 별의별 사람들이 다 볼 수 있는 반면, 연극 무대와 문학은 교양 엘리트를 겨냥한다고 여겨지기 때문에 연극과 문

알렉스 폰 턴즐만

학을 둘러싼 우려가 덜한지도 모른다. 역사 소설이 최첨단의 대중매체였던 시절에는 소설 역시 흔히 논쟁을 야기했다. 1869년에 『전쟁과 평화Voina i mir』가 출간되었을 때 레프 톨스토이의 역사 왜곡은 사방에서 공격을 받았다. 급진적 비평가 니콜라이 셸구노프는 러시아 귀족 계급에 대한 낭만화된 작중의 역사적 초상에 넌더리가 나서 "톨스토이 백작이 강력한 재능을 소유하지 않아서 다행이다"라고 썼다. "그가 셰익스피어와 바이런의 재능을 가졌더라도 그를 지탄하는 데 어떤 저주도 충분하지 않을 것이다." 이와 유사하게 현재는 고전으로 여겨지는 다수의 역사 영화들도 개봉 당시에는 성난 반응을 불러왔다. 아우다 아부 타이(제1차 세계대전 당시 아랍 반란에 참전한 아랍 부족장/옮긴이)의 가족은 「아라비아의 로렌스Lawrence of Arabia」(1962)에서 앤서니 퀸이 연기한 아우다의 만화 캐릭터 같은 묘사에 매우 감정이 상했으며, 성공을 거두지 못했음에도 영화 제작자들을 고소하려고 했다. 빅토리아 십자무공훈장 서훈자 헨리 쿡의 딸은 모범적인 경력의 소유자이며 금주가인 아버지가 영화 「줄루Zulu」(1964)에서 알코올 의존증 꾀병자로 재창조된 데에 너무 화가 나서 시사회 도중에 자리를 박차고 나갔다. 영화와 TV 드라마들이 "이 영화에 나오는 모든 인물은 허구의 인물입니다. 생존 인물이든 사망한 인물이든 실존 인물과의 유사성은 전적으로 우연의 일치입니다"라는 경고 문구를 달게 된 이유는 이리나 유수포바 공녀가 「라스푸틴과 황후Rasputin and the Empress」(1932)에서 자신을 토대로 한 등장인물을 두고 MGM 영화사에 소송을 걸어 승소했기 때문이다.

일부 역사 영화와 TV 드라마는 작품이 다루는 소재에 대단히 충실하고, 몇몇 작품은 심지어 창의성을 희생시키지 않으면서도 역사적 사실성을 충실히 고수하기도 한다. 『리어 왕King Lear』과 16세기 일본의 다이묘 모리 모토나리의 이야기를 비범하게 합친 구로사와 아키라의 「란Ran」(1985)은 역사적 배경을 망각하지 않으면서도 그 이야기를 절묘하게 각색한다. 「조지 왕의 광기The Madness of King George」(1994)는 조지 3세의 건강 문제를 조명함과 동시에 대단히 감동적인 극화이다. 우주 개발 경쟁을 둘러싼 톰 울프의 책을 원작으로 한 「필사의 도전The Right Stuff」(1983)은 복잡한 이야기에 인간적인 요소를 부여하면서 시선을 사로잡는 동시에 정보를 전달한다. 솔로몬 노섭의 이야기를 영화화한 스티브 매퀸의 「노예 12년Twelve Years a Slave」(2013) 속 너무도 사실적인 몇몇 장면 묘사가 전달한 극심한 공포는 한 세대의 영화 관람객 전체가 영영 잊지 못할 것이다.

물론 역사적 기록을 고수하지 않는 역사 영화와 TV 드라마들은 매우 흔하며, 일부는 음흉한 속셈을 품고 있기도 하다. 선전 영화들은 정치적 메시지를 퍼트리기 위해서 공식 군 기관이나 문민 기관으로부터 자금을 지원받으며, 목적에 부합하도록 역사를 오용한다. 둘 다 1940년 작품인 「유대인 쥐스Jud Süß」와 「로스차일드 가Die Rothschilds」 같은 역사 영화들은 반유대주의를 부추길 목적으로 나치 독일에서 제작되었다. 한편 당시 독일의 적국에서는 이오시프 스탈린과 윈스턴 처칠이 모두 역사 영화 제작에 관여했다(둘 다 엄청난 영화 팬이었다). 스탈린은 종종 대본을 미리 읽어보고 개봉 전 최종 편집본에 이런저런 품평을 내리며 제작 과정에 간섭했다. 처칠은 한술 더 떠서 역사 영화의 시나리오 작가가 되어보려고도 했다. 그는 1930년대에 알렉산더 코르더(영국의 유명 영화 제작자/옮긴이)를 위해서 조지 5세의 인생을 각색한 영화 대본을 썼지만, 안타깝게도 영화화되지는 못했다.

그러나 「더 크라운」으로 돌아오면, 그 드라마 시리즈를 둘러싼 걱정은 그것이 선전물이라는 데에서 기인하지 않는다. 이는 상업 영화와 TV 드라마들이 관객을 대상으로 이야기를 더 흥미진진하게 만들기 위해서 과거의 사실을 바꾼다는 훨씬 더 일반적인 불만과 관련이 있다. 「가디언*The Guardian*」과 「타임스*The Times*」에 실린 기사들은 "절하는 방법을 모른다고 마거릿 공주가 다이애나 왕세자비를 조롱했다"라거나 "여왕이 연례 사열 행사에 옷을 잘못 입고 나온 것으로 반복적으로 묘사된다"라며 부정확한 부분들을 흥분해서 거론한다. 다른 많은 역사 드라마들에 등장하는 어이없는 오류들과 비교하면 이 정도는 약과이다. 「아마데우스Amadeus」(1984)는 모차르트가 경쟁 상대인 살리에리에게 살해당했다는 전적으로 허구의 설정을 전제로 한다. 「위대한 비밀Anonymous」(2011)은 옥스퍼드 백작이 셰익스피어 희곡들을 썼을 뿐 아니라 셰익스피어 본인은 문맹이었고, 심지어 처녀왕 엘리자베스 1세가 비밀리에 수십 명의 사생아를 낳았다고 이야기한다. 영화 「U-571」(2000)에서 에니그마 암호기를 확보한 공로는 영국 해군 승무원들이 아닌, 록

스타 존 본 조비가 이끄는 씩씩한 미국 해군 승조원들의 몫으로 돌아
간다. 「아포칼립토Apocalypto」(2006)는 영화 막판에 등장하는 에스파냐 콩
키스타도르들의 도래와 연결시키기 위해서 마야 문명의 붕괴 연대를
600년이나 뒤로 이동시킨다.

역사가 그레그 제너는 「더 크라운」의 오류를 비판하는 신문 기사에
대해서 트위터에 다음과 같이 썼다. "그것들은 '오류'가 아니라 창조
적인 선택, 모든 극작가가 해야만 하는 선택이다. 정확한 역사 드라마
같은 것은 없기 때문이다." 많은 영화 제작자들이 역사를 유희적인 태
도로 취급하며 종종 놀라운 결과물을 내놓았다. 가령 「몬티 파이튼의
성배Monty Python and the Holy Grail」(1975)는 역사적 진실을 추구하지 않는
다. 그 작품의 목적은 아서 왕 전설을 둘러싼 농담을 던지는 것이다.
「겨울의 라이온The Lion in Winter」(1968)이나 「스탈린이 죽었다!The Death
of Stalin」(2017) 같은 영화들은 다큐멘터리적인 재서술을 의도하는 대신
에 역사적 상황들에 상상력을 가미하여 어둡고도 코믹하게 재구성한
작품이며, 그 덕분에 훨씬 재미있다. 1995년 영화판 「리처드 3세Richard
III」는 1930년대가 배경이다. 그 작품에서 리처드(이언 맥켈런 분)가 "말
을, 말을 다오. 왕국이라도 내어줄 테니 말을 다오!"라고 소리 지르는
이유는 그의 지프차가 망가졌기 때문이다.

역사 판타지물은 역사에서 가져온 테마나 배경, 이야기들을 순전
한 상상과 결합시킨다. 「엑스맨 : 퍼스트 클래스X-Men : First Class」(2011)
에서는 일단의 돌연변이 슈퍼 히어로들이 쿠바 미사일 위기를 저지한

알렉스 폰 턴즐만

다. 「캐리비안의 해적Pirates of the Caribbean」(2003-2017)은 카리브 해의
역사를 유령과 바다 괴물들을 가미하여 재미나게 꾸며낸다. 「왕좌의
게임Game of Thrones」(2011-2019)은 장미 전쟁, 엘시드 전설, 검은 만찬
설화(Black Dinner : 15세기에 스코틀랜드의 유력자 더글러스 백작이 국왕의
만찬에 초대되었다가 반역죄를 뒤집어쓰고 처형되었다는 설화/옮긴이)는
물론 고대와 중세, 근대 초의 무수한 여타 역사적 일화들을 용과 얼음
좀비와 뒤섞으며 허구의 세계로 한걸음 더 들어간다.

어조와 의도, 범위 측면에서 이렇게 방대한 변주들이 존재하는데
어느 공식 기구가 역사물을 규제하려 들 수 있을까? 「더 크라운」은 규
제하면서도 「체르노빌Chernobyl」, 「밴드 오브 브라더스Band of Brothers」,
「피키 블라인더스Peaky Blinders」, 「블랙애더Blackadder」에는 온전한 예술
적 자유를 허용하는 명확한 규정을 과연 누가 작성할 수 있겠는가?
「더 크라운」과 관련한 특정한 우려가 일부 등장인물들이 여전히 살아
있는 사람들이라는 점에서 기인한다면, 이미 명예훼손법이 그런 사람
들에게 보호 수단을 제공하고 있다. 소송에 따르는 비용과 대중적 이
목의 집중은 잠재적 소송 청구인들을 주저하게 만들지도 모른다. 하
지만 마찬가지로 패소에 따른 결과는 말할 것도 없고 법정 다툼 자체
에 들어가는 막대한 비용은 자신들이 다루는 인물을 헐뜯고 싶은 영
화 제작자들을 제지하는 강력한 수단이 된다.

역사물에 대한 정부 규제는 불가피하게 표현의 자유를 침해할 것
이다. 오스트레일리아 일부 지역들이 「켈리 갱 이야기」 상영을 금지한

이래로 다양한 나라들이 부정확하거나 자신들의 마음에 들지 않는 정확한 묘사 때문에, 아니면 국민 감수성을 해친다는 이유로 역사 영화와 TV 드라마를 검열해왔다. 영국, 프랑스, 에스파냐, 독일, 핀란드는 모두「전함 포템킨Battleship Potemkin」(1925)의 상영을 금지했다. 나치 독일은「위대한 독재자The Great Dictator」(1940)를 금지했다. 태국은「왕과 나The King and I」(1956)를, 노르웨이는「라이프 오브 브라이언Monty Python's Life of Brian」(1979)을 금지했으며, 이탈리아는「사막의 라이온Lion of the Desert」(1981)을, 이란은「300」(2006)을, 러시아는「스탈린이 죽었다!」를 금지했다. 상영 금지는 물론 최고의 마케팅 수단이다.「스탈린이 죽었다!」는 러시아에서 150만 회 불법 다운로드된 것으로 추정된다.「더 크라운」에 대한 영국 정부의 간섭이, 대체 뭐 때문에 이 난리들인가 궁금해서 더 많은 사람들이 시청하는 결과로 이어진다고 해도 놀랄 일은 아닐 것이다.

일부 국가들은 심지어 영화 개봉 전에 우선 역사가들을 상대로 시사회를 열기도 한다. 많은 역사가들이 심지어 실존 인물이라고 믿지도 않는 14세기 파드마바티 왕비에 관한 발리우드의 대하 사극은 2017년에 폭동을 초래했다. 영화는 인도의 여러 주들에서 상영이 금지되었고, 영화 제작자들은 상영 금지에 이의 신청을 제기해 대법원에서 승소했다. 인도 영화등급위원회는 그 작품을 5명의 역사가들에게 보여주고 다양한 수정 사항을 건의받은 뒤에 그 내용들을 영화에 반영하도록 했다. 여기에는 제목을 "파드마바티Padmavati"에서 "파드마바트Padmaavat"로 바꾸는 건도 있었는데, 새로운 제목이 왕비에 관한 서사시의 제목이었기 때문에 이는 영화가 실제보다는 허구에 바탕을 둔 것임을 분명히 한 셈이었다.

이것은 특정한 작품을 둘러싼 논란을 해소하는 방식으로, 모든 역사물을 편집 권한을 가진 역사가들로 구성된 심의회에 제출하는 일은 표현의 자유를 심히 제약하게 될 것이다. 심지어 이런 구상은 실행 가능하지도 않다. 애초에 역사가들은 항상 자기들끼리도 의견이 일치하지 않기 때문이다. 영화를 판단할 자격이 있는 역사가는 누가 선정하는가? 영화 제작자가 선정에 이의를 제기하고 자기 쪽 역사가를 데려오기라도 한다면? 하지만 무엇보다도 이런 질문들은 핵심을 놓치고 있다. 역사창작물historical fiction은 역사history가 아니라 허구fiction라는 핵심을 말이다.

우리가 허구와 사실을 어떻게 구분할지를 더 잘 다루는 방법이 있다. 바로 모든 층위에서 비판적 사고를 권장하고 가르치는 것이다. 역사 공부가 개입하는 지점이 바로 여기이다. 우리가 역대 국왕들의 이름과 연대를 머릿속에 주입하고 기계적으로 토해내는 식으로 역사를 가르친다면, 학생들은 언젠가 술자리 퀴즈 대회에서 우승할지도 모른다. 하지만 역사를 질문하고 조사하는 과정, 정보를 걸러내고, 신뢰할 만한 사료인지 아닌지를 정보에 입각해서 판단하는 과정, 맥락화하고 종합하고 이해하는 과정으로서 가르친다면, 역사 공부는 학생들에게 현대 세계를 헤쳐나갈 대단히 강력한 도구들을 갖춰주게 될 것이다.

세상에는 부실한 몇몇 역사 영화보다 우리의 현실 인식을 저해하는 훨씬 큰 위협들이 존재한다. 인터넷과 현대 정치 선전, 갈수록 원자화되고 양극화되는 미디어는 우리의 삶을 정보 과잉으로 밀어넣는다. 그와 동시에 그 정보에 대한 전통적인 거름망들 다수—공공연하게 정치적으로 거짓말하는 행태에 대한 금기나 신문의 엄격한 팩트체크 관행 같은—는 무너졌다. 우리는 이런 환경에서 살아남는 법을 배워야 하며, 역사학은 우리를 도울 수 있다. 허구는 허구라고 거만한 태도로 청중을 가르치려고 들기보다는, 질문을 던지고 답을 구하도록 그들 한명 한명에게 어떻게 역량을 심어줄 수 있을지 고민해야 한다.

역사 영화는—심지어 형편없는 역사 영화도—여기에서도 도움이 될 수 있다. 사실, 이미 도움을 주고 있다. 출판사들은 한 역사 드라마가 성공을 거두면 그 여파로 해당 주제에 관한 역사책 판매가 증가한다는 사실을 알고 있다. 일단 상상력에 사로잡히면 흔히 시청자들은 실제 사연을 더 많이 알고 싶어하고 찾아보고자 한다. 역사가들은 「브레이브하트」 속 잘못된 묘사들에 속을 끓였을지도 모른다. 그러나 1985-1995년 사이에는 윌리엄 월리스에 관한 책이 3권 출간된 반면, 「브레이브하트」가 개봉한 뒤 10년 동안인 1995-2005년 사이에는 관련서가 27권이나 나왔다. 박물관들도 역사물들이 불러일으킨 대중적 관심에 호응해왔다. 할리우드 영화 「트로이Troy」(2004)는 역사적 관점에서 볼 때 완전히 오류로 도배되어 있다. 심지어 고대 트로이 시장에

알렉스 폰 턴즐만

라마들이 돌아다니는 장면이 나오기까지 한다. 안데스 토착종인 라마는 크리스토퍼 콜럼버스가 아메리카 대륙에 처음 발을 디딘 지 한참 뒤까지도 유라시아에서는 그 모습을 볼 수 없었는데 말이다. 하지만 영화가 지어낸 요소들은 2019-2020년 영국 박물관의 탁월한 "트로이 : 신화와 현실" 전시회의 전시 내용 가운데 일부가 되었고, 관람객을 불러 모으는 데에 일조했다. 영화 「타이타닉Titanic」(1997)의 국제적인 대성공이 없었다면 애초에 벨파스트 타이타닉 박물관이 존재할 수 있었을지 의심스럽다. 그 박물관의 "신화와 전설" 전시 구역은 영화 「타이타닉」을 집중적으로 다룬다.

혹자들은 역사 영화가 역사 수업에서 상영되고 있다는 사실에 경악할지도 모르지만, 역사 영화는 (맥락에 대한 적절한 설명과 함께한다면) 실용적인 비판적 사고를 기르는 데에 도움을 줄 수 있다. 일부 학교와 대학들은 학생들이 역사 영화를 감상하고 실제 이야기를 조사하여 양자 간의 차이를 토론하는 선택 과정과 동호회를 운영한다. 마찬가지로 역사 영화가 개봉하면 역사가들은 보통 성이 나서 신문에 그 영화를 다룬 글을 기고하며, 때로 이것은 더 폭넓은 논쟁을 불러일으키기도 한다. 한 예로 어떤 사람들은 영화 「셀마Selma」(2014)가 마틴 루서 킹과 민권 운동에 대한 린든 존슨의 태도에 너무 적대적이라고 비판했지만, 또다른 이들은 영화의 묘사가 정확하다며 적극 옹호했다. 이러한 학구적 논의들은 미디어의 관심을 촉발할 영화가 없다면 대중적 파장을 결코 낳지 못할 것이다.

해로운 허위를 조장하고, 관객에게 정치적으로 영향을 미치려고 시도하며, 감정을 크게 해치는 역사 영화들도 물론 존재한다. 하지만 이는 역사적 사실이라고 소개되는 다수의 작품들에도 해당된다. "논픽션"이라고 자처하면서 나사렛의 예수가 메로빙거 왕조를 창건했다거나 "고대 외계인들"이 피라미드를 건설했다거나 영국 왕실 사람들이 거대 도마뱀이라는 터무니없는 음모론들을 조장하는 베스트셀러 역사책과 다큐멘터리도 있다. 역겨운 일이지만 홀로코스트를 부정하는 산업도 존재한다. 2021년 서식스 공작 해리 왕자는 "[뉴스 미디어에서] 나의 가족과 아내, 혹은 나 자신에 관한 이야기를 볼 때보다 「더 크라운」이 훨씬 마음 편하다"라고 말했다. "사람들이 어떻게 받아들이든" 「더 크라운」은 "분명히 허구이다." 하지만 그의 가족에 관한 거짓말들은 "사실로 보도된다. 뉴스로 여겨지기 때문이다. 나는 이것이야말로 진짜 문제라고 본다." 역사가들은 거짓 주장이 제기될 때 이를 반박할 수 있고 또 그렇게 하지만, 세상에 어떤 주장이 제기될 때마다 그것을 일일이 취급할 역사가는 많지 않다. 이 문제를 다루는 첫걸음은 결국 모든 사람들에게 스스로 판단할 수 있는 능력을 심어주는 것이다. 역사물은 적어도 창작물로 소개되며, 그런 판단 과정이 어떻게 작동할 수 있는지 역사가들이 실제로 보여줄 기회를 제공한다.

그렇다고 영화 제작자들이 자신들이 스크린에 올리는 것에 아무런 책임이 없다는 뜻은 아니다. 그들은 비판을 받을 수 있고 흔히 비판을

　　　　　　　　　　　　　　　　　　알렉스 폰 턴즐만

받는다. 그러나 궁극적으로 영화 제작자의 임무는 역사적 정확성을 제시하는 데에 있지 않다. 그들의 일이란 예술적으로나 상업적으로 또는 그 둘 모두의 방식으로 최고의 영화나 TV 드라마를 만드는 것이다. 모든 역사극을 오로지 정확성 항목에만 입각하여 평가해야 한다고 고집하는 사람은 재미를 다소 놓칠 수도 있다. 역사가들이 영화관에 있는 것은 좋은 일이지만, 역사는 정치인이나 역사가 어느 쪽의 소유도 아니다. 그것은 우리 모두의 문화적 유산의 일부이며, 사람들은 자신이 원하는 방식대로 역사와 관계를 맺는다.

역사 드라마의 문제로 돌아오자. 관련 증거들은 사람들이 사실과 허구를 꽤 잘 구분한다는 것을 암시한다. 스크린에 올려지는 역사는 위협보다는 민주화를 촉진하는 힘이 될 수 있으며, 과거에 대한 진짜 관심과 참여를 증진할 수 있다. 오늘날 다수의 역사가, 박물관 큐레이터, 고고학자들은 어린 시절 「인디아나 존스Indiana Jones」 시리즈나 「미이라The Mummy」 시리즈 같은 영화를 보면서 역사와 사랑에 빠졌음을 시인한다. E. H. 카는 "역사가는 자신이 다루고 있는 사람들의 마음을 상상적으로 이해할 필요"가 있다고 썼다. 역사물은 스스로를 다양한 시대와 장소, 사고방식에 이입해보는 경로가 될 수 있다.

역사에 대한 대중의 이해를 진심으로 걱정하는 정치인이라면 공공행사와 박물관, 축제, 조사에 자금을 대고, 역사에 대한 연구와 논의에 더 넓은 관객층과 독자층이 접근할 수 있게 함으로써 이를 도울 수 있다. 비판적 사고가 가능하게 지원할수록 일반 대중은 떠먹여주는 것

은 무엇이든 무비판적으로 씹어 삼키는 족속이라고 걱정할 필요가 줄
어들 것이다.

　물론 당신이 정치가라면 질문을 던지고 답을 구하는 역량을 대중
에게 부여하는 데에 좋지 않은 면도 있을 것이다. 언젠가는 그들의 그
런 능력이 당신을 겨냥할 수도 있으니까 말이다.

알렉스 폰 턴즐만

더 읽을 거리

Mike Chopra-Gant, *Cinema and History: The Telling of Stories* (London: Wallfower Press, 2008)

Rachel Dwyer, *Bollywood's India: Hindi Cinema as a Guide to Contemporary India* (London: Reaktion Books, 2014)

Andrew B. R. Elliott, *Remaking the Middle Ages: The Methods of Cinema and History in Portraying the Medieval World* (Jefferson: McFarland & Co, 2010)

Leen Engelen and Roel Vande Winkel (eds.), *Perspectives on European Film and History* (Ghent: Academia Press, 2007)

Clair Monk and Amy Sargeant (eds.), *British Historical Cinema* (London: Routledge, 2002)

Jeffrey Richards, *Hollywood's Ancient Worlds* (London: Continuum Books, 2008)

Robert A. Rosenstone, *History on Film/Film on History* (3rd ed., London: Routledge, 2018)

Robert A. Rosenstone and Constantin Parvulescu (eds.), *A Companion to the Historical Film* (Oxford: Wiley-Blackwell, 2013)

Viola Shafik, *Arab Cinema: History and Cultural Identity* (Cairo: American University in Cairo Press, 2007)

Jonathan Stubbs, *Historical Film: A Critical Introduction* (London: Bloomsbury, 2013)

Robert Brent Toplin, *History by Hollywood: The Use and Abuse of the American Past* (Chicago: University of Illinois Press, 1996)

Alex von Tunzelman, *Reel History: The World According to the Movies* (London: Atlantic Books, 2015).

03

우리는 과거를 퀴어링할 수 있고, 또 해야 하는가?

저스틴 벵그리

과거는 이상한/퀴어한queer 곳이다. 그곳의 주민들은 기만적이다. 그들은 겉으로는 익숙한 외양과 친연성의 약속들로 우리를 희롱한다. 하지만 그들의 속임수에 말리면 안 된다. 과거의 사람들이 언제나 보이는 대로는 아니다. 그들이 반드시 당신과 나 같지는 않다. 이들은 정말이지 이상한/퀴어한 사람들이다.

　그러나 그들에게서 이상한/퀴어한 점은 무엇이고, "퀴어"란 정확히 무엇인가? 놀이터에서 내뱉어지거나 주먹질과 발길질이 뒤따르는 욕인가? 동성애 혐오적 모욕과 학대로부터 자신의 목소리를 내며 긍지를 담아 되찾아온 자기 기술self-description인가? 아니면 그저 LGBT를 지칭하는 새로운 방식, 즉 온갖 레즈비언, 게이, 바이섹슈얼, 트랜스젠더 사람들 그리고 어쩌면 여타 사람들을 모두 담는 포괄적인 용어일 뿐인가? 퀴어는 그만의 역사와 문제, 가능성들을 담고 있는 **퀴어한** 단어이다. 그리고 과거를 사유하는 유용한 방법이기도 하다.

19세기 중반부터 "퀴어"는 이미 차이, 이상함, 별남과 엮였다. 1922년에 이르자 『옥스퍼드 영어 사전*Oxford English Dictionary*』은 그것을 호모섹슈얼리티(동성애)와 연결시켰다. 비록 대부분의 사람들에게 그런 의미의 용법은 수십 년 뒤에나 분명해졌지만 말이다. 역사가 맷 쿡은 퀴어가 스트레이트에 "반대됨"을 뜻하지 않기 때문에 동성애 그리고 이성애 모두 얼마나 다루기 까다롭고 혼란스러운 개념인지 생각해보게 요구한다는 점을 상기시킨다. 과거 사람들은 우리가 원하는 만큼 이런 범주들에 깔끔하게 들어맞는 경우가 좀처럼 없다. 1930년대 도회적인 보헤미안은 1960년대 동성애 혐오적 학대의 희생자와 같지 않다. 그리고 그 두 사람은 1990년대 성 이론가들이나 정치적 급진주의자들, 또는 젠더와 성적 정체성의 이분법적 범주들을 아예 거부할지도 모르는 2020년대 사람들과 반드시 비슷하지도 않다. 이 사람들은 전부 스스로를 퀴어로 묘사하거나 또 타인들에 의해서 퀴어로 묘사되어왔다.

그러나 이 모든 것은 사실 그냥 "게이" 역사 아닌가? 만약 우리가 다른 남자들을 욕망하고 그들과 성관계를 맺은 남자들—LGBT 사람들 가운데 여전히 가장 많이 기록되고 연구된 대상—의 사례를 찾아 과거를 살펴본다면 그들은 "게이"로 가장 잘 묘사되는 것 아닌가? 때로는 그렇다. 하지만 언제나 그렇지는 않다. 너무도 흔히, 우리는 그들을 이해하는 데에 우리만큼이나 애를 먹은 타인들의 불완전한 관찰들을 통해서 그들 삶의 일부들을 불완전하게만 재구성할 수 있다.

관찰자들은 그들의 행동, 말투와 버릇을 연구했고, 그들이 누구를 욕망하거나 누구와 섹스했는지 또는 왜 그렇게 했는지를 이따금 알아낼 뿐이었다. 때로는 그들의 발언도 있는데, 이 이야기들은 대개 모호하거나, 법정과 경찰, 가족과 친구들, 교회나 의사들에 의해서 중개된 것이다. 그들은 21세기 런던에서 살아가는 게이 남성으로서 나 자신의 삶과 비슷해 보이는 삶들에 관한 이야기를, 스스로 규정한 "게이들"의 모호함의 여지없는 증거를 좀처럼 제시하지 않는다. 그들의 이야기는 그래서 더 흥미롭다.

헤테로섹슈얼리티를 넘어서는 섹슈얼리티들의 사례들을 보여주는 듯한 이야기들, 특히 그때를 기억할 수 있는 사람들이 아직 살아 있는, 게이 해방 운동과 추후 적극적 행동주의 이전의 사례들은 나에게는 "게이" 역사보다는 "퀴어" 역사의 일부로 보는 편이 적합하게 느껴진다. 이 역사들 그리고 그들을 묘사하는 사료들은 흔히 차이, 이상함, 별남에 대한 인식에 따라 결정된다. 그들은 우리가 풀어헤치지 못할 수도 있는 (혹은 풀어헤치고 싶지 않은) 역사가 가진 여러 갈래의 가능성들을 입증한다.

물론 우리 역사가들이 모두 여기에 동의하는 것은 아니다. 많은 역사가들이 "게이"는 시간을 그리고 어쩌면 공간도 가로지르는 인간 경험의 범주로서, 과거에 드러난 동성 간의 욕망을 되찾는 데 전혀 부족함이 없는 용어라고 주장한다. 일례로 역사가 존 보즈웰은 게이를 자기와 같은 젠더의 사람들에 대한 "의식적인 선호"를 드러낸 일체의 사

저스틴 벵그리

람들로 정의하면서, 고대 이래로 "게이인 사람들"을 찾아내왔다. 과거에도 게이들이 있다고, 오늘날 우리 가운데 일부 사람들과 똑같이 동성을 사랑하고 성적으로 욕망한 남자와 여자들이 있다고 역사가들은 주장해왔다. 그리고 그 사람들이 게이라는 말을 쓰지 않았다고 해도—그리고 이 역사가들이 올바르게 상기시키듯이 과거 대부분의 사람들에게는 퀴어라는 말도 없었다—우리가 공유하는 게이나 심지어 LGBT 역사와 공동체 안으로 그들을 기꺼이 포용함으로써 그들을 기리는 일이 우리의 임무이다. 이런 역사 서술에서 우리의 게이 선조들은 20세기 여성 참정권 운동가부터 미청년들과 "그리스식" 사랑에 관해 숙고하던 빅토리아 시대 시인까지, 남색의 혐의를 받은 17세기 노동자부터 중세 국왕과 그의 총신들까지 넓은 스펙트럼을 아우를 수도 있다. 이 "게이" 선조들은 우리를 가를 수도 있는, 다른 경험들과 자아 정체성들보다 훨씬 강력한 유대를 우리와 공유한다고 어떤 역사가들은 주장한다.

이는 전적으로 불합리한 제안이 아니며, 나름대로 중요한 역사적 맥락이 없지도 않다. 1970년대와 1980년대부터 게이 해방 운동이 전개되고 동성 간 사랑과 욕망의 역사에 대한 학구적 연구가 발전하는 한편 체계적인 동성애 혐오와 폭력이 지속됨에 따라, 공유되는 "게이" 과거를 회복시키는 일이 무엇보다 중요해졌다. 수 세기 동안 우리의 역사는 흐려지고 방치되고 파괴되었다. 일기들은 암호로 쓰였고, 편지와 사랑의 증표들은 파기되었다. 스스로를 게이로 묘사한 사람들은 역사를 가지기 위해, 그 역사를 이용해서 현재에서 공간을 확보하기 위해 그리고 미래에 더 나은 처우를 요구하기 위해 그러한 과거를 회복하고자 지칠 줄 모르고 노력해왔다. "게이"는 많은 이들에게 매우 정치적인 단어였고, 이는 지금도 그렇다. 게이 역사를 회복하는 일은 예나 지금이나 실로 중요하다.

반세기가 지나 레즈비언 및 특히 게이라는 단어는 정체성을 나타내는 매우 친숙한 용어가 되었다. 따라서 이 단어는 오늘날 그리고 가까운 과거의 우리의 삶과는 근본적으로 다를 수도 있는 과거의 경험들을 묘사하는 과제를 더는 감당하지 못한다. 그 용어들은 유사성이나 심지어 같음sameness이라는 전제에서 출발하며, 과거를 우리 자신의 이미지에 따라 재구성하는 데에 기여한다. 과연 이런 용어들이, 비록 섹슈얼리티를 자각하고 있었다고 해도 자신들의 욕망과 섹슈얼리티를 우리와 다르게 이해한 과거의 사람들을 담아낼 수 있을까?

다른 용어들도 자신만의 역사와 기회, 난제들을 가지고 있다. 바이섹슈얼리티라는 용어 역시 동일한 부담에 일부 시달리고 있기는 하지만, 성적 욕망들의 더 큰 유동성을 암시하는 데에는 유용하다. 트랜스 젠더는 태어날 때 부여되는 젠더와는 다른 젠더 정체성의 표현형들을 묘사한다. 트랜스 젠더 연구자 수잔 스트라이커는 트랜스 젠더를 "어떤 특정한 도착점이나 이행 양식이라기보다는 선택하지 않은 출발점으로부터 벗어나 사회적으로 부과된 경계를 넘나드는 움직임"이라고 묘사한다. 트랜스 젠더는, 역시 더 특정한 20세기 정체성의 하나인 트

저스틴 벵그리

랜스 섹슈얼을 포함할 수도 있지만 그와 같지는 않다. 마찬가지로 트랜스 섹슈얼 역시 게이나 레즈비언처럼 중요한 역할을 하는 용어이지만, 퀴어한 과거를 묘사하는 데에는 적합하지 않을 수 있다. 하지만 트랜스 젠더, 또는 트랜스는 퀴어와 매우 비슷하게 비유사성, 가변성, 역사적 가능성의 공간을 제공한다.

그렇다면 오늘날 우리는 왜 우리의 선조들을 찾아내어 그들에게 레즈비언, 게이, 바이, 트랜스에 대한 현재의 이해와 직결되는 정체성을 부여하기보다 과거를 퀴어링하고 싶어하는 것일까? 이 질문에 답하기 위해서 우리는 이미 충분한 증거를 가지고 있는 퀴어(명사) 역사queer history로 의미하는 바가 무엇인지뿐만 아니라 과거를 퀴어링함(동사)으로써queer the past 우리가 원하는 바가 무엇인지도 생각해야 한다.

과거를 퀴어링하는 것은 역사 속의 사람들이 흔히 복잡하고 친숙하지 않은 방식들로 스스로를 규정하도록 허용하거나, 그들이 실제로 스스로를 어떻게 규정했다고 할지라도 우리는 그것을 영영 모를 수도 있다는 사실을 받아들이는 일이다. 그들은 보편적으로 보이는 정체성들을 드러내는 듯 보일 수도 있고, 범주들을 가로지르는 방식으로 살아가거나 사랑하는 듯 보일 수도 있다. 그들은 욕망들을 조직하는 다른 방식들을 지녔거나, 심지어 범주들의 필요성을 아예 부정할 수도 있다. 과거를 퀴어링하는 것은 심지어 우리가 이용하기 위해서 과거 사람들을 되찾아내고 그들에게 꼬리표를 다시 붙이는 순간에도 이러한 가능성들을 고의적으로 미결 상태로 놔두는 일이다. 그것은 그들에게서 직계 친족 관계와 배타적 소유권을 요구하지 않으면서도 그들의 삶에 대해 우리가 느낄 수도 있는 공명共鳴들에 관한 우리와 그들 사이의 대화이다. 과거를 퀴어링하는 일은 현재에서 일어나는 하나의 행위이다.

퀴어들

1980년대부터 일부 게이들과 여타 성과 젠더 비순응자들(사회의 기존 성과 젠더 범주에 일치하지 않는 사람들/옮긴이)은 자신들에게 "퀴어"라는 말을 내뱉거나 주먹과 발길질과 함께 퍼붓는 사람들로부터 그 단어를 되찾아와, 거기에 내포된 독기를 이용하고 전용하기 시작했다. 그것은 하나의 결집 구호, 사회적 규범에 대한 도전, 차이에 대한 선언이었고, 이분법적 꼬리표, 범주, 정체성들의 권력, 불가피성, 경계들을 의문시하는 유용한 방식으로서 퀴어 이론가들에게 금방 채택되었다. 다른 이들은 정치적 적실성과 긴급성을 상실해버린 게이 정치와 정체성의 동화주의적 경향이라고 규정한 것에 맞서 스스로를 자리매김하기 위해서 퀴어를 사용했다. 오늘날, 우리 가운데 일부는 퀴어를 젠더와 성 정체성 꼬리표를 의문시하는 것, 그 사이에서 움직이는 것이나 이러한 꼬리표들을 아예 부정하는 것으로 규정할지도 모른다. 또 혹자에게 퀴어란 그저 반세기 동안 사용되면서 구식이 되고, 그 세월의 무게에 짓눌린 "게이"나 "레즈비언"을 대체하는 새로운 꼬리표이다. 이러한 퀴어의 역사는 익숙하고, 20세기 LGBTQ 역사에 박혀

저스틴 벵그리

있다. 그것은 동성애 혐오적 폭력과 억압으로부터 적극적 행동주의와 해방, 자아에 대한 급진적 재상상으로 이어지는 진보적, 선형적 역사이다. 한마디로 그것은 딱히 "이상한/퀴어한" 이야기가 아니다.

만약 우리가 "퀴어"를 전후(제2차 세계대전 이후 대략 1950–1970년대를 말한다/옮긴이)의 억압과 회복, 저항의 손쉬운 서사 안에 가둘 필요성을 물리친다면, 일찍이 1930년대 영국에서 그것이 자기 기술의 용어로 사용된 증거를 찾을 수 있을 것이다. 1934년 친구 빌리에게 쓴편지에서 시릴 "쾨르 드 레옹"은 빌리와 관계를 맺고 싶다는 희망을 피력하는 한편으로, 자신의 아내와 두 살배기 딸아이를 묘사한다. 시릴은 "런던으로 오고 난 다음에야 퀴어가 되었지만" "여전히 여자들도 이따금 좋아한다." 그는 퀴어들은 "신경질적이고 불만에 차" 있다고 불평하며 퀴어를 "정상normal"과 대비시킨다. 시릴은 런던 엔들 가에 위치한 카라반 클럽을 급습한 단속에서 체포되었는데, 어느 민원 내용에 따르면 그 클럽은 "변태들, 레즈비언과 남색꾼들만 찾는" 곳이었다. 그러므로 시릴의 퀴어 용법은 우리의 용법과 무관하지 않지만, 한편으로는 다르다. 그것은 도시 공간 및 기회와 연결되어 있다. 또한 한시적이거나 특정 상황들에만 국한될 수도 있으며, 따라서 이성에 끌릴 여지를 남겨둔다. 이 편지는 1930년대의 퀴어가 동성 간의 이끌림을 포함하지만 성적 차이에 대해서 훨씬 더 확장성 있는 용어가 될 수도 있음을 보여준다.

시릴의 이야기는 구체적인 "퀴어" 역사의 가치를 들여다볼 수 있게 해준다. 시릴이 매우 명백하게 자신을 퀴어라고 명명할 때 우리는 그를 게이로 묘사하는 일을 쉽게 피할 수 있다. 그러나 역사가 맷 홀브룩은 퀴어의 의미는 "결코 자명하거나 안정적이거나 단일하지 않다"고 경고한다. 시릴에게 퀴어함queerness이란 그저 그가 남자에게 끌리는 문제가 아니라 그의 현란함, 여성스러움 그리고 도시와의 관계도 의미했다. 그리고 이 시기에 "정상적인" 남자는, 적어도 누구와 섹스를 하는가만을 놓고 볼 때 "퀴어한" 남자와 언제나 뚜렷하게 차별되지는 않았다. 이런 맥락에서 만약 시릴 그리고 시릴과 동시대인들에게 퀴어함이 전적으로 성적 욕망으로만 정의되지 않는다면, 그것은 우리와 무슨 상관이 있는가? 과거와 현재는 서로 부딪힌다. 오늘날 게이와 바이섹슈얼 남성은 거의 한 세기를 가로질러 공명하면서 시릴에게 친연성을 느낄지도 모른다. 우리는 도시가 제공하는 성적 기회들에 대한 그의 경험에서 친숙한 구석을 찾아내고 그를 우리 가운데한 사람으로 되찾고자 할 수도 있다. 하지만 우리는 그의 삶이 가진 복잡성, 그의 경험의 맥락, 그의 정체성의 유동성을 지울 수는 없다. 시릴은 그가 빌리에게 이끌리고, 아내에게서 지리적, 성적으로 멀어지고, 그가 런던의 보헤미안 근거지들을 발견했고 스스로를 그런 식으로 표현하기 때문에 퀴어인가? 비록 그가 우리에게 와닿는 것처럼 느껴진다고 하더라도, 시릴과 그의 퀴어함은 그의 역사적 순간에서만 이해될 수 있다.

시릴이 체포되기 200년 전인 18세기와 19세기에 또다른 관계 당국자들이 단속 활동을 벌여 엔들 가에서 그리 멀지 않은 반경에서 몰리들mollies이 이용하는 악명 높은 만남의 장소들을 찾아냈다. 일부 역사가들에게는 시릴만큼이나 이 몰리들이 친숙하다. 그들에게 몰리들은 다른 시대의 여성스러운 게이 남성들이다. 몰리들의 복장 도착과 머프 양이니 세라피나 공주니 하는 여자 이름들은 21세기 게이 드래그 문화로까지 이어지는 연속성을 암시한다. 한 예로 역사가 릭터 노턴은 19세기 초까지 술집, 진gin 하우스, 커피 하우스에 존재한 몰리 "게이 하위문화"를 묘사한다. 가장 인기 있던 곳은 홀본에 있는, 존과 그의 아내 마거릿 클랩이 소유한 머더 클랩스Mother Clap's였다. 몰리 하우스는 상업적인 성매매가 이루어지는 가게가 아니었지만, 몰리들은 그곳에서 사람들을 만나서 사귀고 야한 노래를 부르고 춤을 추고 섹스를 했다. 또 자신들의 관례들과 더불어 결혼과 출산의 의례들에서 여성 역할도 수행했다. "처녀 시절" 이름, 즉 여자 이름을 얻은 몰리에게는 이 공동체에 받아들여진다는 의미에서 일종의 세례로 술잔에 담긴 진을 얼굴에 끼얹기도 했다.

그러나 과연 이 몰리들이 우리의 게이 친족들일까? 그들은 18세기에 결국 국가 동성애 혐오가 그 하위문화를 파괴할 때까지 과장되게 여성적인 매너를 과시한 드래그 게이 남성들이었을 뿐일까? 1726년 머더 클랩스가 급습을 당했을 때, 그곳에서 40명의 남성이 체포되었다. 마거릿 클랩은 남색꾼들을 위한 매음굴을 운영한 죄목으로 스미스필드 마켓에서 손과 목에 칼을 차고 구경거리가 되었다. 그녀는 구경꾼들에게 심하게 조리돌림을 당해 여러 차례 실신했고, 아마도 감옥에서 죽었을 것이다. 다른 10여 명의 몰리들도 재판을 받고 칼을 쓴 채 조리돌림을 당한 다음 투옥되었다. 세 사람은 남색 죄목으로 처형되었다. 이런 몰리들을 보면, 극형을 비롯해 여전히 동성애를 가혹하게 처벌하는 법률 아래에서 살아가는 게이 남성들에게로 이어지는 친연성의 계보는 분명해 보일지도 모른다. 오늘날의 일부 게이 남성들에게는 이 역사가 특히 통렬하게 다가올 것이다. 하지만 이것이 유일한 이야기가 될 필요가 있을까? 게이 남성만이 몰리의 역사들을 소유하는 것일까?

몰리들의 성적 활동들을 선점하는 대신 그들의 젠더 표현 방식, 그들의 행동, 여성 정체성을 떠맡기 위해서 마다하지 않은 노력들에 초점을 맞춘다면 어떨까? 여자 이름과 의상, 몸짓과 말투, 의례들은 결혼과 출산이라는 성스러운 의례들을 치르고 그것들을 과시하고자 하는 욕망을 가리킬 수도 있다. 여기까지는 캠프(camp : 의도적이고 유희적으로 과장된 과시적인 태도나 취향. 게이 하위문화 맥락에서는 여봐란 듯이 드러내는 여성적인 태도/옮긴이)이다. 하지만 이런 여성적인 의례들에 몰리들이 쏟은 정성과 노력 그리고 그 의식들을 치르기 위해서 감수한 위험 부담들은 성적 기회와 성적 하위문화를 넘어서는 무엇인가를 암시하는 듯하다. 18세기 남성들에게 기대되는 바와 어긋나는 몰리들의 교란적인 젠더 행위는 트랜스 가능성을 열어젖힌다. 오늘날의 언어를 사용하자면 몰리들의 젠더가 그들이 태어날 때 부여된 젠더에

저스틴 벵그리

서 벗어났는지를 물을 수 있을 것이다. 몰리들은 트랜스 젠더였을까? 맷 홀브룩이 옹호한 대로, "퀴어를 사유하는" 일은 몰리들에 관하여 "지금의 정체성 범주들과, 차이와 정상성에 대한 이분법적 이해를 유보함으로써" 이러한 가능성들(트랜스 젠더였을 가능성과 트랜스 젠더가 아니었을 가능성/옮긴이) 전부를 미결로 내버려두거나 아니면 두 가능성 모두를 거부하는 것을 허용한다. 개별 역사가들은 몰리들에 대한 특정 이해를 다른 이해보다 더 강조할 수도 있지만, 시간이 지나면서 누적되는 학자들의 연구는 어느 한 가지 이야기가 지배하는 그림보다 덜 최종적이고 더 복잡한—더 퀴어한—그림을 제시해야 한다. 게이 남성이자 퀴어 역사가로서 나는 이런 관점에 전혀 불만이 없다.

여자를 사랑한 여자들의 삶도 마찬가지로 자신들만의 동성애 선조들을 찾는 레즈비언 역사가들의 관심을 끌었다. 혹자들이 "최초의 현대 레즈비언"으로 추켜세우기도 하는 "요크셔 일기"의 작가이자 지주인 앤 리스터(1791-1840)는, 어느 정도는 다른 여성들과의 성적 모험을 암호로 기록한 방대한 그 일기 덕분에 이런 선조들 가운데 가장 유명하다. 1834년 부활절에 리스터는 성체를 받고 앤 워커와 반지를 교환했는데, 두 사람은 이를 통해서 자신들이 혼인으로 맺어졌다고 믿었다. 오늘날 많은 레즈비언들에게 그녀의 친족 계보는 자명하다.

갈등은 2018년에 리스터와 워커가 결합한 장소인 홀리 트리니티 교회에 기념 명판을 달 때 리스터에게 어떤 이름표를 붙여야 하는지를 둘러싸고 터져나왔다. 명판은 원래 리스터를 "젠더 비순응 모험가"라고 설명했지만, 여기에 그녀의 섹슈얼리티가 지워졌다는 항의가 제기된 이후 "레즈비언이자 일기 작가"라는 설명이 적힌 또다른 명판으로 교체되었다. 하지만 일부 역사가들은 우리와 대단히 멀리 떨어진 여자들이나, 현대의 레즈비언 정체성에 깔끔하게 들어맞지 않는 삶을 살았던 여자들에게 레즈비언이라는 정체성을 너무도 쉽게 적용하는 데에 오랫동안 불편함을 느껴왔다. 비록 그 여자들이 오늘날 많은 레즈비언 여성들에게 공명할지라도 말이다. 퀴어 역사가들은 리스터가 젠더 비순응자이자 레즈비언일 수 있다고 주장할지도 모른다. 섹슈얼리티와 젠더 정체성은 상호 배타적이지 않기 때문이다.

중세 역사가 주디스 베넷은 다양한 여성들을 포괄하고, 과거에 여자들이 다른 여자들을 사랑하고, 다른 여자들과 함께 살고, 다른 여자들을 중심으로 자신들의 삶을 꾸렸을 가능성에 대한 더 큰 인정을 허용하기 위해서 "레즈비언 같은lesbian-like"이라는 용어를 주장해왔다. 그 여자들이 반드시 성관계를 맺었을 필요는 없다. 베넷은 중세 1,000년의 기록에서 여성 간 성기 접촉이 기록된 경우는 고작해야 10여 건에 불과할 것이라는 사실을 상기시킨다. 이에 따라 일부 역사가들은 동성 간 사랑과 욕망을 경험하는 데에서 어떤 여성들이 가졌던 보다 큰 가능성들을 고려하는 편이 더 유용하다고 여긴다. 이것은 한 걸음 나아간 질문들을 제기한다. 중세의 독신 여성들이나 수녀들은 "레즈비언 같을까?"

비록 완화되고 상대적일지라도, 어쩌면 그 불완전한 용어조차 여전히 너무 부담이 크고 시간을 초월하여 안정적인 레즈비언 정체성에 대한 암시에 너무 가까워서, 과거에 여성들이 느끼고 경험한 바를 제대로 나타내지는 못할 듯하다. 하지만 퀴어는 여성의 욕망이나 여성 욕망의 가능성을 다르게 생각할 수 있을 만큼 충분히 포괄적이고 폭넓다. 나에게 퀴어는 중세와 여타 시대의 여성들과 오늘날 레즈비언들과의 멀고 가까움을 사고할 수 있는 길을 열어준다. 그 과거의 여성들이 얼마나 "레즈비언 같은지" 또는 "레즈비언 같지 않은지"와 상관없이 말이다. 그와 동시에 나는 여성사와 레즈비언 역사가 직면한 특별한 위협, 다시 말해 역사학 분야에서 충분히 대표되지 않고, 연구비 부족을 겪으며, 학교와 대학에서 통 가르쳐지지 않는다는 현실을 충분히 이해한다. "퀴어"가 LGBT 역사에서 여성들을 지워버릴 것이라는 두려움은 정당하다.

어쩌면 중세사에서 나온 가장 이상한 이야기는 1394년 12월에 런던시 칩사이드, 세인트폴 대성당에서 그리 멀지 않은 곳에서 매춘부로 일하다가 체포된 사람의 사연일 것이다. 그 사람은 소퍼스 골목 가판대에서 존 브리트비라는 남자와 섹스를 하다가 그와 함께 붙잡혔고, 관계 당국자에게 심문을 받기 위해서 불려나왔다. 당국자들은 엘리너 라이크너가 존이라는 이름으로 세례를 받았으며, 법적으로 남자라는 사실을 알게 되었다. 다른 여자들에게서 여자처럼 차려입고 남자 고객들을 끌어들이는 법을 배운 그녀는 버퍼드의 어느 여인숙에서 접객을 하며 복장 도착 매춘부로 일했고, 옥스퍼드에서는 자수를 놓는 법을 배워 생활했다. 당초 1990년대 중반에 데이비드 로렌초 보이드와 루스 마조 캐러스에 의해서 "남성 복장 도착자 매춘부"로 규정되었던 엘리너는 오늘날 우리에게 트랜스 여성으로서 더 강하게 공명한다. 의도적인 자기표현self-presentation에 대한 그녀의 이야기와 그녀가 여성 정체성을 만들기 위해서 치른 희생과 노력, 그리고 당대의 다른 사람들이 그녀를 여자로 보았다는 사실, 이 모든 것은 무려 6세기도 더 전에 있었을 트랜스함transness이나 최소한 트랜스 가능성의 증거를 제공한다. 하지만 엘리너 라이크너는 오로지 우리가 트랜스 역사를 이 더 크고 퀴어한 용어 아래로 포섭시키기 때문에 퀴어 역사의 일부가 되는 것일까?

엘리너의 복잡한 삶은 여기서 끝이 아니다. 심문 과정에서 그녀는 자신이 여자와 남자 둘 다로 살아왔다고 밝혔다. 그리고 남자로서 존 라이크너는 수녀와 유부녀들을 비롯해 무수한 여자들과 섹스를 했다. 여자로서 엘리너는 남자 사제들과 더 쉽게 섹스를 했는데, 그들이 다른 사람들보다 돈을 더 잘 주었기 때문이다. 존의 삶은 트랜스 여성인 라이크너에 대한 우리의 이해를 복잡하게 만든다. 그가 존으로 살아갈 때 진심이라는 느낌을 주기 때문이다. 한편 비록 경제적으로 전략적이기는 해도, 엘리너라는 인물 역시 진심으로 느껴진다. 역사가들은 14세기처럼, 오늘날에도 성적 규범과 젠더 규범에 어긋나는 다중적 정체성들을 어떻게 다루어야 할까? 이 글에서 내가 지금까지 써온 바대로 존을 묘사하기 위해 "그", 엘리너를 묘사하기 위해 "그녀"

저스틴 벵그리

를 쓰는 대신, "그들they"을 사용함으로써 의도적으로 젠더를 넘나들었던 라이크너의 극히 이례적인 삶을 기리는 편이 더 좋을까? 아니면 캐러스가 최근에 그랬듯이 "그네hir" 같은 파열적인 젠더 중립적 대명사를 더 의도적으로 사용해야 할까? 퀴어 역사는 이러한 질문들을 유용하게 제기하지만, 명확한 대답을 주기는 고집스럽게 거부한다. 마지막으로 우리는 라이크너가 애초에 실존 인물인지조차 확신할 수 없다. 역사가 제러미 골드버그는 라이크너가 사실 런던 시의 서기들이 리처드 2세를 풍자하기 위해서 지어낸 영리한 허구라고 믿는다. 국왕이 런던 시와 갈등을 빚으면서 그의 엉뚱한 성적 기행들에 세간의 따가운 시선이 쏟아졌기 때문이다. 우리가 라이크너를 게이 남성, 트랜스 여성, 복장 도착자 또는 허구의 인물로 보는지와 상관없이, 적어도 이 사람이 정말로 이상한/퀴어한 사람이라는 데에는 동의할 수 있을 것이다.

역사를 퀴어링하기

만일 우리에게 역사를 가로질러 퀴어인 사람들—LGB나 T 같은 단순한 꼬리표를 거부하는 시릴, 머프 양, 앤 리스터와 라이크너 같은 사람들—에 대한 충분한 증거가 있다면, 그것이 그 자체로 그리고 저절로 역사를 너끈히 퀴어링할까? 퀴어 역사에서 가장 흥미진진한 기회 가운데 하나는 인간 다양성의 사례들이든 선조들이든 과거에서 유사성과 차이의 예시들을 발견하는 것, 그리고 어떻게 하면 역사를 다른 식으로 탐구할 수 있을지 사유하는 것이다. 우리가 노동, 계급, 자본주의, 식민주의 등의 역사를 퀴어하게 사고할 때 그것들의 역사는 어떻게 바뀌는가? 우리가 과거에서 퀴어인 사람들이 차지한 위치를 인식하고 이를 퀴어함과 나란히 고려했을 때 이러한 개념들이 어떻게 다르게 이해되거나 변형될 수 있을지를 생각해보자. 이러한 개념들에 대한 우리의 인식은 어떻게 바뀌는가?

역사가 헬렌 스미스는 20세기 전반기 잉글랜드 북부의 탄광과 제강소를 들여다보면서 배타적으로 이성애적인 이 지역의 산업 노동계급 문화가 오랫동안 견지해온 인식에 도전했다. 그녀는 그곳에서 게이나 스트레이트 같은 꼬리표들이 정체성을 가리키는 용어로는 금방 부적합해짐을 깨달았다. 자신을 "정상적"이라고 생각하는 많은 산업 노동자 남성들, 여자 친구나 아내가 있고 어쩌면 심지어 자식도 있을 수 있는 남성들이 자의식 분열, 지역 사회나 가족 내 자신의 역할에 대해 분열 의식을 느끼지 않으면서도 다른 남성들과 섹스를 했기 때문이다. 그들이 좋은 "사람character"—열심히 일하는, 믿음직한 생계 부양자—으로서의 품성들을 보여주는 한, 그리고 그들이 지역 사회나 가정에 균열을 가져오지 않는 한 다른 남성과의 성행위는 "정상적인" 남성적 행동에 대한 현지의 이해 안에 수용될 수 있었다. 이런 남성들 다수는 미디어를 통해서 "호모섹슈얼", "외설적"이고 "추잡한" 범법 행위 때문에 재판에 회부된 남성들을 의심의 여지없이 알고 있었고, 심지어 그들 가운데 일부는 그런 이야기들에서 다른 남성들을 향

저스틴 벵그리

한 친숙하고도 공유된 욕망을 인식했을지도 모른다. 하지만 다른 많은 이들은 그러한 동류의식을 느끼지 못했다. 그들은 지역 사회와 가족에게 바쳐진 일상을 영위했고 그들의 삶에 만족하면서 일생을 보냈다. 이런 남성들은 역사 기록에서 표면상으로는 자신만만하게 헤테로섹슈얼이나 스트레이트로 드러난다. 그러나 문제는 그렇게 간단하지 않다. 다른 측면에서는 "정상적인" 이 남성들이 "정말로는 게이"이거나 "대체로 스트레이트"이거나 아니면 "바이섹슈얼"인가?

이전의 역사가들이라면 이런 남성들을, 그들의 진정한 자아를 드러낼 기회와 인생의 가능성들을 제약당한 동성애 혐오적인 전후 사회의 게이 희생자들로 이해했을지도 모른다. 퀴어를 사유하는 일은 헤테로섹슈얼리티가 그렇게 단일하고, 제약적이고, 제한적이지 않다는 가능성도 제시한다. 퀴어는 과거의 "게이" 남성들을 이해할 때만큼이나 그들의 "스트레이트" 이웃과 동료들을 이해할 때에도 유용하며, 양측 간의 분리에 의문을 품도록 요구한다. 퀴어를 사유하면서 우리는 다음과 같이 질문할 수 있다. 산업 노동계급의 성적 문화는 실제로 얼마나 경직되어 있었는가? 한 사람의 욕망을 조직하는 데 "섹슈얼리티"가 과연 중요했는가? 심지어 동성애-이성애 이분법이 이런 남성들과 그들이 속한 지역 사회에 의미가 있기는 했는가? 퀴어 역사를 통해서 계급을 이해한다는 것은 계급의 역사들을 다르게 사고한다는 뜻이며, 잉글랜드 북부의 경우에는 남성성에 대한 노동계급의 경험들이 호모에로틱의 가능성을 내어준다는 점을 인식한다는 뜻이다.

우리가 노동, 동성 공간, 식민주의를 더 깊이 들여다본다면, 외견상으로는 명쾌한 여타 역사들을 퀴어한 이해를 통해서 재고할 수 있는 다른 가능성들이 열린다. 20세기 초반 남아프리카 금광에서 아프리카 흑인 남성들은 사회학자 T. 던바 무디가 "광산 결혼"이라고 부른 관계를 맺었다. 당시 광산에서는 나이가 더 적은 남성이 사이본다xibonda, 즉 "남편"인 나이가 더 많은 남성에게 요리와 빨래를 해주고 성관계도 맺으며 틴콘카나tinkonkana, 즉 "아내" 역할을 했었다. 이 관계는 남자만 있는 환경에서 더 강한 남자들이 지위가 더 낮은 남자들을 상대로 성적 배출구를 찾는 문제에 그치지 않았다. 연상의 사이본다들은 이러한 결합이 시내의 여성 성 노동자들에게서 성병이 감염될 위험을 막아준다고도 믿었다. 이러한 동성 간 "광산 결혼"의 유용성은 그들의 동반자들에게만 돌아가는 것이 아니었다. 여자 아내를 만나서 가정을 꾸리거나 가축을 사서 고향에서 어엿한 사회적 지위를 아직 얻지 못한 연하의 틴콘카나들은 안정적이고 이성애적인 가정을 꾸릴 수 있도록 돈을 벌고 자원을 쌓기 위해 광산에서 "아내"의 지위를 이용했다. 재키 아흐마트를 비롯한 게이와 퀴어 활동가들은 "광산 결혼"을 연구한 초기 역사가들이 그 관계를 감정적 관여나 욕망이 결여된 매우 실용적인 관점에서만 묘사함으로써 사실상 그들로부터 퀴어함을 지워버렸다고 비판해왔다. 나는 이런 비판에 공감하며, 이러한 인간관계들이 많은 것을 제공한다고 본다. 그 관계는 성적 욕망을 충족시켜주고, 감정적 헌신을 유발하며, 경제적 교환을 조직하고, 성

병으로부터 안전한 느낌을 제공하면서 오랫동안 장래의 이성애적 안정성과 남성적 지위를 도모했다. 확실히 이런 인간관계들은 여러 측면에서 퀴어하다.

퀴어 역사

역사를 가로질러 성적 욕망과 행동, 젠더 표현이나 정체성 때문에 역사가들의 눈에 띄는 사람들이 있다. 어떤 경우에 우리에게는 그들을 묘사할 특정한 역사적 용어나 현지 용어가 있다. 근래에 레즈비언, 게이, 바이섹슈얼은 주로 호모섹슈얼이나 호모파일homophile, 또는 더 고풍스러운 호모섹슈얼리스트homosexualist 같은 단어를 대체해서 쓰이고 있다. 트랜스 젠더와 트랜스가 쓰이기 전에는 트랜스 섹슈얼과 복장 도착자라는 표현이 더 흔했다. 차이를 이해하기 위해서 젠더와 성 정체성을 결합한 이전의 표현들로는 성 도착자, 제3의 성, 제3의 젠더, 간성間性, 우라니아인uranian 등이 있었다. 여자를 사랑하는 여자는 스스로를 다이크, 부치, 펨, 사피스트, 트리바드라고 부르거나 다른 사람들로부터 그렇게 불렸다. 남자를 욕망하는 어떤 남자들은 퀸queen이나 퀸(quean : 원래는 되바라진 여자나 왈패라는 뜻이다/옮긴이), 몰리, 남색꾼, 비역쟁이, 페더래스트소년성애자 등으로 묘사되기도 했다. 여기에 내부자들이 농담처럼 사용하거나 우리의 적들이 악의적으로 사용하는 호모, 메리, 팬지, 낸시, 폽, 페어리(주로 여자 같은 남자라는 의미에서 남성 동성애자를 비하하는 표현/옮긴이), 변태, 벤트(bent : 역시

"변태"에 가까운 어감의 표현/옮긴이) 그리고 여타 표현들의 온갖 조합도 빠트릴 수 없다. 더군다나 이 목록에는 다른 문화에 기원을 두고 있으며 특수한 젠더 관계와 섹슈얼리티 관계를 묘사하는 히즈라hijra, 조야 joya, 버대시berdache 같은 단어들은 포함되어 있지 않다. 이 단어들은 구체적인 의미를 지닌 각자 구별되는 표현들로, 각 단어가 묘사하는 사람이나 상황이 정확히 일치하는 경우는 거의 없다.

"퀴어"는 이런 표현들과 여타 표현들 다수를 수용하고자 하며, 그 표현들 가운데 어느 것도 과거의 기록에서 우리가 맞닥뜨리거나 발견할 수 있는 정체성이나 욕망의 표현을 적절하게 포착하지 못할 때에 유용할 수 있다. "퀴어"는 이 표현들이 어떤 사람들에게는 들어맞을 수도 있고 또 어떤 사람들에게는 틀릴 수도 있는 가능성을 열어둔다. 또한 과거의 사람들이 복수의 꼬리표와 범주를 뛰어넘어 그들 자신들과 또 우리에게 어떻게 공명할 수 있었을지 생각하는 행위, 그리고 역사 연구의 실제가 어디에서 지속적으로 재검토되고 재상상되어야 하는지 고민하는 일은 역사에 대한 이해를 확장한다.

퀴어 역사는 우리에게 연대감의 가능성들을, 수 세기를 가로질러 매우 친숙하게 느껴지는 삶을 산 사람들을 보여주기 때문에 중요하다. 역사를 가지는 일은 중요하다. 퀴어 역사는 과거의 삶들의 이질성과 불가지성으로 우리를 좌절시킬 때조차도 우리에게 과거를 선사한다. 우리는 과거 대다수의 사람들이 자신들의 삶과 욕망을 어떻게 이해했는지 결코 알 수 없다. 퀴어 역사는 동일한 사람들 안에서 우리에

저스틴 벵그리

게 선조들과 외계인들 둘 다를 선사한다. 과거가 궁극적으로 가능성으로 넘쳐난다는 점은 우리가 우리 자신의 시대를 재고하도록 도전을 제기해야만 한다. 퀴어 역사는 과거가 항상 대단히 급진적으로 낯설다는—혹은 퀴어하다는—사실을 인식함으로써 현재에 관해, 엄청난 다양성에 관해, 오늘날 젠더와 섹슈얼리티의 다양성과 변화 가능성에 관해 많은 것을 가르쳐준다.

우리는 과거를 퀴어링할 수 있고 또 해야 하는가? 아니면 역사는—그 모든 모호한 다의성과 오도하는 친숙함, 결코 알 수 없을 가능성으로—이미 퀴어한가?

더 읽을 거리

책

John Boswell, *Christianity, Social Tolerance, and Homosexuality: Gay People in Western Europe from the Beginning of the Christian Era to the Fourteenth Century* (Chicago: University of Chicago Press, 1980)

Matt Cook, *Queer Domesticities: Homosexuality and Home Life in Twentieth-Century London* (London: Palgrave Macmillan, 2014)

Matt Houlbrook, *Queer London: Perils and Pleasures in the Sexual Metropolis, 1918-1957* (Chicago: University of Chicago Press, 2005)

Rictor Norton, *Mother Clap's Holly House: The Gay Subculture in England, 1700-1830* (London: Gay Men's Press, 1992)

Alison Oram and Annmarie Turnbull, *The Lesbian History Sourcebook: Love and Sex Between Women in Britain from 1780 to 1970* (London: Routledge, 2001)

Helen Smith, *Masculinity, Class and Same-Sex Desire in Industrial England, 1895-1957* (London: Palgrave Macmillan, 2015)

Susan Stryker, *Transgender History* (New York: Seal Press, 2008) (『트랜스 젠더의 역사』, 루인, 제이 옮김[이매진, 2016])

논문

Zackie Achmat, '"Apostles of Civilised Vice": "Immoral Practices" and "Unnatural Vice" in South African Prisons and Compounds, 1890-1920', *Social Dynamics* 19, no. 2 (1993), 92-110

Judith M. Bennett, '"Lesbian-like" and the Social History of Lesbianisms', *Journal of the History of Sexuality* 9, no. 1 (2000), 1-24

David Byod and Ruth Karras, 'The interrogation of a male transvestite prostitute in fourteenth-century London', *GLQ: A journal of Lesbian and Gay Studies* 1, no. 4 (1995), 459-65

Anna Clark, 'Anne Lister's Construction of Lesbian Identity', *Journal of the History of Sexuality* 7, no. 1 (1996), 23-50

Jeremy Goldberg, 'John Rykener, Richard II and the Governance of London', *Leeds Studies in English* 45 (2014), 49-70

Matt Houlbrook, 'Thinking Queer: The Social and the Sexual in Interwar Britain', *British Queer History: New Approaches and Perspectives*, ed. Lewis Brian (Manchester, New York: Manchester University Press, 2013), 134-64

Ruth Mazo Karras and Tom Linkinen, 'John/Eleanor Rykener Revisited', *Founding Feminisms in Medieval Studies: Essays in Honor of E. Jane Burns*, ed. Laine E. Doggett and Daniel E. O'Sullivan (Cambridge: DS Brewer, 2016), 111-21

T. Dunbar Moodie, 'Migrancy and Male Sexuality on the South African Gold Mines', *Journal of Southern African Studies* 14, no. 2 (1988), 228-56

04

야사란 무엇인가?

세라 처치웰

한 사회가 서술하거나 서술하지 못하는 역사가 어떤 종류의 역사인가 하는 문제보다 그 사회의 성격을 더 의미심장하게 지시해주는 것은 없다.

— E. H. 카, 『역사란 무엇인가』

1922년 1월에 「사이언티픽 아메리칸Scientific American」에 "행간 읽기"라는 제목으로 실린 한 기사는 제1차 세계대전 당시 사용된 투명 잉크, 즉 "평범한 업무 문서" 안에 비밀 메시지를 감추기 위해서 사용되는 "공감 잉크, 미스터리 잉크, 혹은 마술 잉크"(강조는 원문)의 신기법들을 살짝 소개했다. 그 기사는 "올바른 처치"를 하자 어떻게 행간에서 "진짜 메시지"가 드러났는지를 보여주면서, 한 프랑스 간첩이 전달하려는 "와중에 압수된" 편지를 게재했다.

공식 서신의 행간에 비밀 메시지를 전달하기 위해서 투명 잉크를 사용하는 관행은 고대 그리스와 로마인들에게까지 거슬러가는 유구한 관행이다. 19세기 초에 이르자, "행간을 읽다"라는 말은 서브텍스트를 해독하고, 어떠한 의사소통에서든 문자적이거나 명시적인 의미를 넘어선 함의를 해석한다는 뜻을 가리키는 관용적인 표현이 되었다. 「사이언티픽 아메리칸」에 실린 기사의 필자가 주장하듯이, 그런 의미들은 표면적이거나 공식적인 의사소통보다 흔히 더 깊거나 심오해 보인다. 이것이야말로 적절한 해석적 방법을 적용해야 드러나는 "진짜 메시지"라는 것이다. 이 경우에 그것은 "행간 읽기" 같은 은유에 박혀 있는 간접적이거나 암묵적인 의미들에 깨어 있을 것을 요구한다. 어느 역사적 사건이든 그 "진짜" 혹은 총체적인 의미는 붙잡기 어려우며, 그 섬세한 흔적들을 드러내기 위해서는 공감 잉크가 필요하다. 이는 의사소통적인 동시에 이해하기 힘든 만큼이나, 언어와 의미 간의 관계가 얼마나 미스터리하고 마술적일 수 있는지를 충분히 고려하는 공감적 읽기를 뜻한다. 이러한 읽기 방식은 다른 어떤 종류의 텍스트적 서사나 문헌적인 서사 못지않게 역사적 기록에도 적용된다. 즉 행간 읽기는 해석과 더불어 추론을 요구한다.

어느 문화가 공식화하기로 결정하고, 그 문화와 역사가 기정사실로 받아들이는 것은 그 문화가 주목하지 않거나 부인하는 것만큼 시사하는 바가 있다. 행간 읽기는 출간된 책들과 우리 역사책들의 공백에 의미가 있음을 드러낸다. 영국사는 출판 시장으로 판단하자면 오직 튜더 시대와 제1차 세계대전, 제2차 세계대전의 세 시대로만 구성된 듯하다. 대중적 미국사 역시 1620년 메이플라워 호의 도착, 18세기 후반 미국 혁명과 국가 건립, 그리고 1861-1865년의 남북 전쟁이라는 축이 되는 세 가지 사건들이 지나칠 정도로 지배적이다. 이 역사적 사건들을 향한 대중적 집착은 난감할 만큼 협소한 관심 범위와 더불어 호전적인 대서양 사회를 시사한다. 그 집착은 또한 한 문화의 정체성에 대한 자의식에서 중심을 차지하게 된 사건들을 되풀이하려는 일종의 충동, 즉 신화화하려는 충동에 호소한다.

신화 창조는 민간 설화에서부터 거짓말 같은 이야기와 도시 전설 그리고 각종 음모론들에 이르기까지 공동체의 어느 스토리텔링 행위에서도 멀리 떨어져 있지 않으며, 공식 역사에도 우리가 인정하고자 하는 것보다 훨씬 더 많은 신화가 있다. 제2차 세계대전 당시 "됭케르크에서의 영국군" 이야기가 대표적인 사례이다. 영국군이 됭케르크에 있었고, 그들의 역설적이게도 성공적인 후퇴가 전쟁에 대한 영국 대중의 인식에 중대한 순간이었다는 한에서 그것은 역사적으로 사실이다. 하지만 오랜 시간이 흐르는 동안, 언론과 정치인들의 연설, 그리고 소설과 영화에서 약칭처럼 무수히 이야기되고 또다시 이야기되면서 "됭케르크"는 용감한 영국군이 어떻게 패배를 승리로 바꾸었는지에 관한 허구—하나의 신화—로 탈바꿈했다. 됭케르크에서의 참패 직후에 승리했다는 영국 대중의 느낌이 집단적 기억과 국가 정체성에서 그 사건을 승리로 이해하게 했기 때문에 그 신화는 자기충족적인 예언이 되었고, 80년 뒤 EU에서 영국이 탈퇴한 것을 비롯한 추후의 사건들을 규정하는 데에 기여했다. 훌륭한 경험칙은 자신에게 유

세라 처치웰

리한 역사를 십중팔구 신화적인 이야기라고 전제하는 것이다.* 진실은 보통 그렇게 기분을 우쭐하게 하는 것이 아니기 때문이다. 어떤 역사적 신화들은 자신에게 유리할 뿐만 아니라 정치적으로 악의를 품고 있기도 하다. 독일인들이 "유대인들에게 등에 칼을 맞았다"는 제1차 세계대전 후의 새빨간 거짓말은 히틀러의 집권에 기여했으며, 남부 연합은 고결한 "잃어버린 대의Lost Cause"였다는 체면 세우기용 신화는 노예제가 폐지된 뒤에도 미국에서 백인의 지배를 유지시켰고, 결국에는 2020년 흑인의 목숨도 소중하다 운동과 정치적 항의들로 이어졌다.

그러한 신화화 충동을 물리치는 데에는 두 가지 명백한 길이 있다. 하나는 신화가 아닌 그밖의 모든 역사에 관해 쓰면서 역사의 틈새를 메우는 것으로, 바로 전문 역사가 대다수가 하고 있는 작업이다. 다른 하나는 신화들을 해체하는 작업, 통념을 거부하고 대안적 역사를 구성하는 것이다. 그 작업을 수행하기 위해서는 역사학에서 하는 일반적인 작업과는 다른 종류의 독해와 문서고 작업이 필요하다. 그것은

---

* 또다른 경험칙은 "경험칙(rule of thumb : 문자적인 의미는 '엄지의 법칙'이다/옮긴이)"만이 아니라 언어 역시 역사적 사건들만큼이나 가짜 역사와 도시 전설에 엮이기 십상이라는 것이다. 20세기 후반기에 "경험칙"이라는 표현을 둘러싸고 한 가지 민간 어원설이 발전했는데, 그 표현이 자신의 엄지보다 더 굵지 않은 막대기로만 아내를 때릴 수 있다고 말했다는 잉글랜드 보통법의 전통에서 유래했다는 것이다. 잉글랜드 보통법에 그런 규칙이 있다는 증거는 부족하다. 하지만 19세기 미국 법에는 판사가 가정 폭력으로 고발된 남자들을 봐주기 위해서 이른바 그 유구한 "엄지 기준"을 원용한 사례들이 존재한다. 이는 역사적 신화들이 어떤 식으로 법적이고 정치적인 현실을 형성할 수 있는지를 보여주는 완벽한 실례이다.

틈새를, 빠지거나 말해지지 않았던 것을 찾아내는 읽기, 공식 역사 서술의 행간을 읽기, 어떤 역사가 중요한지를 정하는 지배적인 신화화 충동에 저항하기이다.

그러한 의미들 그리고 그 의미들의 유래는 "행간"이라는 표현 자체의 은유적 유래만큼 잊히기 십상이다. 행간 읽기는 우리가 찾아내고자 하는 의미가, 요란하게 우리의 시선을 집중시키는 명백한 사건이나 행위자들에게 정신이 팔린 사이에 우리가 보지 못하는 곳에 숨어 있을지도 모른다는 사실을 상기시킨다. 대부분의 역사는 언어를 통해서, 압도적으로 이야기의 형태로 우리에게 전달된다. 하지만 역사에 대한 정통적인 접근법—이른바 "위인" 이야기들, 사건 중심의 정치, 외교, 무역, 신앙, 분쟁 서사들—은 언어는 투명하고 안정적이라는 가식적인 공통의 가정에 독자가 함께하도록 조장한다(게다가 "위인들"만이 중요하다는 가정도 암묵적으로 동의하게 만드는데, 누가 위인인지를 정하는 사람들은 바로 그 위인 같은 사람들이다).

역사 기록을 독해하는 보다 "문학적인" 방식은 지극히 평범하고 일상적인 단어와 표현—"행간을 읽다" 같은—도 그 안에 내재된 여러 역사와 공감을 전달한다는 사실을 인식하면서 언어의 작동에 더 세심한 관심을 기울이는 일일 것이다. 그것은 우리에게 모든 역사는 언어와 이야기를 통해서 형성되며, 역사에 대한 관습적인 접근법들만으로는 그 가운데 어느 것도 우리가 믿는 만큼 명쾌하지 않음을 상기시킨다. 역사가들이 순진하다고 비난하려는 것이 아니다. 훌륭한 역사

　　　　　　　　세라 처치웰

가는 자신이 연구하는 사료와 자신이 들려주는 이야기 안에 내재한 편향, 다의성, 주관성, 의사소통 오류에 항상 경계심을 품고 있다. 하지만 하나의 학문 분야로서 역사는 여전히 실증주의의 유산, 증거가 스스로 말할 수 있다—혹은 말해야 한다—는 믿음을 완전히 떨쳐내지 못했다. E. H. 카가 역사가들은 증거가 스스로 말하게 한다고 주장하고 있지만 실제로는 그 증거들을 대신해서 말하고 있다고 언급했을 때 근본적으로 도전하고자 했던 것은 바로 이 믿음이었다. 카는 발언하고 있는 사람에 관해, 그리고 그들이 거론하는 증거를 어떻게 선택하는지에 관해 더 골똘히 생각해보기를 장려했다. 그러한 논리를 확장해보면 그들이 발언할 때 사용하는 말들에 관해서도 역시 숙고해보아야 한다. 행간에 도사린 의미를 찾아서 그리고 그 의미는 느낌과 믿음에, 표면적인 사실들 말고도 인간적인 동기와 의도의 복잡성에 민감할 것을 요구한다는 점을 명심하면서 역사를 시험한다는 자세로 접근해야 한다.

문학 연구자로서 나는 언어가 어느 때나 스스로를 나타낸다는, 아니 그보다는 오로지 그 스스로만 나타낸다는 생각을 거부하도록 훈련받았다. 언어는 그 자체보다 훨씬 많은 것을 나타낸다. 행간 읽기 사례에서 알 수 있듯이, 우리가 언어를 사용할 때마다 언어는 그 안에 쌓인 전체 역사를 이야기한다. 이는 우리가 그 점을 알고 있는지 여부와는 상관없다. 하이데거가 언급한 유명한 말대로 우리가 언어를 말하는 것이 아니라 언어가 우리를 말한다. 우리가 말하는 법을 습득함으로써 그 안에 편입되는 하나의 역사적인 언어를 통해서 우리는 우리 자신과 세계를 이해하며, 그 역사적 언어는 역사에 대한 우리의 생각을 비롯해 우리의 모든 생각과 정신을 형성한다. 그리고 우리가 인정하든 인정하지 않든 언어는 안정적—"실증적"—매체가 전혀 아니다. 의사소통 오류는 인간 생활의 상수이며, 역사 서술의 리얼리즘이란 그 서술자들이 좀처럼 의문시하는 법이 없는 세습된 관습일 뿐이다. 역사적 문제들에 문학적 감수성으로 접근하는 일은 행간 읽기와 같은 은유들과, 우리의 역사책이나 문헌들의 지면에 인쇄된 의미들보다 더 깊고 풍부한 의미들을 추론할 "공감 잉크"가 필요하다는 발상에 가닿게 해준다. 과거의 언어는 오늘날 우리의 언어처럼 암묵적이고 일상의 관용적 의미들과 은유들로 가득하며, 그러한 의미들에 민감할뿐더러 그것에 관해서 적극적으로 호기심을 품는 일은 완전히 새로운 역사적 발견의 길을 열어줄 수 있다.

우선, 말의 의미들은 시간이 흐르면서—때로는 급격하게—진화한다. 1815년에 제인 오스틴이 마차 안에서 "엘튼 씨가 실제로 그녀에게 폭력적인 구애를making violent love to her" 해서 에마 우드하우스가 깜짝 놀랐다고 쓸 때, 이는 엘튼 씨가 에마를 성폭행했다거나 두 사람이 마차 안에서 별안간 격렬한 성관계를 맺었음을 의미하지는 않는다. 이는 그가 말로 그녀를 압박했다, 다시 말해 요즘 말로 "들이댄다"고 하거나 "작업을 건다"라고 부를 만한 일을 했다는 뜻이다. 사회적 관습이나 정치적 압력 역시 역사적인 언어 사용에서 무엇이 명시적이고 무

세라 처치윌

엇이 암묵적인지를 결정할 수 있다. 어떤 다의성은 파문을 낳는 것을 피하거나 정치적, 사회적 또는 법적 운용의 여지를 남기기 위해서 의도적인데, 이를테면 불법 모임에서 진짜 저의를 감추려고 전혀 문제될 것이 없는 언어만 사용하는 경우가 그렇다. 이런 위장에는 당대의 관계 당국자들만이 아니라 후대의 역사가들도 속아 넘어갈 수 있다. 심남부deep south에서 미국 백인 우월주의자들이 린치—그들이 20세기 전반기에 무시무시할 만큼 수시로 하던 일—를 광고하고 싶을 때, 그들은 유죄의 증거가 될 만한 단어인 "린치" 대신 "법외 정의extralegal justice" 같은 암호를 통해서 폭도를 모집했다. "법외 정의"는 자경 폭력으로 직역되는 비교적 단순명쾌한 사례이다. 그렇다면 "워킹 걸working girl"처럼 한 가지 이상을 의미하는 역사적 관용 표현들은 어떤가? 19세기 신문에서 "워킹 걸"은 성 노동자를 가리키는 말일까, 아니면 그저 직업이 있는 여자라는 뜻일까? 워킹 걸에 대한 문화사는 그 질문에 답을 내놓고자 할 수도 있다. 그 표현이 집단적으로 어떻게 이해되었는지, 거기에 내포된 의미들이 그 표현을 사용하는 사회의 젠더, 성, 나이, 계급, 임노동과 관련해서 어떤 관념들을 시사하는지를 이해함으로써 말이다.

다른 관용어적인 코드들vernacular codes은 복잡한 역사적, 정치적 혹은 이데올로기적 관념들을 표현하는 데에 약어 사용법들을 제공한다. "아메리칸 드림"을 믿는다고 말하는 사회는 이 표현으로 무엇을 의미하는가? 그 의미는 긴 시간에 걸쳐 한결같은가 아니면 진화하는

가? 진화할 경우, 그 다의성은 그에 따라 오해를 야기하는가? 암호화된 의미들은 돈이나 공간에 대한 단순한 실용주의적 고려나 자기들끼리만 아는 재미있는 농담으로부터 발생하기도 한다. 예전에는 전신電信으로 인해 고도로 축약된 언어 사용이 필수여서 전신문 해독에 경험이 요구되었다면, 마찬가지로 미래의 학생들은 오늘날의 문자 메시지의 줄임말과 이미지를 해독하는 데에 고생할지도 모른다. 조그마한 가지 사진이 야한 농담이라거나 인기 없는 어느 정부 자문의 속보이는 변명 덕분에 "시력 검사"가 2020년 코로나19 팬데믹 기간 동안 어떻게 하나의 약어가 되었는지를 알기 위해서는 역사적인 맥락이 필요할 것이다.

이러한 사례들이 암시하듯이 역사적, 언어적 의미들은 전달 과정에서 매우 급속히 상실될 수 있다. 그런 의미들을 되찾고, 그것들이 만들어내는 실타래를 따라가는 일은 문학적, 역사적 접근법을 일종의 일상적 관용어구 역사vernacular history로 섞어내는 나의 작업에서 갈수록 중심이 되어가고 있다. 일상적 관용어구 역사는 그 자체로 문화사의 한 유형이다. 넓게 보면 문화사는 우리가 우리 자신에게 들려주는 이야기들을 수집하고 살펴보며, 우리가 선택한 이야기들이 우리 자신에 관해서 무엇을 말해주는지를 묻는다. 우리가 우러러보거나 욕하는 혹은 보존하거나 망각하는 이야기와 대상, 인물들을 통해서 우리는 어떤 가치를 드러내는가? 우리의 습관들과 관심사들—음식이나 음악에서, 애도할 때나 위락을 즐길 때, 책이나 조각상에서—은 우리

세라 처치웰

에 관해서 무엇을 말하는가? 한 문화가 믿음, 가치들과 관념들의 체계라고 한다면 문화사는 그러한 가치 체계를 읽어내고, 한 문화의 사고방식mentality을 이해하고자 한다. 이는 카의 말마따나 한 사회의 성격을 지시해주는, 그 사회가 어떤 역사를 서술하고 어떤 역사를 서술하지 못하는지를 찾는 일이다.

가장 뛰어난 문화사들 일부는 언뜻 보면 가장 시시해 보이거나 간과된 주제들로 시작한다. 이를테면 잠의 역사나 각주의 역사, 위장술 혹은 잭 더 리퍼 대신에 그 살인마에게 희생당한 여성들의 역사에 우리의 시선을 재집중시키면서―"각본을 뒤집는 것", 기대를 뒤엎는 것, 전경과 후경을 재설정하는 것이다. 아무리 하찮아 보이는 어느 물건이든 무수한 역사들을 연결시킬 수 있다. 가령 1899년에 한 노르웨이 기술자가 발명한 종이 클립의 문화사는 과거로는 종이의 역사로 거슬러갈 수도 있고, 미래로는 휴대전화의 유심칩으로 이어질 수도 있으며, 제2차 세계대전 당시 나치의 노르웨이 점령에 대한 저항의 상징으로 종이 클립을 착용했던 일도 포함될 것이다. 소금의 문화사에는 공학과 향신료 길spices routes의 역사가 포함될 것이며, 어쩌면 『리어 왕King Lear』에 영감을 준 민담을 논의할지도 모른다. 밸런타인의 문화사는 3세기 로마 제국에서 시작해서 중세와 르네상스 시기에 궁정 연애 관념의 등장을 추적하고, 1929년에 알 카포네가 7명의 갱스터를 총으로 쏴 죽인 금주법 시대에 얼마간 지면을 할애한 다음, 오늘날의 안부 인사 카드 산업으로 이동할 수도 있다. 그리고 이 이야기 내내 우리는 사실과 허구가 어떻게 뒤섞이는지, 초기 기독교 순교자가 영사실 같지 않지만 실제 사실들인 여러 단계들을 거쳐 화살에 맞은 하트를 들고 있는 통통한 천사 그림으로 어떻게 이어졌는지를 이해해야만 할 것이다.

문화사는 가장 오래된 역사 연구 형식인 동시에 가장 최신 형식이기도 하다. 서양의 한 학문 분과로서 그것은 대체로 전후의 현상이다. 하지만 인간 관심사의 한 분야로서는 모든 역사 개념에 (혹은 문화에) 중심적인 만큼이나 스토리텔링에도 근본적이다. 워낙 근본적이라 영미 문화에서는 1980년대 무렵까지도 하위 분과로 인정되지 않았을 정도이다. 오늘날 우리가 실천하는 문화사가 18세기 후반에 프랑스와 독일에서 처음 등장하고 우리가 아는 바와 같은 문화사의 가장 초기 사례이자 가장 영향력 있는 몇몇 사례들이 민속사와 토착어에 대한 연구를 통해서 처음 등장한 것은 (적어도 내가 보기에는) 우연이 아니다. 민담과 민요를 수집한 문헌학자(philologist : 구전 사료나 글로 된 사료를 바탕으로 언어에 대한 비교적, 역사적인 연구를 하는 사람. 역사언어학자라고도 한다/옮긴이) 그림 형제는 그 전형이다. 두 사람은 이야기와 노래, 춤과 의식을 통해서 독일어와 독일 문화를 이해하고, 그것들 안에서 여흥만이 아니라 문화적 전통의 교훈과 전수, 설명 방식을 포착해냈다.

민속사와 밀접하게 연관된 토착 역사vernacular history는 기억과 망각의 대중적 패턴들이 민간—토착—전통과 언어를 통해서 전달되고 유

세라 처치웰

지되는 방식을 살펴보는 문화사의 일종이다. 원래 학자들에게 "토착 역사"란 라틴어가 여전히 교회와 법률, 역사의 공식적, 제도적 언어였던 12세기와 13세기에 유럽 곳곳에서 중세 토착어—고ㅁ프랑스어, 이탈리아어, 앵글로노르만어—로 등장하기 시작한 "비공식적" 역사를 말했다. 그와 비슷하게, 오늘날 "토착 역사"는 기원, 유산, 정체성과 지역 문제들을 탐구하기 위해서 전 세계의 원주민들이 토착 언어로 쓴 역사를 묘사할 때에 사용된다.

그러나 토착 역사/야사는 토착적인 것을 모든 측면에서 사고함으로써 더 확장된 방식으로 이해될 수도 있다. 구어적이고 일상적인 것, 토착 원주민의 현지적인 것, 관용어적이고 관례적인 것, 공식적인 것에 반하여 민간적인 것, 그리고 특히 언어, 방언, 문체의 문제들이 그 예이다. 이런 탐구 노선들 가운데 어느 것을 추구해도 좋지만, 그러한 토착 역사/야사는 역사에 대한 특정 집단 특유의 자명한 이해, 대중적이고 국지적인 이해와, 그러한 대중적 역사들이 일상 언어 및 표현과 어떻게 연관되는지에 특히 관심을 가진다. 그 명칭이 암시하듯이, 토착 역사/야사는 보통 사람들의 목소리—그들이 무엇을 말하는지만이 아니라 그들이 어떻게 말하는지에 관해서도—에 주의를 기울인다. 그러나 그런 목소리들 다수가 역사의 틈새에서 상실되어 영영 회복 불가능하며, 기껏해야 행간에서 추론만 할 수 있을 뿐이다. 여느 대화에서와 마찬가지로 억양, 맥락, 단서들은 그러한 일상 관용어적 문체로, 그리고 일상 관용어적인 문체를 통해서 드러나는 감정과 정서들을 비롯해 훨씬 더 풍성한 함의들을 가리킬 수 있다. 사실과 더불어 감정의 체계들에도 주의를 기울이는 토착 역사/야사는 문서고에 있는 비합리적이고 무의식적인 것의 흔적들을 독해할 수 있게 해준다. 그것은 믿음들이 부분적으로, 하지만 불완전하게 사람들의 활동에 영향을 주며, 그들이 언제나 이성적으로 행동하지만은 않음을 인정한다. 또한 고질적으로 발생할 수밖에 없는 의사소통 오류는 의사소통만큼 유의미하며, 신화가 역사와 얽히게 되는 많은 이유들 가운데 하나임을 이해한다.

대중적 기억은 언어와 서사—역사뿐만 아니라 픽션, 영화, TV, 게임, 노래—와 더불어 의식儀式과 수행을 통해서 창조되며, 그중에는 기념과 축하 의례들만이 아니라 프로 스포츠처럼 역사가 깊은 여타 부족적인 문화적 시합들도 포함될 수 있다. 예를 들면 스코틀랜드 셀틱 축구팀의 서포터들은 지극히 역사적인 관점에서 자신들의 충성심을 이해한다. 하지만 그 역사는 토착적이다. 기념화 작업은 공식적이고 국가가 승인한 것일 수 있는 한편으로 국지적이고 비공식적일 수도 있다. 국가 테러나 군중 폭력 같은 집단적 트라우마의 기억이 보존되고 있을 때에는 특히 그렇다. 이것들은 공식 문화가 쓰지 못한 역사의 빈틈들을 채우기 위한 역사적 개입—토착 역사/야사들의 창조—이다.

그러한 토착 역사/야사는 흔히 제도 역사에 저항하거나 정면으로 대립하기도 한다. 토착 역사/야사가 신화적인 반면, 제도 역사는 신뢰

세라 처치웰

할 만하다는 이야기가 항상 사실은 아니다. 야사가 주변화된 사건들의 기억을 계속 간직해온 반면에, 공식적 국가의 이해관계가 국가 공인 부정행위의 역사적 증거를 왜곡하거나 억압하고 파기한 사례, 정치적 저항을 말소하거나 범죄화한 사례들은 무수히 많다. 그러한 기록 왜곡에 저항하기 위해서는 행간을 읽고 공식 역사 서술의 결을 거슬러서 독해해야 하고, 말해지지 않고 억압되었지만 은연중에 드러나는 것을 찾아서 읽는 법을 배워야 한다. 공식 서사가 "불법 폭동이 진압되고 범행자들이 체포되었다"라고 밝힐 때 야사는 국가나 사회 지배층이 부정하거나 간과해온 역사를 회복하거나 추정하도록 허용하면서 그 사건에 대해서 뚜렷하게 다른 시각을 제시할 수도 있다.

그럼에도 야사는 저항적이라기보다는 신화적일 개연성이 훨씬 크며, 논쟁의 여지는 있겠지만, 그 점이 야사를 덜 의미 있게가 아니라 더 의미 있게 만든다. 프로이트적 실언(무의식적으로 본심을 드러내는 실언)이 그 화자가 의도한 바보다 뜻밖에도 더 많은 것을 드러내듯이, 역사는 문화적 실언을 통해서 드러날 수 있다. 그런 의미에서 이는 실수라기보다는 긴 시간을 가로질러 한 문화의 서사와 표현에, 특히 그 신화와 전설들에 포착된 생각, 관념, 감정들의 후류後流인 셈이다. 우리는 불의 도래를 설명하기 위해서 신과 괴물들의 그림을 동굴 벽에 그린 동굴 인간들보다도 우리 사회의 신화로부터 더 자유롭지 못하다. 형태가 다르기는 하지만, 우리의 신화는 지식에서 진공을 채우기 위해서 혹은 가짜 증거에 입각한 진실을 주장하기 위해서 여전히 허깨비 역사를 창조한다. 내가 방금 이끌어낸 동굴 인간 비유에서처럼, 허깨비 역사는 우리 사회가 특정한 인간 행동은 "하드웨어에 내장되어 있다hard-wired"라고 주장하고 싶을 때마다 의존하는 신화적 카툰이며, 우리를 동굴 인간으로 만듦과 동시에 컴퓨터로 만드는 은유이다. 수렵 채집인이었던 우리 인류의 과거는 아기 성별 확인 파티부터 공산주의에 이르기까지 모든 것을 설명하기 위해서 이용된다. 어떠한 증거도 없는 상황에서 심심하면 꺼내드는 그러한 설명은 신화이지 역사가 아니다.

　의견들이 입증 가능한 사실들만큼 강한 지배력을 발휘하는 사회에서는 신화가 사회를 장악한다. 이러한 사회들은 우리가 너무 둔해서 이해하지 못하는 방식으로 우리의 역사를 형성하며, 우리를 조작에 쉽게 넘어가게 만든다. 역사는 언제나 정치적이다. 정치적 이해관계에 의해서 고의적으로 위조될 때 역사는 프로파간다가 된다. 신화와 역사 사이의 상호 작용을 연구하면 지금 이 순간 등장하고 있는 신화를 추적하고 그 성장을 저해하기 위해서 노력할 수 있다. 음모론, 가짜 뉴스, 도시 전설, 조작 사건, 도덕적 패닉 등등 우리는 우리의 신화에 다양한 이름을 붙이지만, 그것들은 여전히 신화이다. 자신이 개시하기로 진즉에 결심한 전쟁을 늦지 않게 시작하려고 딸을 희생 제물로 바친 고대의 장군에 못지않게, 우리의 선택을 정당화하기 위해서 우리는 신화를 이용한다.

　모든 문화사에는 원주민의 토착 일상어에 대한 일종의 고고학이 뒤따른다. 새로운 디지털 기술은 이런 종류의 고고학적 복원에 특히 뛰어나서, 우리가 다양한 토착 일상어들—표현, 관념, 이해—의 용법을 디지털 아카이브라는 집단 매장지에서 찾아내고 지도화하는 작업을 돕고, 세계 전체를 재구성할 수 있도록 해준다. 이런 재구성 작업은 그 세계들이 무엇을 생각하고, 어떻게 말하고, 무엇을 믿었는지에 관한 통념들을 뒤집을 수도 있다. 1963년에 리처드 호프스태터는 자신이 미국 문화의 "편집증적 스타일"이라고 부른 것, 미국의 역사에 걸쳐 위기의 순간마다 등장하는 "세계를 바라보고 자신을 표현하는 방식"을 찾아냈다. 일부 미국사 역사가들은 그의 관점이 미국 정치를 병리학적이고 심리학적인 현상으로 간주한다고 주장하며 미국 역사에 대한 이런 독해 방식에 반대했지만, 호프스태터의 에세이는 정치사라기보다는 토착 역사/야사로서 획기적인 저술로 볼 수도 있다. 편집증스타일은 미국의 일상 언어를 독해하는 하나의 은유를, 필립 로스가나중에 "미국에 토착적인 광포함"이라고 부른 것—미국의 삶의 고립지들에 면면히 흐르는 집단적 사고틀mindset에 대한 이해 방식—을 제공했다. 이는 문화가 개인들처럼 관용어구적인 스타일을 통해서 드러날 수 있다는 관점이다. 이러한 스타일들은 단순히 지배적 가치관들을 그대로 되풀이하지 않으며, 각종 병리들과 그 가치 체계의 균열과 실패들과 더불어 저항이나 전복, 거부를 표명할 수도 있다.

　　바로 이것이 카가 말했듯이, 한 문화가 자기에 관해 말하지 않는 역사들이 말하는 역사들만큼 의미심장한 이유이다. 그렇게 말하지 않은 역사들을 알아채고, 말해지지 않은 것에 귀를 기울임으로써 우리는 다른 종류의 역사를 들려줄 수 있다. 외전(출전이나 유래가 불확실하다는 의미/옮긴이)의 역사들에 주의를 기울이는 작업은 또다른 형태의 행간 읽기, 카가 우리에게 기억하라고 촉구한 손에 잡히지 않는 역사들을 포착하는 방식이다. 우리의 사실들을 감싸고 있는 외전의 전설들은 정전적 이야기들—종종 외전의 이야기들보다 훨씬 더 적은 사람들에게 도달하는—보다는 아니라고 해도 그것들만큼 인류의 역사를 형성한다.

그러나 우리가 특정한 경험이나 사건을 둘러싼 의미를 바야흐로 온전히 포착할 기회는 사실 정전적 이야기와 외전적 이야기 간의 대화에 있다. 오랜 격언이 상기시키듯이, 나무를 향한 관심으로 숲을 놓쳐서는 안 된다. 숲의 환경사가 생태학적 변화와 인간의 작용을, 영농과 경작의 실제를 살펴본다면, 숲의 야사는 나무 요정과 숲의 님프들로부터 시작하여, 어떻게 월계수는 승리를, 주목은 불멸을 상징하게 되었는지를 거쳐서, 사시나무의 효능이나 흰자작나무가 마녀의 빗자루로 선호되는 이유를 추적할 수 있다. 아니면 늑대가 키운 소년들이나 늑대 때문에 길을 잃은 소녀들에 관한 민담들을 이야기할지도 모른다. 캠프파이어와 보이 스카우트, 아니면 폴 버니언과 그의 황소, 시적인 아르카디아의 "시원의 숲"을 논할 수도 있고, 세상이 어떻게 만들어졌는지에 관한 오스트레일리아 원주민 설화를 이야기하거나 석가모니가 깨달음을 얻은 보리수나무를 설명할지도 모른다.

세라 처치웰

혹은 신화적이지만 누구나 금방 알아볼 수 있는 인물인 로빈 후드에 초점을 맞출 수도 있을 것이다. 로빈 후드는 그가 속한 문화의 숲에 대한 관념들—문명과 대비되는 야생, 무법자와 사회에서 버림받은 자들의 피난처임과 동시에 사회적 자유가 상상되는 공간—을 상징하는 인물이다. 로빈 후드 이야기는 동화책에 국한된 전설에 그치지 않는다. 그것은 특정한 역사적 사건들과 파열들에 대응하여 발전했고, 그런 사건들에 대한 한 문화의 반응을 나타낸다. 로빈 후드 전설은 노르만 정복이라는 사실에 색슨 자유라는 신화들로 맞선다. 또한 입헌 군주정을 둘러싼 싸움이 전개되던 당시에는 압제에 대한 민중 저항의 이상들을 제시했다. 한편 할리우드 영화판들을 비롯해 로빈 후드의 후대 판본들은 사라져버린 전원적 과거에 대한 향수 어린 그리움을 특징으로 하며, 인클로저와 근대 산업 경제의 침범에 대한 반응이다. 이렇게 볼 때 우리의 야사들은 공동체적 반응이나 감정, 즉 하나의 주어진 사건이나 일화가 그것을 경험한 사람들에 의해서 해석되는 방식에 대한 기록 역할을 한다.

이런 사례들이 전부 암시하듯이 역사의 사실들은 신화와 허구에 의해서 형성되며, 야사는 그 복잡한 교환을 낱낱이 숙고해볼 길을 제시한다. 더 관습적인 "역사적" 사건, 엄청나게 중대한 결과를 낳은 확실한 실제 사건을 하나 고려해보자. 바로 미국의 남북 전쟁이다. 정통적인 역사는 그 기원과 원인들, 남부의 대농원과 노예들, 정치가들, 전투와 전략들, 정치 공작을 벌이는 장군들과 진흙탕이 된 살육의 한복판을 터벅터벅 걸어가는 병사들, 대통령의 암살, 마지막으로 피로스식 평화(너무 많은 희생을 치르고 얻은 평화/옮긴이)의 달성에 관해서 쓸 것이다.

그러나 남북 전쟁의 다른 역사는 이 결정적 순간들의 주변으로 덩굴처럼 자라난 신화와 허구들을 이야기하면서 다른 관점들, 이를테면 여성들이 노예제를 둘러싼 도덕적 논쟁을 형성하는 데에 얼마나 활발하게 개입했는지를 명료하게 밝히는 관점을 도입할 수 있다. 그 역사는 장군들의 전보와 정부 서기관들의 각종 보고서를 읽는 대신 1850년 『톰 아저씨의 오두막Uncle Tom's Cabin』 출간과 에이브러햄 링컨이 책의 저자 해리엇 비처 스토를 만났을 때 "그래, 당신이 이 대전을 일으킨 책을 쓴 부인이군요"라는 인사를 건넸다는 전설로 시작할 수도 있다. 그것은 미국사에서 가장 유명한 일화이자 근거 없는 허구임이 까발려졌지만, 당연하게 여겨지는 대다수의 전설들처럼 심오한 문화적 진실을 담고 있다. 스토가 노예제를 둘러싼 논쟁에 도덕적으로 개입하기 위해서 작정하고 구상한 『톰 아저씨의 오두막』의 엄청난 인기는 다른 근접 원인만큼이나 남북 전쟁의 발발과 관련이 있다. 그 소설은 그때까지 많은 백인 미국인들에게 급진적인 정치적 입장으로 보이던 것을 정상적인 입장으로 만드는 데에 일조하면서, 백인 중간계급 북부 사람들, 특히 노예제 폐지론의 대의에 대한 북부 여성들의 공감을 불러일으키는 데에 성공했다.

사실, 남북 전쟁에 대한 진지한 문화사는 미국에서 가장 인기 있는

세라 처치웰

역사물만 가지고도 서술될 수 있다. 이 문화사를 스토에서, 그리고 노예 소유 남부의 봉건 사회와 충성스러운 농노의 신화들, 용사와 기사들, 용맹과 씨족들을 선사한 월터 스콧 경의 소설들에서 시작하면 어떨까? 그리고 미국에 토착 언어의 전통을 창조한 마크 트웨인의 소설들, 특히 허클베리 핀 이야기와 노예제를 둘러싼 그의 양심상의 위기도 들여다보아야 할 것이다. 링컨의 게티즈버그 연설이 미국 정치 언어를 변화시켰다고 주장하는 게리 윌스의 1992년작 『게티즈버그에서 링컨 : 미국을 재창조한 말들*Lincoln at Gettysburg: The Worlds that Remade America*』과, 헨리 워즈워스 롱펠로의 1861년 시 「폴 리비어의 질주*Paul Revere's Ride*」가 미국 혁명보다는 남북 전쟁과 더 상관이 있음을 보여주는 질 르포어의 "롱펠로는 어떻게 죽은 자들을 깨웠나?" 같은 역사 서술에서 도움을 받을 수도 있을 것이다.

이 문화사는 1866년에 출간된 『잃어버린 대의*The Lost Cause*』라는 책, 역사인 척하지만 무려 노예제가 순진무구한 남부에 떠넘겨진 북부의 발명품이라는 주장까지 하는 순전히 거짓말인 책을 중심으로 할 것이다. 『잃어버린 대의』는 패배한 남부의 고결함과, 남부 연합은 하늘이 무너져도 노예제를 유지하기 위한 가차 없는 결의에서가 아니라, "북부의 침략"에 맞서 스스로를 지키기 위한 "정당한 대의"에서 내전을 벌였다는 신화적 서사를 미국 역사 서술에 물려주었다. 이는 쉽게 논파할 수 있음에도 다음 세기 동안 학계와 재야의 미국사 양측에 자리 잡았던 헛소리이다.

우리가 상상하는 역사책은 그다음 토머스 F. 딕슨의 1905년작이자 베스트셀러였던 『클랜스맨*The Clansman*』을 거쳐 그것을 영화화한 작품으로서 큐 클럭스 클랜(일명 KKK단)의 부활에 단독으로 지대한 공헌을 한 D. W. 그리피스의 1915년작 「국가의 탄생The Birth of a Nation」으로 독자를 데려갈 것이다. 그다음에는 한 세기 동안 세계 최고의 인기 소설이었던 마거릿 미첼의 『바람과 함께 사라지다*Gone with the Wind*』(1936)로부터, 앨리스 랜들의 『바람이 그치다*The Wind Done Gone*』(2001)와 같은 저항적 수정판들을 거쳐 아카데미 작품상을 한국 최초로 수상한 영화 「기생충」보다 1939년 영화 「바람과 함께 사라지다」가 더 좋다는 도널드 트럼프의 발언, 그리고 2020년 흑인의 목숨도 소중하다 항의 시위 이후 스트리밍 서비스에서 「바람과 함께 사라지다」에 역사적인 배경 설명을 추가하기로 한 HBO의 결정까지는 금방 이어질 것이다. 그럴 필요, 즉 깊은 영향력을 발휘하는 신화에 사실 관계를 밝히는 맥락을 부여할 필요가 있다는 점이야말로 역사적 사실을 크게 능가하는 문화적 허구들의 힘을 방증한다. 우리의 역사책은 2021년 1월 6일, 남부 연합의 깃발을 휘날리고 올가미를 든 채, "Q"라는 기원이 의심스러운 인물을 둘러싸고 나도는 음모론들과 가짜 뉴스에 관해서 소리치며 미국 국회의사당을 습격하는 폭도들로 끝을 맺을 것이다. 이는 토착의 신화와 상징들에 의해서 역사가 얼마나 심오하게 형성될 수 있는지를, 일체의 합리적 의심을 넘어서 입증하지 않을까?

세라 처치웰

더 읽을 거리

Sarah Bakewell, *At the Existentialist Café: Freedom, Being, and Apricot Cocktails* (London: Chatto, 2016) (『살구 칵테일을 마시는 철학자들 : 사르트르와 하이데거, 그리고 그들 옆 실존주의자들의 이야기』, 조영 옮김[이론과실천, 2017])

Sarah Churchwell, *Behold, America: A History of American First and the American Dream* (London: Bloomsbruy, 2018)

Saidiya Hartman, *Wayward Lives, Beautiful Experiments: Intimate Histories of Social Upheaval* (New York: W. W. Norton, 2019)

Jill Lepore, 'How Longfellow Woke the Dead', *The American Scholar* (Spring 2011) https://theamericanscholar.org/how-longfellow-woke-the-dead

Peter Martin, *The Dictionary Wars: The American Fight Over the English Language* (Princeton: Princeton University Press, 2019)

Lucasta Miller, *The Brontë Myth* (London: Vintage, 2001)

James Shapiro, *Contested Will: Who Wrote Shakespeare?* (London: Faber & Faber, 2010) (『셰익스피어를 둘러싼 모험 : 셰익스피어 희곡을 두고 벌어진 200년간의 논쟁과 추적』, 신예경 옮김[글항아리, 2016])

James Sharpe, *Remember Remember: A Cultural History of Guy Fawkes Day* (Cambridge, MA: Harvard University Press, 2006)

Linda Simon, *Lost Girls: The Invention of the Flapper* (Chicago: University of Chicago Press, 2017)

Gary Wills, *Lincoln at Gettysburg: The Words that Remade America* (New York: Simon & Schuster, 1992) (『링컨의 연설 : 분열된 국가를 통합시킨 대통령의 연설, 올바른 리더십의 본보기』, 권혁 옮김[돈을새김, 2012])

05

우리는 어떻게 제국의 역사를 쓸 수 있을까?

마야 재서노프

영어권 독자들에게 "제국"이라는 단어는 십중팔구 특정한 한 제국, 즉 전성기에 지표면의 4분의 1을 차지했던 역사상 세계 최대의 제국 인 영 제국과, 어쩌면 무엇보다도 한 황제, 즉「스타워즈Star Wars」시리 즈의 사악한 팰퍼틴 황제(그는 물론 영국식 악센트로 말한다)를 가리킬 듯하다. 하지만 뭐니 뭐니 해도 제국은 역사상 가장 오래되고 생명력 이 긴 정치체이다. 대략 4,000년 전 아카드인들의 메소포타미아 제국 에서부터 수십 년 전까지 존속한 영국인들의 지구적 제국에 이르기까 지, 역사상 많은 사람들과, 인간이 거주한 대부분의 지역들이 어느 시 점에는 제국적 권력에 종속되어 있었다. 여왕과 왕, 전투들부터 문화 적 차이의 발현과 환경 변화의 과정들까지 제국들이 역사 연구의 많 은 대상들을 담고 있다는 아주 기본적인 의미에서 역사 연구의 많은 부분은 제국들의 역사이다.

"제국"의 실용적인 정의는 일정한 중앙집권적 권위와 일정 정도의 종족적, 언어적 그리고(혹은 또는) 종교적 다양성을 한 가지 이상 지닌, 일정한 지리적 범위를 차지한 국가를 지시한다. 하지만 이러한 정의를 넘어서 제국은 방대하고 다양한 형태로 등장해왔다.

E. H. 카가 탄생한 해인 1892년에 나온 세계 지도는 일종의 제국주의 백과사전 역할을 할 수 있을 듯하다. 이 지도에서 유라시아 심장부는 중국과 러시아라는 광대한 육상 제국이 지배하고 있던 한편, 다른 두 육상 제국인 오스만 제국과 오스트리아—헝가리 제국은 아라비아부터 알프스까지 뻗어 있었다. 인도와 인도양에서는 17세기에 잉글랜드 동인도 회사가 수립한 소수의 교역소들이 결국 인도 아대륙 전체를 아우르고 아덴부터 싱가포르까지 해안선을 따라 다수의 식민지들을 포괄하는 영 제국으로 불어났다. 동인도 제도(오늘날의 인도네시아)에서는 네덜란드가 마찬가지로 네덜란드 동인도 회사 상관商館들을 거점 삼아서 식민 지배를 수립했다. 6세기로 거슬러가는 세습 계보의 122번째 계승자인 일본의 메이지 천황은 곧 한국과 중국에서 급팽창하는 식민지의 수장 노릇을 할 터였다. 서아프리카에서는 포르투갈, 프랑스, 영국이 이전까지 대서양 너머로 노예들을 실어 날랐던 지역들에 식민지를 보유하고 있었다. 남아프리카 그리고 벨기에 국왕 레오폴드 2세의 직할 식민지인 콩고 자유국에서는 유럽의 자원 추출이 내륙 침투의 격렬한 새 흐름을 불러왔다. 1500년 이후로 아메리카를 변형시켜온 백인 정착 식민주의는 알제리에서는 프랑스인들에 의해, 대척지(오스트레일리아와 뉴질랜드/옮긴이)에서는 영국인들에 의해 여전

히 추구되고 있었다. 아메리카 대륙에서는 외국 투자자들이 쿠바와 자메이카 같은 카리브 해역의 플랜테이션 식민지들과 더불어 일부 라틴아메리카 국가들의 경제에서 대량의 지분을 보유했다. 일례로 아르헨티나는 영국의 "비공식" 제국이나 다름없었다. 그다음으로는 미국이 있었는데, 그 자체가 정착 식민, 대륙 제국인(하지만 제국이라는 명칭은 거부한) 미국은 1898년 미서 전쟁으로 에스파냐의 해외 식민지들을 차지하게 되었다.

19세기 후반은 에릭 홉스봄이 "제국의 시대"라고 부른 시대의 극성기였다. 그때는 역사학의 한 분야로서 "제국사"가 탄생한 시대이기도 했다. 제국사는 흔히 케임브리지 대학교 역사학 흠정교수 존 로버트 실리가 1883년에 일련의 강연문을 바탕으로 『잉글랜드의 확장*The Expansion of England*』을 출간하면서 현대적인 학술 주제로서 첫발을 뗐다고 여겨진다. 실리는 영국의 제국적 헤게모니가 절정에 달했을 시기에 글을 썼고, 그 저작은 백인, 남성, 중간계급 영국 자유주의자의 선입견들을 담지했다. 그는 "우리는 말하자면 무심결에 세계의 절반을 정복하고 사람으로 채운 것 같다"라는 문장으로 가장 잘 알려져 있는데, 그 말은 자신의 학생과 독자들이 제국에 관해서 더 배우고 문명화 사명의 대리인으로서 그 역할을 끌어안아야 한다는 뜻으로 한 말이었다.

실리 시대의 자민족 중심주의ethnocentrism은 오래도록 지속되어 카가 자신의 "역사란 무엇인가" 케임브리지 강연(1961)에서 "잘나신 19

마야 재서노프

세기식 스타일로 '유럽의 팽창'이라는 제목을 단 시험지"를 거론하며 "유럽인들이 그곳을 차지하려고 시도할 때가 아니면 학생들은 심지어 중국이나 페르시아 같은……나라에 관해서도 아무것도 알" 필요가 없다고 불만을 제기할 지경이었다(그 시험 제목은 2009년까지 바뀌지 않았다). 하지만 수천 년에 걸친 제국의 역사는 마침내 끝을 향해 내달리고 있었다. 제1차 세계대전이 끝나갈 무렵에 이르자 중국 황제와 러시아 차르는 폐위되었고 독일, 오스트리아-헝가리, 오스만 제국은 해체되었다. 제2차 세계대전은 이탈리아와 일본의 제국을 끝장냈으며 다른 제국들의 해체를 가속화했다. 미국은 1946년에 필리핀 독립을 인정했고 영국은 1947년에 인도와 파키스탄에서, 네덜란드는 1949년 인도네시아에서, 프랑스는 1954년 인도차이나에서 물러났다. 1960년 영국 총리 해럴드 맥밀런은 아파르트헤이트 남아프리카 의회에 "변화의 바람이 이 대륙에 몰아치고 있으며, 좋든 싫든 이러한 민족적 의식의 성장은 하나의 정치적 사실"이라고 말했다. 그로부터 10년 안으로 아프리카의 여타 지역에서 20개가 넘는 영국 식민지들이 독립했다. 프랑스령 알제리와 벨기에령 콩고도 마찬가지였다. 포르투갈은 1970년대에 제국 대부분을 해체했다. 카가 별세한 해인 1982년도 영 제국 지도는 여기저기 흩어진 자그마한 섬들 말고는 딱히 보여줄 것이 없었다. 남은 영국령 섬들 가운데 경제적으로 가장 중요한 홍콩 역시 1997년에 중국으로 반환되었다. 1990년대 소련의 붕괴와 유고슬라비아의 해체는 파편화 경향을 이어가서 20세기 초반 수십 개였던 독립 민족 국가들은 21세기 초에 200개 가까이로 불어났다.

그러므로 오늘날 제국에 관해서 글을 쓰는 사람은 누구든 둘도 없이 유리한 시점에서 쓸 수 있다. 금세기는 고대 이래로 공식적 제국이 존재하는 않은 첫 세기이다.* 제국을 자처했던 나라들이 과거의 역사가 된 지금, 우리는 제국의 역사에 관해서 어떻게 글을 쓸 수 있을까?

이 질문을 받아든 첫 세대의 학자들은 "탈식민 연구" 분야의 선구자들이었다. 탈식민 연구는 제국적 권력에 관해서 복잡하고, 문화에 입각한 이해를 발전시켰다. 프란츠 파농과 미셸 푸코를 비롯한 이론가들에게 영향을 받은 에드워드 사이드의 연구서 『오리엔탈리즘 Orientalism』(1978)은 제국적 권력이 문화적 지식을 생산하는 데에 어떤 역할을 해왔는지를 보여주면서 향후 연구에 막대한 영향력을 발휘해 왔다. 스튜어트 홀, 가야트리 스피박, 디페시 차크라바르티를 비롯한 비판가들은 인종의 구성과 차이, 디아스포라 정체성, 혼종성 같은 관념들, 그리고 표면적으로는 "보편적인" 이상들로 이루어진 유럽 중심주의를 탐구했다. 한편 C. A. 베일리 같은 역사가들은 유럽 제국주의를 아시아 제국들의 맥락 안에 위치시켰고, 대서양, 인도양, 태평양 역사 분야들이 비교사적이고 연결적인 연구 영역들로 부상했다. 근래 몇 십 년 사이에 제국을 연구하는 학자들은 식민화된 사람들의 경험,

---

* 일본의 천황은 황제라는 명칭을 보유한 유일한 국가수반이지만 정치권력은 전혀 없다.

마야 재서노프

저항 방식, 본국과 식민지 사이의 복잡하게 얽히고설킨 관계를 복원하고 분석하는 작업을 지속해왔다.

"역사란 무엇인가"라는 질문에 대한 첫 번째 답으로서 카는 그것이 "역사가와 [그의] 사실들의 끊임없는 상호 작용 과정, 현재와 과거 사이의 끊임없는 대화"라는 답을 내놓았다. 2020년대에 제국에 관한 가장 역동적인 연구 영역은 대략 1945년부터 1980년까지의 탈식민화 시대를 다룬다. 다양한 문서들이 기밀 해제되어 공개될 만큼 제법 먼 과거이지만, 동시에 생존자들이 그 시대의 경험을 직접 증언해줄 수 있을 만큼 근래인 이 수십 년간의 사건들은 새롭게 등장한 제국의 후속 세대들의 관심을 끌어왔다. 그리고 "사실들"을 밝혀내는 일은 그것이 새로운 이해를 던져주는 만큼 도전해볼 만한 일이기도 했다.

카는 도저히 알 리 없었겠지만, 그가 "사실들은 정말이지 생선 장수의 좌판 위에 있는 생선과 같은 것이 결코 아니다. 그것들은 때로는 접근할 수 없는 드넓은 바다를 헤엄치는 고기와 같다"라고 주장하던 바로 그 순간에 그의 동포들은 남부끄러운 과거를 없애버리기 위해서 제국의 기록들을 열심히 훑고 있었다. 식민지들이 하나둘씩 독립에 다가가면서 떠나가는 영국 행정관들은 엉뚱한 사람의 손에 들어가면 "영국 정부나 여타 정부를 난처하게 만들 수도 있는"(1961년 식민성 전보의 표현이다) 일체의 공식 문서들을 고의로 파기했다. "영국 관리들이 진짜 서류 소각을 단행하면서……관공서 뒷마당과 발코니에 피운 대여섯 군데의 작은 모닥불에서 푸른 연기가 [솟아올랐다]"라고

1948년 팔레스타인 철수를 취재한 한 저널리스트는 보도했다. 1957년 말레이시아가 독립하기 12일 전 쿠알라룸푸르에서는 영국 군인들이 트럭에 서류 상자들을 잔뜩 실었는데, 싱가포르로 가져가 "해군의 끝내주는 소각로에서 파기하기" 위해서였다. 트리니다드 정부는 "독립일을 연기와 함께 축하하는 것은 다소 불미스러울 듯하니" 서류들을 무거운 추를 매단 궤짝에 넣어서 바다에 빠트리는 편이 좋을 것이라는 권유를 받았다. 우간다의 관리들은 서류를 추려내는 과정을 이르는 암호명을 만들어냈다. 그들은 그 일을 레거시("유산") 작전 Operation Legacy이라고 불렀다.

당연하게도 이 자료들 가운데 무엇도 식민 권력 이양기 동안에 영국 행정 서류를 집대성한, 겉으로는 권위 있어 보이는 18권짜리 『제국 종식 관련 영국 정부 문서*British Documents of the End of Empire*』(1992년부터 출간되었다)에 들어가지 못했다. 1990년대 후반에, 1950년대 케냐의 무장독립단체 마우마우 긴급 사태를 연구하던 역사가들은 문서고 기록의 공백, 특히 끔찍한 사연을 상세히 전하는 구술 증언록의 공백에 갈수록 의심을 품게 되었다. 영국인들이 정교한 구금 수용소 체계를 수립하고, 그곳에서 반군으로 의심받는 자들에게 무시무시한 학대를 가했다는 이야기 말이다. 2011년에 이르러 고문을 당한 이 케냐인 피해자들이 영국 정부를 상대로 소송을 제기했을 때에야 관련 문서 증거가 세간에 드러나게 되었다. 또 1963년 케냐가 독립하기 9일 전에 민감한 내용이 담긴 서류 네 상자가 나이로비에서 비행기에 실려 황급히 영국으로 공수되었고, 영국에서 종적이 묘연해졌다는 사실이 드러났다. 그 서류들과 수만 건의 더 많은 식민지 문서들은 밀턴 킨스 외곽에 자리한 일급 기밀 정보 시설의 철망 안쪽에 차곡차곡 쌓이게 된 대신, 역사가들에게는 "소실되었다."

이 이른바 "이전 문서고들migration archives"을 정리한 어느 목록에 따르면, 영국의 식민지 해체 과정과 관련된 최소 17만 건의 서류들이 고의적으로 대중에게 은폐되었다. 이 서류들은 독립이란 자애로운 제국주의자들이 평화롭게 "내주거나" "수여했다"는 그림만을 뒤집은 것이 아니다. 그것은 문서 은닉(그리고 다른 무수한 문서의 파기)의 역사는 공식적인 제국이 종식된 지 오래 뒤에도 제국을 유지해온 권력 구조가 "사실들"에 접근할 역사학자들의 능력을 어떻게 제약해왔는지도 드러냈다. 마우마우 사례는 또한 역사가들이—정치인들과 법정, 일반 대중은 말할 것도 없다—식민 예속민들의 구두 증언에는 인정하지 않는 권위를 국가 생산 공문서에는 부여하면서, 카가 "문서고 물신주의"라고 부른 행태에 여전히 얼마나 빠지기 쉬운지를 보여준다.

영 제국의 종식에 관한 새로운 연구는 최근까지 민족주의적 렌즈를 통해서 걸러져온 역사를 완전히 새롭게 그려낸다. 유사한 다른 탐사 연구들이 20세기 다른 유럽 제국들의 종식에 관해서 무엇을 밝혀줄지는 대체로 앞으로 두고 볼 일이다. 하지만 한 가지는 분명한 듯하다. 앞으로 힘든 과거 청산이 더 뒤따를 것이라는 사실 말이다.

제국의 역사는 전통적으로 "흥망"의 관점에서 틀 지어져왔다. 이 모델의 한 가지 문제는 실제 제국적 권력은 종종 저항에 직면하여 급작스럽게 꺾이거나 머뭇거리는 움직임을 보인 반면, 그것은 제국사를 부드러운 사인sin. 곡선처럼 그려낸다는 점이다. 또다른 문제는 제국들이 인접하고, 중첩되고, 때로는 이스탄불이나 카이로, 델리나 멕시코시티 같은 제국의 수도들의 건물과 광장, 거리들처럼 문자 그대로 다른 제국 위에 건설되는 많은 방식들을 이해하기 어렵게 만든다는 데에 있다. 제국에 관한 대다수의 역사들은 한 가지 제국에만 집중하거나 제국 내의 한 지역에만 집중한다. 제국들 간의, 그리고 제국들을 가로지르는 연결성들layerings and lineages을 회복하는 작업은 규범적 전제들을 해체하고, 제국적 권력이 유지되는 방식에 관해서 더 명확한 인식을 제공할 것이다.

모방과 동화는 영국의 지구적 흥기의 핵심 요소였다. 17세기 잉글랜드의 이론가들은 자기들 유의 대서양 식민주의—프로테스탄트, 상업적, "자유로운"—와 프랑스, 에스파냐, 포르투갈 같은 절대주의 가톨릭 제국을 구분하는 데에 열심이었지만, 실제로 양자 간의 경계는 더 흐릿했다. 잉글랜드인들은 해적질을 통해서 에스파냐의 부를 최대한 빼앗았고, 브라질의 네덜란드인들로부터 카리브 해역의 주요 환금 작물인 사탕수수를 재배하는 법을 배웠다. 그리고 포르투갈을 뒤쫓아서 18세기 최대의 대서양 노예 무역상이 되었다. 18세기와 19세기에 영국인들은 아시아에서 영국의 지배와 원주민의 "동양 전제정”을 대비시켰지만, 동인도 회사는 의도적으로 무굴 제국의 관행과 의례들을 채택했다. 1900년에 이르면 영국의 영역의 무려 절반—나이지리아부터 페르시아 만과 말레이까지—은 심지어 식민지도 아니라 “보호령”이었다. 그곳에서 제국의 지배는 원주민 군주들의 명목상의 권위 아래에 감춰져 있었다(“간섭 권역Spheres of Interference은 토착민들이 거주하고 있는 모든 나라들에서 필수적이었다”라고 『1066년과 기타 등등』의 저자들은 비꼬았다).

근대 유럽 제국들의 행위 배후에는 고대 로마의 본보기가 때로는 후광처럼, 때로는 유령처럼 서성이고 있었다. “제국empire”이라는 단어는 노르만프랑스어를 통해서 영어에 들어왔고, 노르만프랑스어 단어는 그것대로 라틴어 “임페리움imperium”에서 유래했다. “카이저 Kaiser”와 “차르Tsar”는 둘 다 “카이사르Caesar”에서 나왔으며, 카이사르는 정복자 메흐메드 2세가 1453년 콘스탄티노플을 함락했을 때에 취한 명칭이기도 하다. 빅토리아 시대의 영국 제국주의자들은 팍스 브리타니카Pax Britannica의 도래를 알렸고, 토가를 걸친 모습으로 자신들의 대리석 조각상을 세웠으며, 고전 공부를 제국 행정 관료의 전제 조건으로 만들었다. 빅토리아 시대의 인도 고등문관Indian Civil Service 시험 응시자들은 에드먼드 버크를 라틴어로, 존 러스킨을 그리스어로 번역하고 산스크리트어 명사를 격변화시킬 줄 알아야 했다. 인도 토착어나 근대사 시험 과목은 더 나중에 도입되었다.

물론 고대사는 제국의 취약성을 환기시키는 전례들을 제공하며 경종을 울렸다. 일부 논자들은 로마 제국과 영 제국 간의 최대 중첩 지역이 바로 영국이라는 사실을 놓치지 않았다. 소설가 조지프 콘래드는 식민주의에 대한 강력한 비판인 『어둠의 심연Heart of Darkness』(1899)을, 템스 강을 거슬러 식민화 이전 브리타니아의 "미개한" 배후지로 들어가는 로마 병사를 상상함으로써 시작한다. "이곳도 전에는 지구상 어둠의 땅 가운데 하나였다"고 화자는 성찰한다. 에드워드 기번이 『로마 제국 쇠망사』제1권을 미국「독립선언서」가 발표된 1776년에 출판한 것은 우연의 일치였다. 반면 러디어드 키플링이 폐허가 된 과거의 제국들을 환기시키는 "퇴장 성가"를 빅토리아 여왕의 즉위 60주년인 1897년에 발표한 것은 경고의 의미였다.

제국의 몰락에 관한 세기 전환기의 불안감에서, 일부 영국 사상가들은 영국의 권력을 계속 이어갈 최선의 희망은 미국과의 더 단단한 연계에 있다고 인식하게 되었다. 혹자들은 영어권 정착 식민지들을 연방으로 통합하고 잠재적으로는 미국도 포함할 "대영국Greater Britain"의 구성을 주창했다(세실 로즈는 이러한 통합 목표를 증진하기 위해서 자신의 이름을 딴 장학금을 기부했다). 언론인 W. T. 스테드는 1902년에 영국은 선택의 기로에 직면했다고 주장하며 한 걸음 더 나아갔다. 미국과 전면적인 통합을 단행해서 "세계 열강 가운데 최강국의 핵심부라는 지위를 영구히 이어갈" 것인가 아니면 독립을 유지하고 "영어권 벨기에의 지위"로 전락할 것인가?

결국 제2차 세계대전으로 영미 관계의 조건을 원하는 대로 결정

마야 재서노프

한 쪽은 미국이었고, 미국이 내건 조건들 가운데 하나는 영국이 제국의 지위를 벗어버리라는 것이었다. 하지만 그때에 이르면 제국은 이미 "–주의–ism"가 되어 있었다. 『제국주의의 한 연구*Imperialism: A Study*』(1902)에서 경제학자 J. A. 홉슨은 자본가들이 본국의 노동자들에게 정당한 대가를 지불하지 않으면서 수익성 있는 해외 시장에 투자하는 프로세스가 제국주의라고 주장했다. 홉슨의 발상은 레닌이 『제국주의, 자본주의의 최고 단계*Imperializm kak vysshaja stadija kapitalizma*』(1917)에서 이어받아서 혁명적 효과를 낳았다. 홉슨이나 레닌의 테제를 수용할지 여부를 떠나서, 제국주의적 팽창에 이데올로기적이거나 지정학적인 동인보다는 경제적인 동인이 더 많이 작용한다는 전제는 이후 다수의 역사 연구의 밑바탕이 되었고, 그 가운데 일부는 대단한 영향력을 발휘했다. 『자본주의와 노예 제도*Capitalism and Slavery*』(1944)에서 에릭 윌리엄스(훗날 트리니다드 토바고의 총리가 된다)는 영 제국에서 노예제의 폐지는 흔히 원인으로 언급되는 인도주의 활동가의 폐지 운동보다는 설탕 이윤 하락에서 기인한 바가 크다고 주장했다. 「자유 무역의 제국주의The Imperialism of Free Trade」(1953)라는 널리 인용되는 논문에서 역사가 로널드 로빈슨과 존 갤러거는 19세기 영국의 "비공식 제국"이 해외 투자에 뿌리를 둔다고 설명하고, 비공식 제국은 (수에즈 운하 같은) 자산을 보호할 필요가 있을 때 "공식적" 정복으로 전환된다고 주장했다.

그렇다면 "제국들"은 지도상에 표시될 수 있다. 반면 "제국주의"는 직접 지배가 부재할 때에도 존재할 수 있는 일단의 강압적 관계를 동반한다. 이런 식으로 이해하면 20세기 서양 유럽 제국들의 "몰락"은 또다른, 이번에는 미국 세력에 의한 덧씌우기로 재정의하는 것이 더 정확할 수도 있다. 물론 자국이 제국이라는 어떠한 관념이나, 제국주의 그 자체를 미국이 "자유"에 대한 반대로서 오랫동안 뚜렷하게 거부해온 것은 사실이다(제국주의를 전 세계 노동계급의 적으로 규탄한 소련도 마찬가지이다). 하지만 냉전기에 미국은 입으로는 반제국주의적 자유에 관해서 늘어놓으면서 과거 프랑스령 인도차이나에서 전쟁을 벌였고, 이전 벨기에령 콩고에서 정치 암살을 기획했으며, 이전 포르투갈령 앙골라에서 대리 무력 분쟁에 관여했고, 카리브 해와 라틴아메리카 곳곳의 여러 나라들에 간섭하여 해를 끼쳤다. 2001년 아프가니스탄 침공과 2003년 이라크 침공은 미국이 이제부터 스스로 제국이라는 개념을 끌어안아야 하는가를 둘러싸고 미국 언론에 한바탕 논쟁을 불러일으켰다. 그러나 그 두 지역에 20년 동안 지상군을 보유했고(전간기 이라크에서 영국이 위임 통치한 것보다 더 오랜 기간이다) 전 세계 대략 800군데에 미군 기지가 있는 상황에서, 미국이 과연 제국인가라는 질문은 애초에 제기할 가치가 없는 듯하다.

1961년에 카가 "세계의 무게 중심이 현재 서유럽과 영어권 세계에 있는지, 또는 앞으로도 오랫동안 그곳에 머물지" 물은 것은 제법 선견지명이 있었다. 2021년 지금, 근시안적인 사람만이 영미 패권이 도덕적으로 그리고 정신적, 물질적으로 흔들리고 있음을 부정할 수 있

마야 재서노프

을 것이다. 미국은 여전히 세계 최대 경제 대국이지만 중국은 2020년

대 말까지 미국을 능가하기 위해서 착착 나아가고 있으며, 일대일로

一帶一路 계획 같은 수단으로 광대한 지구적 이해관계를 수립해왔다.

중국이 아시아와 아프리카에서 자국의 경제적 영향력을 정치적이나

군사적 통제력으로 전환할 의도가 없다고 주장하는 사람들은 다름

아닌 중국을 공략 대상으로 삼았던 영국의 비공식 제국주의 역사를

고려해보아도 나쁘지 않을 것이다(티베트의 중국화, 신장 자치구에서 종

족 학살과 홍콩에서 각종 자유의 제한과 같은 중국의 내정 문제도 들여다볼

만하다). 한편 블라디미르 푸틴은 크림 반도를 점령하는 등 잇단 모험

적 시도로 "대러시아"의 부활을 꿈꾸고 있다. 명목상의 제국이 정말

로 영영 사라졌는지는 시간이 말해줄 것이다.

21세기 세계는 대체로 탈식민 세계인지도 모른다(푸에르토리코, 그

린란드, 프랑스령 폴리네시아 같은 속령의 존재도 당연히 인정하지만 말이

다). 하지만 제국의 계보를 따라가서 도달하는 세계가 반드시 탈제국

post-imperial 세계는 아니다. 그리고 그러한 현실에서 제국의 역사를 어

떻게 쓸 것인가라는 질문에는 정치적, 도덕적 입장이 관여할 수밖에

없다.

제국에 대한 서양의 역사 서술은 오랫동안 "진보"라는 관념들과 떼려

야 뗄 수 없었다. 이는 어느 정도는 역사학이 19세기에 유럽 제국 세력

의 공고화와 나란히 하나의 학문 분야로 정립되었기 때문이다.

계몽주의 지식인들은 인류 문명이 단계별로 발전한다고 주장했다. 19세기 영국 역사가들은 자신들의 나라를 살펴보고, 그곳에서 농경 사회에서 산업 사회로, 전제적인 군주정에서 입헌 군주정으로, 중상주의에서 자유 무역으로 진보해온 사회를 보았다. 그들은 영 제국 지배의 목적이 식민지 사회들에 어떻게 진보할 수 있는지를 가르쳐주는 것이라고 주장했다. 공리주의자 제임스 밀은 『영국령 인도의 역사 History of British India』(1817)에서 "어느 사회나 진보를 선택하거나 아니면 진보하는 방법이 제시되면 진보할 수도 있다"고 공언했다. 쇼비니즘적인 판단이 넘쳐나는("사람은……잉글랜드 골방에서 1년을 보내는 동안 인도에서 천수를 누리면서 눈과 귀를 이용해 얻을 수 있는 것보다 인도에 관해 더 많은 지식을 얻을 수도 있다") 그의 책은 19세기에 한참 들어서까지 식민지 행정가들의 교본이 되었다.

역사 진보의 동력으로서 영국 제국주의에 대한 초상은 도덕적 합리화의 강력한 수단 역할도 수행했다. 19세기 초 역사가들은 18세기 세계에서 영국이 세계 최대의 노예 무역국이었다는 부끄러운 과거를 지우려고 애쓰면서 1807년 대서양 노예 무역 폐지를 영국의 고결함의 본보기로 탈바꿈시켰다. 토머스 배빙턴 매콜리는 한때 잔인성과 부패로 지탄을 받은 동인도 회사의 두 실세인 로버트 클라이브와 워런 헤이스팅스(여기에서 실세란 이들이 일개 무역 회사의 총독 자격으로 인도 토후국들에 실질적인 권력을 휘둘렀다는 의미이다/옮긴이)의 명예를 회복시키는 시론들을 썼다. J. R. 실리는 "자유"에 대한 헌신을 요란하게 떠들면서도 식민지 신민들에게는 자유를 허용하지 않는 영 제국의 역설을, 백인이 다수를 차지하는 식민지들은 "책임 있는" 자치 정부를 수립할 만큼 성숙한 반면, 카리브 해, 아프리카, 아시아 식민지들은 아직 후견이 더 필요하다고 간주하며 양자 간 인종적 구분선을 그어서 해소했다. 반식민 독립 운동이 제국 지배의 쇠창살을 뒤흔들던 제2차 세계대전 때까지도, 유럽 파시즘의 대두는 영국식 제국에 대한 새로운 정당화 논리들을 제공했다. 역사가 허버트 버터필드(진보적 서사에 대한 "휘그"의 헌신을 비판해서 유명해진 그 버터필드)는 "어쩌면 오로지 1940년의 충격 속에서야 우리는 실제로 영 제국이 어느 정도까지 자유라는 목적을 위한 조직이 되었는지를 깨달았을 것이다"라고 숙고했다.

E. H. 카는 『역사란 무엇인가』의 제국을 언급한 유일한 대목에서 역사가들이 아프리카와 아시아에서 자행된 야만적인 식민화를, 그 식민화에 따라 그곳들이 "개발되었다"는 근거로 정당화하는 방식을 맹비난했다. 수십 년에 걸친 탈식민 연구는 제국 지배의 미덕들에 대한 일면적인 생각들을 복잡하게 만드는 데에 이바지했다. 그럼에도 불구하고 영 제국이 전 세계에 좋은 역할을 한 세력이었다는 오래된 그림은 9-11의 여파로 다시금 먼지를 털고 등장했다. 니얼 퍼거슨은 2002년에 출간한 베스트셀러 『제국Empire』에서 영 제국이 여러 잘못에도 불구하고 자유 시장과 자유주의적 가치들에 정초한 지구적 질서의 토대를 놓았다는 논변을 펼쳤다. 추후의 저서들에서 그는 미국이

영국의 계승자로서의 역할을 받아들일 수밖에 없다고 촉구했다. 더 최근에는 영국 정부의 관리들이 무역 협정을 통해서 브렉시트 이후 "제국 2.0"을 구성하는 방안을 고민한 한편, 옥스퍼드의 신학자 나이절 비가는 제국에 대한 비용 편익 평가를 내놓는 데에 초점을 맞춘 다년간의 조사 프로젝트를 출범시키고는 「타임스」 사설란에 기명으로 기고한 글에서 독자들에게 "우리의 식민지 역사에 죄책감을 느끼지 말라"고 촉구했다. 그리고 그 글이 나온 지 24시간 만에 170명의 학자들이 "허술한 비용 편익 분석"은 "제국 연구자들이 근래 수십 년에 걸쳐 조심스레 파헤쳐온 복잡성을 의도적으로 흐린다"고 비판하는 공개서한에 서명했다.

역사가 프리야 사티아는 제국의 "공과를 저울질 할 때"의 또다른 문제가 "이야기가 끝나고 회계 장부를 덮은 다음, 우리가 정말로 대차 대조표를 결산할 수 있는 어느 지점이 있다고 가정한다는 점"이라고 썼다. 하지만 인종주의, 징발, 식민주의 폭력의 유산은 오래간다. 2015년 케이프타운 대학교 학생들이 세실 로즈 조각상의 퇴출과 교과 과정의 "탈식민화"를 요구하며 항의한 사건은 바로 그 유산이요, 옥스퍼드와 하버드 대학교에서 그와 관련한 항의 시위를 이끌어낸 것도 바로 그 유산이다. 미니애폴리스에서 조지 플로이드가 살해된 이후 2020년 여름 세계 곳곳에서 사람들이 거리로 뛰쳐나와 흑인의 목숨도 소중하다 시위를 하게 된 것, 잉글랜드에서 노예 무역상의 동상이 철거된 것, 벨기에에서 국왕 레오폴드 2세의 동상이 훼손된 것,

프랑스에서 제도적인 인종주의에 맞선 집회가 열리고 오스트레일리아에서 원주민들이 구금 중 사망한 사건에 대한 규탄을 이끌낸 것도 그 유산이다.

그렇다면 제국의 역사는 향후 어떤 방향으로 나아가게 될까? 여기에서 몇 가지 제안을 하고 싶다. 첫째, 포스트 식민주의 연구 성과들을 바탕으로, 역사가들은 제국의 정권들이 보이지 않게 감춰온 사료들과 이야기들을 발굴하는 작업을 계속 밀고 나아가야 한다. 이는 탈식민화와 국가 후원 폭력의 역사와 관련하여 특히 절실하다. 또한 작금의 증대하는 경제적 불평등하에서 역사가들은 인종, 돈, 권력이 복잡하게 연루된 제국적 관계로 더 시선을 돌려야 한다. 1833년 노예제 폐지에 따라서 영국 정부가 개별 노예 소유주들에게 지불한 보상금을 추적하는 "영국 노예 소유의 유산" 프로젝트가 꼭 집어서 예시한 대로, 이 복잡한 관계는 탈식민 시대 국가들 내부의 그리고 그 국가들 사이의 특권의 풍경을 계속 형성하기 때문이다.

두 번째 제안은 시대와 지역 구분을 가로질러 제국에 대한 더 비교사적이고 연결성을 갖춘 연구를 추구하자는 것이다. 제국사는 지리학적 지역들을 가로질러 사람, 사물, 관념의 이동을 탐구하기 위해서 "지구적" 역사 및 "초국적" 역사와 갈수록 이어지고 있다. 하지만 아직까지 대부분의 제국사는 (대부분의 역사와 마찬가지로) 개별 국가와 제국들의 경계로 틀이 지어지고 있으며, 이런 접근법은 우리가 연구하는 역사에 예외주의를 주입하고, 정착민 식민주의와 강제 노동 체제와 같은 제국 지배의 광범위한 특징들을 둘러싼 시야를 제한할 우려가 있다. 마찬가지로, 갈수록 현대에 치우치는 역사 연구 경향(특히 20세기에 편중된)은—여러 측면에서 환영할 만한 일이기는 하지만—선례와 장기적 패턴들을 파악하기 어렵게 만들 수 있다. 학자 한 사람 한 사람의 전문성과 사료 접근성의 명백한 한계를 고려할 때 너른 시공간을 아우르는 제국에 관한 연구는 협력 작업을 위한 멋진 무대를 제공한다. 실제로 주의 깊게 추구되면, 협력 프로젝트는 또다른 제국의 유산, 다시 말해서 많은 기금을 받는 과거 식민 본국의 대학들에 자원과 "권위"가 지나치게 집중된 현실에 맞서 싸우는 데에 이바지할 수 있을 것이다.

그다음으로 "우리"라는 단어가 있다. 역사학 분야의 구성원들은 카의 시대 이래로 굉장히 다양해졌고, 학자들이 써내는 역사의 종류도 나란히 다각화되었다(물론 인문학 분야들에서 박사 과정 자리와 영구직 숫자의—상관관계가 있는?—감소에 직면해서 앞으로 어떻게 될지는 두고 볼 일이다). 그렇다면 제국 권력의 다채로운 작동을 살펴보는 데에 헌신한 최소 30년간의 연구 성과에도 불구하고, 침실부터 회의실과 전쟁터에 이르기까지 어디에서나 영국 대중의 논의는 왜 아직도 제국은 "좋았는가" 혹은 "나빴는가"에 관한 단순화된 논의로 그렇게도 자주 환원되고 마는가? 어려운 용어가 잔뜩 들어간 학술적 글쓰기 양식에 비난의 화살을 돌리기는 쉽다. 하지만 보다 정확한 진단은 졸업할 때까지 제국사를 접할 기회를 학생들에게 거의 제공하지 않고, TV 프로

마야 재서노프

듀서들로 하여금 제국 역사와 관련된 프로그램에 표준 발음과 억양으로 말하는 백인 남성들만 계속 진행자로 기용하게 만들며, 대중적 출판사들로 하여금 백인 남성 저자들이 백인 남성에 관해, 백인 남성을 상대로 쓴 "대형" 저작들의 판촉에 집중하게 만들고, 신문 편집자들로 하여금 문화 전쟁 논쟁들을 지상 중계하게 만드는 끈질긴 편견들을 조명하는 것이다.

그러므로 "우리"가 제국들의 역사를 어떻게 쓸지는 누가 그 일을 하게 되는가, 어떤 종류의 역사가 학교와 공공의 장에 들어가고 영화와 방송을 타게 되는가라는 질문과 더 긴밀하게 연관되어 있다. 지금 세계에 제국사의 인장이 뚜렷하게 각인되어 있음을 고려할 때, 그 대답은 반드시 저 "우리"를 최대한 넓게 해석하는 것이 되어야 한다. 한 가지만은 확신할 수 있다. 역사가들은 제국의 과거에 관해서 앞으로도 계속 글을 쓸 것이다. 역사의 상속인들은 과거를 바로잡기 위한 길을 계속 찾아낼 것이다.

더 읽을 거리

David Anderson, 'Guilty Secrets: Deceit, Denial, and the Discovery of Kenya's "Migrated Archive"', *History Workshop Journal*, vol. 80, issue 1 (Autumn 2015)

C. A. Bayly, *The Birth of the Modern World, 1780-1914* (Oxford: Wiley-Blackwell, 2003)

Jane Burbank and Frederick Cooper, *Empires in World History: Power and the Politics of Difference* (Princeton: Princeton University Press, 2011) (『세계제국사』, 이재만 옮김[책과함께, 2016])

Antoinette Burton, *The Trouble with Empire: Challenges to Modern British Imperialism* (Oxford: Oxford University Press, 2015)

John Darwin, *After Tamerlane: The Rise and Fall of Global Empires, 1400-2000* (London: Penguin, 2007)

Robert Gildea, *Empires of the Mind: The Colonial Past and the Politics of the Present* (Cambridge: Cambridge University Press, 2019)

Priyamvada Gopal, *Insurgent Empire: Anticolonial Resistance and British Dissent* (London: Verso, 2019)

Eric Hobsbawm, *The Age of Empire: 1875-1914* (New York: Pantheon Books, 1987) (『제국의 시대 : 1875-1914』, 김동택 옮김[한길사, 1998])

Daniel Immerwahr, *How to Hide an Empire: A History of the Greater United States* (New York: Vintage, 2019) (『미국, 제국의 연대기』, 김현정 옮김[글항아리, 2020])

Achille Mbembe, *Out of the Dark Night: Essays on Decolonization* (New York: Columbia University Press, 2021)

Priya Satia, *Time's Monster: How History Makes History* (London: Penguin, 2020)

Odd Arne Westad, *The Global Cold War: Third World Interventions and the Making of Our Times* (Cambridge: Cambridge University Press, 2005) (『냉전의 지구사』, 옥창준 옮김[에코리브르, 2020])

06

영광스러운 기억

댄 힉스

내가 기억하는 최초의 조각상 또는 기념물은 교회 기념물이다. 매끄럽고 차가운 감촉의 설화 석고 개가, 장갑을 낀 양손을 기도하는 자세로 가슴 위에 모으고 누워 있는 기사 조각상 발치에 웅크리고 있었다. 내가 부드러운 종이를 대고 크레용으로 문질러 얻은 살짝 윤기가 도는 낙서는 그 조각상 아래의 기념 동판에 새겨진 어느 영주와 귀부인의 모습, 사슬 갑옷과 뾰족한 신발, 아래쪽 라틴어 글씨들과 날짜를 하나하나 드러냈다. 이 탁본의 가장자리는 그 동판이 박힌 석회암 묘석 표면의 거친 입자를 나타내는 작은 반점 무늬로 장식되었다. 그 기념 동판에 새겨진 것은 리치필드 대성당 서쪽면을 장식하는 113명의 국왕과 주교, 성자들의 행렬이었다. 석판을 든 모세, 갈고리 지팡이를 든 아벨, 하프를 든 알프레드, 검을 든 윌리엄, 실패를 든 이브.

그다음으로 기억나는 것은 박물관들이다. 계단을 올라 버밍엄 아트 갤러리에 들어서는 방문객을 맞이하던 제이컵 엡스타인의 2톤짜리 루시퍼 청동상. 등 뒤로 날개를 활짝 펼치고 갈고리 발톱처럼 손을 구부린 엡스타인의 대천사는, 일종의 경고로서 파시즘의 패배를 기리기 위해서 설치된 작품이라고 아버지가 내게 자랑스럽게 장담했다. 몬터규 플레이스에서 영국 박물관 북쪽 출입구를 지키는 아르데코 사자상들도 기억난다. 앞발을 포개고 앉아 있는 사자상 갈기의 윤곽선이 왠지 모르게 고대 이집트 파라오들이 머리에 쓴 관을 연상시켰다. 어디에서인가 바버라 헵워스의 조각을 본 기억도 나는데, 아마도 콘월에서 휴가를 보낼 때였을 것이다. 헨리 무어의 작품도 한 점 구경했었다.

그곳에는 빅토리아 여왕의 조각상들과 말을 탄 사내들 조각상이 있었다. 하지만 버밍엄에서 보낸 어린 시절에 본 두 가지 공공 조각상이 특히 나의 뇌리에 박혀 있다. 둘 모두 전쟁으로 인한 죽음과 희생을 기리는 작품이었다.

10대 시절, 나는 등굣길에 서턴 콜드필드 타운홀 밖에 있는 제1차 세계대전 추모비 앞을 지나가고는 했다. 전투복을 차려입은 군인을 대단히 사실주의적으로 묘사한 청동 조각상이 사암 굽도리 위에 버티고 서 있었다. 트렌치코트의 단추를 끝까지 채우고, 머리에는 철모를 쓴 그는 조각가이자 메달 제작자인 프랜시스 도일-존스의 작품이었다. 허리춤에 방독 마스크 가방과 물병을 맨 그는 마치 근처 기차역으로 들어온 기차에서 막 내리기라도 한 듯 양손을 포개어 라이플을 짚은 채 앞쪽으로 몸을 기울이고 있다.

댄 힉스

영광스러운 기억을 기리며

명판에 새겨진 문구는 이어진다.

그들은 우리가 살 수 있도록 목숨을 바쳤다.

나중에 우리는 캐넌 힐 파크에서 분홍빛 화강암 굽도리 위에 서 있는 거대한 청동상과 마주쳤다. 2명의 영국군 병사가 15파운드 야포를 허공으로 밀고 있었다. 그 둘 위로는 화관과 버밍엄의 시 문장紋章을 새긴 방패를 들고 반구 위에 서 있는 여자 조각상이 있었는데, 그 여인은 평화를 상징했다. 이 신조각(New Sculpture : 19세기 말에 등장한 영국의 조각 양식. 자연스러운 자세와 신화에서 영감을 받은 주제가 특징이다/옮긴이) 양식의 작품은 앨버트 토프트가 제작한 것으로, 토프트는 나중에 센티너리 스퀘어에 있는 제1차 세계대전 추모관인 추도의 전당에 있는 네 점의 알레고리 인물 조각상을 제작하기도 했다. 배의 타륜을 쥐고 있는 해군, 프로펠러 날개를 든 공군, 추도서(Book of Remembrance : 전사자들을 기리는 의미로 이름과 사망 날짜를 알파벳 순서대로 적은 명부/옮긴이)를 든 여군, 기관총의 총신을 쥐고 있는 육군이었다.

캐넌 힐 추모비의 명판에 새겨진 문구는 다음과 같다.

1899-1902년 남아프리카 전쟁에서 스러진

버밍엄의 아들들의 영광스러운 기억에

그리고 전쟁에서 복무한 모든 사람들의

본보기를 영원히 기리기 위해서

동료 시민들이 이 추도비를 바친다

그들의 영광스러운 기억에. 그들의 본보기를 영원히 기리기 위해서. 두 기념물은 공공 모금으로 제작되어, 각각 1922년과 1906년에 세워졌다. 토프트의 추모비는 「버밍엄 데일리 메일*Birmingham Daily Mail*」을 통해 2,000파운드의 성금이 모여 제작되었다. 1907년 5월 제국의 날에 버밍엄의 모든 관공서에서는 국기가 휘날렸고, 로저 포콕이 최근에 결성한 준군사 단체인 프런티어스맨 여단Legion of Frontiersmen이 조직한 행진이 추모 조각상까지 이어졌다. 기마경찰이 선두에 서고 이어서 군악대 그리고 화환을 얹은 포를 이끄는 해병대가 뒤따랐다. 「타임스」 통신원은 "화환을 놓은 뒤 목사가 짤막한 연설을 한 다음, 왕립 포병 수비대의 나팔수들이 라스트 포스트(Last Post : 원래는 병영의 취침 시각을 알리는 음악으로, 군장軍裝에서도 관례적으로 연주한다/옮긴이)를 연주했다"고 보도했다.

훨씬 나중인 1990년대 후반에 브리스틀로 이사를 갔을 때, 세 번째 조각상이 눈에 들어왔다. 지역 주민들은 17세기 노예 무역상 에드워드 콜스턴을 기려 1895년에 세워진 동상의 철거를 요구했다. 에드워

댄 힉스

드 콜스턴의 동상이 그 안에 미래의 몰락, 한 세대 뒤에 올 몰락의 씨앗을 이미 담고 있었다는 어떤 예감이 존재했던 것일까?

기념비는 역사책이 아니다. 하지만 그렇다고 기념비가 역사책과 완전히 다를까? 학술지 논문을 읽는 일이 추모 기념물 명판을 읽는 것과 그렇게 다를까? "memoirs(회상록 혹은 회고록)"라는 단어를 「맨체스터 철학 회보*Memoirs of the Literary and Philosophical Society of Manchester*」나 「미국 인류학 협회 회보*Memoirs of the American Anthropological Association*」처럼 학회의 회지나 회보라는 구식 의미로 사용하면 요즘 사람의 귀에는 이상하게 들린다. 역사가들 사이에서 기념화memorialization, 박물관, 유산을 학술적 글과 구분하는 일이 관습이기 때문이다. 우리는 역사 쓰기가 도서관, 문서고, 학계의 연구에서, 책상 앞이나 안락의자에 앉아서 벌어지는 일이라고 상상한다. 아무렴 역사 쓰기는 공원에 조각상을 세우거나 군악대와 함께 행진해 화환을 놓거나 외로운 나팔에서 로버트 그레이브스(영국의 시인, 작가, 고전학자. 웨스트민스터 사원 시인의 자리Poet's Corner에 이름이 새겨진 16인의 제1차 세계대전 시인들 가운데 한 명이다/옮긴이)가 표현한 대로 "귀를 찢는 가는 금속음"을 뽑아내는 것과는 퍽 다른 일이라고 말이다. 말과 사물 간의 경계는 물론 때로 무너지고는 한다. 문간 바닥 깔개 위에 놓인 손글씨 엽서, 화상 통화를 위해서 노트북 아래에 쌓아둔 나의 책 무더기 등등을 보라. 그렇다면 말과 사물, 기억 간의 경계는 어떤가?

여기에서 E. H. 카의 1961년 책 『역사란 무엇인가』로 돌아가는 것은 유익하다. 그 책은 기억에 관해서 거의 이야기하지 않지만, "위대한 인물을 추모하기 위한 기념 사업", 다시 말해 바이마르 공화국의 외무장관 구스타프 슈트레제만의 기념비 건립은 묘사한다. 하지만 카는 그 기념비가 슈트레제만 사후에 비서가 출간한 3권짜리 문서집이었다고 설명한다. 카는 역사란 사실의 중립적 제시가 아니라 언제나 대체로 해석의 활동이라는 주장에 이 사례를 이용한다. 그는 자신이 의식하는 역사가의 선별성과 1896년에 표명된 액턴 경의 실증주의적, "상식적" 신념, 즉 지식의 점진적 축적으로서의 역사에 대한 신념을 대비시켰다. 카는 존 로크부터 액턴 경과 레오폴트 폰 랑케를 거쳐 버트런드 러셀에 이르기까지 "사실에 대한 숭배"를 추적한다. 랑케는 역사가가 역사적 현실을 실제로 그러했던 대로wie es eigentlich gewesen 묘사할 수 있다는 순진한 낙관주의적 생각을 믿었다. 카는 사회 과학의 측면들을 차용하여 해석적 역사가는 사실을 발견한다기보다는 항상 사실과 "관련을 맺고" 있다고 주장했다.

카가 액턴 경으로부터 60년이 떨어져 있었듯이 카로부터 다시 60년이 흐른 지금, 랑케 이후post-Rankean 역사 철학을 끌어안는 작업이 어느 때보다 소중한 듯하다. 혹자들은 시계를 거꾸로 돌려 국민적 자긍심으로서 역사 쓰기라는 빅토리아 후기의 역사 개념으로 돌아가고 싶어한다. 2020년 백인 패권을 기리기 위해서 세워진 조각상 철거를 요구하는 시위가 브리스틀, 런던, 옥스퍼드, 카디프 등지에서 재개되었

댄 힉스

지만, 정치가들은 그러한 형상들이 "유지되고 설명되어야" 하며 심지어 "보존되고 박수를 받아야" 한다고 주장했다. 조각상 "수호"를 요청하는 목소리와 그것들이 "문화 전쟁"으로 공격받고 있다는 주장은, 돌이나 금속 형상보다는 살아 숨 쉬는 인간의 신체를 보호하고자 하는 최근의 인종차별 반대 움직임에 맞서는 사람들의 제1의 방어 논리가 되었다. 영 제국에 대한 수정주의 역사책들은 비애국적이라고 조롱받았다. 내가 글을 쓰고 있는 바로 오늘 아침에 케임브리지의 역사가 로버트 톰스는 「스펙테이터*Spectator*」에 "영국사의 왜곡"이라는 제목의 글을 실어서, 노예제와 제국에 대한 역사 쓰기는 "감춰진 정치적 의제에 복무하는" "죄책감으로 가득한 역사를 지어내려는" 시도에 불과하다고 주장했다.

카는 역사가가 "과거를 사랑해야 한다"고 말한 휴 트레버-로퍼의 주장을 비판하면서, "역사가는 과거가 아니라 현재에 속함"을 역설했다. 그는 트레버-로퍼가 말한 정서는 "현재나 미래에 대한 믿음과 관심을 상실했다는 징후"로서 "과거의 죽은 손으로부터 자신을 해방시킬" 잠재력을 저해한다고 비판했다. 하지만 오늘날 호전적 애국주의와 죄책감 사이 그릇된 선택은 우리에게는 "인종 과학"과 식민지 폭력에 대한 "균형 잡힌" 설명이 필요하다는 그릇된 주장과 함께 1961년과는 매우 다른 오늘날의 영국 사회에 제시되고 있다. 이러한 변화들 가운데 일부는 역사 쓰기가 책장으로 둘러싸인 옥스브리지 교수와 연구원들의 연구실을 훨씬 뛰어넘어 확장된 데에서 기인한다. 공공 역사, 흑인사, 지방사, 여성사, 퀴어 역사, 산업사, 원주민사, "범남반구"에서 쓰인 역사, 새로운 질문을 던지며 새로운 방식으로 들려주는 역사로 지각 변동과 같은 변화가 일어난 것이다. 이 새로운 공공 역사들은 풀뿌리 지역 사회와 공동체들이 주도하며, 각종 전파, 영상 매체를 통해서 체험되고, 새로운 전문가 집단 고고학자들에 의해서 발굴되며, 박물관, 갤러리, 경관, 역사 유적지, 도시, 해안가에서 접할 수 있고, 구글 검색, 트윗과 리트윗, 촬영과 공유를 통해서 전달된다. 이 모두가 1961년에는 상상할 수 없던 규모이다. 그리고 여기에서 경성硬性 사실 이데올로기에 대한 비판으로서 역사 쓰기의 상대적 "연성軟性"을 강조하고, 섬세한 상대주의로 구식 사실주의를 넘어서고자 한 당시 카의 시도는 하나의 문제에, 즉 유물론materialism이라는 문제에 부닥친다.

역사 쓰기의 새로운 생태계들은 아카이브와 저장소에 보관되든 전시되든 간에 살아 있는 경관, 발굴 현장, 구축 환경(built environment : 자연 환경에 인위적인 조성을 가해 만들어낸 환경/옮긴이)에서 각종 물건과 이미지들을 가지고 생겨난다. 이것은 역사가보다는 고고학자의 영역이며, 내가 교육받은 이 분야, 즉 근현대 세계 고고학은 1961년에는 거의 무無의 상태에서 출발하여 오늘날 우리의 과거 연구에 주요한 일부가 되었다. 이것은 우리가 카를 재검토할 때에 부닥치는 문제인데, 물질문화와 관련해서 카는 학문 분야로서 후기 빅토리아 시대에 구성된 역사학의 경험주의에서 일부만을 해체했기 때문이다. 그의

책은 "금석학, 금전학(numismatics : 주로 고대 주화와 메달 연구/옮긴이),
연대학 등등"과 더불어 고고학이 "역사학의 보조 학문들" 가운데 하
나이며, 각각은 "모든 역사가에게 똑같은, 이른바 기초적인 사실들은
보통 역사 그 자체의 범주가 아니라 역사가의 원료라는 범주"의 생산
과 관련이 있다는 오랜 관념을 되풀이한다. 이런 관념은 카가 깨트리
고자 했던 바로 그 세계관에 속했다.

　1897년과 1911년 사이에 스위스 사서 샤를 마르텔은 의회 도서관의
서적 분류 부서의 수석 분류자로 일하며 새로운 분류 체계를 고안했
다. 이 과정에서 그는 이전의 여러 체계들, 특히 찰스 애미 커터가 발
전시켜서 본인이 수석 사서로 근무한 보스턴 애서니엄에서 1880년에
실행한 전개 분류법(Expansive Classification : 7개 분류표로 구성되며 알파
벳과 숫자에 의해서 도서와 기타 자료를 차례대로 세분하는 분류 방법/옮긴
이)에 의존했다. 마르텔이 커터의 체계에 도입한 변화들 중에는 역사
주제의 재조직화도 있었다. 커터는 "역사학(F)" 항목을 시대, 나라, 관
련 연구로 조직했고, 마지막 항목에는 연대학, 역사 철학, "고물古物,
풍속과 관습", 금전학, 기사도와 기사단, 문장학과 귀족 명감貴族名鑑
과 귀족이 들어갔다. 그와 대조적으로 마르텔은 자신이 "역사학의 보
조 학문들Auxiliary Sciences of History"이라고 부른 것에 완전히 새로운 분
류 기호(C)를 부여했는데, 여기에는 "고고학", "고물 연구"와 더불어
"외교, 연대학, 금전학, 금석학, 문장학, 계보학과 전기"가 들어갔다.
그렇게 함으로써 그는 일종의 노동 분업, 또는 사실의 위계제를 도서

관 내 지식의 배열 자체에 구축했고, 고고학자는 기술자technician에 불과하다는 관념을 도서관의 카드 색인에 써넣었다.

"데이터"와 해석의 위상에 관한 그러한 시각, 고고학과 역사학을 각각 사실주의와 상대주의에 위치시키는 시각은 1950년대와 1960년대에 아메리카 연구 역사 고고학Americanist historical archaeology에서 흔히 통용되었는데, 이는 역사 고고학은 "초창기 아메리카와 식민지 역사의 '시녀'"라는 1964년 아이버 노엘 흄의 논쟁적인 정의에서 가장 유명하게 드러난다. 하지만 이것은 지금은 대다수가 거부할 학제간 연구에 대한 하나의 시각에 그치지 않는다. 그것은 2020년대 역사적 구축 환경에서 우리가 역사와 기억을 이해하는 방식에 의해서 대체된 범주 오류이다.

30년에 걸친 공개 협의 과정이 수포로 돌아가면서 풀뿌리 활동가들이 브리스틀 에드워드 콜스턴 동상을 철거한 지 닷새 뒤인 2020년 6월 12일 금요일 아침, 보리스 존슨 총리는 "이제 와서 우리의 과거를 편집하거나 검열하려고 해서는 안 된다. 우리가 다른 역사를 가진 척할 수는 없다"라고 트위터에 글을 올렸다.

재커비언(제임스 1세 시대/옮긴이) 노예 소유주를 기리는 빅토리안 기념물을 옹호하는 존슨 씨의 발언은 빅토리아 후기의 역사 개념, 빅토리아 후기 영국 식민주의, 브렉시트 이후 식민지 시절에 대한 노스탤지어 간의 긴밀한 관계를 상기시킨다. "wie es eigentlich gewesen"

의 비전은 랑케의 『라틴 및 게르만 제민족의 역사*Geschicte der romanischen und germanischen Völker*』 서론에서 제시되었다. 1824년 베를린에서 집필되어 베를린 회의에서 유럽 국가들이 아프리카 대륙을 분할하고 있던 1885년에 제3판이 나온 랑케의 서론은 민족 대이동 시대부터 십자군을 거쳐, 당대 유럽 식민주의까지 게르만-로마 문화의 연속성이라는 비전을 그려 보였다. 그러한 연속성의 구성은 미래 지향적인 형태들도 띠었다. 조각상들이 식민 권력을 자연스럽게 받아들이도록 하고 제국을 상찬하기 위해서 세워진 것은 사실이다. 그러나 거기에는 그 이상의 목적이 있었다. 그것들은 식민 권력이 지속되도록, 거기에 깊은 뿌리를 부여하기 위해서, 우리 도시들의 기본 구조 자체에 식민 권력을 짜넣기 위해서 건립되었다. 브리스틀의 콜스턴 동상이나 옥스퍼드의 로즈 동상 같은 조각상들은 어린 시절 교회와 성당, 갤러리에서 처음 조각상을 접했을 때의 인상이 지속되듯이 작용한다. 불평등과 백인 패권의 이미지들은 계속되는 식민주의적 미래를 위해서 신성한 미학을 재배치하도록 거리로 불려나왔다.

그리고 여기에서 우리는 물체를 다소간 문서보다 사실적인factual 것으로 취급할 위험을 보게 된다. 카의 해석적 역사주의의 맥락화 충동은 특정한 종류의 도덕적 판단에 자리를 내준다. 어느새인가 우리는 이들이 그 시대의 사람들이라고 말하게 된다. 우리의 선조들은 우리와 동시대 사람이 아니라고 말이다. 하지만 여기 거리에서 그들은 우리 앞에 서 있다.

부지불식간에, 동상을 철거하거나 하나의 해석을 변경하는 것은 역사를 지우는 일, 과거를 침묵시키는 일이 될 것이라는 주장이 나온다. 사실을 날것 그대로 제시하라는 요구이다. 그러면 눈 깜짝할 사이에 조각상의 견고함과 외관상의 영속성이 우상을 하나의 역사적 사실로 탈바꿈시키리라. 물론 역사주의는 과거에 대한 보수적인 설명을 종종 뒷받침해왔다. 과거를 사랑하라는 휴 트레버-로퍼의 명령은 스코틀랜드 전통 물질문화라는 관념에 대한 훗날 그의 다소 오만한 비판에는 없었고, 고대의 풍습으로 오도된 백파이프와 타탄 문양처럼 그 물질문화를 근대적 날조로만 묘사했을 뿐이다. 믿음, 정체성, 문화적 산물에 대한 이러한 해체주의적 곡해는 일종의 자유방임적 토리 포스트모더니즘―여기서 사실들은 그렇게 할 수 있는 위치에 있는 사람들에 의해서 왜곡될 수 있다―을 이루게 되었다. 트레버-로퍼는 1980년에 케임브리지 피터하우스의 학장에 취임하기 위해 옥스퍼드 오리얼 칼리지를 떠나는 퇴임 강연에서 이를 다음과 같이 표현했다.

객관적 과학은 역사 연구에서 한자리를 차지하고 있지만, 그 자리는 부차적인 위치이다. 역사학의 심장은 방법이 아니라 발동기motor에, 기법이 아니라 역사가에게 존재한다.

카의 책이 출간된 지 20년이 지나 영 제국의 폭력에 관한 물리적 사실들에 아주 실제적인 공격이 벌어졌던 때로 돌아가보자. 영국 식민성은 레거시 작전이라고 알려진 프로젝트를 진행하여 문서들을 바다에 버리거나 불태워서 물리적 기록을 파괴했다. 더 나아가 기밀로 분류된 제국의 서류들은 1958년 공공기록물법의 단서 조항에 따라서 여전히 기밀로 분류되어 있다. 일부는 버킹엄셔 한슬로프 파크의 보안 시설에 보관되어 있다. 2015년 5월로 시계를 빠르게 돌려보자. 영국이 과거 식민지에 보상금을 지불해야 하는가를 둘러싼 옥스퍼드 유니언 토론이 열리는 가운데 술집 주인은 "콜로니얼 컴백" 칵테일을 광고하는 포스터를 내걸었다. 그러므로 식민주의가 지속되는 방식에는 부정, 말소, 지속, 음료 이름 다시 짓기, 조각상 건립, 과거를 통제하는 자들이 그것이 시간 자체의 기본 구조인 양 물질세계와 역사적 환경에 개입하고자 하는 시도 등이 포함된다.

우리는 여기에 1938년 파르테논 대리석의 "청소" 사례도 추가할 수 있을 것이다. 뭉툭한 구리 끌과 연마제를 가지고 "순백"이라는 상상된 이상에 도달할 때까지 반달리즘적(문화 유물 파괴/옮긴이)으로 갈아낸 이 작업을 두고 엡스타인은 「타임스」 독자 투고란을 빌려 파르테논 조각들이 "영구히 훼손될" 위기에 처했다고 주장했다. 과거에 대한 물리적 기록은 그저 수집과 정리 작업이 필요한 중립적이고 물리적인 기록—카가 "기초적 사실들"이라고 오해한 것—이기는커녕 종종 간섭을 받는다. 하나의 진술이 표명되고 또 지속되기 위해서 표명된다. 그리고 그러한 진술들에는 기억만이 아니라 계속되는 폭력도 포함될 수 있다.

역사가로서 카는, 헤로도토스의 『역사*Historia*』가 "그리스인들과 야만인들의 행위에 관한 기억을 보존하는 것"이 역사가의 목적이라고 규정함으로써 시작한다고 언급하면서 헤로도토스와 투키디데스에서 시작하는 전통 안에서 작업하는 자아상을 랑케와 공유했다. 역사가에게 초석이 되는 이러한 인물들은 물론 그리스-페르시아 전쟁이든 펠로폰네소스 전쟁이든 대체로 전쟁을 기술하는 데에 관심이 있었다. 랑케가 상상한 1700년의 유산은 유럽 문명과 유럽 민족들Völker, 유럽의 식민화에 대한 19세기식 관념들의 헌장 신화(charter myth : 지속되는 관습을 합리화하거나 정당화하기 위해서 이용되는 신화나 전설/옮긴이)였지만, 그의 역사 서술의 군국주의적 측면은 그보다도 700년을 더 거슬러간다. 인종주의적 조각상들을 철거하라는 요구가 "문화 전쟁"으로 오도되는 것처럼 그 군국주의의 반향들 역시 여전히 우리 곁에 있다.

여기에서 핵심은 카가 물질적 증거와 해석적 선택지들 간에 그은 구분선이 조각상과 기념물의 문제를 빠트렸다는 사실만이 아니다. 하나의 조각 작품은 언어처럼 작동할 수 있다. 해석되어야만 하는 하나의 진술로서 말이다. 그러나 그것은 기억과 신화와 사실을 뒤섞을 수도 있다. 한 장의 사진을 볼 때 개인적인 기억이 사진과 섞이듯이 말이다. 사진이나 발굴된 도자기 파편처럼, 아니면 도서관 서가에서 나와 나의 책상에 놓여 다시 읽힌 E. H. 카의 60년 된 책처럼, 하나의 기념물은 "기초적 사실"로서 멈춰버린 시간의 파편이 아니라 시간을 견

댄 힉스

녀내는 인간 능력의 한 실례이다. 그렇다면 건립된 그 조각상들은 어째서 사실들과 혼동될까? 이러한 혼동은 우리에게 무엇을 말해줄 수 있을까? 어떤 기념물은 무기가 된 비유들이다. 그것들은 어떤 사람들을 지우고 그들의 인간성을 말소하려고 하는 반면에 어떤 사람들은 아로새겨진 물질성으로 무엇인가를 우상화하고자 한다. 하지만 그것이 다가 아니다.

어떤 역사가들은 마치 기념물을 세우듯이 과거에 관해서 쓴다. 우리는 모두 그런 책들을 알고 있다. 윈스턴 처칠에 관한 존슨 총리의 책이나 추밀원 의장의 어쭙잖은 『빅토리아인들The Victorians』이 훌륭한 예이다. 이것들은 지위와 특권에 대한 기념물이요, 특정 집단을 배제하는 문명의 비전에 대한 기념물이다. 어떤 이들은 역사책을 쓰기 위해서 마치 한 대륙을 폭력적으로 약탈하듯이 조사를 수행한다. 또 어떤 이들은 과거를 침묵시킬 뿐만 아니라 과거의 목소리들을 덮어버리듯이 강연을 한다. 어떤 이들은 종종 자신의 자아상과 뒤섞으면서 영웅들을 숭상한다. 오래된 편견이 마치 명판이라도 되는 양 쇠못으로 돌려서 조이면서, 그들의 번드르르한 산문에 깊이 박아넣음으로써 말이다. 역사 서술은 서 있는 자들을 반영구적으로 기릴 수 있고 무너지는 것들을 예찬할 수도 있다. 카는 거기까지는 알고 있었지만 역사가가 자신이 묘사하는 "과거를 사랑해야" 한다는 트레버-로퍼의 주장을 공격했을 때, 프로파간다이자 돌로 조각된 과거에 대한 잘못된 재현, 구리 합금으로 주조된 불평등과 만행에 대한 예찬이라는 인공

물의 문제를 다루는 일을 빠트렸다.

　분명히 짚고 넘어가자. 조각상이 일단 건립되면 그것을 철거하기는 추천 도서 목록을 변경하는 일보다 훨씬 어렵다. 어느 학문 분과가 과거에 대한 고루한 관념이나 잘못된 시각을 비판한 다음 앞으로 나아가는 것은, 한 사회가 조각상 하나를 철거하는 것보다 더 쉬운 일이다. 돌로 조각된 예복들, 반암斑巖으로 된 얼굴들, 화강암 머리카락, 대리석 발, 사람의 손길로 반들반들 윤이 나는 청동 손들. 어린 시절 처음 접한 이후 우리가 죽 알게 된 조각상들은 시간의 지속성에 대한 기준점이 된다. 하지만 신성이나 왕족 또는 희생을 기리는 소재들이 인종주의나 노예제, 영국이 식민지에서 자행한 폭력을 확고부동하고 양도 불가능한 것으로, 어쩐지 영원하고 절대적인 것으로 제시하는 데에 이용된다면, 석상들이 인간성을 몰아낸다면, 그렇다면 우리는 그것들을 기꺼이 지금 우리의 시대에 비추어 가늠해야 하고, 이렇게 계속되는 폭력적인 과거의 왜곡을 제거해야 한다. 잘못된 기억을 타도하는 일은 언제나 생성 행위이다. 기념화를 통해서 일어난 기억 상실을 타도하는 일은 결코 우상 파괴가 될 수 없다.

　지금까지 내가 한 이야기 대부분은 새로운 이야기가 아니다. 카의 『역사란 무엇인가』가 출간된 바로 그해인 1961년에 나온 『대지의 저주받은 사람들Les Damne's de la Terre』에서 프란츠 파농은 유럽 식민주의의 세계를 "조각상들의 세계"로 환기시킨다.

구획으로 분리되고, 마니교적인(manichean : 선과 악의 이원론적 세계라는 뜻/옮긴이) 부동不動의 세계, 조각상들의 세계; 정복을 이끈 장군의 석상, 다리를 세운 기술자의 석상; 채찍질에 살갗이 다 벗겨진 등을 그 돌들로 으스러트리는 자신만만한 세계……식민 정권은 그 정당성을 무력에 빚지고 있으며 어떠한 경우에도 이런 실상을 감추려고 하지 않는다. 조각상들은 저마다, 페데르브나 리요테의 상이든 뷔조나 블랑당 하사관의 상이든 간에, 식민지 땅에 자리 잡은 이 모든 콩키스타도르들은 한시도 쉬지 않고 정확히 동일한 메시지를 대변한다. "우리는 총검의 힘으로 여기에 있다"라는 메시지를.

시간을 앞으로 돌려 콜스턴 동상이 쓰러지는 모습이 담긴 영상으로 돌아가보자. 눈가리개를 하고 어깨와 발에 밧줄이 감긴 채 땅에 끌려서 항구에 내버려지는 콜스턴 동상의 모습은 전 세계에 공유되었다. 어느 이미지(우상)와 마찬가지로 그리고 바로 그 동상과 마찬가지로, 이 이미지(영상)는 시간이 멈춘 순간이 아니다. 이것은 하나의 지속이다. 콜스턴은 1990년대에 이미 쓰러지고 있었다. 그리고 지금도 쓰러지고 있다.

우리의 역사 쓰기에 이러한 깨달음을 불어넣자. 고고학자와 그의 "기초적 사실"에 관한 카의 비전을 수정하자. 반인종주의 역사는 은유가 아니라 지위와 특권을 해체하고, 역사가의 자원들을 다른 용도에 맞게 고치고, 우리의 공유된 과거를 재상상하는 물리적 과정이다.

2020년대에 역사란 공동 생산이다. 2020년대에 역사는 도서관과 세미나실과 더불어 거리에서 발생한다. 2020년대에 역사 쓰기는 폴리즘(fallism : 로즈는 퇴출되어야 한다는 구호를 계기로 시작된 각종 퇴출 운동과 그와 연관된 탈식민주의, 범아프리카주의 등 여러 주의들을 뭉뚱그려 지칭하는 표현/옮긴이)의 가능성을 허용해야 한다. 부재, 지속되는 상실에 대한 기념. 우리는 공백으로부터 여전히 많은 것을 배울 수 있고 그것을 기려야 한다. 오늘날 모든 역사는 다시 쓰는 역사이다. 어떤 조각상들은 기념비라기보다는 무기에 가깝지만, 한 권의 역사책은 고고학자의 흙손처럼 취급될 수 있다. 각각의 단어는 하나씩 드러나는 도기 파편인 양 발굴되어야 한다. 때로는 기억과 인간 지속력의 기본 조직을 파헤칠 필요가 있다. 영광스러운 기억. 때로 우리는 조각상을 끌어내리듯 역사를 써야 한다.

댄 힉스

더 읽을 거리

Ana Lucia Araujo, *Slavery in the Age of Memory: Engaging the Past* (London: Bloomsbury, 2021)

Marc Bloch, *The Historian's Craft* (trans. P. Putnam) (Manchester: Manchester University Press, 1954) (『역사를 위한 변명』, 고봉만 옮김[한길사, 2007])

R. G. Collingwood, *The Idea of History* (Oxford: Clarendon Press, 1946) (『서양사학사』, 김봉호 옮김[탐구당, 2017])

Dan Hicks, *The British Museum: the Benin Bronzes, Colonial Violence and Cultural Restitution* (London: Pluto Press, 2020) (『대약탈박물관』, 정영은 옮김[책과함께, 2022])

Dan Hicks, 'Why Colston Had to Fall', *Art Review* (9 June 2020), https:/artreview.com/why-colston-hat-to-fall/

Dan Hicks, 'The UK government is trying to draw museums into a fake culture war', *Guardian* (15 October 2020), https://www.theguardian.com/commentisfree/2020/oct/15/the-uk-government-is-trying-to-draw-museums-into-a-fake-culture-war

Dan Hicks, 'Necrography: death-writing in the colonial museum', *British Art Studies*, issue 19 (2021), https://doi.org/10.17658/issn.2058—5462/issue 19/conversation

Achille Mbembe, *Out of the Dark Night: Essays on Decolonization* (New York: Columbia University Press, 2021)

Rhodes Must Fall Movement, Oxford, *Rhodes Must Fall: The Struggle to Decolonise the Racist Heart of Empire* (London: Zed Books, 2018)

Ann Laura Stoler, *Duress: Imperial Durabilities in Our Times* (Durham, NC: Duke University Press, 2016)

Erin Thompson, *Smashing Statues: The Rise and Fall of American Monuments* (New York: W.W. Norton and Company, 2021)

Michel-Rolph Trouillot, *Silencing the Past: Power and the Production of History* (Boston: Beacon Press, 1995)

07

우리는 어떻게 장애의 역사를 쓸 수 있을까?

자이프리트 비르디

나는 정말로, 장애에 관해 우리가 들어온 이 거짓말이 가장 커다란 불
의라고 생각한다.

— 스텔라 영

그는 진짜 배트맨이다.

흰 지팡이를 앞세우고 테드 강연을 하러 무대로 다가오면서 대니얼
키시는 그가 가진 제1의 초능력 감각으로 관객들을 가볍게 놀린다.
그는 "실명 자체보다 실명에 대한 사람들의 인식이 시각 장애인들에
게 훨씬 더 위협적"이라고 말한다. 실명은 흔히 제약으로, 다시 말해
한 사람을 미지의 어둠에 가두는 제약으로 인식된다. 하지만 키시는
시각 장애인들의 운명이 항상 비참과 공포, 또는 의존의 운명은 아니
라고 설명한다. 여타 장애와 마찬가지로 실명은 자유를 느끼기 위해
서 환경에 적응하고, 여러 장벽과 난관들을 돌파해나갈 최상의 수단

을 찾아낼 것을 요구한다. 생후 13개월에 시력을 잃은 키시에게 자유는 혀를 차서 내는 소리에서 나온다. 이는 음파 탐지 또는 반향 정위라고 하는 것이다. 그가 내는 이 짤막한 소리들은 물체에 부딪혀서 그에게 되돌아온다. 그는 이 소리 신호를 통해서 주변의 공간을 머릿속으로 인지하여 편안하고 쉽게 움직일 수 있다. 음파 지각을 통해서 키시는 세상에 대한 360도 시야를 확보한다. 이런 적응성은 실명의 체험이 무엇인지 재고하도록 할 뿐 아니라, 시각의 배타성에서 벗어나도록 우리의 등을 떠민다.

키시의 사연은 영감을 주는 이야기가 아니다. 물론 그가 일부 사람들에게 영감을 줄 수는 있겠지만 말이다. 그가 시력 상실에 대처하고 실명과 함께 살아가기 위해서 사용하는 도구들은 "(장애) 스토리"의 일부가 아니라 의학적 의제 바깥에, 의존과 신체적 허약이라는 문화적 구성체 너머에 존재하는 경험이다. 그것은 키시만의 경험, 세계에 대한 그의 시야로 형성되는 경험, 어쩌면 평범한 동시에 비범한 하나의 시점이다. 이 이야기는 사람들이 무엇을 해낼 수 있는지에 대한 우리의 기대치를 바꿀 것을 요구한다. 만약 우리가 더 많은 시각 장애인들이 자전거를 타는 것을 목격하고 더는 그런 광경에 놀라지 않게 된다면, 본다는 행위에 대한 우리의 인식도 바뀔 것이다. 그리고 키시가 이야기하듯이, 일단 이런 변화가 일어나면 더 많은 시각 장애인들이 본질적으로 능히 "볼" 수 있게 된다.

장애인을 향한 우리의 기대는 대단히 강력하다. 그들이 언제나 달성할 수는 없는 "성공"의 기준을 세울 수 있기 때문이다. 반향 정위는 박쥐, 돌고래 등 일부 포유류가 이용하는 생리학적 과정으로, 이 동물들은 주변 환경으로 소리를 발생시켜 근처의 물체들이 얼마나 멀리 떨어져 있는지를 알아낸다. 이는 인간은 좀처럼 발전시킨 적이 없는 놀라운 능력이다. 키시가 그 능력을 이용하는 유일한 시각 장애인은 아니지만—"눈 없이 보는 소년"인 벤 언더우드는 또다른 예시이다—만일 이 기술이 시각 장애인들에게 궁극적인 성취라면 그 기술을 숙달하지 못하는 이들은 "실패했거나" 무엇인가에 "미치지 못한다"는 함의가 발생한다. 달리 말해서, 우리는 장애인들과 그들이 세상을 헤쳐나가기 위해서 사용하는 도구들—반향 정위든, 흰 지팡이든, 보청기든, 컴퓨터화된 기술이든—에 관해서 말할 때, 장애는 "두루두루 맞는 사이즈" 모델이 아니며, 결코 그렇게 될 수도 없다는 사실을 받아들여야 한다.

우리는 장애는 고통이라는 말을, 망가지거나 불구인 심신이라면 차이점들을 제거하는 것까지는 아니라고 해도 치료하는 편이 좋은 일이라는 말을 듣는다. 하지만 이는 거짓말이다. 오스트레일리아의 운동가 스텔라 영이 우리에게 말하듯, 우리는 이 거짓말을 밑도 끝도 없이 들어왔다. 장애는 "나쁜 것"이며 장애를 안고 꿋꿋이 살아가는 사람들은 비범한 사람들이라는 거짓말을. 장애와 함께 살아가는 데에는 마땅히 적응이 뒤따른다. 장애를 이해하는 일은 인간 경험의 변동성을 인정하는 일이다. 장애의 역사를 쓰기 위해서는 반드시 장애

　　　　　　　　　　　　　　자이프리트 비르디

인을 중심에 두어야 한다. 인종, 젠더, 섹슈얼리티가 역사적 사건들을 검토하는 데에 분석적 렌즈로 활용되듯이, 장애도 그렇게 이용될 수 있다. 역사가 더글러스 베인턴이 단언한 바와 같이, 결국에 "일단 찾아보기 시작하면 장애는 어디에나 있지만 우리가 쓰는 역사들에는 눈에 띄게 부재한다." 비장애인 사회의 시점들이 아닌 장애인을 통해서 역사를 검토함으로써 우리는 의학적 시선에서 벗어나 장애인들이 이런 역사들에서 재현되는 방식에 이의를 제기할 수 있다.

괴물 같은 신체와 복받은 자들

장애는 언제나 인간 경험의 핵심적인 일부였다. 고고학적 증거, 고대 파피루스, 도기, 미술, 법적 문서, 각종 경전과 신화는 왕과 귀족 여인, 장인, 신들이 똑같이 신체적이거나 정신적인 일탈에 시달렸다는 사실을 보여준다.

메소포타미아 신화에서 니마가 창조한 시각 장애인은 엔키에 의해서 음악가로 변신했다. 엔키는 모든 불완전한 존재들이 인간 사회에 유용한 적절한 임무를 맡게 되리라고 선언했다. 북유럽 신화의 오딘과 프리그의 아들인 호드 역시 눈이 멀었고, 벵골 신화의 여신 마나사, 마오리의 조상 여신 마타케레포, 줄루족 구전에 나오는 반란 노예 루무칸다도 마찬가지였다. 예언자 테이레시아스는 그리스 여신 헤라에 의해서 벌로 시력을 빼앗겼다. 이집트 신화에서 출산의 신 베스는 안짱다리의 난쟁이로 묘사된다. 일부 아메리카 원주민 문화에서 코코펠리는 피리 부는 곱사등이로 묘사되고, 오쿠니누시를 도와서 세상을 건설한 일본의 신 스쿠나히코나도 난쟁이이다. 가장 오래된 베다 산스크리트어 문헌 가운데 하나인 『리그베다*Rigveda*』는 알의 부화를 기다리지 못한 비나타의 조급함 때문에 새벽의 신 아루나가 다리도, 성기도 없이 태어나게 된 사연을 들려주는 한편, 『마하바라타*Mahābhārata*』에서는 교활한 드리타라슈트라의 왕위를 두고 비두라가 앞을 보지 못하는 자는 왕국을 제대로 다스릴 수 없다고 이의를 제기하고 나선다. 중국 신화는 문학의 신인 문창제군에게 천롱天聾("하늘 귀머거리")과 지아地啞("땅 벙어리")라는 두 종자가 따라다녔다고 이야기한다. 일본의 명랑한 에비스 신은 다리를 절고 귀가 들리지 않는 한편, 대장장이 그리스 신 헤파이스토스는 올림포스에서 내동댕이쳐져서 한쪽 발이 불구가 되었다고 한다.

이러한 이야기들은 불구가 된 신체가 협잡이나 과실, 처벌만큼 우연 및 다양성과 어느 정도까지 관련이 있는지를 들려준다. 또한 고대 사회들에 "장애"에 대한 엄격한 범주가 없었다는 사실도 드러낸다. 당시에는 정상성을 둘러싸고 명확히 정의된 기준이 존재하지 않았기 때문이다. 고대 사회에서는 장애 여부와 상관없이 모든 존재가 사회 안에 각자의 자리와 수행할 임무가 있었다. 고대 그리스인들은 기형아를 유기하는 데에 대한 정당화의 근거로 아름다움이라는 덕목을 높이 평가했을지 모르지만, 다른 한편으로 도시 국가 아테네는 장애가 있는 노동자에게 연금을 지급했다. 더욱이 근래에 발견된 증거들

자이프리트 비르디

에 따르면, 구불구불하고 울퉁불퉁한 길을 올라서 아크로폴리스 정상에 도달하는 낭만적인 신체 활동과 대조적으로, 그곳에 경사로가 지어져 있었고 다른 치료를 위해서 찾는 성역이나 성소들에서도 경사로를 이용할 수 있었음을 추측할 수 있다. 로마 제국 시대 부유한 시민들의 집 안에는 여흥을 위해서 혹은 액운을 막아주는 부적처럼 곁에 두는 수행원으로 "괴물 시장"에서—때로는 터무니없이 비싼 가격에—사들인 꼽추, 난쟁이, 귀머거리-벙어리 노예들이 있었다. 부잣집에서 태어난 장애아들은 뇌성마비와 투렛 증후군 둘 다 또는 둘 중 하나를 앓은 것으로 추정되는 클라우디우스 황제처럼 양육되고 교육을 받았다. 심지어 수 세기 동안 이스탄불의 오스만 궁정 엔데룬Enderûn(내관부)에서 일한 딜시즈dilsiz(언어 장애인과 청각 장애인-언어 장애인)는 특권적 지위를 획득했으며, 그들의 수어 체계는 귀가 들리는 궁정인들도 이용했다.

수 세기에 걸쳐 변함없는 한 가지 사실은 장애인들이 부정적인 고정관념과 끊임없이 맞닥뜨렸다는 점이다. "예술에서처럼 자연에도 오류가 있다"는 아리스토텔레스의 주장은 기형을 타고난 사람들을 일탈로 규정했다. "우발적 출생"이 비운의 전조든 신성의 축복을 받은 영혼이든 간에 말이다. 중세의 괴물들—기이한 아름다움, 기기묘묘한 이형異形, 무섭고 기상천외한 존재들—은 채식彩飾 필사본(세밀화와 각종 무늬, 장식 문자를 그려넣어 꾸민 필사본/옮긴이)의 테두리 장식에서 기독교 도덕에 대한 은유나 알려진 세계의 주변주에서 살아가는 경이로운 종족들의 증거로 표현되었다. 『신국론*De civitate Dei*』에서 성 아우구스티누스는 세계는 다양한 존재들로 이루어져 있으며, 괴물들 은 신의 의지라는 생각을 표명했다. 괴물 같은 존재들을 그런 식으로 규정한 아우구스티누스의 영향력은 막강해서, 프로테스탄트 개혁 당 시 가톨릭과 프로테스탄트 양측이 각자의 종교적 주장을 정당화하는 방식에까지 영향을 미칠 정도였다. 그러한 사고방식은 성차별주의에 도 깊이 엮여 있었다. 자신들의 자연스러운 위치를 거부하며 거침없 이 말하는 급진적인 여자들은 괴수를 사산하는 신의 형벌을 받을 수 도 있었다.

창조의 조화, 기기묘묘하고 복받은 자들에 대한 이야기의 조화 속 에는 장애인들이 어떻게 인식되는지를―무고한 사람들, 범죄자들, 거지 혹은 괴물로―규정하는 낙인과 이타성의 종합이 있었다. 이러 한 관점들 속에는 앙리-자크 스티케가 『장애 : 약체들과 사회들*Corps infirmes et sociétés*』에서 지적한 대로 "아직 사유된 적 없는 사회적 관념 들의 저 깊숙한 곳으로 우리를 데려가며, 날카로운 윤곽선이 그려 진……장애인들에 대한 실루엣이 있다." 그렇다면 장애가 있는 삶의 일부로 괴물 같음monstrosity을 추출해낸다면, 우리는 어떤 장애의 역사 들을 쓰게 될까? 우리가 장애의 관점에서 전설과 설화들을 재검토하 면 어떤 새로운 관점들을 발견하게 될까? 마저리 켐프의 광기는 신비 주의와 황홀경으로 위장된 장애의 증거일까, 아니면 그저 장애인들 이 사회 내에서 어떤 식으로 긍정적으로 인식되기를 바라는지를 드러

자이프리트 비르디

내는 한 사례일 뿐일까? 리처드 3세가 척추 측만증을 앓았다는 소급적 진단이 "밉살스러운 꼽추 놈"이라는 셰익스피어의 묘사를 대체하듯, 새로운 연구 방법론들을 적용하면 새로운 장애사 연구를 장려할 수도 있다. 새로운 방법론들은 장애가 어느 정도까지 한 사람의 경험을 형성하는지를 재검토할 수도 있다. 가령 시인 알렉산더 포프는 자신의 글에서 등이 굽은 자신의 장애를 좀처럼 언급하지 않지만, 포트병(결핵성 척추염/옮긴이)으로 고생했다는 사실이 그의 작품 시학에 영향을 미쳤을 가능성은 크다.

괴물 같음을 재사유하면 더 나아가 장애에 대한 표지가 어떻게 의미에 스며들 수 있는지를 추적할 수 있다. 장애가 있는 신체는 흔히 "정상normate"•과 대비된다. 이를테면 사르키 바트만—이른바 호텐토트의 비너스—의 전시된 신체는 제국주의적 착취를 대변하며, 기형은 비백인의 열등함을 입증하는 데에 이용되고, 문학에서 흉터가 있는 얼굴들은 원한과 악을 상징하는 식이다. 그들은 로즈메리 갈런드 톰슨이 이야기하듯이 보통이 아닌 몸extraordinary body이며, 그들의 기형화와 주체성이 요청하는 바는 장애의 평범/비범한 실제 체험들에 대한 우리의 이해를 더 풍성하게 할 수 있다. 그들을 역사적으로 위치시키기 위해서는 우선 은유적이고 신화적인 담론의 한계들을 인정해

• 톰슨이 고안한 이 신조어는 "문화적 자아의 가려진 주체 위치를 말하는데, 즉 그들의 유표된marked 몸이 '정상'의 경계를 이루고 있는, 일탈한 여러 타자들에 의해 윤곽이 그려지는 형상을 말한다."(로즈메리 갈런드 톰슨, 『보통이 아닌 몸』, 손홍일 옮김[그린비, 2015], 20쪽에서 인용)/옮긴이

야 한다. 결국 기형인과 괴물들—밀리-크리스틴, 타이니 팀, 사자 얼굴 조조, 코끼리 인간 조지프 메릭, "핀헤드" 슐리치 외 다수—에 대한 이야기는 실제 삶의 연대기이며, 장애인들이 어떻게 취급되었고, 그들이 스스로 어떤 종류의 정체성을 창조해왔는지에 관한 연대기이다.

변두리를 넘어

1939년 나치의 탄압 위협에 직면한 교육가 카를 쾨니히와 동료들은 오스트리아에서 도망쳐 스코틀랜드로 향했다. 그곳에서 그들은 새로운 사회 질서를 창조할 목적으로 루돌프 슈타이너의 인지학에 입각한 치료 학교, 캠프힐 빌리지를 건립했다. 발달 및 지적 장애인과 비장애인들 모두가 존엄과 정신적 온전함을 유지하며, 하나의 에코 빌리지(소규모이며 자급자족이 가능한 친환경 마을/옮긴이)에서 함께 일하고 살아가는 공동체를 창출하고자 한 것이었다. 이 "생활-공유" 접근법을 통해서 그들은 장애인이 배제가 아닌 포괄성을 위해 건설된 공동체 안에서 어떻게 잘 살아갈 수 있는지를 보여주었다. 이는 대다수의 선진국들에서 채택된 시설 입소와 장애인에 대한 의학적 "해법"과 극명한 대비를 이루었다.

장애에 대한 근대적 개념은 17세기 식민지 플랜테이션 경제와 동산動産 노예제, 18세기 산업화 안에서 등장했다. 급성장하는 산업에서 노동에 대한 수요 증가는 노동자의 신체를 혹사시키며 일할 능력을 위험에 빠트리는 부상, 질병, 장애를 낳았다. 게다가 특정 산업 부

자이프리트 비르디

문들—예를 들면 탄광업—은 직업상 위험이 뚜렷했으므로 결국에는 상호 부조 협회가 결성되었고 작업장 안전과 건강 규정이 생겨났다. 산업 자본주의는 장애인들을 노동력에 통합시켰다. 뿐만 아니라 일터에서의 부상이나 상해도 흔한 일이 되어서, 노동자들은 주변으로 밀려나거나 일자리를 잃지 않기 위해서 신체적 쇠약에도 불구하고 흔히 계속해서 일했고, 노예가 된 사람들은 강제로 자신들의 가치를 증명해야만 했다. 자활성(타인의 도움 없이 자기 힘으로 살아갈 수 있는 상태/옮긴이)과 일할 능력은 높이 평가되었다. 그러므로 일할 수 없거나 공동체의 지원이 없는 사람들은 "비생산적 시민"으로 분류되었고, 사회적으로 가난한 2등 시민으로 전락해서 이타적인 자선에 의존해야 하거나 극빈자 시설과 구빈원으로 보내졌다. 아동과 노인, 만성질환자도 마찬가지였다.

　노동자의 신체에 대한 산업 자본주의의 의존성은 장애인들이 어떻게 살아가는지에 관해서, 또 그들이 신체를 "교정하고" 생산성을 입증하기 위해 직면하는 압력에 관해서 사고하기 위한 새로운 접근법을 열어주었다. 19세기 중반에 이르자 산업 의료의 등장과 통계, 수술 기법의 향상이 근면과 자기 개선의 빅토리아식 가치관과 함께 식민지 지역들로 퍼져나가면서 새로운 세기 내내 반향을 일으킬 가치관과 떼려야 뗄 수 없게 되었다. 의학은 장애를 퇴치할 무기를 갖춘 백마 탄 기사가 되었다. 이제 장애인들은 자신을 고치기 위해서 의족이나 의수 같은 보철물과 특허 의약품, 여러 가지 수술적 약속들에 의존했다. 각종 보건 조치와 예방 접종 캠페인은 장애를 야기하는 전염병을 근절하려고 고투했다. 더 나아가 우생학적 사고에서 영향을 받은 정신 요법과 정신과 의사의 등장은 만성적—반드시 치유 가능한 것은 아닌—질환들에 대한 치료상의 낙관적 전망을 밝히며 자선 기관들의 확대를 가져왔다. 프랜시스 골턴의 합성 초상화, 다시 말해서 현실의 사람과는 전혀 닮은 데가 없는 평균적인 특성들을 보유한 가상 인물 같은 정상성의 기준, 표준과 대조하여 장애가 있는 신체를 측정하고 정의하는 기준 역시 등장했다. 구걸 행위가 늘어나고 흉터가 남은 퇴역 군인들이 점차 귀환하면서, 일부 국가들은 심지어 공공장소에서 그들의 존재를 제한하기 위해서 "어글리 법ugly law"을 통과시켰다. 장애는 인간 생활의 일상적인 일면이라기보다는 치료되어야 할 의학적 상태로 여겨지게 되었다. 분리나 동화, 살해를 통한 장애의 퇴치는 불치不治의 차이를 제거하는 조치로 정당화되었다.

연구자인 로드 미칼코가 천명하듯, 이러한 역사의 대부분은 장애인들을 "망가져버린 신체와 삶, 의학과 과학 기술의 실패"로 보면서 전통적으로 그들을 변두리에 위치시켰다. 여기에는 파헤칠 만한 풍성한 역사가 존재한다. 장애인들은 자신들 앞에 쏟아지는 무수한 의학적 선택지들을 어떻게 헤쳐나갔는가? 그리고 장애를 의존과 연관시키는 문화적 낙인들로부터 어떻게 스스로를 해방시켰는가? 그들은 치료의 레토릭cure rhetoric에 어떻게 반발해 맞섰는가? 가령 청각 장애인들은 자신들만의 수어 공동체에서 나름의 문화적 정체성을 가꾸며 잘 살아갔다. 심지어 그들의 공동체를 허물어버리려는 구화주의 oralism가 강제될 때에도 그랬다. 잉글랜드에서 가엽고도 씩씩한 아이들 길드Guild of the Brave Poor Things 소속 장애아동들은 상이한 장애를 안고 살아가는 사람들이 동일한 사회적 장벽과 의학적 압력들에 직면할 때 유의미하게 대처하는 집단적 정체성을 발전시켰다. 비록 장애를 비극이라고 보는 길드의 관점이 회원들에게 악영향을 주기는 했지만 말이다.

장애가 간과되거나 때로는 말 그대로 지워진 유명한 역사적 인물들의 경험을—되찾는 것은 아니라고 하더라도—확고하게 표명하는 작업의 중요성도 놓칠 수 없다. 한 예로 보들리 도서관에서 미술품 복원가들은 18세기에 폼페오 바토니가 의사 조지 오클리 올드리치를 그리면서 모델의 안면 손상을 그대로 묘사했지만—초상화 작업에서 극히 보기 드문 경우이다—나중에 덧칠로 가려졌음을 밝혀냈다. 적극적으로 드러내지 않은 한 다른 많은 이들의 장애 경험 역시 역사책에서 어물쩍 넘겨지기는 마찬가지였다. 몇 사람만 거론해도 지질학자 제임스 허턴, 배우 사라 베르나르, 여성 참정권 운동가 애들레이드 나이트, 노예제 폐지론자 해리엇 터브먼, 활동가 메리 처치 테럴, 화가 도러시 브렛, 기업가 오토 바이트, 탐험가 존 웨슬리 파월, 정치가 윈스턴 처칠과 프랭클린 덜러노 루스벨트, 화가 프리다 칼로, 음악가 음지 모리스, 혁명가 아폴리나리오 마비니, 시인 자막 기미레, 10대에 백인들에게 살해당한 뒤 시민권 운동의 상징이 된 에멧 틸, 체로키 족장

월마 맨킬러, 작가 오드리 로드와 마야 안젤루 등이 있으며, 이외에도 역사의 연대기에서 알려지거나 알려지지 않은 무수한 여타 장애인들이 있다.

우리는 건강하지 못한 장애인(심각한 통증이나 생명의 위협 같은 이유 때문에 매우 많은 의료적 처치를 받은 신체로 살아가는 사람들/옮긴이)의 존재, 즉 (트라우마적인) 의료 경험이 한 사람의 장애 정체성과 복잡하게 얽힐 수 있음도 잊어서는 안 된다. 예술가인 리바 레러는 회고록에서 "나는 구성물이다"라고 쓴다. "나는 47번의 수술을 받았다.……나는 나를 만들어낸 사람들이 남긴 흉터들을 항상 떠올리며 내 몸이 줄곧……변경되고, 재구성되고, 바뀌어왔다고 생각한다." 그녀는 골렘, 즉 의사들이 만들어낸 "의학적 괴물"이다. 의사들은 의료 기록에 각종 진단을 휘갈겨 써넣고 레러 그리고 레러와 같은 이들로 하여금 자신들의 정체성을 의학적 진단명으로 규정하도록 강요해왔다. 레러 같은 이들은 의학사와 장애사의 경계 지대에, 선천적 질병과 전염병이 신체와 공동체를 극적으로 변모시킬 수 있는 공간에 존재하는 사람들이다. 장애를 통해서 질병의 역사를 재검토하면 우리는 어떤 이야기들을 발견할 수 있을까? 특히 사회경제적 불평등과 인종적, 종족적 건강 격차와 얽인, 이를테면 결핵, 천연두, 소아마비, 매독, 후천성면역결핍증이나 히스테리와 배회증(Drapetomania : 까닭 없이 도망치거나 떠돌고 싶어하는 충동이라는 뜻으로, 19세기 중반 미국의 의사 새뮤얼 카트라이트가 노예들이 농장에서 도망치고 싶어하는 것을 일종의 정신병이라

자이프리트 비르디

고 간주하고 만들어낸 진단명이다/옮긴이)처럼 상상된 질병들과 엮어서 살펴볼 때에는? 그리고 비가시적인 장애를 지닌 사람들, 즉 "충분히 장애인"이라고 여겨지지 않거나, 심지어 장애인으로 분류되기를 거부하는 사람들도 간과하지 말자. 우리가 더 포괄적인 역사를 쓰고자 한다면, 그 모든 사람들의 이야기를 받아들일 필요가 있다.

혁신가, 발명가, 개조가

1997년 테베 시 근처에서 진행된 무덤 발굴 작업은 장애사에 흥미진진한 새로운 장을 열었다. 이집트 귀족 여성—증거에 따르면 사제의 딸일 가능성이 크다—의 미라에서 가죽끈으로 부착되어 오른발에 붙어 있던 나무로 깎은 발가락이 발견된 것이다. 기원전 1069년 것으로 추정되는 유적이 발굴되면서 그 나무 발가락은 지금까지 발견된 가장 오래된 인공 보철물이 되었다. 연구자들이 그 인공 발가락이 걸음걸이 때문에 가해지는 압력에 대처하기 위해서 여성의 발 모양에 맞춰 여러 차례 수리되었다는 사실을 알아내면서 "카이로 발가락"으로 알려진 그 보형물은 장애를 가진 신체에 대한 우리의 개념을 재설정한다. 또한 "카이로 발가락"은 장애가 언제나 낙인이 찍히거나 감춰지지는 않았음을 보여준다. 그 발가락은 앞이 터진 샌들과 함께 착용하도록 설계되었기 때문이다.

단순한 나무토막에서 컴퓨터와 연결된 외골격에 이르기까지 인공 기관들은 언제나 장애 경험의 일부였다. 역사가 캐서린 오트가 정의

한 대로 인공 보철물이란 "탈부착이 가능하거나, 입을 수 있거나, 삽입되거나 통합된, 광범위한 신체 부위들", 사람들이 원하는 대로 할 수 있게 도움을 주는 장치들로 이루어진 폭넓은 범주이다. 하지만 장애는 별도의 정체성을 나타내는 범주가 아니며, 그러므로 인공 보철물이나 그 사용자들의 정체성도 장애로 정의되지 않는다. 더욱이 오트의 표현에 따르자면, 다수의 그 "장애 [보조] 장치들disability things"은 치료라는 회복적 서사 안에서 틀이 지어지거나 기괴하고 기형적인 것에 관한 가정들을 드러내는 하나의 구경거리로 이해되며, 신체가 인공물로 꾸며질 때에는 더욱 그렇다. 인공 보철물은 장애인들의 일상생활에 영향을 미치는, 복잡한 일단의 의미들이 담긴 사회적 대상이다. 또한 의학적 개입과 정상성의 사회적 경계들에 관한 전제들에 개개의 주체(어떤 행위나 작용을 발생시키는 사물이나 사람/옮긴이)가 어떻게 기여하고, 또 어떻게 그것들을 형성할 수 있는지 혹은 개개의 주체가 어떻게 자유를 위한 양가적인 도구가 될 수 있는지를 보여주는 물질적 증거이다. 한 예로 주삿바늘은 당뇨병 환자에게 의료적 자율성을 제공하는 한편, 정신병원에서는 간호와 공공연한 의료적 통제의 수단으로 이용된다.

물체와 신체를 결합시키는 일은 장애가 있는 신체를 과학 기술로 재성형하거나 보조하거나 장착함으로써 대단히 가시적인 시민권의 실행이 되기도 한다. 특정 물체들—월트 휘트먼의 지팡이, 해리엇 마티노의 나팔 보청기, 찰스 다윈의 지팡이, 앤드루 골리의 철제 손, 도

　　　　　　　　　　자이프리트 비르디

러시 브렛의 보청기나 에드 로버츠의 전동 휠체어—은 장애인들이 "그들을 위해서 설계되지 않은 세계"에 어떻게 스스로를 맞추는지를 보여주는 중대한 지표도 된다. 흔히, 적응은 혁신을 필요로 한다. 17세기에 하반신이 마비된 독일의 시계 제조공 슈테판 파르플러는 최초의 자체 추진 휠체어를 제작했다. 남북 전쟁 당시 절단 수술을 받은 초창기 환자들 가운데 한 사람인 제임스 행어는 일자형 의족을 교체하기 위해서 경첩이 달린 의족을 고안했다. 로빈 캐번디시와 테디 홀은 테디 홀이 침대에만 갇힌 생활에서 벗어날 수 있도록 인공호흡기가 장착된 전동 휠체어를 개발했다. "유성" 영화에서 밀려난 청각 장애인이자 무성 영화배우 에머슨 로메로는 청각 장애인들이 영화를 즐길 수 있게 자막 해설을 개발했다. 벳시 파버는 관절염이 걸린 손으로 잡기에 더 편한 새로운 주방 도구들을 설계했다. 음성 도서와 문자-음성 변환 스캐너가 새로운 읽기 포맷을 창조했듯, 기술이나 기술 체계로부터의 배제는 장애를 수용하기 위한 혁신의 원천이 될 수 있다. 가령 청각 소실을 "치료한다"고 19세기에 영국령 인도로 수입된 장비들은 인도 청각 장애인들의 일상으로 반드시 전환되지는 않는, 대체로 식민주의적인 제품들이었는데, 이에 따라 인도 설계자들은 더 저렴하게 구할 수 있는 재료를 이용해서 자체적으로 인공 보철물을 설계했다. 자이푸르 의족(무릎 아래를 절단한 사람들이 착용하는 가성비가 뛰어난 고무 소재 의족/옮긴이)과 미화로 대략 200달러에 판매되는 스탠딩 휠체어는 그러한 유산의 일부이다.

그러나 어떤 보조 과학 기술이든 사회적, 경제적 제약으로 제한을 받는다면 유용성이 떨어질 수밖에 없다. 도로 경계석을 깨부수는 활동가들부터 모든 공공 행사에는 수어 통역사가 있어야 한다는 요구까지, 20세기와 21세기에 접근성은 설계가 **모든** 사람들에게 혜택을 주어야 한다는 발상과 연결되었다. 이와 같은 발상은 본래 정치적인 것이기도 하다. 접근성은 장애인들이 온전한 시민적 참여를 달성하는 것을 방해하는―건축적, 정치적, 사회적, 환경적, 의학적―장벽들의 제거를 요구하기 때문이다. 과학 기술이 컴퓨터와 스마트폰, 화상 회의를 통해 사회생활에 통합됨에 따라서 "접근 가능한 환경"을 조성하는 일이 불가결해졌다. 인공 보철물에는 사회관계와 정치적 운동을 재구조화할 필요가 뒤따른다. 팬데믹 동안 줌zoom으로 연결된 세계에 자막 해설이 없다면 무슨 소용인가? 혹은 고도로 시각적인 소셜 미디어 플랫폼에 대체 텍스트(alt-text : 사진이나 영상을 분석하여 설명을 제공하는 글이나 문구/옮긴이) 설명이 없다면?

접근 가능한 환경 설계를 위한 정치적 근원들과 나란히 장애 디자인에는 소비자, 혁신가, 개조가들의 유산과 연결된 DIY의 역사가 풍부하다. 거의 모든 인공 보철 사용자들은 물질-인간 분리 내에서 행위 주체성을 표명하기 위해서 장치들을 자신들의 신체에 보다 잘 맞도록 보수한다. 그러나 모두가 그렇게 하는 것은 아니다. 어떤 장애인들은 자신들의 인공 보철물을 "해결책"으로 인식하며, 또 어떤 이들은 표면상으로 인공 보철물을 거부한다. 연구자 메릴 올퍼가 지적한

자이프리트 비르디

바와 같이 역사적으로 보조 과학 기술은 "소비자들이 습득하고 그에 관해서 배우기가 힘들었는데, 그러한 지식이 흔히 특화된 전문가 집단에 속하기 때문"이다. 그럼에도 불구하고 소아마비 생존자들은 손이 닿지 않은 곳에 있는 물건들을 집기 위해서 집 안의 연장들로 다양한 집게를 만들었다. 청각 장애인들은 제조사들이 자신들의 필요를 충족시켜주지 못할 때에는 전화 증폭 기술 향상에 적극적으로 관여했다. 스포츠 경기에 참가하는 장애인 운동선수들은 휠체어를 분해하여 더 빠르고 가볍게 만들었다.

모든 과학 기술은 보조적인 성격을 띠며 장애 디자인이 필수불가결한 반면, 모든 "장애 (보조) 장치들"이 유용하거나 필수적인 것은 아니다. 수어 장갑, 계단을 오르는 휠체어, 시각 장애인을 위한 휴대용 GPS는 "장애 동글"(동글이란 컴퓨터의 입출력 접속구에 연결되는 장치로, 특정 프로그램의 복사나 실행 시 인가된 사용자만이 사용할 수 있도록 제한하는 장치를 말한다/옮긴이)이라고 부르는 디자인의 실례이다. "의도는 좋고 우아하지만", 장애인들 스스로가 겪고 있다고 생각한 적도 없는 문제에 대한 "쓸데없는 해법" 말이다. 이런 기술적 해결책은 접근성에 대한 대체물로 기능하기보다는 장애인들이 접근 능력의 부담을 떠안도록 강요하면서 포괄성과 온전한 공정을 막는 더 많은 장벽을 양산할 뿐이다. 또한 그것들은 장애의 실제 경험을 무시한다. 일부 장애인들이 선호하는 것처럼 그들을 사이보그—실생활에서 보조 과학 기술을 창조하고 사용하는 생체공학적 인간들—로 인정하는 대신, 모든 인간의 사이보그화, 기술 미래주의, 트랜스 휴머니즘을 통해서 장애인들을 은유와 기상천외한 주제들로 탈바꿈시킨 것처럼 말이다. 사람들은 장애인들을 있는 그대로 사이보그로 인정하는 대신에 "우리가 반짝거리고 금속성이며, 그들이 생각하는 이미지이기를 원한다"고 사이보그 질리언 와이즈는 말한다. 그리고 그렇게 될 수 없을 때, 그 사람들은 트라이보그(tryborg : 질리언 와이즈가 「뉴욕 타임스*The New York Times*」 오피니언란에 기고한 글에서, 모든 인간의 사이보그화, 트랜스 휴머니즘을 주장하는 사람들을 비판하기 위해서 만들어낸 신조어/옮긴이), 즉 "실험적 지식이 결여되어 있기 때문에 사이보그에 대한 이해가 끔찍할 만큼 어설픈" 가짜 사이보그가 된다.

교차점

나무에는 긁힌 흔적과 말라붙은 핏자국이 있다. 세로 90센티미터에 가로는 180센티미터가 채 되지 않을 좁은 상자의 높이는 45센티미터 정도이며, 걸어서 잠글 수 있는 경첩 뚜껑이 달려 있다. 분명히 성인이 안에서 움직이거나 똑바로 앉을 수 없는 공간이다. 측면의 얇은 널빤지 틈새로는 빛이 거의 들어오지 않는다. 이것은 "유티카 크립Utica Crib", 그러니까 1846년에 유티카에 있는 뉴욕 주립 정신병원의 원장 애머라이어 브리검이 마르세유 정신병원에서 이용하는 유사한 장치를 본떠서 만든 얕은 목재 우리이다. 구속복과 구속용 족쇄보다 더 낫다고 여겨진 이 혁신적인 장치는 난동을 부리거나 통제가 힘든 환자

　　　　　　　　　　　　자이프리트 비르디

들을 제지하고 자해를 방지하기 위해서 혹은 소름 끼치는 처벌 수단으로 이용되었다. 19세기 말에 이르자 대다수의 정신병 시설에서 유티카 크립을 찾아볼 수 있었다. 나는 박물관 창고에서 두 가지 버전을 살펴보았다(그리고 살짝 소름이 끼쳤다). 하지만 그것들은 공포를 불러일으키는 상자 그 이상이다. 바로 장애사의 물적 증거이다. 어쩌면 장애사의 가장 어두운 장葬에서 나온 것일 수도 있지만, 그럼에도 불구하고 이는 만약 우리가 차이를 그저 표준에 부합하기 위한 정당화 근거가 아닌 인간 변형의 한 측면으로 받아들인다면, 사회가 어떻게 달라질 수 있을지를 상기시켜준다.

장애사는 더 이상 수동적이고 무력할 필요가 없다. 장애인들을 그들 역사의 중심에 위치시킴으로써 논의는 자긍심, 힘, 발명, 독립성, 포괄성, 공동체로 향할 수 있다. 하지만 우리는 여기에서 교차점들, 다시 말해서 인종차별과 계급차별이 유색인 장애인들의 삶에 작용하는 방식이나 체계적인 인종차별로 인해서 장애가 흔히 유색인 공동체나 빈곤층 공동체에서 더 만연하는 경향이 있음을 무시해서는 안 된다. 이런 맥락에서 장애에 관해 우리가 쓰는 역사는 이러한 교차점들을 빠트리고 완성될 수 없을 것이다.

장애는 언제나 우리의 삶에서 중심 위치를 차지했다. 민주적 시민권에 마땅한 자격에 관한 논의에서부터 전쟁으로 유린된 신체와 의료 과학 기술의 향상, 접근성과 적응에 관한 논쟁들에 이르기까지 사람들은 개인적 삶과 공적인 장 양측에서 장애 쟁점들과 씨름해왔다.

장애는 개인적 경험과 창조성의 풍성함을 아우른다. 그것은 운동과 평등을 위한 투쟁의 긴 역사 안에 깊이 뿌리 박혀 있다. 만약 역사가 사실에 대한 지속적인 재해석을 요구하는 과정이라면, 그것은 포괄을 요구하는 실천이어야 한다. 그 역사가 호도되거나 의료 기록에 갇히거나 오로지 영감의 원천으로만 취급된 **사람들**의 이야기를 들려줄 필요가 있다. 재현은 중요하다.

감사의 말

트위터를 통해서, 전 지구적인 장애의 역사적 사례들을 너그럽게 제공하여 이 글의 지평을 넓히고 풍성하게 해주신 장애 활동가와 연구자 공동체에 감사드린다.

더 읽을 거리

Meryl Alper, *Giving Voice: Mobile Communication, Disability and Inequality* (Cambridge, MA: The MIT Press, 2017)

Douglas Baynton, *Defectives in the Land: Disability and Immigration in the Age of Eugenics* (Chicago: University of Chicago Press, 2016)

Dea H. Boster, *African American Slavery and Disability: Bodies, Property, and Power in the Antebellum South, 1800-1860* (New York: Routledge, 2012)

Susan Burch and Hannah Joyner, *Unspeakable: The Story of Junius Wilson* (Durham, NC: University of North Carolina Press, 2007)

Susan Burch and Michael Rembis (eds.), *Disability Histories* (Urbana: University of Illinois Press, 2014)

Rosemarie Garland Thomson, *Extraordinary Bodies: Figuring Physical Disability in American Culture and Literature* (New York: Columbia University Press, 1997) (『보통이 아닌 몸 : 미국 문화에서 장애는 어떻게 재현되었는가』, 손홍일 옮김[그린비, 2015])

Aimi Hamraie, *Building Access: Universal Design and the Politics of Disability* (Minneapolis: University of Minnesota Press, 2017)

Sara Hendren, *What Can a Body Do? How We Meet the Built World* (New York: Penguin Random House, 2020)

Stefanie Hunt-Kennedy, *Between Fitness and Death: Disability and Slavery in the Caribbean* (Urbana: University of Illinois Press, 2020)

Riva Lehrer, *Golem Girl: A Memoir* (New York: One World, 2020)

Paul A. Lombardo, *Three Generations, No Imbeciles: Eugenics, The Supreme Court, and Buck v. Bell* (Baltimore: Johns Hopkins Press, 2008)

Rod Michalko, *The Difference that Disability Makes* (Philadelphia: Temple University Press, 2002)

Kim E. Nielsen, *The Radical Lives of Helen Keller* (New York: New York University Press, 2004)

Kim E. Nielsen, *A Disability History of the United States* (Boston: Beacon Press, 2012) (『장애의 역사 : 침묵과 고립에 맞서 빼앗긴 몸을 되찾는 투쟁의 연대기』, 김승섭 옮김[동아시아, 2020])

Fred Pelka, *What We Have Done: An Oral History of the Disability Rights Movement* (Cambridge, MA: University of Massachusetts Press, 2012)

Sarah F. Rose, *No Right to be Idle: The Invention of Disability, 1840s-1930s* (Durham, NC: University of North Carolina Press, 2017)

Sara Scalenghe, *Disability in the Ottoman Arab World, 1500-1800* (New York: Cambridge University Press, 2014)

Susan Schweik, *The Ugly Laws: Disability in Public* (New York: New York University Press, 2010)

H. J. Striker, *A History of Disability* (Ann Arbor: University of Michigan Press, 1999)

Bess Williamson, *Accessible America: A History of Disability and Design* (New York: New York University Press, 2019)

Bess Williamson and Elizabeth Guffey (eds.), *Making Disability Modern: Design Histories* (New York: Bloomsbury, 2020)

Alice Wong, *Disability Visibility: First-Person Stories from the Twenty-First Century* (New York: Vintage Books, 2020)

08

우리의 감정이 역사를 가질 수 있을까?

헬렌 카

'L'histoire des sentiments: cette grande muette.'

'감정의 역사 : 그 거대한 침묵'

—뤼시앵 페브르, 『아날*Annales*』(1956)

"사랑이 없다면 삶이 얼마나 평화롭겠니, 아드소." 1986년 영화 「장미의 이름The Name Of The Rose」에서 프란체스코회 수도사 바스커빌의 윌리엄(숀 코너리 분)은 형제의 감정적 고해의 순간에 휘하의 수련 수사 아드소(크리스천 슬레이터 분)에게 사랑과 믿음의 차이에 관해서 이렇게 훈계한다. "너는 사랑과 욕정을 혼동하고 있는 것은 아니냐?" 중세학자 움베르토 에코가 쓴 동명의 소설을 원작으로 한 이 영화는 14세기 초반 베네딕토회 수도원을 배경으로 그곳을 찾아온 바스커빌이 연쇄살인 사건을 해결하는 과정을 그린다. 사건 수사는 등장인물들에게서 공포, 의혹, 기쁨, 수치심, 사랑, 욕정 등 다양한 반응을 끌어낸다. 그리고 영화에서 일단의 중세 수도사들이 느끼는 모든 감정들은 오늘날 우리에게도 친숙한 바로 그 감정들로 보인다. 바스커빌의 윌리엄이 (가상의) 중세 수도사의 관점에서 내놓는 간결하고도 인상적인 대사 "사랑이 없다면 삶이 얼마나 평화롭겠니"는 질문을 낳는다. 우리의 선조들은 사랑을 어떻게 경험했을까? 우리가 오늘날 일상적으로 느끼는 분간할 수 있거나 없는 무수한 감정들을 그들은 어떻게 경험했을까?

타인의 감정은 고사하고 우리 자신의 감정을 말로 표현하거나 심지어 이해하려는 노력도 때로는 불가능한 과제처럼 느껴진다. 당신의 아이가 처음으로 미소를 지을 때 느끼는 감정이나 사랑을 거절당할 때의 괴로움, 기차를 놓치지 않으려고 달려가는데 앞사람이 정말로 천천히 걷고 있을 때 드는 느낌 또는……사랑하는 사람을 잃었을 때 느끼는 감정이나 우리 자신의 죽음에 대한 공포, 이런 감정들을 어떻게 말로 표현할 수 있을까? 이런 감정들은 흔히 내밀하지만 또한 물리적이고 강렬할 수도 있다. 찰나에 스치면서 온 마음을 집어삼킬 수도 있다. 때로는 그 일이 동시에 일어나기도 한다.

현재 시점에는 손에 잡히지 않고 희미한 과거의 감정들과 그 의미들은 진화해왔거나 완전히 바뀌었다. 한 예로 스트레스는 오늘날 우리가 피하려고 하는 감정이다. 그것은 고성능, 고속, 성취 중심의 우리 사회에 대한 감정 반응이다. 스트레스 관리와 긴장 완화를 토대로 한 산업 전체가 스트레스를 피하기 위해서 등장했다. 하지만 18세기

헬렌 카

에 우리 선조들은 스트레스를 매우 다르게 생각했다. 그들에게 스트레스는 사치와 여가, 부유층 사이의 유행병인 습관성 나태(섹스와 차茶로 점철된 생활 양식에서 야기된다고 하는)와 과도한 긴장 완화를 상쇄시키는 긍정적인 감정이었다. 이 원칙은 역사에서 다른 곳에도 적용되며, 과거의 사회와 문화들은 현재 우리가 감정을 경험하는 것과는 다른 방식으로 감정을 경험했다. 만약 감정에 대한 우리의 이해를 우리보다 앞서 살았던 사람들에게 투사할 수 없다면, 그리고 진정으로 알길이 없다면, 왜 우리가 과거 세대의 사실들과 더불어 감정들도 연구해야 할까?

감정은 오늘날 우리의 행동에 영향을 미치듯이 과거에도 행동에 영향을 주었다. 감정은 역사가가 마음대로 "모아서", "요리하고", "차려내는" 사실들에 영향을 미쳤다. 감정의 역사를 도외시한다면 과거에 대한 이해를 도외시하는 것과 같다. 감정을 느끼는 일은 생래적인 인간 경험이며, 과거에 느껴진 감정들을 탐구하고, 당시와 지금 사이의 간극에 다리를 놓음으로써 우리는 과거에 일어난 일들에 영향을 준 느낌들의 영역을 비로소 조사하고 해석할 수 있다. 과거의 감정들, 느껴진 경험들, 다시 말해서 분노, 사랑, 공포, 행복, 비탄을 탐구함으로써 우리는 살고 사랑하고, 자신들의 존재의 흔적을 남긴 사람들에 관해서 확인되고 받아들여지는 사실의 총체를 훨씬 넘어선 과거와 비로소 공감할 수 있다. 하지만 이 작업은 어디에서 시작해야 할까?

감정과 느낌에 관한 이론과 이데올로기들은 기원전 3세기에 그리스 스토아 철학자 솔로이의 크리시포스가 유명한 철학적 논고 『격정들에 관하여*Peri pathōn*』—우리는 감정들이라고 부를 격정들 이면의 스토아 철학에 관해서 논의한 4권의 책—를 집필한 이래로 줄곧 제시되었다. 이러한 격정들 또는 감정들은 이후 19세기의 자연학자 찰스 다윈, 20세기의 과학자 및 신경과학자와 심리학자들, 더 최근에는 느낌의 증거들을 찾는 역사가들에 의해서 탐구되어왔다.

그렇게 감정을 에둘러 파고드는 한 가지 방법은 우선 "emotion"이라는 말의 의미와 어원을 탐구하는 것이다. 프랑스어 émotion에서 나온 emotion은 동요나 물리적 움직임—어떤 소리를 듣고 새 떼가 놀라는 것처럼—을 설명하기 위해서 사용된 단어이다. 런던 퀸메리 대학교의 감정의 역사 연구소의 설립자인 토머스 딕슨은 마음의 상태를 묘사하는 단어로서 "emotion"이 비교적 새로운 단어임을 보여주었다.

1819년 12월에 스코틀랜드의 도덕철학자 토머스 브라운은 에든버러에서 강의를 하는 도중에 청중 앞에서 쓰러졌다. 브라운은 고작 4개월 만에 사망했지만 그의 연속 강좌는 사후에 『인간 정신의 철학에 관한 강의*Lectures on the Philosophy of the Human Mind*』로 출간되었다. 바로 이 책에서 그는 심리학 언어에 새로운 단어를 도입했다. 변화무쌍한 인간의 마음을 과감하게 통합하는 새로운 범주, "감정emotion"이었다. 2세기가 지난 지금 감정은 흔한 단어이다. 하지만 그 의미는 여전히 논쟁의 대상이다. 심지어 "감정들"의 아버지 브라운도 감정의 정확한 의

헬렌 카

미는 "어떤 형태의 말로도 설명하기가 어렵다"고 인정했다. 그렇다면 감정의 복잡한 역사를 풀어내기 위해서 우리는 우리가 이해한 것과 같은 "감정"이라는 용어를 18세기 이전이나, 심지어 19세기에도 탐색할 수 없다. "감정"이나 "감정적"이라는 말이 우리의 일상 어휘에 깊이 배어 있다는 점을 상기할 때, 이는 어려운 과제이다. 우리 선조들은 감정을 가지고 있지 않았다. 그들은 느낌을 가지고 있었다. 전근대 사료들에 적용될 수 있는 용어는 "격정passion"(이를테면 분노처럼 주체할 수 없고 강력한, 마음을 어지럽히는 느낌)이나 "정동affection, 情動"(이를테면 만족감처럼 더 부드러운 느낌)이다. 두 단어는 모두 "감정적emotional"보다 더 이해 가능하고 정의 내리기 더 쉬울 것이다.

그럼에도 불구하고 심리학자들은 브라운의 용어를 선호했고, 인간의 느낌들을 정의하고 일련의 "기본 감정들"로 범주화하는 데에 "감정"이라는 단어를 채택했다. 1970년대에 심리학자 폴 에크만은 이 기본 감정들이 두려움, 분노, 혐오, 행복, 슬픔, 놀람이라고 주장했다. 비록 나중에 리사 펠드먼 배럿 같은 심리학자들은 감정들이 환경이나 사회적 조건에 종속된다고 주장했지만, 에크먼은 그렇지 않다고 주장했다. 기본 감정들은 모든 사람과 모든 문화들에서 보편적으로 경험되고, 그러므로 감정에 대한 현대적 이해의 기초를 이룬다는 주장이었다. 자신의 테제의 일환으로서 에크먼은 이 기본 감정들에 시각적 보조 자료를 제공했다. 찡그린 얼굴, 눈가에 주름이 잡힌 미소, 휘둥그레 뜬 눈 등 그가 "보편적인" 표정이라고 제시한 일련의 표정들이었다. 이런 종류의 표정은 행복한 표정, 슬픈 표정, 정말 화가 난 표정, 쑥스러운 표정, 궁금한 표정, 반한 표정 등 우리의 감정 상태를 밝히기 위해서 문자 대화에서 널리 이용되는 "이모티콘"과 유사하다. 폴 에크먼은 감정들이 보편적으로 공유된다는 생각을 널리 알렸고, 그 이후 진화심리학자 리다 코스미디스와 존 투비는 인간의 마음은 석기 시대 이래로 진화하지 않았다고 주장하기까지 했다. 우리가 초기 인류와 동일한 기본 감정들을 경험한다는 것이다.

반대로 1939년 사회학자 노르베르트 엘리아스는『문명화 과정*Über den Prozeß der Zivilisation*』을 출간하면서 우리의 감정 발달은 중세 이래로 발전하고 문명화되어왔다고 주장했다. 그는 우리가 개인적, 사회적 수치를 점차 의식하게 된 덕분에, 부끄러운 줄 모르고 사회적 의식이 부족한 중세 사람들과 대조적으로 감정 측면에서 더 합리적이게 되었다고 주장했다. 그의 이론은 도끼를 휘두르며, 신경질적이고, 펑펑 우는 혈거인이라는 중세 사람들에 대한 상투적인 시각을 지속시켰다. 사회적, 도덕적으로 스스로를 의식하는 우리와 비교할 때 감정적으로 세련되지 못한 중세인들 말이다. 「장미의 이름」에서 아드소가 애정을 느끼는 상대는 머리에 지푸라기가 달려 있는 꾀죄죄한 시골 처녀이다. 더러운 시궁창에서 들짐승처럼 기어나와 아드소를 격하게 유혹하는 장면에서 그녀는 여자라기보다는 동물처럼 묘사된다. 그 시골 처녀는 엘리아스가 염두에 둔 "부끄러운 줄 모르는" 중세 캐리커처의 유형이다.

헬렌 카

감정에 관한 이러한 이론들에 대해 판단을 내리거나 도전하기 위해서 역사가들은 남아 있는 과거의 단편들, 즉 사료들을 이용한다. 19세기, 역사에 대한 현대적 인식을 확립한 한 세대의 역사가들은 과거에 관해 받아들여지는 일련의 사실들을 확인하기 위해서 먼지를 걷어내고 다양한 역사적 문서들을 발굴하고 옮겨 적었다. 하지만 그렇게 하면서 그들은 모호하지 않은 사실들—날짜, 이름, 전투 등등—을 선호한 반면, 모호하고 무형의 감정적 과거는 무시했다. 1941년에 이르러서야 아날 학파(역사 연구를 위해서 사회 과학에 의존하는 학파)의 창립자인 역사가 뤼시앵 페브르가 이 "거대한 침묵"의 문제를 다루었고, 그의 연구는 감정의 역사 연구에 선언서를 제공했다. 『새로운 종류의 역사 *A New Kind of History*』에서 페브르는 "인간의 감정적 삶과 그 모든 발현"의 불가결함을 추론했다. 그는 과거의 유물들에 대한 새로운 검토를, 문서적 기록, 회화, 조각, 문학, 음악을 살펴볼 것을 요구했다. "인간의 근본적인 정서들과 그것들이 취하는 형태에 대한……방대한 집단적 조사가 개시되기를 요청하는 바이다.……어떤 놀라운 발견들이 우리를 기다리고 있을까?" 페브르의 요청 이후 역사가들은 감정적 과거에 대한 다양한 해석들을 제시하는 입수 가능한 증거들을 다루면서 우리 선조들이 살았던 세계에 대한 이해와 그들이 그 세계를 어떻게 느꼈을지—느꼈는지가 아니라—에 대한 이해를 추구해왔다.

이러한 "인간의 근본 정서들"을 탐색하는 과정에서 역사가들은 과거를 이해하기 위해서 현재에 대한 자신들의 이해를 포기하는 까다로운 과제에 직면한다. 이 문제는 역사를 연구하는 데에 고유한 문제이다. 우리 자신의 편향들은 우리가 추구하는 증거에 수시로 영향을 미친다. E. H. 카는 이 장애물을 물고기에 비유하여 묘사한다.

사실들은······생선 장수의 좌판 위에 있는 생선과 같은 것이 결코 아니다. 그것들은 때로는 접근할 수 없는 드넓은 바다를 헤엄치는 고기와 같다. 그리고 역사가가 무엇을 잡아올릴 것인가는 때로는 우연에 좌우되겠지만, 대개는 그가 바다의 어느 곳을 선택하여 낚시질을 하는지에, 그리고 어떤 낚시도구를 선택하여 사용하는지에 좌우될 것이다—물론 이 두 가지 요소들은 그가 잡고자 하는 어종魚種에 따라서 결정된다. 대체로 역사가는 자신이 원하는 종류의 사실들을 낚아올릴 것이다. 역사는 해석을 의미한다.

감정의 증거를 찾는 과정에서, 카의 비유를 조금 바꿔보자. "말들 words은 때로는 접근할 수 없는 드넓은 바다를 헤엄치는 고기와 같다······." 감정의 역사가들은 그들의 개인적 선택, 그들 자신의 이해와 경험, 배경을 드러내는 특정한 말이나 사료들로 향하기 마련이다. 하지만 정확히 어떤 말들이 앞선 세대들의 감정을 묘사하는지를 우리가 언제나 알 수 있는 것은 아니다.

한 가지 실례가 "노스탤지어"이다. 오늘날 우리는 긍정적 경험에 대한 회상에 노스탤지어라는 단어를 사용할 것이다. 어린 시절의 기억이나 먹을거리, 혹은 어느 풍경에 노스탤지어를 품을 수도 있다. 하지만 1688년 스위스 의학도 요하네스 호퍼가 만든 단어인 "노스탤지어"는 그와는 사뭇 다른 무엇인가를 정의했다. 귀향을 의미하는 그리스어 노스토스nostos와 고통을 뜻하는 알고스algos를 조합한 노스탤지어는 심한 향수병을 묘사하는 데에 쓰였다. 육체적으로 고통스럽고 극단적인 경우에는 치명적일 수도 있는 트라우마였다. 그렇다면 원래의 노스탤지어라는 단어는 오로지 그 시대에서만 적용될 수 있다. 이를 넘어서는 의미를 추구하는 것은 단어에 묘사되는 감정을 잘못 해석하는 일이 될 것이다.

이와 동일한 원리가 21세기 어휘에서 사용되는 감정 단어들에도 적용된다. 수시로 이용되는 두 가지 머리글자 단어, LOL과 FOMO—"빵 터지다laugh out loud"와 "나만 고립되는 듯한 두려움fear of missing out"—은 과거에 대한 어떠한 해석에도 적절하지 않을 것이다. 격정이나 극도로 마음을 어지럽히는 느낌이 없는 상태를 뜻하는 아파테이아apatheia 같은 단어나—아마도 우리의 집단적인 팬데믹 경험에 가장 잘 적용될 것 같은데—주변 환경과 주변 사람들 사이에서 느끼는 결핍감을 뜻하는 아케디아acedia도 마찬가지이다. 5세기 수도사이자 신학자인 요하네스 카시아누스는 이런 느낌을 "기운 없음", 환경 변화와 자극의 결핍으로 야기되는 일종의 정적과 무기력으로 묘사했다. 하지만 각자 집 안에 갇혀 일하며, 친구와 가족들로부터 떨어져 지내는 날이 하루가 가고 이틀이 가며 어느덧 1년에 이르자 이 5세기의 감정은 "FOMO"보다 더 적절하고 포괄적으로 느껴진다.

언어는 일반적으로 해당 시대에만 적용 가능하기는 하지만, 감정의 역사가 윌리엄 레디는 역사적 느낌을 찾는 데에 언어가 결정적이라고 주장한다. 하지만 실제로 근대사와 전근대사 사이에는 차이가 존재한다. 프로테스탄트 개혁, 전쟁, 파괴와 시간의 흐름 때문에 중세와 중세 이전의 사료는 매우 적다. 중세 연구자들은 태피스트리, 회화, 무덤 미술과 같은 예술적 재현들에서 감정의 증거를 찾아왔지만, 훨씬 더 많은 글로 된 증거들―행정 문서나 정치적 문서들―에도 의지해왔다. 감정들은 종잡을 수 없고, 변덕스럽고, 정확히 꼬집기 어려우므로 궁정 기록 같은 문서들에서 사용되는 언어는 느낌을 증언하는 데에 도움을 줄 수 있다. 지역 사회에서 벌어진 명예훼손 사례와 강간―랍투스(raptus : "강탈"이나 "탈취"를 뜻하는 라틴어에서 유래한 중세의 법률 용어로, 강간, 납치, 유괴 등 넓은 범위를 아울러 가리켰다/옮긴이)―사건들이 있는데, 때로 이런 사건들은 동의하지 않은 성관계뿐 아니라 사랑의 도피나 금지된 관계를 가리킬 수도 있으므로 면밀하게 검토해야 한다.

역사가들은 중세의 개인적 감정들을 찾을 때 임종 준비를 둘러싼 증거에 의존해왔다. 무덤 건립(흔히 꼼꼼히 신경 써야 하고 돈이 많이 드는 일)에 관한 구두 지시 사항에는 기림의 수단으로서 묘비에 새길 감정 단어들이 포함될 수도 있다. 배우자나 가족 곁에 묻어달라는 지시는 사랑을 증언할 수도 있다. 가령 곤트의 존과 랭커스터의 블랑슈는 세인트폴 대성당에 함께 묻혔고 두 사람의 무덤 조각상은 서로 손을 꼭 잡고 있는데, 이는 14세기 후반에 유행한 사랑의 제스처이다. 맞잡은 손은 중세의 부부 간의 사랑이, 영속성의 상징으로서 문자 그대로 돌에 새겨지는(carved in stone : 영구적이거나 변경 불가능하다는 의미로 흔히 사용되는 관용구/옮긴이) 감정적 경험임을 입증한다. "돌 같은 정절 stone fidelity"의 이 감동적인 초상은 제10대 애런들 백작 리처드 피츠앨런(1376년 사망)과 그의 두 번째 아내 랭커스터의 엘리너(1372년 사망)의 무덤을 바탕을 한 필립 라킨의 시 「애런들의 무덤An Arundel Tomb」에서 가장 유명하게 예찬된다. "우리 뒤에 남는 것은 사랑이리니."

임박한 죽음이 지닌 감정적 무게의 가장 강력한 사례들 가운데 하나이자 그러한 감정적 준비와 관련한 가장 풍성한 언어적 원천은 유언장이다. 서기들이 작성한 중세 유언장은 종교적, 법적으로 정형화된 문장으로 시작했다. 오늘날의 유언장과 대동소이하기도 하다. 지상의 소유물을 사랑하는 이들에게 남기거나 의미 있는 기관에 유증하고—이따금—그런 선택을 한 이유를 밝히는 관행이다. 유언장에 작성된 품목들과 그 유품들을 물려받은 사람들을 연구함으로써 우리는 물질적 대상들을 지닌 언어를 연구하고 있다. 이것은 감정적 삶의 실제들의 레퍼토리를 드러낼 수도 있다. 결혼반지나 약혼반지는 보통 가족에게 물려준다. 이는 헌신과 사랑의 유형적 표현이다. 또한 유언장은 출산의 감정적 과정을 증언할 수도 있다. 아버지들은 출산 중에 죽은 어머니가 사용한 이부자리를 생존한 딸에게 물려주기도 하는데, 어머니가 겪은 고통과 두려움, 출산에 동반한 기쁨과 슬픔을 환기하는 것이다. 한 사람과 그의 식구, 친구, 하인들 간의 관계는 유언장에서 분명해질 수도 있다. 1459년 요크 출신의 존 코팅엄은 정교한 자수 타바드(겉에 걸치는 윗도리의 일종)를 두 친구에게 남기면서 그 가치에 관해 상세히 설명했다. 흔히 유품이 개인적인 물건일수록—접시나 부엌세간보다는 의복, 보석류, 침구나 침대—관계도 더 소중했다. 부유한 남녀들이 애정이나 감사, 심지어 사랑의 마음을 표현하며, 귀중품을 집안의 하인들에게 남긴 사례도 있다.

비록 감정들에 대한 우리의 이해의 상당 부분은 말이든 글이든 간에 어떤 느낌의 언표言表를 통해서 이루어지지만, 그만큼 강력하고도 감정을 분명하게 드러내는 것은 수행performance이다. 감정 그 자체는 수행적 행위일 수 있다. 중세사에서 가장 비상한 감정적 수행의 사례는 『마저리 켐프 서The Book of Margery Kempe』에서 볼 수 있다.

마저리 켐프는 14세기 이스트앵글리아 린 출신의 부르주아 여성으로, 첫아이를 출산한 이후 신비주의자가 되었는데, 후세에는 예수 그리스도에 대한 다채로운 계시로 유명해졌다. 마저리는 흰 옷을 입은 채 캔터베리부터 예루살렘까지 여러 차례 순례를 떠났고, 큰 소리로 울면서 자신이 받은 계시들을 끊임없이 이야기하며 유럽과 그 너머의 성지들로 향하는 동료 순례자들의 화를 돋웠다. 인기가 없던 마저리는 비판가들로부터 이단으로 멸시되었고 죽음이 가까워졌을 무렵 자신의 경험을 어느 서기(아마도 그녀의 아들)에게 받아 적게 하여 『마저리 켐프 서』를 집필했다. 그 책은 비록 1934년 이전까지는 세상에 알려지지 않았지만, 이후 중세의 사회사, 젠더사, 감정사를 들여다보는 핵심 사료가 되었다. 『마저리 켐프 서』는 그 안에 자주 등장하는 수치schame, 기쁨joy, 절망dispeyr 같은 감정적 단어들의 증거를 제공한다. 이 단어들은 마저리가 자신의 감정들을 이해하고 있었다는 증거를 제공하는 한편, 그녀와 당대인들의 감정을 밝히는 데에도 도움을 줄 수 있다. 그녀의 경험들은 그녀 자신의 것이지만, 한편으로 개인들과 공동체들의 더 넓은 네트워크를 비추는 거울 역할을 할 수 있기 때문이다. 감정의 역사가로서 바버라 로젠와인은 마저리의 표현에 반응한 두 "감정 공동체"가 존재했다고 지적하는데, 하나는 그녀를 지지하는 공동체이고 다른 하나는 그녀를 질색한 공동체이다. 마저리의 책을 통해서 우리는 후자와 관련한 공동체에 관한 대부분의 통찰을 얻을 수 있다. 마저리가 기술하듯이 캔터베리로 순례를 가는 동안그녀는 "펑펑 눈물을 흘려서, 아침과 오후 나절 거의 온종일 수도사와 사제, 속세의 사람들 모두에게 지독한 멸시와 질타를 받았다." 『마저리 켐프 서』는 마저리의 감정적 수행에 대해 주변 사람들이 보인 경악을 기록한다. 그녀의 적들은 "너는 화형당할 것이다, 이 거짓된 롤러드(중세 교회의 개혁을 주장한 원형적 프로테스탄트인 존 위클리프의 추종자를 가리켰지만, 이후에는 의미가 확대되어 막연히 이단을 가리키는 표현이 되었다/옮긴이)야"라고 잘라 말하기까지 한다. 이 책은 대체로 마저리가 받은 기독교 교리상의 공격에 집중하고 있지만, 그녀는 자신의 감정적인 십자군 운동에 약간의 공감과 지지를 받기도 했다. 로마에서 그녀는 자신과 함께 울어주는 사제를 만났고, 이외에도 몇몇 사람들로부터 고난을 꿋꿋이 참고 견디라는 격려를 받기도 했다. 그들 중에는 그녀가 버린 남편도 있었다. 남편은 그녀의 대의명분에 "동정compassion"을 품었지만, 『마저리 켐프 서』에 따르면 마저리는 남편에게 딱히 애정을 보이지 않았다.

마저리 켐프는 지금까지 전해지는 감정적 수행의 극히 드문 사례이다. 그녀는 세상을 신앙의 렌즈를 통해서 바라보았는데, 이 점에서 마저리는 이례적이지 않았다. 종교와 신앙은 도덕으로 침윤되어 있었고, 일상의 느낌들은 대단히 종교적인 환경에서 체험되었다. 감정들을 둘러싼 종교적 믿음들이 감정들 자체의 체험을 좌지우지했다. 예를 들면 죄책감이나 욕정은 죄에 수반되었고, 죄는 회개를 요구했다.

1348년 생의학적인 재난인 흑사병이 서유럽 전역을 짓밟았을 때에 믿음은 이성과 감정에 영향을 미쳤다. 우리는 사람들이 이 시기에 경험한 감정들에 자신만만하게 이름을 붙이지만, 사실은 수행과 실천을 살펴보고 그것들이 무엇을 암시하는지를 추측해볼 수 있을 뿐이다. 가래톳 페스트가 유럽 전역의 지역 사회들을 집어삼키는 동안, 수천 명의 채찍질 고행자들이 잉글랜드와 유럽 나머지 지역들을 떠돌았고, 수백 명씩 행진을 하면서 자기 등을 피가 나고 살갗이 찢어지도록 때렸다. 많은 남녀들이 그리스도가 갈보리 언덕을 오르며 채찍질을 당하고 괴롭힘을 당하는 동안 겪은 고통을 똑같이 겪기 위해서 문자 그대로 스스로를 채찍질했다. 이들이 스스로에게 가한 고통은 인간성과 그에 내재한 비참함을 둘러싼 신념 체계의 소산이었다.

중세에 체험된 이러한 종교적 감각들은 손에 잡힐 듯하다. 최후의 심판 장면들은 종교개혁 이전의 무수한 교회 벽들을 장식했다. 내가 가장 좋아하는 교회 중 한 곳—함께 갈 의향이 있는 사람은 누구든 끌고 간다—은 요크셔 피커링에 있는 세인트피터 앤드 세인트폴 교회이다. 그 교회는 중세의 경험을 밝혀준다. 깨지고 떨어져나와 바닥(과 신발 위로) 가루가 떨어지는 회반죽 아래에는 전례력典禮曆에 따라 그려진 놀라운 중세 벽화가 남아 있다. 사람들이 송곳니를 번뜩이는 악마의 머리에서 변형된 붉은 화염에 휩싸인 "지옥으로 떨어짐" 장면을 바라보던 중세인들이 어떤 감정적 충격을 받았을지 우리로서는 그저 상상해볼 따름이다. 이런 장면들은 기분 나쁘고 무시무시하다. 유사하게 런던의 빅토리아 앤드 앨버트 박물관에는 1400년경에 함부르크의 베르트람 장인의 공방에서 제작된 "계시록의 45장면Fourty-five scenes of the Apocalypse"이라는 제단화가 있다. 이 45장면 가운데 하나는 일곱 번째 봉인이 열리고 파멸이 들이닥치면서 천사들이 대학살을 준비하고 있는 모습을 보여준다. 이 작품은 변색되고 떨어져나오고 얼룩이 지고 여기저기 빠진 패널도 있지만, 여전히 감정을 환기하며 강렬하다.

유사한 분위기로 단테의 『신곡La commedia』 지옥편은 지옥에서 처벌의 구간을 통과하는 죽은 자의 경험을 서술하면서 선한 삶과 죄에 물든 삶의 결과를 뚜렷하게 대비시킨다. 1277년 문헌 『경외의 은사에 관하여『On the Gift of Fear』는 지옥에 떨어진 자들이 받는 악마의 고문에 관한 설교를 낳았다. 신은 위대하고도 무자비하다. "두려운 마음으로 주님을 섬기고, 떨리는 마음으로 주님을 찬양하여라(시편 2장 11절)." 공포, 죄책감, 사랑, 안도감은 중세 공동체의 한복판에서 모두가 공유하는 감정적 경험이었다. 그 감정들은 사회적, 종교적 끈이었다.

감정들은 개인만이 아니라 공동체가 집단적으로 느끼기도 했다. 1360년 유럽 중부 라우지츠에 있는 소읍에서 전염성 히스테리가 터져 나왔다. 시민들은 쉬지도 먹지도 마시지도 않고, 마구 흔드는 팔다리에서 피가 나고 멍이 들고 감각이 없어질 때까지 길거리에서 미친 듯이 춤을 추었다. 어떤 이들은 군중 사이에서 땅에 엎드린 채 온몸을 꼬고 비틀었다고—극도의 탈진의 결과로 추정된다—한다. 많은 이들이 이단으로 낙인찍힌 채 버둥거리는 몸뚱이를 꽉 붙들려 자신의 입안에 억지로 흘려넣는 성수를 삼켜야 했다. 1360년의 사건은 "성 요한의 춤" 혹은 "무도舞蹈 역병"이 기록된 가장 초기 사례로, 훗날 "무도광"이라는 이름이 붙은 이 현상은 발작적으로 춤을 추고 싶은 걷잡을 수 없는 강박을 가리킨다. 역사가 존 월러는 성 요한 춤이 집단 심인성心因性 병으로 유발된다고 주장했다. 정신의학 선임강사 로버트 바살러뮤에 따르면, "집단 심인성 병은 장기간의 불안으로부터 발생하며……씰룩거림, 떨림, 걸음 장애, 주체할 수 없는 웃음과 울음, 의사소통의 어려움과 무아지경 상태를 비롯한 운동신경 불안이 특징이다." 이와 같은 진단의 주요 단서는 춤추는 사람들이 자기 신체로부

헬렌 카

터 완전히 분리된 듯이 보인다는 사실이다. 육체적으로 탈진하고 허기진 상태에서도 그들은 계속 춤을 추었다. 역병, 환경 황폐화와 사회경제적 파괴는 14세기 후반 유럽의 엄혹한 현실이었고, 비록 우리는 이 집단 수행이 정확히 어떤 감정을 나타내는지 확실히 알 수는 없지만 공동체의 상태가 낳은 결과라는 점은 이해할 수 있다.

감정적 수행이 당대의 기록들을 통해서만 이해될 수 있는 것은 아니다. 과거의 다른 자료, 특히 예술은 감정적 수행을 파악하는 또다른 수단이다. 중세를 한참 지난 후에 창조적 움직임들은 감정적 표현을 통해서 활기를 띠게 되었고, 흔히 인간성에 대한 존중이 정치나 산업, 진보주의나 과학에 의해 위험에 처할 때에 인간 감정과 동의어가 되었다.

5대륙에 걸친 제국적인 초강대국 영국과 프랑스 간의 지구적인 분쟁인 7년 전쟁(1756-1763) 동안, 제국적인 영웅 시형詩形과 군사적 찬미는 영국의 인기 장르가 되었다. 이 시기에 회화는 전장에서 벌어지는 사건들에 대한 영국인들의 이해를 형성하고 관람자들의 정서를 환기함으로써 전쟁 프로파간다 역할을 수행했다. 이러한 회화들은 동포들에게 들이닥친 비극에 눈물짓거나 분노를 자아내면서 남녀를 불문하고 폭넓은 영국인들을 끌어당겼다. 당시 사회적, 감정적으로 가장 커다란 반향을 일으킨 그림은 벤저민 웨스트의 장엄한 「울프 장군의 죽음Death of General Wolfe」(1770)이다. 전시 첫날 로열 아카데미에는 이 그림을 구경하려고 몰려든 관람객들이 장사진을 이루었다. 웨스트는 이 그림에서 영웅주의와 비극이 모두 담긴 장면을 묘사한다. 자욱한 포연이 불길한 잿빛 구름이 되어 하늘을 뒤덮고, 진흙탕과 혼란스러운 전장의 희미한 윤곽선이 배경을 장식한다. 전경에는 결정적인 퀘벡 전투의 마지막 순간, 서른두 살의 울프 장군이 그를 부축하려고 달려온 동료 병사들과 장교들의 품 안에 쓰러져 있다. 울프는 흰자위가 드러나게 눈을 치뜨고 있으며, 어느 장교가 피 묻은 손수건으로 그의 늑골을 꼭 누르고 보살피는 가운데 동맹군인 모호크족 원주민(18세기 "고귀한 야만인"의 전형)은 앉아서 턱을 괸 채 잉글랜드의 위대한 영웅이 최후를 맞는 순간을 지켜보고 있다. 울프 장군이 진짜로 그런 모습을 연출하며 죽지는 않았지만, 웨스트는 이 비감悲感의 순간을 "슬퍼함"(Lamentation : 기독교 미술 주제의 하나로, 죽은 그리스도를 에워싸고 사람들이 슬퍼하는 모습을 나타낸 회화 장르/옮긴이)으로 묘사하기로 했다. 국가적 영웅인 울프를 제국과 영국인다움Britishness의 순교자로 그린 것이다. 「울프 장군의 죽음」은 민족주의와 영웅주의, 명성을 촉진하면서 18세기 후반의 감정적 맥락을 얼마간 들여다 볼 수 있는 창을 제공한다. 하지만 그 그림은 수행의 힘을 입증하기도 한다. 감정을 재현하고 과장되게 드러내는 힘 말이다. 죽어가는 전쟁 영웅에 대한 웨스트의 초상화는 역사 회화인 만큼이나 감정 무대의 작품이기도 하다.

우리의 감정들이 수행적이라면 그것들에는 또한 강력한 능력이 있다. 감정들은—좋은 쪽으로든 나쁜 쪽으로든—사람들을 고무하거나 선동하기 위해서 환기하고, 극적으로 드러나고, 누군가에게 힘을

헬렌 카

불어넣을 수 있다. 2021년 첫째 주에 도널드 트럼프는 최근 역사에서 가장 극적인 정치적 수행을 통해서 자신의 지지자들이 국회의사당을, 그리하여 미국 민주주의를 공격하도록 선동했다. "분노", "트라우마", "공포"라는 단어들이 신문의 머리기사를 지배했고, 세계는 성난 폭도가 의사당의 담벼락을 넘어가는 광경을 지켜보며 경악했다. 의사당 난입 사태에 대한 전 세계의 반응은 감정으로 정의되었고, 「뉴욕타임스」는 독자들에게 다음과 같이 질문을 던졌다. "의사당 난입에 대한 당신은 반응은?" 여기에서 명백해진 것은 영향을 미치고 타락시키고, 사람들을 반란과 파괴로 몰아가는 감정의 힘이었다.

그러나 감정은 영감을 고취할 수도 있다. 감정적 언어와 수행은 적극적 행동주의에서 본질적이다. 20세기 초반의 참정권 운동 당시 여성들은 체계적이고 숨 막히는 성차별에 맞서서 열정적으로 들고일어났다. 이 여성들은 흔히 폭력과 분노를 통해서 자신들의 감정을 물리적으로 드러냈다. 당시에는 대단히 남성적이라고 여겨진 감정이었다. 여성의 분노는 역사적으로 불편하고 부적절한 감정으로 간주되어왔고, 거의 틀림없이 지금도 그렇게 간주된다. 페미니스트 작가이자 시민권 운동가 오드리 로드는 1981년 전국여성 연구협회 연례회의에서 기조연설을 했다. 그녀의 연설은 분노를 강력한 무기로 평가하며, 여성들이 "[그] 분노를 여성 역량화empowerment의 중요 원천으로 이용할" 것을 촉구했고, "모든 여성은 그러한 억압들에 맞서서 잠재적으로 유용할 분노의 무기고를 잘 갖추고 있다.……정밀하게 초점을 맞추면 분노는 진보와 변화에 복무하는 강력한 동력원이 될 수 있다"고 천명했다. 로드의 역량화 연설 이후 거의 30년이 지난 2017년, 여성 참정권 운동 이후 최대의 여성 분노가 미투 운동으로 터져나왔다. 그것은 또한 감정이입과 집단적 분노를 통해서 여성에게 역량을 심어주고, 성적 학대를 둘러싼 트라우마를 이야기할 수 있게 해준다.

21세기에 우리는 "입술을 꾹 다문"(stiff upper lip : 힘든 것이나 감정을 내색하지 않고 견디는 태도를 나타내는 관용구/옮긴이) 과거 세대들보다 감정적으로 스스로를 더 잘 안다고 자부한다. 오늘날 대화 요법은 통상적인 관행이며, 웰니스(wellness : 웰빙의 확장된 개념으로, 신체적, 정신적, 사회적 건강이 조화를 이루는 이상적인 상태/옮긴이)는 하나의 산업이고, 정신 건강은 사회적, 정치적 유행어이다. 우리는 감정들이 중요하다는 사실을 분명히 인정한다. 그리고 우리에게 그렇듯이 우리의 선조들에게도 그 감정들은 생명줄이자 정신적 리듬이었다.

감정들의 역사를 고려하기 위해서 우리는 우리 자신을 이루는 찰나적이고 손에 잡히지 않는 것들을 끌어안아야 한다. 우리를 인간답게 만드는, 제어할 수 없고 분간하기 힘든 감정적 리듬을 말이다. 감정적 과거의 비전을 구축하기 위해서 우리는 어깨 너머 우리 선조들의 감정적 경험들과 비전을 내다봄으로써 과거에 이입할 수 있고 이입해야 한다. 그렇게 함으로써 우리는 우리의 감정적 현재를 위한 공간을 만들고, 타인의 감정적 수행들과 경험에 대한 집단적, 사회제도적 감수성을 증대할 수 있고 또 증대해야 한다.

더 읽을 거리

책

Katie Barclay, *The History of Emotions: A Student Guide to Methods and Sources* (London: Macmillan, 2020)

Rob Boddice, *The History of Emotions* (Manchester: Manchester University Press, 2018)

Damien Boquet and Piroska Nagy, *Medieval Sensibilities: A History of Emotions in the Middle Ages* (Cambridge: Polity Press, 2018)

Michael Champion and Andrew Lynch (eds.), *Understanding Emotions in Early Europe* (Turhnout: Brepols, 2015)

Thomas Dixon, *From Passions to Emotions: The Creation of a Secular Psychological Category* (Cambridge: Cambridge University Press, 2003)

Lucien Febvre, *A New Kind of History: From the Writings of Febvre* (Routledge and Kegan Paul, 1973)

Helen Hills and Penelope Gouk, *Representing Emotions: New Connections in the Histories of Art, Music and Medicine* (Abingdon: Routledge, 2005)

Margery Kempe, *The Book of Margery Kempe*, translated with an Introduction and Notes by Anthony Bale (Oxford: Oxford University Press, 2015) (『마저리 켐프 서』, 정덕애 옮김[황소자리, 2010])

Barbara Rosenwein, *Generations of Feelings: A History of Emotions, 600-1700* (Cambridge: Cambridge University Press, 2016)

Tiffany Watt Smith, *The Book of Human Emotions* (London: Profile Books, 2015)

Theodore Zeldin, *An Intimate History of Humanity* (London: Vintage, 1998) (『인간의 내밀한 역사』, 김태우 옮김[어크로스, 2020])

논문, 블로그, 팟캐스트

Thomas Dixon, '"Emotion": the History of a Keyword in Crisis', *Emotion Review*, vol. 4, no. 4 (October 2012) 338-44

Luien Febvre, 'Pour l'histoire d'un sentiment: le besoin de sécuriteé', *Annales Économies, Sociétés, Civilisations*, 11th year, no. 2 (1956) 244-7

Rachel Hewitt, 'From the vapours to sad face: a history of emotion', *Guardian* (13 October 2017)

The History of Emotions Blog, Queen Mary University London: Conversations about the history of feeling. https://emotionsblog.history.qmul.ac.uk/

Audre Lorde, 'Keynote Address: The NWSA Convention', *Women's Studies Quarterly*, vol. 9, no. 3 (1981): 7

Susan Matt, 'Recovering the Invisible: Methods for the Historical Study of the Emotions', Peter Stearns and Susan Matt (eds.), *Doing Emotions History* (Chicago: University of Illinois Press, 2013), pp. 41–54

Queen Mary History of Emotions podcast (2016–2020)

헬렌 카

09

선사와 고대사는 현명함에 관해
우리에게 무엇을 이야기해줄 수 있는가?

베터니 휴즈

고대사가인 내가, 탐지할 수 있는 역사의 가장 이른 뿌리, 즉 고대인
들의 세계로 돌아가지 않으면 역사를 온전하게 이해할 수 없다고 주
장한다면 너무 뻔한 이야기일까? 하지만 이와 같은 논의의 방향은
시계열적일 뿐만 아니라 어원학적이기도 하다. 우리의 단어 히스토
리history는 고대 그리스어 히스토리아historiā에서 유래했다. 이 단어는
기원전 6세기 그리스어 공동체들에서 만들어진 이래 줄곧 무엇보다
도 합리적 탐구를 의미했다. 히스토리아의 의미는 원래 시간으로 한
정되지 않았다. 결정적으로 고대 그리스어에서 과거는 "전에 일어난
것"(그리고 다시 일어날 수 있는 것)이라는 뜻의 프로툭소protuxō였다. 이
단어는 기원후 1300년 무렵에 불쑥 등장한 중세 영어 파센passen—"지
나가버리다"—보다는 "이전以前"을 가리키는 훨씬 더 유용한 단어이
다. 따라서 비록 역사를 이전 시대의 복잡한 혼돈에 질서를 부여하는
수단으로 보고 과거의 개인적, 집단적 삶들의 종잡을 수 없는 변화와

부침에 이유와 합리적인 설명을 제시하려는 경향이 존재하기는 했지만, 역사 자체는 하나의 접근법이지 대상a thing이 아님을 이해하기 위해서 우리는 고대인들을 되돌아볼 필요가 있다. 역사는 이 세상의 사실들을 이해하고자 하는, 그리고 인간 행위의 목적과 작용력들을 이해하고자 하는 하나의 추진 동기이다. 역사는 사건들을 탐구하는 데, 한편으로는 비이성적이거나 비합리적이거나 언뜻 보아서는 이해할 수 없는 우리의 행동 동기들을 밝혀내는 일에 튼튼하고 합리적인 작업 틀이다. 역사는 세계에 대한 우리의 의식적인 이해 과정이자 관여이다.

만약 인간이 교육과 더불어 본능에 의해, 그리고 체제들과 더불어 이야기들에 의해서 움직인다고 한다면, 인간 행위와 그 효과에 대한 시계열적 목록은 증거로 드러나는 것과 우리가 "이치"나 "합리적"이라고 분류하기로 한 것만큼이나 무엇이라 말할 수 없는 내면의 개인적인 요소, 느껴지는 것들에 대한 질문을 다루어야 한다. 그리고 그와 같은 이해를 강조함으로써 역사는 갈수록 인간 활동의 종단에 자리 잡고 있다고 나는 주장하겠다.

이 책은 묻는다, "지금, 역사란 무엇인가"라고. 오늘날 우리는 정보의 시대가 아니라 영향력의 시대에 살고 있으므로, 우리의 역사적 접근법도 여기에 적응하고 진화할 필요가 있다. 역사학의 실제는 화가의 지시문에 빗댈 수 있다. 즉, 실제 소재에 대한 가장 진실하고 효과적인 재현이란 가시적 대상에만 초점을 맞춘 것이 아니라, 가시적 대

베터니 휴즈

상을 연결하는 것, 주변 공간들에도 초점을 맞춘 재현이라는 인식 말이다. 가장 격렬할 때의 역사란 빈틈들과 단층선들에 대한 연구이다. 그것은 또한 역사 서술의 가장 역동적인 형태로서 "사이의 공간들 spaces in between"에 대한 몰입을 이용할 수 있다. 역사가로서 우리는 당연히 조사와 해석의 측면에서 간과되거나 검열되거나 억압되거나 부정되거나 망각되거나 무시된 것들을 채우기 위해서 애써야 한다. 그리고 이외에도 그런 것들은 또 있다⋯⋯.

역사는 감정들─과거의 행위 뒤에 자리한, 좀처럼 손에 잡히지 않는 심리─에 접근할 수 있게 도와주는 경로들을 생산적으로 찾아낼 수 있다. 그 경로를 가장 잘 보여주기 위해서는 역사의 생리학적 발생을 추적하는 일, 그 신경학적 기원들을 찾아내는 일, "시초를 찾는" 작업이 필요하다. 유럽 문학의 가장 오래된 작품들 가운데 하나(때로는 의도치 않게 역사책이기도 한)인 『오디세이아*Odysseia*』의 첫머리에서 요청되듯이 말이다.

제우스의 딸 뮤즈여, 오디세우스의 이야기를 들려다오.
원하는 곳에서 시작하여 그의 시간을 노래하라.⋯⋯우리의 시간을 위
　해서도!
지금 우리 시대를 위해서 옛이야기를 들려다오.⋯⋯시초를 찾아서⋯⋯

물리적으로 역사는 어디에서 태어났는가? 역사의 기원은 어디인

가? 벌판도, 페이지 위도, 시간 속도 아니고, 바로 우리 안에서 기인했는가?

역사의 이야기―"전에 일어난 것"을 둘러싼 연구와 이해로서의 역사―는 생각의 간극mindgap에서 시작한다. 역사는 기억의 부산물이기 때문이다. 오늘날 신경과학자들은 기억이 뇌 안의 서랍장 같은 곳에 들어 있는 것이 아니라 우리 두뇌 전반에 걸친 일련의 전기적 접속부에 있다고 설명한다. 기억은 사이에 위치한 시냅스 공간이다. 그것은 교차점이고 또한 상상이다. 물리적이든 심리적이든 과거의 경험에 접근하지 않는다면 우리는 미래도 생각할 수 없다. 오로지 돌이켜 생각함으로써 우리는 미래를 생각할 수 있다. 기억은 우리의 마음이 시간에 따라 앞으로도 뒤로도 이동할 수 있게 해준다. 우리는 미래의 만남을 상상하기 위해서 과거의 우연한 만남을 기억할 때와 동일한 두뇌 메커니즘을 이용한다. 그러므로 생리학적으로 우리는 기억의 피조물이다. 만약 우리가 과거를 부정한다면 우리는 단지 현재를 고사시킬 뿐만 아니라 분자 수준에서 우리의 미래를 그리고 인간으로서 우리의 잠재성을 차단시켜버리는 셈일 것이다.

너무도 흔한 일이지만 고대인들은 과학으로 입증되기 2,600년 전쯤에 이미 이 사실을 알고 있었다. 기억의 창조적 목적은 그리스 전통에서 기억Memory―기억의 여신 므네모시네―이 왜 모든 신성神性들 가운데 가장 먼저 태어나고 가장 강력한 신들 가운데 하나로 간주되었는지를 설명해준다. 므네모시네와 제우스―성공과 하늘의 신―의

베터니 휴즈

결합은 뮤즈, 다시 말해 학문, 예술, 문학 그리고 모든 지식을 관장하는 신성한 힘들을 탄생시켰다. 알려진 세계는 권력과 결합한 기억의 산물인 데에서 알 수 있듯, 기억에는 진지한 임무가 있었다. 기억 행위에 대한 이와 같은 높은 평가는 기억 수호자들이 초기 문명들에서 왜 그렇게 대단한 존경을 받았는지를 설명해준다. 최초의 서사시—기원전 2600년경 작품으로 추정되며 고고학적 기록에서 드러나는 인물들과 경험들이 등장하는 수메르와 바빌로니아 문화의 『길가메시 서사시Gilgamesh Epoth』—의 옹호자들은 궁정 고위 관리들이었다.* 그리스 남부의 필로스에 세워진 "네스토르"의 궁전 벽에서는 음유시인이 알현실—지방 궁정이자 초대된 명사들과 무역상들이 만나는 장소—의 거주자들에게 거북 등딱지로 만든 리라나 키타라 반주에 맞춰서 옛 영웅들의 이야기를 노래하는 모습을 묘사한, 기원전 1400년경의 유물로 추정되는 채색 파편들이 발견되었다. 운율감 있고, 구두로 널

---

* 기원전 1240-1230년대부터 30년 동안 다스렸고, 단 한 차례 전장에서 2만8,000명의 포로를 잡았다고 하는 도가 지나친 전사-왕 투쿨티-니누르타 1세의 공적을 자랑스럽게 알리는 아시리아 서사시의 여러 판본들은 중동 지방 전역의 바위와 스텔레(돌이나 나무로 만들어 세운 기념비), 성벽 위에 각문으로 정성스럽게 새겨졌다.

> 영광스러운 힘으로 전후의 [불]경한 자들을 태워[버리고]
> 이글거리는 격렬함으로 좌우의 반역자들을 불태우며
> 무시무시한 찬란함으로 모든 적을 압도하네
> 그는……사방 구석까지……살아 있는 모든 왕들이 예외 없이 두려워하는 이라.

이것은 구비 전승의 기념비화이자, 복제되고 국제적으로 전달되는 역사이다.

리 전달되는 이러한 역사들은 호메로스의 『일리아스*Ilias*』와 『오디세이아』 같은 그리스 서사시의 토대였다. 이제 우리는 『일리아스』와 『오디세이아』에서 운율을 맞춘 시행들이 청동기 미케네 문명의 원原그리스어로 이루어져 있음을 안다. 호메로스의 장대한 트로이 전쟁 역사-이야기-시 2편만 해도 각각 1만5,693행과 1만2,110행에 달하며, 『길가메시 서사시』는 최소 3만2,000자에 달하고(2015년 이라크 남부에서 출토된 서판에서 20행이 새로 발견되었다), 『마하라바타*Mahābhārata*』는 28만 행, 글자 수로는 180만 자에 달한다는 사실을 고려할 때 이것을 외우고 기억한 이들의 위업은 가히 경이롭다. 서사시는 구비 전승의 큐레이터였다. 공연 양식으로 대중 앞에 전달되는 서사시는 분명히 중요했다.

에포스epos는 원래 의미가 있는 이야기로 정의되었다. 서사시epics는 사실, 감정 그리고 중요하게도 무기화된 이해로 이루어진 공유 서신이었다. 1998년에야 밝혀진 『길가메시 서사시』의 첫 행들은 물리적 지배력과 더불어 결정적으로 지혜를 중시한다. "모든 것을 보고, 땅의 토대이며, [모든 것을] 아는 그는 모든 사안에서 현명했으니 그는 길가메시이다."

그렇다면 우리가 아는 역사가 탄생하기 전에는 누가 기억과 기억의 막강한 자식인 지식의 큐레이터였을까? 흥미롭게도 그들은 남자들만이 아니었다—여자들도 다수의 청동기와 철기 사회에서 지혜 상인wisdom-merchant 역할을 했다. 여성적 지혜와 주체성이라는 개념은 신성한 여성 지성이 받은 존경에 그 자취가 남아 있다. 바빌로니아 여신 니사바는 곡물과 지혜의 창고의 관리자였고, 힌두 여신 사라스바티는 "말하는 이"거나 "말로 정화하는 이"였다. 세샤트는 고대 이집트에서 문자와 지혜, 책의 여신이고, 일본의 벤자이텐은 지혜의 화신이며, 히브리 경전에서 여성 지혜Woman Wisdom를 보여주는 인물인 호크마 (실용적, 정서적, 지적, 도덕적 지혜와 율법의 준수를 관장한다)는 지적이고 감정적인 언어를 옹호하며 두 가지 언어 모두 진실하다고 주장했다. 살아 숨 쉬는 여성들도 지혜의 수호자들이었다. 미케네의 여성 귀족들은 회의에 참석할 수 있었다. 『성서』의 판관들인 에스더와 데보라는 법과 관습을 이해했다. 한 여성의 지혜를 칭송하는 데보라의 노래와 "모세에게만 목소리가 있는가?"라고 묻는 미리암의 노래를 보라.

그러므로 여성 사상가들은 인류 사회의 DNA에 존재한다. 그들에게는 플랫폼이 있다. 하지만 중동과 인도 아대륙, 북아프리카와 동지중해의 도시 기반 문화권들의 줄기세포는 다소 다르게 보일 수 있다. 기억을 저장하고 기억에 접근하는 방식은 사회의 군사화와 여성 역할의 축소 및 문자의 광범위한 도래와 함께 변화했다. 펜(그보다는 설형문자 쐐기, 첨필, 갈대붓)과 칼은 대략 3,000-4,000년 전에 흥미로운 동시성을 보이며 점차 막강해졌다. 그리고 고고학적 기록—원래 여성 인물상(과 소상)의 존재가 두드러졌던 곳—에서 문자가 의사소통의 엘리트 양식으로 등장한 바로 그 순간에 여성 권력은 가시적으로 기울었다. 여성 권력은 그곳에 존재할 때조차 늘 그렇듯이 무시되었다.

인류 역사상 최초로 이름이 있는 여성 작가, 다시 말해서 기원전 2200년 바빌론에서 활동한 다작의 사제-시인 엔헤두안나가 발견되고 신원이 확인된 사건 역시 1925년 7월 발굴 현장 노트에서 짤막한 한 단락에 그칠 뿐이었다. 목소리가 틀어막히면서 여성들이 역사 쓰기에서 지속적으로 배제되어온 것도 놀랄 일은 아니다. 글로 쓰인 역사는 사실 여성들이 목소리를 잃을 때 시작된다.*

따라서 우리가 글로 된 기록에서 배제되거나 그것을 넘어선 개인들의 증언이나 경험에 접근하고자 한다면, 도서관과 문서고, 연구실을 떠나 다른 곳에서, 즉 공간과 간극과 공백에서 역사를 찾아야 한다.

물적 잔해의 과거나 시간과 관련된 여행 랩소디(서사시 혹은 한 번에 암송하기 적당한 분량의 서사시 일부/옮긴이)에 물리적으로 몰입하는 일은 지배적인 문화적 정체성들과 역사 기록의 지배적 형식들의 껍질을 깨고 나오는 한 가지 방식이 될 수 있다. 우리의 삶이나 다른 누군가의 삶에서 한순간을 기억할 때, 그 순간을 재구성할 때에 우리는 그 경험을 다시 겪는 듯한 느낌을 받는다. 이 논리를 거꾸로 뒤집어보면, 손에 잡히지 않는 과거의 사람들이 드문드문 남긴 자취를 따라가고 되살릴 때, 기록되거나 암시되는 살아 있는 체험을 통하여 공식적 역

---

* 그리고 우리가 이런 불균형을 따라잡으려면 갈 길이 아직 멀다. 이 글을 쓰는 지금, 위키피디아 세계 역사 표제항에서는 이름이나 참조 항목으로 남성 역사가가 190명 확인되는 반면 여성 역사가는 3명이, 그리고 언급되는 여성으로 9명이 확인된다. 여기에서 여성들은 모두 페미니즘 역사학 카테고리 아래 등재되어 있다.

베터니 휴즈

사 기록에서 놓친 진실을 인식할 가능성이 발생한다. 히스토리아가 원래 고취했던 바를 가능하게 하는 상황이나 장소에 있을 가능성, 바로 우리가 동시에 두 시간대에 있을 수 있는 가능성 말이다.

이런 종류의 몰입은 역사에 대한 더 전체론적이고 저널리즘적인 접근법이자 학계에서는 전통적으로 우려를 자아내는 방법이다. 하지만 헤로도토스─(예리한 로마 변호사이자 정치가 키케로가 일컬은 대로) 다름 아닌 역사의 아버지─는 어느 모로 보나 뼛속까지 저널리스트였다. 훌륭한 저널리스트의 책무는 경험이 공유되고, 기억과 생각이 들리게 하고, 사실과 의견들, 특히 억압되거나 간과되어온 사실과 의견들이 드러나는 공간을 마련하는 것이다. 헤로도토스의 증언(솔직히 말해 어떤 것들은 공상 같고 어리숙하다)은 신이 날 정도로 풍성하다. 헬레니즘 시대의 역사가 폴리비오스 역시 역사가란 "행동의 인간"이어야 하고, 역사에 관한 견해는 역사적 장소에 대한 물리적 체험과 직접 목격한 사람의 증언으로부터 가장 잘 이끌어낼 수 있다고 역설했다. 이러한 목격자 증언, 몰입적이고 직접적인 접근법들은 거의 틀림없이 역사의 본래 의미와 공명한다. 기원전 6세기에 합리적 탐구라는 의미로 히스토리아라는 단어가 조어되기 대략 100년 전, 트로이 전쟁과 그 여파의 이야기를 상세히 전하는 서사시에서 호메로스는 이스트우르istwr를 증인으로, 때로는 판관으로, 어떤 현상을 경험하여 그것을 더 잘 분석하는 참여자로 묘사하기 때문이다.

이것은 여전히 무게감 있는, 이해에 대한 살아 있는 몰입적 접근법

이다. 20세기와 21세기에 화산 폭발과 해일 피해—3미터 깊이의 부석
浮石 무더기가 바다에 둥둥 떠다니게 만드는—를 직접 목격하면, 플
라톤의 자랑스러운 아틀란티스 파괴 당시 "떠다니는 진흙 떼" 언급을
설명하는 데에 도움이 될 수 있다(나는 이것이 아틀란티스가 지중해 지역
과 그 너머의 문화권들을 쑥대밭으로 만든 기원전 1615년 테라 섬의 실제 폭
발에 대한 신화적이고 우의적인 해석이라고 주장하겠다).

이타카와 아테네 그리고 튀르키예 해안을 따라서 지진으로 요동치
는 땅을 체험하고 나면 기원전 5000년부터 기원후 500년까지 왜 고대
인들이 이 지역을 지배해온 바다와 하늘, 지진의 신들에게 납작 엎드
리며 그들을 섬겨왔는지를 깨달을 수밖에 없다. 세찬 바람이 일으킨
파도가, 현지에서는 "죽음의 곳"으로 알려진 깎아지른 절벽에서 부서
지며 200미터 높이까지 물보라를 일으키는 푸르니 섬과 소아시아 사
이의 해역에서 발견된 54척의 난파선 잔해는 오디세우스의 모험에 등
장하는 바위를 깨부수는 무시무시한 소용돌이 스킬라와 카립디스
에 대한 한 가지 설명이 될 수 있다. 『오디세이아』에서 거론된 장소들
일 가능성이 큰 장소들로 이동하는 동안, 호메로스의 『일리아스』에서
"정치가에게 선동당한 폭도처럼 사납게 날뛰는" 해역으로 묘사된 이
카리아 해에서 높은 이상異常 파도를 만난—나와 탐사 팀원들은 돛단
배 위에서 원래는 평평해야 할 수직 물마루에 꼬박 7시간 동안 매달려
간신히 살아남을 수 있었다—우리는 겁먹고 바닷물에 흠뻑 젖은 채
미코노스 섬에 상륙했다.

고대 그리스의 영웅 오디세우스가 폭풍에 시달리다가 칼립소의 섬으로 떠밀려와 주인장이 베푸는 목욕과 오일 마사지의 호사를 누린 것처럼, 우리에게도 다음 며칠 동안의 수면과 따뜻한 목욕, 단단한 땅은 물리적, 심리적으로 반드시 필요한 것으로 느껴졌다. 칼립소의 품에서 빠져나와 배에 다시 올라타 아내가 기다리는 고향으로 여정을 이어가지 않고 미적거린 오디세우스에 대해서 그간 품고 있던 성마른 짜증이 조금은 사라졌다. 아닌 게 아니라 꼬박 6개월간 그 오디세우스풍 탐사를 하며 지중해를 순회한 덕분에 우리 역사 탐사팀은 끈끈한 회복력과 주체성에 관한『오디세이아』의 메시지를, 즉 협력이란 단지 생존에만 그치지 않고 번영을 위한 도구라는 점을, 그리고 삶은 예기치 못한 난관을 불러올 수도 있지만 산다는 것은 여정을 떠나는 것이라는 점을 더 깊이 이해하고 내면화할 수 있었다.

초기 그리스 작가들, 특히 호메로스와 헤로도토스는 진정으로 몰입적이고 교훈적인 기림의 기치를 내건 이들이다. 승산이 없어 보임에도 모두의 예상을 물리치고 당대의 지배적인 초강국 페르시아를 물리친 약자 문화권 소속이라는 아드레날린으로 들뜨고 신이 난 방대한『역사』―일생의 역작―를 집필하면서 헤로도토스는 "인간의 위업은 세월의 유린을 견뎌낼"(『역사』제1권 제1장) 수 있으리라는 희망을 품고 있었다. 그리고 중요하게도 그의 방법과 목적은 아포덱시스apodexis, 즉 계시 혹은 전시였다. 헤로도토스에게 역사의 요점은 그것이 공유된 경험이어야 한다는 것이다. 그리고 놀랍게도『역사』에서 승자를 의 기양양하게 떠받들고 과시하는 일이 될 수도 있었을 서술은 몰입 덕분에 결코 쇼비니즘적이지 않다. 그 대신 그 여행하는 학자는 그리스인과 비그리스인 모두 위대한 업적을 세웠다고 주장하며 대단히 포용적인 자세를 취한다. 그는 타인에게 이입하여 세계를 경험하려고 애쓰는 데에 많은 지면을 할애한다. 헤로도토스는 "모두가 자신의 관습이 단연 최고라고 믿는다.……오로지 미친 사람만이 그러한 사안들에 조롱을 퍼부을 생각을 할 수 있다"고 설명하며(제3권 제38장), 페르시아의 황제 캄비세스가 이집트인들의 종교를 조롱한 데에 경악한다. 그리고 "결코 해가 지지 않는"(제7권) 제국을 다스리고, 군대를 보내서 헤로도토스의 고향 할리카르나소스를 처참히 공격한 페르시아의 황제 중의 황제 크세르크세스는 막강함 힘과 용맹, 영혼의 소유자로 묘사한다.

그러한 이해심은 부분적으로는 역사의 아버지 본인의 다채로운 인생사에서 기인할지도 모른다. 그는 카리아인 혹은 카리아−그리스계 혈통(그리스 세계 페니키아 방언과 더불어 그리스어를 사용하는 아나톨리아인)이었다. 헤로도토스는 또한 친親페르시아 성향을 띤 그리스 왕조를 몰아내려다가 실패한 혁명가였던 듯하며, 따라서 사모스 섬의 난민이었던 것으로 보인다. 하지만 그의 감정이입은 한 가지 핵심 원칙에서도 기인했다. 주인과 손님 간의 우정을 뜻하는 크세니아xenia, 즉 문지방을 넘은 모르는 이를 따뜻하게 맞이하고, 경계와 국경선을 넘고, 이방인을 친구로 그리고 친숙한 것과 더불어 낯선 것을 받아들이는 자세 말이다. 헤로도토스에게 역사란 무엇보다 연결성을 찾기 위해서 시공을 가로질러 현재의 여행을 떠나는 것이었다.*

고대에는 세상에 대한 또다른 초연결적인 이해도 존재했다. 이 같은 초연결성은 그동안 반합리적인anti-rational 것으로 치부되어왔지만 이제는 과학으로 뒷받침되며, 오늘날 역사 탐구가 어느 때보다 활발하게 끌어안아야 할 것으로 여겨진다. 우리는 이제 우리가 더 큰 모체의 일부라는 사실을 화학적으로 알고 있다. 이는 고도로 성공적인 고대 문화권들 역시 마찬가지였다. 인간이 원자 수준에서 나머지 우주와 연결되어 있음을 오랫동안 믿었다는 사실은 여러 정보 원천들로부터 분명히 드러난다. 그 증거는 몰타와 고조 섬의 신석기 문화에서 찾을 수 있는데, 그곳에는 동쪽과 서쪽을 바라보며 5,000년 전에 땅속에 깎아 만든 거대한 지하 신전이 있으며, 육신이 다시 태어날 것이라는 믿음에서 공동체 전체가 묻혀 있다. 반쯤 썩은 시신들은 물질은 결코 사라지지 않고 그저 또다른 형태를 취할 뿐이라는 생각하에 붉은 황토로 뒤덮여 있었다. 이집트의 구왕국과 신왕국 사람들에게 죽음은 또다른 삶으로 떠나는 여정의 시작이었다. 시간 여행 부활 기계라고 할 수 있는 최초의 마스타바 무덤들과 훗날에는 피라미드, 그다음에는 암석을 깎아낸 장지에 묻힌 파라오들은 하늘을 거쳐 별들로 돌아가는 여정을 준비하고 있었다. 우리는 이제 화학 조성의 관점에

---

* 흥미롭게도 우리는 이제 역사와 이야기에 감정이입을 하면 타인의 삶에 관심을 가지도록 자극하는 "포옹의 화학물질"인 옥시토신이 생성된다는 사실을 안다.

서 우리가 별의 먼지이자 지구의 먼지임을 안다. 기자 고원의 대피라미드 건축처럼 나라를 붕괴시키는 프로젝트—"불멸의 존재들"에 다시 합류하는 수단—를 후원함으로써 이집트의 파라오들은 생화학의 탄소 덩어리 개념을 지지하고 있었다.

탄소 분자들이 우리의 우주 시스템에서 순환하듯이, 문화의 탄소 분자들도 마찬가지로 이동할 수 있겠지만, 그것들은 결코 사라지지 않는다. 산토리니 섬의 아크로티리와 그리스 본토의 티린스와 미케네에서 발견된 청동기 후기 유적의 벽에 그려진, 백연과 콜(검은 안티몬 분말. 눈가에 그리는 화장용으로 많이 쓴다/옮긴이)로 윤곽선을 표현한 여자들의 얼굴은 지금도 불가리아 오지 마을의 일부 무슬림 신부들에게서 찾을 수 있다. 뺨과 턱, 이마에 찍은 연지에 이르기까지 정확히 똑같다. 우리가 살람Salaam이나 샬롬Shalom—서로에게 평안을 기원하는 말—이라고 인사를 건넬 때, 우리는 고대 바빌론의 말—슐shul—을 쓰고 있는 셈인데, 슐은 전체, 부서지지 않은 것을 의미한다. 우리는 『베니스의 상인The Merchant of Venice』에서 "너희가 나를 칼로 베면 나라고 피를 흘리지 않겠는가?"라고 묻는 샤일록의 대사에 친숙하고, 아마도 그 대사를 신선하고 진보적인 방식으로 생각해볼 수도 있을 것이다. 그러나 셰익스피어의 문학적 시도는 기원후 4세기 스미르나(오늘날 튀르키예의 이즈미르) 주민들도 이해했을 것이다. 거기서 그곳의 아들들 가운데 한 명인 퀸투스는 아마존 여왕 펜테질리아에게서 영감을 받은 트로이의 히포다미아로 하여금 다음과 같이 말하게 함으

베터니 휴즈

로써 성 불평등 문제를 조심스럽게 다룬다.

우리는 힘에서 남자들에게 밀리지 않는다. 우리의 두 눈은 똑같고 사지도 똑같다. 우리는 동일한 하나의 빛을 보며 똑같은 공기를 숨 쉰다. 우리가 먹는 음식도 다르지 않다. 신들이 남자에게 허락한 것들 가운데 대체 무엇을 우리에게 허락하지 않는가?

그래, 대체 무엇인가!

목록은 끝없이 이어진다. 전 세계 여자 화장실에서 볼 수 있는 ♀ 표시는 점성술에서 베누스(금성) 여신을 기린다. 화장실 남성용 칸막이의 ♂ 표시는 마르스(화성) 신의 상징이다. 기독교의 수도원 전통은 원래 근동과 중동의 비단길을 따라서 여행하던 불교 승려들에게서 영감을 받은 것이며, 영어로 번역된 최초의 오만 여성 소설가 조카 알 하르티의 『천체 Sayyidat al-qamar』를 읽다 보면 우리는 플라톤의 우화들이—아랍 설화이자 신화로서—1970년대 오만 하렘의 시적인 구전 문화 속에서 인용 형태로 여전히 이용되고 있음을 알 수 있다. 우리는 매일 매순간을, 다른 사회와 시간대의 바닷가를 철썩이는 문화의 대양 속에서 헤엄치고 있다. 우리가 서로 연결되어 있다고 느끼고, 깊은 과거의 공동체들로부터 배울 수 있는 이유는 여기에 있다. 인간 지배적인 세상 자체가 그 자신과 살아가는 법을 알아가고 있는 가운데, 역시 이 세상에서 살아가는 법을 배우고 있던 온갖 남녀들로부터 우리는 배울 수 있다.

19세기에 학문 사이에 경계가 그어지고 뚜렷하게 구분된 학문 분야들이 발전하면서(역사학과 구분되는 학문으로서 고고학이 새롭게 명명되고, 서양의 많은 대학들에서 그리스어, 라틴어, 히브리어가 산스크리트어보다 선호되었다) 20세기에 역사가들이 역사적 탐구에 관해서 주제별로 사고하는 흐름이 생겼듯이, 어쩌면 새 천 년은 더 유기적이고 경계가 없는 접근법—역사의 연결성에 대한, 진보적인 동시에 적잖은 아이러니를 담아 선사적인 이해—을 지지하지 않을까?

그 이유는 선사 시대에 대한 몰입은 그때와 지금, 역사란 무엇인가라는 개념 정의 자체를 도와줄 수 있기 때문이다. 인도유럽조어에서 역사라는 단어의 뿌리는 위드-토르wid-tor—현명한 행위자a wise agent로 추정된다. 위드는 "목격하다witness"나 "이해하다", "보다"를 의미한다. 위드는 또한 비전vision이라는 단어의 뿌리이기도 하다. 따라서 역사, 지혜, 비전은 한 뿌리를 공유한다. 능동적 명료성과 명민한 통찰력이 결합된 관념인 셈이다. 역사 방법론의 작가 투키디데스는, "인류가 더 분명하게 볼 수 있게" 하는 도구로 역사가 발명되었다고 단언하여 자신도 모르게 핵심을 짚었다. 이제 지혜와 역사, 통찰 사이의 저 단단한 관계를 실현할 때, 역사가 지혜를 위해서 적극적으로 복무하게 해야 할 때인 듯하다.

히스토리아가 2,500년 전에 탄탄한 방법으로 부상한 것과 거의 같은 시기, 사회가 합리성을 향해서 더듬더듬 나아가고 있을 때, 개인들

베터니 휴즈

이 그저 지주층이나 종교 엘리트층에게 지배받지 않고 바야흐로 경제적, 지적 행위자들이 되어갈 때, 인간 정신이 주체성을 가지고 있음을 이해하며 사람들이 큰 집단을 이루어 함께 삶을 공유하기 시작할 때, 바로 그때 질문들이 진짜 가치를 띠기 시작한다. 그때 탐구는 불온적이지 않고 인간이란 무엇인가라는 질문의 중심이 된다. 오로지 현자만이 자신의 지혜에 공백이 있음을 시인한다고 전제하며, 소크라테스와 공자, 부처 같은 사상의 지도자들은 우리로 하여금 빈틈을 열심히 찾아내라고 다그친다. 플라톤을 통해 소크라테스를 인용하자면 "성찰하지 않는 삶은 살 가치가 없으며", 우리는 말 그대로 지혜를 사랑하는 사람이 되어야 한다. 철학자philosopher, 다시 말해서 소피아sophia(지혜)에 대한 필리아philia(사랑)가 있는 사람이 되어야 한다는 것이다. 소크라테스는 세상을 이해하지 않은 채 그저 목록화하는 위험성을 규탄하며 이를 더 자세히 설명한다. 독미나리 즙을 들이키는 철학자에게 나는 찬성표를 던지겠다. 심리학적 탐구, 철학적 추구, 정서 지능 그리고 촉각적 몰입은 역사적 지식의 획득과 이해와 유용하게 연결될 수 있다.

그러므로 "지금, 역사란 무엇인가?"라는 질문에 대한 대답은 더 정확하게는 또다른 질문이 되어야 한다. "지금, 지혜란 무엇인가?" 그리고 그에 대한 대답은, 그리하여 가장 근본적인 의문에 대한 대답을 모색하는 일은 질문과 탐험일 수밖에 없다. 이제 우리는 우리 자신의 기억들—그러므로 모든 기억들—은 서사이고, 서사는 우리의 삶이 어떤 모습이어야 하는지에 관한 (따라서 우리의 삶은 어떤 모습이라는) 우리의 생각에 맞춰 구성된다는 사실을 깨달았기 때문이다. 기억은 흔히 우리의 정체성과 일치한다. 우리의 과거들과, 그리하여 현재를 상상을 통해 존재하도록 하기 위해서는 우리가 가진 힘을 정면으로 직시해서 이해하고 인식하는 일이 중요하다. 우리 자신에 관해서 우리가 말하는 이야기들이 곧 우리이다. 기억 과정은 물리적이고, 역동적이고, 변화무쌍하며, 때로는 거짓되고 때로는 진실하다. 역사들이 (그리고 이야기들이) 흔히 새로운 미래의 창조를 정당화하는 데에 이용된다는 사실을 고려할 때 들려주고 공유되는 역사와 이야기들은 엄청나게 중요해지며, 이는 물론 기억과 역사의 가치를 집단적인 경험으로 만든다. 인간 정신이 생각의 교환으로 생겨났다면—임계 질량의 인지 집단이 최소 7만 년 전에 서로 생각들을 주고받아 생각이 자라나고 불이 붙었듯이—온라인 인지 집단이 온갖 종류의 생각과 진실들을 교환하면서 이제 임계 수준에 도달한 지금, 역사가든 누군가든 모든 참여자가 그 집단에 지혜를 가져오기 위해서 노력하는 것이 의무이다.

또한 기술technology과 역사는 언어적인 쌍생아이다. 인도유럽조어 어근인 테크tek는 원래 "함께 엮다" 혹은 "새끼를 기르다"를 의미했다. 디지털 시대의 공유 기술이 영향력의 에테르에, 그리고 주목 경제에 "전에 일어났던 일"에 대한 지혜를 주입할 수 있다면 정말 멋진 일이 아닐까? 먼 과거에는 음성과 훗날 그리스 알파벳이 일반 독자common

베터니 휴즈

reader를 후원했다. 역사를 위해서 활용되는 새로운 기술들은 이제 일반 사상가common thinker를 기꺼이 양성할 수 있지 않을까?

그러므로 이 책의 신선한 도전에 대한 응답은, 인간이 되는 방식이 여러 가지이듯이 역사를 이해하고 서술하는 방식도 여러 가지라는 사실을 받아들인다면 역사는 무한히 확장되며 살아 있는 체험의 동반자가 될 수 있다는 것이다. 실제로 역사는 26세기 전의 원래 임무를 달성할 수도 있다. 목격하고, 숙고하고, 합리적으로 탐구하는 임무를 말이다. 역사를 관통하는 나의 물리적 여정들이 가르쳐준 것이 하나 있다면, 그것은 강력한 문명들은 위대한 기념비들을 남겼고 위대한 문명들은 강력한 생각들을 남겼다는 사실이다. 기억memory과 정신mind(그리고 사실 뮤즈muse와 박물관museum)은 동일한 어근 멘men을 공유하며, 이 세 글자는 마침 우리에게 인간man이라는 단어도 선사한다. 언어학적으로 맨은 남자가 아니라 생각하는 존재이다. 나는 생각한다 고로 존재한다. 나는 기억한다 고로 존재한다, 인간 형제지간 그리고 자매지간의 일부로서. 지금에 대한 우리의 이해에 활기를 불어넣는 것은 멘/테크/위드-토르 같은 선사의 단어-생각들과, 초기 인류의 경험이 담긴 고대 기록들로부터 정보를 구하는 작업이다. 역사는 우리에게 생각할 많고 많은 시간을 선사한다. 역사는 우리에게 기억하라고, 더 잘 생각해보라고 상기시킨다. 우리가 시간을 거슬러, 경험을 가로질러, 텍스트성을 뛰어넘어 돌이켜보다가 어느 날 역사의 어머니도—정말이지 역대 최고의 지혜의 정수도 만나게 될지 또 누가 알겠는가?

그렇다면 지금 역사란 무엇인가? 과정으로서의 역사는 그 뿌리로 되돌아와서 역사책의 페이지를 벗어났고 그 목적은 비전이자 증언이다. 그 주제가 합리적이든 비합리적이든 역사가 투명해지면 우리도 분명하게 볼 수 있다. 오늘날 역사는 고대인들이 원래 생각했던 것— 명료하게 사고하고 명료하게 내다보며, 현명해지기로 한 미래와 한편이다.

베터니 휴즈

더 읽을 거리

D. W. Anthony, *The Horse, the Wheel, and Language: How Bronze-Age Riders from the Eurasian Steppes Shaped the Modern World* (Princeton, Oxford: Princeton University Press, 2007) (『말, 바퀴, 언어: 유라시아 초원의 청동기 기마인은 어떻게 근대 세계를 형성했나』, 공원국 옮김[에코리브르, 2015])

P. Cartledge, *Democracy: A Life* (Oxford: Oxford University Press, 2018)

J. Cook, *Ice Age Art: The Arrival of the Modern Mind* (London: British Museum Press, 2013)

K. Cooney, *When Women Ruled the World: Six Queens of Egypt* (Washington, DC: National Geographic, 2020)

K. Cooper, *Band of Angels: The Forgotten World of Early Christian Women* (London: Atlantic Books, 2013)

B. W. Fortson, *Indo-European Language and Culture: An Introduction*, 2nd edn. M.A. Malden (Oxford: Wiley-Blackwell, 2010)

S. Goldhill, *Love, Sex & Tragedy: Why Classics Matters* (London: John Murray, 2005)

D.W. Graham, *Explaining the Cosmos: The Ionian Tradition of Scientific Philosophy* (Princeton, Oxford: Princeton University Press, 2006)

N. Harrington, *Living with the Dead: Ancestor Worship and Mortuary Ritual in Ancient Egypt* (Oxford: Oxbow, 2012)

B. Holmes, *Gender: Antiquity and its Legacy* (Oxford: Oxford University Press, 2012)

Homer, *The Odyssey* (trans. E. R. Wilson) (New York: W.W. Norton and Company, 1988)

B. Hughes, *Venus and Aphrodite* (London: Weidenfeld & Nicolson, 2019) (『여신의 역사: 비너스, 미와 사랑 그리고 욕망으로 세상을 지배하다』, 성소희 옮김[미래의창, 2021])

M.H. Munn, *The Mother of the Gods, Athens, and the Tyranny of Asia: A Study of Sovereignty in Ancient Religion* (Berkeley, London: University of California Press, 2006)

C. Phillips, *Socrates in Love: Philosophy for a Passionate Heart* (New York, London: W. W. Norton, 2007) (『사랑 그 위대한 악법: 소크라테스, 사랑을 말하다』, 이세진 옮김[예담, 2009])

10

튜더 왕조 잉글랜드에서 다양성은 왜 중요한가?

오니에카 누비아

역사가들은 때로 잉글랜드 역사를 흰 바탕에 검은Black 글자가 없는 책으로 그리는 편이 적절하다고 생각한다. 그리고 역사가들은 종종 아프리카인과 여타 유색인들이 자동적으로 "타자"나 "이방인", "신참", "노예"인 서사를 쓴다. 이러한 왜곡은 잉글랜드 역사에 대한 우리의 이해를 왜곡하고 아프리카인들을 잉글랜드의 이야기에서 능동적 참여자로 보는 일을 어렵게 만든다.

더욱이 튜더 역사는 인기 있는 주제이며, 흔히 이 튜더 역사에서 아프리카인들은 그들의 의미를 설명해주는 상투적인 역할을 떠맡는다. 한 예로 『영국의 흑인들Negroes in Britain』(1947)에서 케네스 리틀은 "아프리카 출신이든 동인도 제도 출신이든, [16세기] 한참 들어서까지 흑인이 우연한 방문객으로나 아니면 포르투갈과 [아프리카와 카리브 해의] 식민지 영토에서 수입했을 때를 제외하고 [잉글랜드에서] 친숙한 인물이었을지" 의심스럽다고 썼다. 위의 인용문에서 "친숙한 인물"과 "수입했을"이라는 표현은 리틀이 튜더 잉글랜드에는 아프리카인이 거의 없었으며, 그곳에 있었던 아프리카인들은 노예이자 유럽인들 소유의 "재산"이었다고 생각하고 있음을 암시한다. 리틀의 서술은 단순하고 환원주의적이지만, 킴 홀 같은 보다 근래의 역사가들과도 맥을 같이한다. 홀의 논의의 궤적은 통찰력이 있지만, 안타깝게도 그녀는 튜더 잉글랜드에서 아프리카인들이 주변적이고 사소했다는, "너무 우연하고 이례적인 존재이기 때문에 역사적 통계가 될 수 없다"는 관념을 되풀이한다. 홀은 그들의 존재감이 어떠한 진지한 학구적 분석이나 공적인 인정을 정당화할 만큼 크지 않았다고 암시한다. 하지만 최근의 연구는 잉글랜드 기록으로부터 아프리카인들을 되살려낼 수 있으며, 그들의 존재감, 지위, 중요성이 기존에 확립된 역사적 서사들을 흔들고 있음을 드러낸다. 이 아프리카인들의 존재는 그들을 계속해서 무시하거나 주변화하는 잉글랜드인다움Englishness의 서사들에 도전한다.

튜더 왕조 잉글랜드에서 아프리카인들이 누린 위상과 그들의 기여를 이해하기 위해서는 인종차별이 항상 제도화되거나 체계화되지는 않았다는 사실을 인식하는 것이 도움이 된다. 이는 어느 정도는 튜더 왕조 잉글랜드가 피부색에 따라서 사람들의 신분을 정하는 관습이나 풍습, 인종법을 중세로부터 물려받지 않았다는 데에서 기인한다. 인종법은 잉글랜드에서 17세기 말과 18세기에 접어들며 등장했다. 법률은 식민주의와 노예제로부터 발생하는 경제적 이익으로 뒷받침되었다. 이 이익들은 인종차별주의를 제도상 필수적인 요소로 만드는 경제적 지상명령을 만들어냈다. 바로 이 시기에 아프리카인들은 세계 곳곳에서 인간 이하의 존재로 낙인찍혔다. 신학과 더불어 인류학과 여타 학문의 주창자들은 이런 시각을 지지했다. 또한 칼 린네, 이마누엘 칸트, 이래즈머스 다윈, 조사이아 C. 노트 같은 지식인들은 불평등을 퍼트리는 유사 과학적이고 철학적인 이론을 제도화하는 데에 기여했다. 한편 유럽의 법률가들은 아리스토텔레스, 에우리피데스, 플루타르코스, 키케로 같은 그리스와 로마의 옹호자들로부터 이런저런 논변을 빌려와 고대의 노예법과 관습들을 갱신했다. 그리고 이 법률가들은 아프리카인들의 인간성을 부정하는 말도 안 되는 사회적, 법적 관습을 고안했다. 이러한 관습들은 17세기, 18세기, 19세기 영국 사회의 직조 안으로 파고들어서 잉글랜드인을 배타적이고 백인인 존재로 만들었다.

그러나 튜더 왕조 잉글랜드에서 신분이란 주로 사회적 지위, 혈통, 출생, 젠더 그리고 그보다는 약하지만 재산으로 정해졌다. 튜더 왕조 시대에 아프리카인들은 다른 사람들과 같은 방식으로 자신들의 신분을 자유롭게 정할 수 있었던 것으로 보인다. 아프리카인들의 신분은 정부의 입법이나 공식 정책으로 규제되지 않았다. 그들의 신분이 결정된 곳은 잉글랜드 사회의 사적 영역이었다. 튜더 왕조 잉글랜드에서는, 헨리 안토니 제토가 공직에 재직하고 투표를 하고 재산을 소유하는 일을 금지하는 것과 같이 아프리카인의 자격을 박탈하는 인종

오니에카 누비아

관련 법률이 없었다는 뜻이다.

제토는 우스터셔 홀트에서 살았고, 스물여섯 살이던 1596년 3월 3일, 그곳에서 세례를 받았다. 그는 기록에서 "블랙모어"(Blackemore : 검은 무어인/옮긴이)로 묘사되며, 그의 성 "제토"("흑옥_{jet}"에서 유래한 검다는 뜻)는 아마도 그의 피부색을 가리키는 듯하다. 그에게는 자식 6명과 32명이 넘는 손주와 70명이 넘는 증손주가 있었다. 오늘날 제토의 후손은 홀트와 인근 지역에 수백 명이 살고 있다. 제토는 독립자영농_{yeoman}—40실링어치가 넘는 토지를 보유했다는 뜻이다—이었고 지역 사회의 적극적인 일원이었다. 독립적인 재산이 있는 사람으로서 그는 지역 사회의 선거에 참여할 수 있었다. 또한 글을 읽고 쓸 줄 알아서 자신의 유언장을 작성했으며 1626년 9월 20일에 그 유언장에 서명했다. 이 유언장은 잉글랜드 기록에서 아프리카인이 작성한 가장 오래된 유언장 가운데 하나이다.

제토가 자신의 종족성 때문에 튜더 왕조 잉글랜드에서 법적 지위를 박탈당했음을 시사하는 증거는 전무하다. 당시 잉글랜드 법정은 그렇게 할 만한 법적 사유가 없이는 태어나면서 얻은 각종 자유를 박탈하거나 부정하는 일을 꺼렸다. 일부 역사가들이 엘리자베스 1세 치세에서 작성된 포고령 초안과 2장의 증서를 두고 그러한 권리들을 박탈하려는 시도가 있었다고 주장해왔지만, 더 자세히 들여다보면 이 문서들은 그 반대를 입증한다. 두 증서는 각각 1596년 7월 11일과 18일자이며, 포고령은 1601년에 작성되었다. 이 문서들은 아프리카인들을 열등한 지위의 사람으로 규정하고 그들을 "군주에 신종하는liege" 다른 신민들과 분리하는 것처럼 보인다. 하지만 주의 깊게 살펴보면, 이 문서들은 통치의 장場 바깥에서 유래한 기회주의적인 술수로서 재맥락화할 필요가 있으며, 결코 법으로 뒷받침되지도 않았음이 드러난다. 그 문서들은 확실히 대량 이주나 추방을 야기하지 않았다.

튜더 왕조 잉글랜드에서 아프리카인들은 부당하게 체포되거나 구금될 경우 여전히 인신 보호권habeas corpus을 요구할 수 있었다. 그들의 권리들은 대인적in personam이었다. 이러한 권리를 지키기 위한 법적 조치 역시 대인적이었다. 일부 개인적인 권리들은 비록 그 조치가 여전히 "사적인" 사안이더라도 공적 공간에서 옹호된다는 뜻이다. 자연권 관념은 알려져 있었지만, 오늘날처럼 반드시 말로 표현된 것은 아니었다. 잉글랜드 법정, 특히 16세기 말의 법정은 사법 적극주의의 강력한 옹호자였고, 특히 국가의 강력한 일원이나 상인들 등등이 자유의 권리를 침해하지 못하도록 제한하는 공격적인 정책을 추구했다. 형평 법원과 왕좌부(영국 고등법원의 일부/옮긴이), 민사부 법정을 비롯한 사법부는 심지어 원고가 재정적 손실을 입지 않았을지라도 권리 상실을 이유로 청구권을 행사할 수 있다는 뜻에서 이런 관념을 추구했다. 보통법은 피해자가 제소권locus standi이나 소송 사유에 "충분한 연관성"을 가진 한 자연권을 기꺼이 보호하고자 했다. 법무장관 에드워드 코크, 민사소송 법원장 제임스 다이어와 에드먼드 앤더슨을 비롯해 당대의 대표적인 법률가들은 다른 사안은 몰라도 적어도

오니에카 누비아

그 점에서는 뜻이 일치했다.

그 결과 튜더 시기의 사법 체계는 충돌하는 권리들의 전장이었다. 권력자들은 모종의 방식들로 자신의 가내家內에 절대적이고 제어되지 않은 권리와 권력을 주장할 수 있었다. 어떤 이들은 이를 뒷받침하기 위해서 고전적, 법적인 사유를 이용하기도 했다. 하지만 마찬가지로 사람들은 형평성의 기준으로서 온당함이라는 관념들을 재해석함으로써 자신이나 타인의 권리를 지키고자 했다. 그들은 법 아래에서의 보호를 주장했다. 이런 소송 사건들로는 1470년 마리아 모리아나라는 아프리카 여성의 사건도 있었다. 사우샘프턴에서 모리아나의 고용주는 모리아나가 노예인 양 그녀를 매각하고자 했다. 모리아나의 권리를 보호할 법적 구제 수단을 강구한 것은 현지 지역 사회였다. 법정은 비록 모리아나가 잘못해서 자연권을 넘겨주었다고 해도 그녀에게서 자연권을 부정할 수 없는데, "상기上記의 원고", 즉 모리아나가 "무고하며", "영어나 라틴어를 읽거나 쓸 줄" 모르기 때문이라고 판결했다.

1579년에는 헥터 노비미스라는 "주인을 위해서 일하기를 전면 거부한 상기의 [이름이 명시되지 않은] 에티오피아인"에 관한 소송 건도 있다. 법정은 노비미스에게 하인에 대한 법적 구제 방안이 없으며, 하인에게 일을 하도록 강제할 수 없다고 판결했다. 근대 초기 사법은 가내 구성원들에 대해 자의적으로 절대적 권위를 상정하는 권력자들에게 불리한 판결을 내릴 능력이 있었다.

튜더 왕조 시대의 아프리카인들은 자신들의 권리에 접근할 길이 전통에 근거하여 자동적으로 막히지는 않았을 것이다. 타 지역에서 잉글랜드로 온 아프리카인들도 정주하거나 잉글랜드 영주민(권리를 보유한 시민)이 될 유사한 기회를 가지고 있었다. 영주권을 얻거나 영주민이 되는 과정이란 결국 귀화를 의미했고, 성인 세례는 흔히 이 과정의 중요 측면이었다. 잉글랜드 기록에서 눈에 띄는 아프리카인들 대다수가 세례를 받았다는 사실은 그들이 십중팔구 귀화 과정을 거쳤으리라는 점을 가리킨다. 일단 이 아프리카인들이 세례를 받으면 그들의 법적 신분은 동일한 신분의 백인들과 별반 다르지 않았을 것이다. 이는 아프리카인들이 교구의 일원이 되면서 특히 그랬다. 그들만을 특정해서 불리한 대우를 하는 행위는 백인들도 그 일부인 지역 사회와 가족들로부터 그들을 떼어내는 일을 의미했을 것이다.

우리는 잉글랜드 역사에서 아프리카인들을 자동적으로 그리고 영구적으로 "타자"로 보는 반동적 관념을 피해야 한다. 또한 아프리카인들이라는 표현은 총칭적인 개념으로, 거기에는 아프리카인 여성도 포함된다. 아프리카 여성들은 잉글랜드 가부장 사회에서 살았지만 자신들의 주체성을 교섭할 능력이 있었다. 예를 들면 튜더 왕조 교구 기록은 모리스코인인 메리 필리스를 같은 신분의 다른 백인 여성들보다 더 자세하게 기록하고 있다. 평민이었던 그녀의 기록은 세인트 보톨프-위다웃-올드게이트의 비망 일지에 적힌 어느 평민에 대한 기록보다 더 길다. 그 일지의 작성자는 메리의 세례를 두고 "이제 예수

　　　　　　　　　　　　오니에카 누비아

그리스도에 어느 정도 믿음을 가지고 있으므로 [메리 필리스]는 기독교도가 되고 싶어한다"라고 기록했다. 이 문서는 1597년에 그녀가 잉글랜드에서 13-14년간 살았음을 언급한다. 그랬다면 그녀는 잉글랜드 해안에 도착했을 당시 네 살에서 여섯 살이었을 것이다. 그녀가 "모리스코에서" 왔으며 그녀의 아버지는 "모리스코의 필리스, 삽과 바구니 제조인"이라고 기술되었다. 일부 역사학자들은 이를 근거로 그녀가 모로코 출신이라고 해석하지만, 모리스코는 오늘날의 에스파냐인 "모리스코인들의 땅"이라는 뜻일 가능성이 더 높다. 마지막 근거지인 그라나다가 1492년에 함락되었음에도 불구하고 무어인들은 이베리아 반도에서 계속 살았다. 에스파냐 당국은 1568년에 일어난 무어인 반란을 매우 가혹하게 진압했다. 나중에는 더 엄혹한 수단들이 도입되었다. 무어인들은 차차 이베리아 반도를 떠나서 북아프리카와 서아프리카 지역으로 이동했고, 프랑스와 이탈리아의 도시 국가들, 잉글랜드 같은 지역으로까지 퍼져나갔다. 메리의 아버지는 그런 망명자들 중 한 명이었을 것이다. 이베리아 반도의 무어인들은 각종 기술과 능력을 보유한 것으로 유명했기 때문에 잉글랜드 기록자들이 메리 아버지의 직업을 밝히고 이를 여러 차례 언급할 필요성을 느낀 것도 놀라운 일은 아니다. 메리 필리스의 이러한 출신 배경은 여자이자 평민이 자신의 교구에서 왜 유명했는지를 이해하는 데에 매우 중요하다. 우리는 메리에게 무슨 일이 생겼는지 모르지만, 그녀에게 자동적으로 열등한 지위를 적용하는 데에 신중해야 한다.

잉글랜드 역사에는 모리아나, "상기의 에티오피아인", 제토, 메리 필리스가 포함되어 있으며 그들의 존재를 인정할 공간이 없다면 이 "섬나라 이야기"는 격이 떨어질 것이다. 채널 4의 초대 사장이었던 제러미 아이삭스는 1973년에 "국가 기억 자원"이 있다고 발언했다. 현재 그 국가 기억은 19세기의 규준들 및 17세기 말에 발전하고 있던 인종 과학에서 유래한 법률들로 왜곡되어 있다. 우리가 그 렌즈들을 통하지 않고는 잉글랜드 역사에서 아프리카인들을 이해하기가 매우 어렵다는 뜻이다. 물론 어떤 역사 분야들이 다른 분야들보다 더 대중적으로 연구, 조사되어왔음은 사실이다. 하지만 그 점이 임티아즈 하비브의 책『잉글랜드 문서고에서 찾은 흑인의 삶들*Black Lives in the English Archives*』(2008)이 주류 영국 출판사에서 출간된, 이 역사를 편찬한 최초의 책이라는 사실을 온전히 설명하지는 못한다. 그리고 다양성을 향한 이러한 무관심은『블랙무어스 : 튜더 왕조 잉글랜드의 아프리카인들*Blackamoores: Africans in Tudor England*』(2013)이 튜더 왕조 잉글랜드에서 아프리카인들의 유래와 지위를 다룬 최초의 책이라는 사실로 잘 예시된다. 혹자는 잉글랜드 역사에서 인기가 많은 시대의 아프리카인들에 관한 상세한 연구가 영국 출판사에서 나오는 데에 왜 그렇게 오랜 세월이 걸렸느냐고 물을지도 모른다. 실망스럽기는 하지만 동시에 깜짝 놀랄 일은 2권의 책 모두 주류 영국 학계 밖에서 나왔다는 점이다. 이 책들과 미란다 카우프만의『검은 튜더인들 : 말해지지 않은 이야기*Black Tudors: The Untold Story*』(2019), 하킴 아디의『흑인 영국사 : 새로운 관점*Black British History: New Perspectives*(2019) 같은 책들은 잉글랜드 역사에 대한 우리의 이해를 도울 수 있다.

때로 다양성은 역사의 순간들에 자의적으로 부과되는 현대적 관용구로 여겨진다. 하지만 잉글랜드 역사에 대한 연구는 다양성을 사실로 드러낸다. 이 사실은 논변들로 형성되는 것이 아니라 잉글랜드인들이 작성한 기록들로 증언된다. 문서고의 이러한 기록들은 아프리카인들과 여타 유색인들이 이 섬의 서사의 불가결한 일부임을 드러낸다. 이 역사는 중요하며, 이 다양성을 인정하는 것이 정치적인 일이어서는 안 된다. 그보다는 지금까지 묻혀 있던 잉글랜드의 과거의 또다른 측면에 관해서 배운다는 사실에 흥분해야 할 것이다.

더 읽을 거리

Susan Adams et al., 'The Genetic Legacy of Religious Diversity and Intolerance.... Christians, Jews, and Muslims in the Iberian Peninsula', *American Journal of Human Genetics*, 83: 6 (2008), pp. 725–36.

Hakim Adi (ed.), *Black British History: New Perspectives from Roman Times to the Present Day* (London: Zed Books, 2019)

Lauren Benton, *Law and Colonial Cultures: Legal Regimes in World History, 1400-1900* (Cambridge: Cambridge University Press, 2002)

Imtiaz Habib, *Black Lives in the English Archives, 1500-1677: Imprints of the Invisible* (London: Ashgate, 2008)

Miranda Kaufmann, *Black Tudors: The Untold Story* (London: One World, 2019)

Onyeka Nubia, *Blackamoores: Africans in Tudor England, Their Presence, Status and Origins* (London, 2013; new edition, London: 2014)

Onyeka Nubia, *England's Other Countrymen: Black Tudor Society* (London: Zed Books, 2019)

Robert Rees Davies, *The First English Empire: Power and Identities in the British Isles 1093-1343* (Oxford: Oxford University Press, 2000)

오니에카 누비아

11

여성들의 소실된 삶을 어떻게 되찾을 수 있을까?

수재너 립스컴

그들은 특별하지 않은 보잘것없는 사람들이었다. 그리하여 이제 그들은 보이지 않은 이들, 잊힌 이들, 역사적으로 무시해도 될 만한 이들, "죽은 다수", 사소한 인물들, 코러스이다. 그들은 위인이나 왕, 이따금 역사의 거대 서사를 장식하는 여왕이 아니었다. 그들은 평범한 여자들—문맹, 빈민, 주변화된 자들, 예속된 자들—, 자신들이 존재했다는 암시조차 거의 남기지 않은 수십억의 사람들이었다. 우리가 그 여자들에 관해서 가지고 있는 것은 오로지 흔적뿐이고, 그 여자들로부터 나온 것도 흔적뿐이다. 그리고 그 흔적이란 기껏해야 종이 한 장이거나 어쩌면 그마저도 없을 것이다. 그들은 자신들의 손으로 작성한 문서를 남기지 않은 사람들, 우리에게는 오로지 타인들의 눈을 통해서 언뜻 보이는 사람들, 자신들의 말이 다른 누군가에 의해서 받아 적힌 사람들이다. 누군가 그들의 말에 귀 기울여주기나 했다면 말이다. 하지만 그들의 삶은 다량의 문서를 남긴 사람들의 삶만큼 실재하고 의미가 있었고, 또 우리 자신의 삶만큼 실재하고 의미가 있었다. 역사적 망각으로부터 그들을 어떻게 되찾을 수 있을까? 우리는 그들을 역사로 복원할 수 있을까?

위대한 역사가이자 페미니즘 활동가인 샐리 알렉산더는 옥스퍼드 대학교의 러스킨 칼리지에서 역사학을 전공하던 20대에 역사 워크숍 History Workshop이라는 활기찬 학술 운동의 창립을 도왔다. 1969년, 어느 워크숍에서 그녀는 여성사를 이야기하는 데에 관심이 있는 역사가들의 모임을 제안했다. 그해는 남자들이 달 위를 걸었던 해이다. 하지만 남성 인류가 거대한 도약을 하는 동안 여성 인류는 제자리에 있다고 여겨졌다. 알렉산더는 자신이 그런 제안을 했을 때 "남자다운 웃음이 한바탕" 터져나온 것을 기억한다. 1966년 「타임스 리터러리 서플리먼트*Times Literary Supplement*」에 글을 기고하면서 E. P. 톰슨은 "아래로부터의 역사", 즉 보통 사람들의 경험에 초점을 맞추는 역사 연구를 대중화했고, 역사 워크숍은 바로 그 아래로부터의 역사를 공부하기 위해서 세워졌다. 하지만 그때 웃음을 터트린 남자들에게는 보통 사람들의 범주에 여자는 포함되지 않았던 모양이다.

물론, 알고 보니 알렉산더는 역사의 옳은 편에 있었다. 1970년대에 "여성사"는 "여성 명사들"—저명하고, 그들에 관해서 많은 것들이 알려져 있으며, 세간의 이목을 끈 여성들—의 삶을 이야기함으로써 출발했지만, 1980년대에 이르자 페미니스트 역사가들은 평범한 여성들과 그들의 삶을 형성한 구조들을 탐색하기 시작했다. 그들은 역사 연

수재너 립스컴

구의 주제로서 여성을 되살리고 여성 중심의 시각에서 본 역사란 무엇일지를 고려하며 여성 주체성과 남성 경험과 구별되는 여성 경험의 특질들을 추구했다. 유일한 고민거리는 다음과 같았다. 이 평범한 여자들을 어떻게 찾아낼 것인가?

역사는 대체로 문서들에 의존하는 학문이다. 현대 역사가들은 기록 보관소에 소장된 사진이나 녹음에 접근하고 고고학자들은 과거의 물적 증거들을 발굴해낼지도 모르지만, 우리가 아는 대부분은 한마디로, 글로 적힌 것이다. 그렇다면 글을 쓸 수 있는 경우가 거의 없었고, 글을 쓸 줄 아는 사람들에 의해서 언급될 일이 거의 없던 사람들의 경험들, 생각과 느낌들에는 어떻게 접근할 수 있을까? E. H. 카는 "역사는 확인된 사실들을 모아놓은 것이다. 역사가는 생선 장수의 좌판 위에 있는 생선처럼 문서나 비문碑文 등에 있는 사실들을 집어들 수 있다. 역사가는 그것들을 모은 다음 집에 가지고 가서 자기 마음에 드는 방법으로 그것들을 요리하여 내놓는다."라고 말했다.* 카의 획기적인 점은 역사가가 어떤 사실들을 취해서 내놓을지 선택한다고 보았다는 데에 있다. 하지만 그 사실들이 문서에 있지 않다면? 그 생선들이 결코 잡히지 않는다면 어떻게 해야 할까?

역사가들은 문서고가 권력의 장소임을 증명해왔다. 그 안에 있는 사료들은 투명성, 객관성, 완전성의 환상을 심어줄지도 모르지만, 사

---

* 카가 고른 대명사("그")는 1961년의 역사학에 관해서 많은 것을 말해준다.

료들이 과거에 관해서 들려주는 이야기들은 부분적이고 검열된 것이다. 우리가 가지고 있는 정보는 권력에 의해서 형성된다. 권력은 누구의 관점이 문서로 작성될 만큼 중요한지, 누가 말이 없고 비가시적인지를 결정한다. 부재한 것, 결코 알 수 없고 지워진 것을 결정한다. 착취당하거나 억압받거나 아니면 그저 주변적이거나 주변화된 이들은 권력자와 같은 방식으로 후대에 자신들의 서사를 남길 수 없었다. 문서고가 답하기를 거부하는 질문들이 있으며, 문서고가 우리에게 제공하는 서사들은 의식적으로나 무의식적으로, 강자들의 지배를 정당화하는 방식으로 형성된다. 문서고는 신뢰할 수 없다. 이것은 여성을 연구하는, 특히 대체로 힘이 없었던 여성들을 연구하는 우리 같은 사람들에게 문제이다. 평범한 여자들이 이름 없는 민초의 상태에서 벗어날 때에는 그들이 오로지 권력자와 조우했기 때문이다. 철학자 미셸 푸코가 표현한 대로, 권력이 "갈고리 같은 발톱으로 그들에게 표시를 남김으로써 그들에 관해 지금까지 우리에게 남아 있는 몇 마디 말을 낳은 것이다."

만약 그런 여자들에 관한 사료가 극히 부족하고 남은 사료들도 전혀 중립적이지 않다면, 역사가들은 대체 어떻게 망각된 삶들을 재현할 수 있을까? 대답은 사료를 적처럼 취급하는 것, 다시 말해서 사료를 공격하고, 사료가 감추려고 하는 비밀을 내놓도록 강요하는 것이다. 과거 1940년대에 발터 베냐민은 우리가 "역사의 결을 거슬러 빗질을 해야" 한다고 말했다. 앤 로라 스톨러는 그것을 "거꾸로 뒤집은 독

수재너 립스컴

해”라고 불렀다. 이제 역사가들은 “결을 거슬러 독해한다”라는 말을 흔하게 한다. 결을 거슬러 문서를 읽는다는 것은 작성자가 의도한 목적과는 다른 목적을 염두에 두고 면밀히 살펴본다는 뜻이다. 그것은 작성자들의 관심사와 우선 사항들, 언명들로부터 지속적으로 벗어난다는 의미이다. 서브텍스트를 찾아서, 침묵을 들으면서, 사이디야 하트먼의 말마따나 우리 자신의 이야기를 “서술하기 위해서 사료들이 들려주는 이야기들을 억지로 열어젖히며” 행간을 읽는다는 뜻이다.

여성들의 삶을 탐구하기 위해서 흔히 결을 거슬러 읽는 사료의 한 가지 유형은 심문과 법정 기록이다. 이것들은 (남자) 서기들이 급하게 적은 심문 기록이다. 그들은 1인칭과 2인칭 증언들을 3인칭 서사로 바꾸고, 흔히 사용되는 정형화된 문구들에 의존하며, 어디에서 심문자의 질문이 끝나고 어디에서 답변이 시작되는지를 종종 표시하지 않았다. 그러므로 심지어 가장 “사실에 가까울” 때조차 심문 조서들은 여성의 발언을 충실하게 옮긴 것으로 전제할 수 없다. 그러나 심문 조서들은 평범한 여성들의 삶을 찾을 수 있는 곳이기도 하다.

그렇다면 결을 거슬러 읽는다는 것은 실제로는 무엇을 뜻하는가? 나는 『님의 목소리들 The Voices of Nimes』을 집필할 때에 이것을 실천하려고 노력했다. 나는 프랑스 랑그도크 지방 프로테스탄트 교회의 기록들에 의존했다. 현지의 교회들은 자치 단체 겸 도덕 재판소 역할을 하는 종무국(교회 법정)을 설립했다. 교회 법정은 남편과 아버지의 지배를 강화하고 특히 성적인 죄악과 관련하여 도덕적 청렴을 유지하기

위해서 세워진 가부장적 기관이었다. 당시에는 여자들이 도덕적으로
더 나약하고 성적으로 만족할 줄 모른다고 치부되었으므로, 이런 활
동은 여자들을 통제하려는 시도였다. 이 기록들을 읽으면서 나는 교
회 법정이 중요하다고 생각하는 데에 초점을 맞추려는 유혹을 끊임
없이 물리쳐야 했다. 교회 법정의 강박관념과 동기들에 이끌린다는
이러한 느낌은 나보다 앞서서 이 사료들을 읽었던 몇몇이 결국 교회
사를 쓰게 된 이유를 설명해줄 듯하다. 하지만 문서의 결을 거슬러 읽
는 일은 가능하다. 같은 시기의 형사와 민사 법정과 달리 교회 법정의
서기들은 재판정으로 불려나온 모든 여자들의 말을 꼼꼼하게 기록했
기 때문이다. 그 결과 내가 검토한 등록부에는 여자들에 의한 그리고
여자들에 관한 1,000건이 넘는 증언이 담겨 있었다. 이는 부유층에만
해당되지 않았다. 소송 개시에 들어가는 수수료를 받지 않았기 때문
에 교회는 저도 모르게, 여자들이—심지어 극빈층, 하인, 과부, 이렇
다 할 사회적 지위가 없는 여타 여자들도—자신들의 목적을 위해서
이용할 수 있는 메커니즘을 만들어냈다. 따라서 이 사료들에서 나는
이를테면 강간죄로 주인들을 고소한 하녀들을 발견해냈다.

특히 한 사건은 이 메커니즘이 어떻게 작동할 수 있는지를 보여준
다. 1600년 12월에 마르그리트 브뤼에스는 고용주인 앙투안 보네가
자신을 임신시켰다고 주장하며 그를 강간죄로 고소했다. 우리는 브
뤼에스가 몇 살인지 모르며, 그녀의 배경에 관해서도 아는 바가 없다.
그러나 하인으로 일하는 것은 당시 10대와 20대 초반의 소녀와 여자

들에게 전형적인 일이었다. 이것은 브뤼에스가 소송을 제기할 경제적인 능력이 있었다고 해도 세속 법정에는 가져갈 수 없었을 사건이다. 강간당한 여성은 자신의 적극적인 물리적 저항을 입증해야만 했기 때문이다. 당시 대다수의 사람들은 여자들이 타고나기를 성욕이 넘치고 자진해서 몸을 허락한다고 믿었고, 의학적으로도 여자가 수태를 하려면 절정을 느껴야 한다고 생각했으므로 임신한 여성이 강간당했음을 주장하면 이중으로 불리했다. 그럼에도 브뤼에스는 교회 법정에서 자기 쪽의 이야기를 기록으로 남길 수 있었다. 비록 자신을 성폭행한 장본인으로 그녀가 고소한 남자에 의한 불편한 대질 심문의 맥락 안에서이기는 했지만 말이다. 대략 50대나 60대였을 보네는 영향력이 있는 인물이었기 때문에 브뤼에스를 직접 심문할 특권이 있었다. 보네는 브뤼에스에게 추정상의 그 강간이 언제 벌어졌는지 물었다. 교회 법정 기록을 토대로 1인칭 서술로 복원된 그녀의 답변은 밝혀주는 바가 많다.

4월, 당신이 카스트르에서 돌아온 뒤였다. 하루는 내가 정원의 도랑으로 똥을 치우고 있는데 당신이 나더러 마구간으로 가라고 시켰고 거기서 당신은 나를 호밀 짚더미에 쓰러트리고 강제로 나를 [육체적으로/인용자주] 알았다(강제로 성관계를 맺었다/옮긴이). 내 입에 손수건을 쑤셔넣어 소리를 지르지 못하게 했다. 일이 끝난 뒤, 당신은 나에게 돈을 쥐어주고 많은 약속들을 했다.

심문을 이어가면서 보네는 브뤼에스가 하는 말의 신빙성을 떨어트리고 그녀의 평판을 깎아내리려고 애썼고, 심지어 호밀 지푸라기가 미끄러운데 마구간이 과연 현실적으로 강간이 가능한 장소였겠는가 반박하기까지 했다. 하지만 그의 시도에도 불구하고 교회 법정은 진실을 말하는 사람은 브뤼에스라고 결론을 내렸다. 충격에 빠지고 화가 난 보네는 "양민보다 창녀의 말을 믿다니 내게 크게 잘못하는 것이오"라며 분을 터뜨렸다. 그는 항소하겠다고 다짐했다. 이 사건에 대해서 더 알려진 바는 없다. 우리는 마르그리트 브뤼에스와 그녀의 아이가 어떻게 되었는지 모른다. 그녀는 우리 앞에 잠시 스쳐간다—하지만 그녀의 소송 건은 교회 법정 기록처럼 생각지도 못한 곳에서 여성의 관점을 찾아본다면 그들 삶의 세부 사항들을 조금씩 끄집어낼 수 있으며, 그들이 위기의 순간에 어떻게 움직였는지, 심지어 이따금씩은 어떻게 힘 있는 남성들을 설득하여 지지를 얻어낼 수 있었는지를 알려준다. 심지어 여성을 억압하기 위해서 고안된 제도의 기록들에서도 말이다.

교회 법정보다 더 징벌적인 체제들은 과연 우리가 여성들의 "진짜" 목소리를 찾을 수 있을까라는 문제를 더욱 어렵게 만든다. 이는 자백을 이끌어내기 위해서 고문에 의존하는 사법 당국 기록들에서 특히 그렇다. 유죄 시인을 받아낼 때에 고문이 핵심 역할을 한 16세기와 17세기 독일에서 마녀로 고발된 사람들의 재판 기록들에 의존하면서, 린들 로퍼는 서기들이 오로지 고문이 어떻게 적용되었는지와 이례적

수재너 립스컴

인 사건들에서 나온 증언 사이의 정확한 관계만을 기록했다는 사실을 발견했다. 여기에서 유익한 사례는 1595년에 마법을 부린 혐의를 받은 오버비티히하우젠 출신의 시골 과부 게르트라우타 콘라트의 경우이다. 처음에 그녀는 마녀라는 사실을 극구 부인했지만, 손목이 묶여 5시간 동안 공중에 매달린 다음에는 하늘을 나는 법을 배웠다고 자백했다. 나중에 그녀는 풀밭에서 악마와 처음 만났으며, 악마는 섹스를 하러 그녀의 방과 부엌으로 찾아왔고, 그녀는 악마가 건네준 돈을 하인들이 모르게 낡은 교유기(버터를 만들기 위해 유지방을 넣고 젓는 큰 통/옮긴이)에 감췄다고도 실토했다.

대체로 마법 재판 기록들은 자백이 어떻게 나오는지를 은폐한다. 심문은 몇 주일이나 몇 달에 걸쳐 진행되지만, 때로 재판 기록의 "정리" 사본들은 고문 피해자의 반박과 철회, 부인 내용들을 기록에서 소거한 채 최종 진술만을 요약할 뿐이다. 게다가 마녀로 몰린 많은 이들은 의식이 혼미한 상황에서 고통을 멈추게 하려고 자신들에게 제시된 대본을 그대로 따르게 되기 때문에, 그들의 자백은 심문받는 사람만큼이나 심문하는 사람의 망상들을 드러낸다. 그럼에도 마녀들의 증언은 광범위한 생애사를 담고 있으며, 결을 거슬러 읽음으로써 여성들의 일상적 체험을 조명하는 사소한 모순과 실언, 감정들, 생생한 세부 사항들—하인들의 눈을 피해서 교유기에 돈을 감추는 것과 같은—에 주의를 기울이는 일은 가능하다.

그러나 사료에서 존재가 한층 더 미미한 여성들은 어떻게 해야 할까? 일부 여성들은 오로지 순간적인 언급 가치만 있다. 그들은 순전히 단편적으로 등장한다. 바로 번 해리스가 "문서고의 가는 조각들"이라고 부른 것이다.

특정 주제들은 자연스레 일화적이고 단편적인 기록을 낳는다. 『어머니 : 비관습적 역사*Mother: An Unconventional History*』를 집필하기 위해서 조사하는 과정에서 세라 노트는 한 가지 역사적 상수를 발견했다. 아이를 안으려면 항상 두 손이 필요하다는 것이다. 실제로 우리가 모성에 관해서 추적한 자취들은 아기가 서사를 중단시키는 한 가지 방식을 증언한다. 레베카 와일리가 1875년에 인디애나에 있는 친척에게 쓴 것과 같이, 편지들은 흔히 다음과 같은 말로 갑작스레 마무리된다. "애가 깨려고 하니까 이만 쓸게." 혹은 요람의 재료는 너무 일상적인 사안이라서 언급할 가치가 없었다. 역사에서 엄마가 되는 일은 여담이나 지나가듯 언급하는 일화, 기록된 대화 속 편린들로 우리에게 조금씩 다가온다.

젠더가 인종, 종족성, 섹슈얼리티나 계급 차이들과 교차하는 곳에서는 특히 사료가 빈약하다. 하지만 한편으로 우리는 중간 항해(Middle Passage : 노예가 된 아프리카인들이 대서양을 건너 아메리카까지 끌려가는 항해/옮긴이)를 겪은 수백만 노예 여성들의 현존하는 자전적 서사에 의존할 수 있기도 하다.

문서고의 이런 단편적 기록들을 다루는 방법들이 없는 것은 아니다. 하나는 일종의 렉티오 디비나(Lectio Divina : "신성한 읽기"라는 뜻으로, 기독교에서 신의 말씀을 깨우치기 위해서 『성서』를 읽는 방식들 가운데 하나/옮긴이), 다시 말해 텍스트를 면밀하게 심사숙고하면서 읽는 것이다. 우리는 맥락화하고, 긴 문장들을 조심스레 펼쳐내고, 모르는 것은 모르는 대로 인정한다. 우리는 인류학자 클리퍼드 기어츠가 "두터운 묘사"라고 부른 대로 텍스트를 취급한다.

2016년 역사가 다이애나 페이턴은 스코틀랜드의 어느 다락방에서 발견된 편지 뭉치를 받았다. 그 편지 뭉치에는 이전에 노예였던 자메이카의 메리 윌리엄슨이 런던에 근거지를 둔 자신의 주인 호턴 제임스에게 1809년 10월에 쓴 한 장짜리 편지도 있었다. 페이턴은 이것이 얼마나 희귀한 사료인지를 알았다. 그래서 그녀는 문장을 한줄 한줄 뜯어보고, 모든 실마리를 조사하고, 제임스와 윌리엄슨과 관련해서 찾을 수 있는 여타 사료들을 모조리 뒤졌다(전자와 관련한 사료는 많이 찾아냈지만 후자에 관해서는 거의 발견하지 못했다). 그 편지에 관한 논문에서 페이턴은 "갈색 여인"이라는 윌리엄슨의 자기 묘사—그녀가 아프리카인과 더불어 유럽인 조상도 두었다는 의미이다—와 "그녀를 마음에 들어했다"는 제임스 터밍이라는 백인과의 성적인 만남의 결과로 자신이 노예 신분에서 해방되었다는 윌리엄슨의 설명을 논한다. 페이턴은 "윌리엄슨은 자신을 말 그대로 상품으로 제시한다. 그는 그녀를 마음에 들어했고, 그녀를 구입했고, 가지고 갔다"라고 썼다. 페이턴은 터밍이 사망하자 윌리엄슨이 자매들 곁에서 그녀들을 힘닿는 데까지 물질적으로 지원하고자 예전에 노예로 지냈던 대농장으로 되돌아가기로 한 것—"세상의 내 친족들은 다 그곳에 있습니다"—을 살펴보았다. 제임스에게 보낸 그녀의 편지는, 새로운 노예 감독관이 1807년 노예 무역 폐지 법안이 통과된 데에 앙심을 품고서 윌리엄슨의 집과 그녀가 자매들을 위해서 지은 집을 부수고, "네놈들이 슬픔을 실컷 맛보게 하겠다"라고 협박하자 도움을 청하는, 세련된 화법의 탄원이었다. 이 한 장의 편지에 대한 페이턴의 치밀한 독해로부터 우리는 백인 남성과 갈색 여성 사이의 성적인 만남과 관련해 보기 드문 여성의 관점과, 보통은 감춰져 있는 노예제에서의 가족 관계의 중요성을 들여다볼 수 있다.

자투리 정보를 바탕으로 작업하는 데에는 도전도 따른다. 커밀라 타운센드는 마리나, 말린체, 말린친 등 다양한 이름으로 알려진 원주민 여성에 관해서 써왔다. 마리나는 에스파냐 콩키스타도르 에르난 코르테스가 멕시코를 정복할 때에 통역을 하고 (어쩌면 원하지 않았지만) 그의 정부가 되었으며, 단 한 장의 증언도 남기지 않은 사람이다. 타운센드는 "그 여성이 실제로는 결코 품은 적 없는 동기와 감정들을 투사하지" 않아야 함을 역설한다. 우리는 우리 자신의 편향을 부여하거나 낭만적으로 미화하거나 우리의 연구 대상들을 대신하여 이야기하는 일을 가능한 자제해야 한다.

우리는 또한 이야기들을 하나의 결론으로 끌고 가려는 욕망을 뿌리쳐야 한다. 북아프리카 출신 베르베르인 무슬림 노예 여성 파티마는 메리 엘리자베스 페리가 발굴한, 1584년 에스파냐 말라가에서 있었던 종교 재판 관련 문서 단 한 건에 등장한다. 한 성직자에 따르면, 파티마는 역병에 걸려 병원에 있을 때 기독교로 개종하기로 하고 세례를 받았다. 나중에 그녀는 자신이 무슬림이고 언제나 무슬림이었으며, 세례는 그녀가 "미쳐서 판단력이 없고 제정신이 아닐 때" 이루어졌다고 자백했다. 종교 재판소는 그녀가 배교자라는 판결을 내렸다. 자신의 세례를 악의를 품고 부인했으므로 파티마는 종교적 지도를 받도록 수녀원에 갇혔고, 200대의 태형을 선고받았다. 이 처벌로 그녀는 목숨을 잃었을 수도 있다. 우리는 이 사건 이전의 파티마의 삶에 관해서 전혀 모르고, 그녀가 벌을 받고 살아남았는지 어쨌는지도 모른다. 우리는 결말이 없는 불편함을 안고 살아야 한다.

훨씬 더 큰 문제도 있다. 우리는 문서고에서의 부재와 말소들과 씨름해야 할뿐더러 일종의 "인식론적 폭력"과도 대면해야 한다. 폭력은 우리가 여성들의 삶을 이해하는 방식에 코드화되어 있기 때문이다. 예를 들면 노예 여성들은 문서고의 문서에서 거의 전적으로 두들겨 맞고, 팔다리가 잘리고, 겁탈당하고, 처형될 때에 등장한다. 머리사 J. 푸엔테스는 1791년 3월 7일 하원 회기 기록에서 나온 쿡 선장의 증언을 인용하는데, 여기에서 그는 대략 10년 전에 일어났던 어떤 일을 이야기한다.

바베이도스 브리지타운에 머물 때 일어났던 한 가지 일이 특히 우리에게는 진정으로 충격적이었다. 하루는 제90연대의 피치 소령과 저녁에

평소보다 늦게 귀가하는 길에 상당히 먼 거리에서 인간에게서 나올 수 있는 가장 끔찍한 비명을 들었다. 브리지타운의 광장으로 다가가보니 그 비명은 주류를 파는 남자의 집에서 나오고 있었다. 채찍질 소리가 거듭 들려와서 우리는 그 불쌍한 인간이 채찍을 맞고 죽어가고 있지는 않은가 염려했다.……열아홉 살가량의 흑인 소녀가 바닥에 묶인 채 고통과 출혈로 숨이 거의 다해가고 있었다.

이 이름 없는 여성의 삶에 관해서 우리가 아는 바라고는 그녀가 받은 고문뿐인데, 그것도 오로지 누군가 우연히 비명을 들은 덕분이다. 우리가 그녀에 대해 아는 전부는 지나가던 이 백인 남자들이 그녀에 관해 알았던 내용, 바로 그녀가 겪은 고통이다. 이 죽은 여자들에게 가해진 폭력을 끝없이 반복하며 그들을 영원히 자극적 호기심과 동정의 대상으로 만드는 역사를 서술하는 일을 우리는 어떻게 피할 수 있을까? 하트먼이 묻듯이, 어떻게 해야 "문서고에 이런 자취들을 남긴 폭력을 이야기하는 것 이상을 할 수 있을까?"

문서고 기록상의 한계를 밀어붙이는 일이 가능할까? 20세기 후반에 일화와 단편적인 이야기들은 거의 쓸모없는 증거로 간주되었다. 전문 역사가로서 교육을 받는 사람들은 정량화할 수 있는 방대한 증거를 끌어모으고, 증거로 뒷받침될 수 없는 정보원들은 불신하라는 말을 들었다. 방대한 증거 자료가 존재한다면 이런 접근법은 괜찮다. 하지만 풍성한 사료가 존재하는 사람들에 관해서만 이야기한다면,

수재너 립스컴

우리는 권력자였던 사람들에 관한 똑같은 이야기만 계속해서 하게 될 것이다. 문서고처럼 주변화된 사람들을 계속 주변부에 두는 일에 공모하는 꼴이 될 것이다. 하트먼은 묻는다. "지적 규율의 규칙들 때문에 깡그리 지워져버린 삶에 관해……역사적으로 생각하는 일이란 과연 무엇일까?"

우리가 유용하게 폐기할 수 있는 한 가지 규칙은, 거리를 둔 전지적 서술자의 목소리이다. 역사적 모성을 다룬 글을 쓰면서 노트는 엄마가 되는 자신의 체험—태동, 분만, 수유, 아기 안기, 아기 울음—의 서사를 따라감으로써 광범위한 일화들을 에워싼다. 3인칭 대명사에서 1인칭 서술로 전환하는 작업은 매기 넬슨이 "현존하기presencing"라고 부른 것, 즉 자신의 텍스트 안에 현존하기이다. 노트는 그것을 과거와 현재 간, 역사가와 독자 간의 "급진적 형태의 이입"이라고 묘사한다. 그것은 또한 증거들이 흔히 단편적으로만 존재하는 곳에서 서사의 가닥을 (그리하여 역사를 소비하는 한 가지 방식을) 제공한다. 그것은 또한 카가 우리에게 경고한 객관성의 부재를 전면에 내세운다.

우리의 사고의 방향을 재설정할 수 있는 또다른 인칭 변화도 있다. 사료 조사 과정에서, 전술한 노예 여성들에 대한 폭력을 목격한 사람들의 증언과 같은 괴로운 증언들과 수시로 맞닥뜨리는 푸엔테스는 이야기체 역사에서 빌려온 기법을 제안한다. 현장에 대한 묘사를 백인 남성 처벌자나 관찰자의 시각에서 되풀이하는 대신, 고통받는 여성의 관점에서 보거나 느끼도록 서술의 시점을 재설정하는 것이다.

1780년이나 1781년에 "열아홉 살가량"의 젊은 노예 여성이 "광장" 근처에 있는 주인의 술집 마룻바닥에 묶여서……매우 큰 소리로 비명을 질렀다. 이 소리는 "상당히 먼 거리에서도" 들을 수 있었다. 기진맥진하고 피를 흘리며 다 죽어가던 그녀는 주인이 휘두르는 소가죽 채찍으로 한 번에 39대씩 세 차례 매질을 당한 뒤 의식이 혼미해졌다. 쿡 선장과 제90연대 피치 소령이 그 광경을 목격하고 체벌을 중지시키도록 술집 안으로 불러들인 것은……그녀의 헐떡이는 소리와 그녀의 몸에 떨어지는 날카로운 채찍 소리였다. 그녀는 두 사람이 안으로 들여보낼 줄 것을 요구하는 소리를 들었다…….

푸엔테스는 이것이 "이 현장들을 목격하는 대안적 방식"을 제공한다고 말한다. 요점은 단순히 스토리텔링 기법이 아니다. 그것은 묵살당한 여성의 주체성을 재현하려는 윤리적이고 감정이입적인 접근법이다.

대명사를 변화시키는 작업은 특정한 진실들로 우리를 더 가까이 데려갈 수 있지만, 일이 그렇게 간단하지는 않다. 나는 성폭행범에 맞선 브뤼에스의 증언을 제시할 때, 인칭 변화의 한 가지 버전을 실천해보았다. 나는 브뤼에스가 "4월, 당신이 카스트르에서 돌아온 뒤였다"라는 말로 진술을 시작했다고 적었지만 사실 내가 본 사료는 3인칭 서술이므로 실제로 그녀가 그렇게 말했는지는 나도 모른다. (프랑스어 기록을) 한자 한자 그대로 옮기면 다음과 같다. "그가 카스트르에서 돌아온 뒤 4월이었다고 한다." 브뤼에스가 보네에게 직접 대답했을까? 그녀가 프랑스어를, 나중에 옥시탕어(프랑스 남부 지방에서 쓰는 로망스어 계열 언어/옮긴이)를 쓴 것을 볼 때, 그녀는 하인이 주인에게 하듯 존칭인 "vous"나 "vos"("당신")를 썼을까 아니면 여자가 자신을 강간한 사람에게 쓸 법한 더 허물없고 무례한 "tu"("너")라는 호칭을 썼을까? 아니면 보네와 눈을 맞추기를 거부하고, 보네를 3인칭으로 부르면서 반항적으로 교회 법정을 향해서 답하지는 않았을까? "4월, 그가 카스트르에서 돌아온 뒤였습니다."

이러한 질문들을 던지면서 나는 이렇게 소실된 역사들을 위해서 학자들이 제안해온 또다른 기법을 동원했다. "[만약 그랬다면] 무슨 일이 일어났을까, 무엇이 말해졌을까, 또는 무슨 일을 할 수 있었을까"와 같이 감정이입적인 질문들을 던지는 가정법을 쓰는 것이었다. 한 예로 20세기 초반에 찍힌 사춘기 이전 아이의 "불온한" 누드 사진에 관해서 사이디야 하트먼은 이렇게 쓴다.

그의 손의 압력을 예상하면서 그녀는 몸을 떨었을까? 화가는 소파 위에서 서성거리며 그녀의 자세를 잡았을까? 그의 손은 크고 축축했을까? 그 손은 그녀의 피부 표면에 끈적한 자연물을 남겼을까? 그녀는 땀과 아마씨유, 포름알데히드, 너무 여러 날을 입은 옷에서 나는 냄새를 맡을 수 있었을까? 그녀는 슬리퍼, 해진 셔츠, 꼬질꼬질한 바지를 보고서 겁에 질렸을까?

이런 질문들은 "추측성"(역사가들이 서로를 모욕할 때 쓰는 표현)이라고 할 수도 있지만, 하트먼은 추측을 끌어안음으로써 우리로 하여금 문서고의 침묵들에 주의를 기울이게 해준다. 문서고는 이 어린 흑인 소녀와 그녀가 대변하는 무수한 이름 없는 이들의 삶의 체험이나 느낌들에 대해서 아무것도 알려주지 않지만, 이러한 유도 질문들은 상상의 가능성들을 창조한다. 비록 그 안에 담긴 생각들이 검증될 수는 없다고 해도 말이다.

그러한 질문들은 하트먼이 비판적으로, 창조적으로, 추측적으로 쓰이는 대항 역사들을 구성하기 위해서 애쓰는 한 가지 방식일 뿐이다. 그녀는 이를 "비판적 작화作話"라고 부르며, 비판적 작화는 "창작적인fictive 것과 역사적인 것의 교차점"에서 쓰인다고 말한다. 그녀는 "문서고 조사에 기반을 둔 하나의 서사를 짓기" 위해서 소설에서 빌려온 기법들을 도입했다. 이는 장면들을 재창조하고, 간접 화법과 전달된 이야기를 대화로 바꿔서 적고, 서사를 문서고 기록의 시간 범위 너머로 확대하고, 대항 사실들counterfactuals을 제기하는 것을 뜻한다. 다른 곳에서 그녀는 "치밀한 내레이션close narration"이라는 기법을 선보이는데, 이를 통해서 그녀의 목소리와 사료에서 따온 직접 인용문, 추측성 요소들이 교직된다. 『일탈한 삶들, 아름다운 실험들Wayward Lives, Beautiful Experiments』(2019)에서 그녀는 이러한 접근법들을 이용해서 20세기 초반의 젊은 흑인 여성들의 삶을 탐구한다. 그녀는 국가 기록들 자체가 여자들을 범죄적이고 병리적이며 탈선하는 존재로 만드는 허구와 조작, 작화로 넘쳐난다고 주장한다. 이 여자들을 구금하고 처벌하는 것을 정당화하고자 했기 때문이다. 1882년부터 1925년 사이는 10대 소녀들이 "도덕적으로 타락할 위험"이 있다고 판단되면—그들이 가벼운 성적 만남을 추구하거나 남자를 밥 먹듯이 사귀거나 술을 마시고 춤추러 다니거나 해가 진 뒤 나다니거나 "정당한 사유" 없이 자신의 집 밖에서 발견되면 내릴 수 있는 판단—체포되거나 투옥될 수 있는 세계였다. 하트먼의 작업은 공식 문서고 기록—집세 징수인의 일기, 사회학적 조사, 재판 기록, 슬럼가 사진, 사회 복지사와 가석방 담당자의 보고서, 범죄 수사 기록, 심리학적 면담, 교도소 사건 서류철—에 크게 의존하지만, 그것은

문서고 기록들을 상세히 설명하고, 확대하고, 조바꿈하고, 열어젖힌다.……나는 사건 서류와 문서의 한계까지 밀어붙였고, 그랬을지도 모를 일에 관해서 추측하고, 어두운 침실에서 속삭여진 것들을 상상하고 감금, 탈출, 가능성의 순간들, 일탈한 이들의 비전과 꿈이 가능했던 것처럼 보이는 순간들을 확대해 보였다.

하트먼의 본문과 각주를 세심히 들여다보면, 입증 불가능하지만 개연성이 있는 것을 추정해보고자 애쓰고, 문서고가 그녀에게 알기를 허용하거나 그녀가 결론 내리기를 원하는 것과 씨름할 때조차도 그녀가 문서고 기록에 얼마나 긴밀하게 매여 있는지를 알 수 있다. 이

런 작업에서 하트먼은 내털리 데이비스 같은 학자들의 저작을 기반으로 했다. 데이비스는 『마르탱 게르의 귀환*The Return of Martin Guerre*』에서 결론을 내릴 수 없는 서술들에 직면했을 때 "그 시대와 장소에서 나온 다른 사료들을 토대로 그들이 목격했을 법한 세계와 그들이 보였을지도 모르는 반응을 발견하고자 최선"을 다했다고 설명했다. 데이비스는 그 결과물을 "부분적으로는 나의 발명이지만 과거의 목소리들로 단단히 견제된" 것이라고 묘사했다.

그리고 여기에서 "부분적으로는"이라는 말을 빼면 힐러리 맨틀의 『울프 홀』에 대한 묘사를 만나게 된다. 장면들의 재배치, 비판적 작화, 가정 화법과 치밀한 내레이션 기법들은 창작적fictive이지 허구적fictional인 것이 아니다. 하지만 때로 양자 간의 차이를 알아보기가 힘들 수도 있다. 그렇다면 비판적 작화와 역사 창작물historical fiction 사이의 구분선은 어디에 있는가?

이에 대한 정직한 대답은 그 구분이 리즐라 종이처럼 얇디얇다는 것이다. 양자 간의 구분은 상당 정도 역사가의 학문적 성실성(흔히 그녀의 각주에 드러난다)에 달려 있다. 하지만 나는 문서고 자체는 온전한 진실을 그리고 오로지 진실만을 알려주지는 않는다는 점을 인정하는 데에도 달려 있다고 생각한다. 문서고 내의 침묵, 조작, 폭력은 이 사람들에 관해서 우리가 더 많은 사료를 얻을 가능성은 없음을 뜻한다. 이야기를 들려줄 수 있기 전에 더 많은 사료를 요구하는 것은 여성들, 특히 흑인 여성들의 이야기들을 들려주지 않기로 선택하는 한 가

수재너 립스컴

지 방식이다. 결을 거스른 독해, 두터운 묘사, 비판적 작화는 이야기로 들어갈 다른 길이 없을 때에 적절한 방법론이다. 다른 길이 없기 때문이다. 그리고 궁극적으로, 우리에게는 그 방법론들이 필요하다. 우리가 과거에 관해서 들려주는 이야기들이 우리가 사는 현재와 우리가 건설하고 있는 미래의 성격을 결정하기 때문이다.

결국 우리는 역사에 의해서 빼앗긴 여성들의 삶을 온전히 복원할 수 없다. 우리의 프로젝트는 불가능성을 전제한다. 우리가 영영 알지 못할 많은 이야기들이 있다. "역사에서 보잘것없었고……주변에 알아볼 만한 아무런 자취도 남기지 않았기 때문에 그들은 이 말들이 위태로이 기거하는 곳 이외에는 존재하지 않으며 앞으로도 존재하지 않을 것이다"라고 푸코는 썼다. 그들은 존재하지 않으며 존재하지 않을 것이다―하지만 그들은 존재했다. 그들은 이 말들 너머에 실제로 존재했다. 궁극적으로는 바로 이것이 우리의 원동력이다. 비록 우리가 그들을 온전히 복원해낼 수 없음을 알고 있음에도 이 복원 작업을 하는 것은 애정에서 우러나온 행위이다. 그리고 우리는 적어도 이 여성들을 망각으로부터 부분적으로는 되찾을 수 있다. 우리는 역사가로서 우리의 방법론과 실천의 한계를 재평가함으로써, 문서고의 말소와 허구들이나 강자의 서사를 강화하는 데에 공모하지 않기로 선택할 수 있다. 또한 우리는 정량화 가능한 데이터와 대규모 표본, 증거에 의해서 뒷받침되는 사료, 소실된 여성의 삶들에 대한 재검토를 배제하는 사고방식과 내레이션 양식에 대한 전면적인 고수를 거부할 수 있다. 우리는 역사를 쓰는 새로운 방식들을 상상할 수 있다. 이런 일이 왜 중요할까? 만일 우리가 여성들에 관한 이런 새로운 역사들을 쓸 수 있다면—그리고 우리가 왜 오로지 이런 방식으로만 쓸 수 있는지를 단호히 지적할 수 있다면—어쩌면 남성들은 여성들이 그들에 관해서 이야기할 만큼 중요할 수 있다는 생각에 더는 웃지 않을 것이다.

수재너 립스컴

더 읽을 거리

책

Robin Briggs, *The Witches of Lorraine* (Oxford: Oxford University Press, 2007)

Natalie Davis, *The Return of Martin Guerre* (Cambridge, MA: Harvard University Press, 1983) (『마르탱 게르의 귀향』, 양희영 옮김[지식의풍경, 2000])

Natalie Davis, *Women on the Margins: Three Seventeenth-Century Lives* (Cambridge, MA: Harvard University Press, 1997) (『주변부의 여성들』, 김지혜, 조한욱 옮김[도서출판 길, 2014])

Marisa J. Fuentes, *Dispossessed Lives: Enslaved Women, Violence and the Archive* (Philadelphia: Pennsylvania Press, 2016)

Saidiya Hartman, *Wayward Lives, Beautiful Experiments: Intimate Histories of Social Upheaval* (New York: W. W. Norton, 2019)

Olwen Hufton, *The Prospect Before Her: A History of Women in Western Europe, 1500-1800* (London: HarperCollins, 1995), 2 vols

Sarah Knott, *Mother: An Unconventional History* (London: Penguin, 2019)

Suzannah Lipscomb, *The Voices of Nîmes: Women, Sex, and Marriage in Reformation Languedoc* (Oxford: Oxford University Press, 2019)

Lyndal Roper, *Witch Craze: Terror and Fantasy in Baroque Germany* (New Haven and London: Yale University Press, 2004)

Camilla Townsend, *Malintzin's Choices: An Indian Woman in the Conquest of Mexico* (Albuquerque: University of New Mexico Press, 2006)

Michel-Rolph Trouillot, *Silencing the Past: Power and the Production of History* (Boston: Beacon Press, 1995) (『과거 침묵시키기 : 권력과 역사의 생산』, 김명혜 옮김[그린비, 2011])

논문

Michel Foucault, 'Lives of Infamous Men', in *Power*, ed. James D. Faubion, trans. Robert Hurley et al. (New York, 1967), vol. 3, pp. 157-75

Catherine Gallagher and Stephen Greenblatt, 'Counterhistory and the Anecdote', in *Practicing New Historicism* (Chicago: University of Chicago Press, 2000), pp. 49-74

Saidiya Hartman, 'Venus in Two Acts', *Small Axe* 26 vol.12, no. 2 (2008), 1-14

Seth Moglen, 'Enslaved in the City on a Hill: The Archive of Moravian Slavery and the

Practical Past', *History of the Present* 6.2 (2016), 155–83

Diana Paton, 'Mary Williamson's letter, or Seeing Women and Sisters in the Archives of Atlantic Slavery', *Transactions of the Royal Historical Society* 29 (2019), 153–79

Mary Elizabeth Perry, 'Finding Fatima: A Slave Woman of Early Modern Spain', *Journal of Women's History* 20.1 (2008), 151–67

Stephanie E. Smallwood, 'The Politics of the Archive and History's Accountability to the Enslaved', *History of the Present* 6.2 (2016), 117–32

Wendy Anne Warren, '"The Cause of Her Grief": The Rape of a Slave in Early New England', *Journal of American History* 93.4 (2007), 1013–49

수재너 립스컴

12

우리는 종교의 역사를 어떻게 쓰는가?

미리 루빈

종교에 대한 역사적 연구는 E. H. 카가 "지금의 작업 방식에……근본적인 도전들"을 제기한다고 묘사한 분야 중 하나일 것이다. 믿음 체계에 대한 연구는, 최근 자신들의 탐구를 딱히 종교적 헌신과 믿음에 정초하지 않은 역사가들이 도입한 조사와 접근법들로 인해서 변화했다. 새로운 종교사는 다른 관심사들로부터 더 폭넓게 영향을 받고 있으며, 역사 연구의 급진적 다양화와 그 목표들을 반영한다. 우리는 근래에 우리가 어떻게 그렇게 하게 되었는지를 고려함으로써 과거의 종교를 연구해야 한다. 20세기 후반에 새로운 접근법들이 발전하여 지금도 우리의 실천에 영향을 주고 있으며, 계속해서 수정되고 정교하게 가다듬어지고 있다. 기원후 1000년 이후 대략 500년간의 유럽을 연구하는 사람으로서 나는 그 긴 시기에 대한 연구에서 일어난 발전을 여러분과 나누고자 한다. 이러한 발전상은 종종 선구적이었으며, 다른 시대와 장소를 연구하는 역사학자들에게도 영감을 주었다.

새로운 종교사는 광범위한 학자들에 의해서 수행되고 있으며, 새로운 질문과 방법들 전반에 영향을 받는다. 과거에 종교는 영적인 영역에 속하고 신적 질서 안에서 작동하는 별개의 대상으로 취급되었지만, 이제는 대단히 의미심장하고 풍요로우며 역동적이지만 인문학이 동원하는 모든 탐구 방법들이 적용될 수 있는 인간 현상의 하나로 여겨진다. 종교 텍스트는 문학적 분석의 대상이며, 종교적 의식들은 인류학의 도움을 받아서 해석될 수 있다. 또한 종교적 제도는 정치적 작용으로 인식될 수 있고, 신학들은 젠더의 작용을 통해서 이해될 수 있다.

종교 연구는 수 세기 동안 성직자들의 활동이었고 종교적 작업의 일종이었다. 그것은 보통 수도원, 교황청 등 특정 기관들과 연관되어 있었고, 근래의 사건들을 흔히 천지창조로 시작하는 기독교 역사의 확립된 도식에 끼워 맞췄다. 프로테스탄트 개혁들은 종교사 서술에 강한 변증론적 요소 및 가톨릭과 프로테스탄트에 의해서 목적성을 띤 역사 "다시 쓰기"를 도입했는데, 양측은 여전히 각자 신앙의 진리 주장을 뒷받침하는 섭리의 틀 안에서 작업했다. 기독교가 갈수록 다각화되고, 전 지구적으로 세력을 뻗치면서 신성한 역사에 대한 시도들은 새로운 지역과 성취, 실패를 아울렀다. 이러한 시도들은 종교의 역사에서 또다른 연구 방향이 발전한 18세기와 그 이후까지 우세했는데, 바로 이 시기에 기독교의 어느 한 갈래에 대한 비판이 아니라 종교 일반에 대한 비판적 연구가 발전했다. 가장 강력한 사례는 에드

미리 루빈

워드 기번의 『로마 제국 쇠망사』(1766-1788)로서, 이 책은 수도원주의
와 같은 기독교 제도와 신앙 양식들에 대한 비판을 통한 로마 역사 다
시 쓰기의 결과물이었다.

종교사는 19세기에 역사 쓰기가 흔히 국가의 지지를 받고 대학에서
수행되는 하나의 직업이 되면서 또다른 방향으로 나아가게 되었다.
프랑스 교육의 공화주의적 지향이든 잉글랜드 학문 연구를 특징 지
은 영국 국교회주의와 국민성의 결합이든, 종교사 작가들은 종교를
하나의 국가 형성 경로, 그리고 그 국민의 본질적 특성들과 일치시켰
다. 그리고 종교사 연구자들은 보통 자신들이 속한 "종파"나 교파를
다루었다. 가톨릭이 프로테스탄트 역사를 다루는 목적은 흔히 그것
을 공격하기 위함이었다. 종교사의 대부분은 사제나 목사들의 저작
이었고, 가톨릭 전통에서는 수도사들과 일부 수녀들의 저작이었다.
그들은 물론 자신들의 글에 일정한 몰입적 전문성을 도입했지만, 많
은 경우에 예정된 역사적 설명과 목적의식도 담고 있었다.

이 모든 것은 종교가 더는 별개의 대상으로 연구되지 않음을 의미한
다. 실제로 종교에 대한 연구를 역사가들과 그들의 온갖 방법들에 열
어젖힘으로써 종교사는 실제로 역사학 가운데 생산성이 가장 풍부한
영역이 되었다. 수 세대의 역사가들에게 영감을 준 선구자들은 종교
적 신앙과 실천에 대한 연구들에서 실력을 갈고닦아왔다. 캐럴라인 워
커 바이넘은 중세의 종교적 실천과 경험에서 신체의 중요성을 탐구함
으로써 혁신을 일으켰다. 내털리 데이비스는 16세기 프랑스에서 종교

적 폭력 기저의 제의적 패턴들을 보여주었다. 에이먼 더피는 현지의 물질문화와 인공물에 박혀 있고, 교회위원 기록들에 기록된 교구 기반의 종교를 연구해왔다. 카를로 긴즈부르그는 가장 비개인적인 종교재판 기록들에서 개인적인 종교적 신념들을 찾아냈다. 린들 로퍼는 프로테스탄트 가정들에서 젠더의 작동을 보여주었다. R. W. 스크리브너는 심지어 루터파 프로테스탄트 개혁이 두드러진 시기에도 신앙 습관들에서 드러나는 깊은 연속성에 주목했다. 이렇게 종교 영역을 새로운 탐구 방법들에 열어젖히는 작업은 서로 맞물린 두 가지 방식으로 진행되었다. 하나는 종교를 연구하는 새로운 접근법들을 가져오는 것이고, 다른 하나는 과거의 종교 경험들을 증언하는 새로운 유형의 사료, 문헌 사료와 더불어 나중에는 시각적, 물질적 사료들을 찾아내는 것이었다.

문화 체계로서의 종교

20세기 초반, 종교의 영향력이 (서구) 세계에서 기우는 듯 보이던 바로 그때 종교 연구를 체계화하려는 여러 가지 영향력 있는 시도들이 있었다. 막스 베버(1864–1920)는 프로테스탄티즘을 개인적 책임의 종교이자 사람들이 속세에서의 번영을 지향하도록 하는 종교로 보고, 이를 근대성과 연관시켰다. 에밀 뒤르켐(1858–1917)은 의례의 리듬을 통해서 전달되는 사회생활에서 종교의 역할에 대한 보편적 모델을 발전시켰다. 그와 동시에 민족지적 관여에서 시작하여 작업하는 인류학자들은 그들이 관찰할 수 있는 믿음 체계 내에서—초자연적인 것의 취급을 비롯해—삶의 모든 측면들 사이의 상호 연관성을 탐구했는데, 대표적으로는 브로니슬라브 말리노프스키(1884-1942)와 E. E. 에번스-프리처드(1902-1973)의 마법과 우주론에 대한 민족지학이 있다. 종교는 그만의 논리가 있고 여러 목적들을 충족시켰다. 위계질서를 뒷받침하며, 친족 관계를 묶어주고, 우주를 설명하고, 질병과 상실에 치유책을—마법이라고 할 만한 것을—제공하면서 기능을 수행했다. 말리노프스키와 에번스-프리처드의 저작과 전후 인류학자들, 특히 메리 더글러스(1921-2007)와 클리퍼드 기어츠(1926-2006)의 저작들은 종교에 대한 접근법을 찾던 역사가들에게 유용한 개념과 도구들을 주었다. 기어츠는 역사가들이 종교를 "하나의 문화 체계"로 보고 모든 사회적, 정치적 관계들을 떠받치는 종교의 힘을 탐구하도록 가르쳤다. 더글러스는 역사가들로 하여금 아주 많은 종교적 의례들의 중심에 위치한 정결과 위험에 대한 집착을 이해하도록 고무했다.

이것이 역사가들에게 의미하는 바는 무엇일까? 종교를 문화 체계로 이해하는 일은 그것을 그 내적 논리와 사용역(register : 특정 사회적 배경에서 사용되는 언어 형식 혹은 층위/옮긴이), 문체, 복잡한 의미들을 갖춘 하나의 언어로 이해하는 것이다. 언어는 하나의 체계이며, 규칙을 가지고 있다. 역사가들은 그 규칙들 및 규칙들의 실제 발현 양상을 이해함으로써 도움을 받았다. 사회사가들은 종교를 통한 위계질서의 형성과 계급들 간의 관계를 추구했고, 페미니스트들은 종교생활에 통합된 젠더의 규칙들을 강조했다. 연구의 초점은 또한 제도들에서 공동체들로, 교의들과 교의들을 지탱하는 구조들의 역사에서 실제 삶에서 작동하는 종교의 쓰임들로 옮겨갔다. 모든 종교는 공동체를 이루어 살아가는 사람들의 종교라는 의미에서 종교를 살아가는 사람들만큼 다양해졌다. 그러나 종교적 제도들에는 또한 영향을 주고, 설득하고, 강요할 힘이 있었다. 일부 종교적 행위들은 이단적이라고 여겨져서 법정과 종교 재판관의 주의를 끌었다. 그러므로 광범위한 믿음들과 그에 대한 반응 모두 이제 종교사의 연구 대상이다.

이 역사적 접근법은 공식적 종교의 특권을 제거했고, 그것을 종교 생활 안에 있는 다른 유형의 권위와 영향력과 나란히 위치시켰다. 역사가들은 신비주의자들과 은자들, 카리스마 있는 설교자들, 지나치게 열성적이거나 이상하다고 여겨진 신도들, 마녀나 이단으로 취급된 사람들에게 눈길을 돌렸다. 무엇보다도 종교에서 여성들에 대한 탐구는 종교가 사람들의 삶에 어떻게 드러나는지에 대한 깨달음을 확대했다.

여성과 젠더

역사학은 흔히 시민 사회의 분위기를 반영한다. 20세기 후반기에 이르러 점점 더 많은 여성들이 대학에 다니고 학자가 되고 연구를 수행하자, 그들 가운데 일부는 그들 생전에 제2의 페미니즘 물결에 의해서 제기된 페미니즘적 문제들을 추구했다. 종교 연구도 이러한 시대

미리 루빈

적 에너지로부터 덕을 보았고, 종교가 일생의 전 측면에 대한 이해에 중심적이고 헤게모니적 위상을 누리던 시대를 다루는 연구 분야가 특히 혜택을 누렸다. 중세와 근대 초 유럽을 연구하는 역사가들은 창의적으로 대응했는데, 이는 여태까지 거의 알려지지 않은 종교의 목소리들을 발견함으로써 가능해졌다. 이 과정에서 12세기 라인란트 빙겐의 수녀원장으로 활발히 활동한 신비주의자이자 작곡가, 과학 저술가인 힐데가르트, 북프랑스 출신으로 신비주의자이자 종교 변증가로서 1310년에 화형당한 마르그리트 포르트, 노퍽에 위치한 린의 귀족 가문 출신으로 아내이자 어머니였고 나중에는 여행가이자 신비주의자가 된 마저리 켐프를 비롯하여 많은 여성들이 발굴되었다. "여성의 목소리"가 발견될지도 모른다는 기대로 시작된 작업은 이내 다른 작업으로 발전했다. 여기에는 보수적인 목소리들도 있었고, 급진적으로 대안적인 목소리들도 있었다. 가령 남성 사제 집단의 위안을 환영한 여성들이 있었고, 거기에 도전한 이들도 있었다. 1987년에 캐럴라인 바이넘은 많은 후속 연구를 낳고 이해를 자극한 중요한 학문적 개입을 했다. 여성이 그리스도의 고통받는 몸과 스스로를 희생한 그의 겸손과 특히 일체감을 느꼈던 듯하다는 논제였다.

종교 문헌을 남기거나 자신들을 칭송하는 전기—성인전—를 낳은 여성들에 대한 이러한 초창기 연구들과 나란히 수행될 다른 유형의 사료 연구들은 더 소박한 종교적 삶을 드러냈다. 교회는 의심스러운 종교적 믿음 및 실천에 대한 심문과 종교 재판을 후원했고, 이러한 활동은 우리에게 개개인들의 증언을 비롯한 각종 수사 기록을 남겨 주었다. 13세기 남프랑스와 북이탈리아, 14세기 신성 로마 제국의 여러 지역, 15세기 잉글랜드 동부로부터 자신들의 종교적 믿음을 설명하는 남녀들의 목소리들이 떠올랐다. 흔히 기독교 교회에 대단히 비판적이며, 종종 사적인 종교적 이해를 표현하는 목소리들이다. 그들은 신과의 소통은 사제와 제단 앞 사제의 성무에 의존하지 않는다는 견해를 스스럼없이 표명했다. 또한 성직자의 권위에 흔히 회의적이었고, 예수의 고통과 동정녀 성모 마리아에 대한 매개되지 않고 고도로 감정적인 관심을 표명했다. 페미니스트 역사가들은 성인전, 신앙 저작 그리고 성인들에 대한 시각적 재현 등에서 종교 언어의 젠더화된 성격도 탐구했다. 그 결과 여성들이 13세기에 확산된 자발적인 종교 단체—형제회로 알려진—에 적극적으로 참여했음이 드러났는데, 여기에서는 교구에서보다 더 강렬한 신앙 체험이 장려되었다. 이 단체들은 종교극 공연, 참회 행렬, 집단적 암송과 낭송, 죽은 회원들에 대한 추모 활동의 중추였다.

제도권 기관 바깥의 종교에 인생을 바친 여성들의 종교 연구는 흔히 그들이 쓰거나 그들에 관해서 쓴 비非라틴어 텍스트에 의존했다. 그러한 연구는 그 자체가 종교적 경험 분야를 더 다양하게 만들고, 그 분야를 성직자, 신학, 교의, 교회 행정 너머로 이동시키는 움직임이다. 실제로 여성을 위한 그리고 여성에 의한 종교 문헌을 연구하는 학자들은 "토착어 신학vernacular theology"이라는 용어를 탄생시켰다. 이것

미리 루빈

은 대학 외부에서, 여성 공동체들 내부에서, 심지어 여성들이 홀로 고독하게 신학적 문제들을 고찰했음을 인식하는 것을 목표로 한다. 그런 여성으로는 부모와 함께 사는 집에서 자신의 방을 "수도실"로 바꾸고 그곳에서 환영을 보았을 뿐 아니라 그리스도의 본질을 고찰하기도 한 안젤라 다 폴리뇨(1248-1309)가 있다. 브라반트 출신의 여성 종교인인 코르닐롱의 율리아나(코르니용의 쥘리엔)도 있는데, 율리아나는 기독교 교회력에 성체 대축일이 없는 것을 보고 관구의 주교 및 궁극적으로는 교황에게 로비하여, 기독교 축일 가운데 가장 규모가 있는 성체 성혈 대축일Corpus Christi을 탄생시킨 인물이다.

역사가들은 여성의 종교에 대한 이해를 정교하게 가다듬으면서, 여성의 종교가 한편으로는 언제나 불안감과 여기에서 비롯된 억압적 조치를 야기하는 영역이었지만, 다른 한편으로는 다수의 성직 지도자들에게 탄압만이 보편적인 반응은 아니었음에 주목했다. 일부 남성 종교인들은 수녀원장들이 보여준 종교적 헌신과 지도력에서 영감을 받았다. 어떤 이들은 모범적인 여성들에게서 평신도 종교를 위한 더욱 폭넓고 유용한 모델을 발견했고, 그리하여 그들에게 깊은 감명을 준 모범적인 종교적 여성들을 칭송하는 성인전을 집필했다. 저명한 여성 종교인들은 그들의 삶에 권위를 행사하는 남자들 사이에서 흔히 논쟁을 야기했다. 영적인 감화를 받은 여성들의 존재가 좋은 일인지, 나쁜 일인지에 관해서 남성들의 의견이 다를 때도 있었지만, 모두가 여성이 가르치거나 설교할 수 없다는 데에는 동의했다.

여성의 종교적 삶에 관해 더 잘 알게 되면서 제기된 몇몇 질문들은 역사가들이 평신도의 종교 일반을 고찰하는 데에 기여했다. 전례에서 얼마간 라틴어를 접하는 것을 제외하면 여성들의 종교는 토착어 중심이었고, 이는 대다수 평신도(즉 비성직자)들의 종교도 마찬가지였다. 평신도들은 모두 성사를 베푸는 사제의 권위에 의존했지만, 자신들이 관여할 수 있는 영역을 넓히고자 했다. 여성들은 집에서 활용하는 수공예로 교구 교회의 유지에 이바지했다. 평신도들은 행렬에 참가하고 라틴어 신호에 맞춰 토착어로 응답함으로써 종교극에 반응하도록 요청받았다.

새로운 종교사는 처음부터 교회 당국에 의해서 가르쳐지고 제정된 공용 문자들과는 별개이고, 때로는 대립하는 "민중 종교" 영역을 찾아내고자 했다. 연구가 다각화되면서 성과도 풍성해졌고, 그 결과 종교생활에서—지역마다 다채로운—평신도의 제법 적극적이고 창조적인 관여의 그림이 드러났다. 그들은 토착어 종교를 읽고 쓰고 자발적인 종교 단체를 결성함으로써, 그리고 자신이 속한 직업 집단과 도시, 공동체 내에서 자신과 가족들을 위해서 종교를 개인적 필요에 맞추는 시도로서 종교생활을 영위했다. 그럼으로써 그들은 직업 종교인들에게 관여하고, 읽고 쓰는 기술을 활용—하고 공유—했으며, 종교를 느끼고, 듣고, 만지고, 냄새를 맡을 많은 기회들을 끌어안았다. 종교는 본래 물질적이었고 감각들로 전달되었기 때문이다.

미리 루빈

물질적 종교, 감정과 감각

기독교는 유대교 기원과 뚜렷한 단절로서 육화한 신을 도입했고, 따라서 육체와 신성의 물질적 흔적들에 몰두하는 종교가 되었다. 신은 육화했다. 그의 육신은 풍경에 자취를 남겼고, 성지의 여러 장소들을 신성하게 만들었고, 심지어 죽은 다음에 다시 추종자들 앞에 나타나 승천했다. 12세기에 이르자 유럽인들은 제단에서 각각의 사제들이 빵과 포도주를 다름 아닌 그리스도의 육체로 축성한다고 배웠다. 성인들의 신체 부위와 그들이 머문 장소는 미덕과 내밀히 접촉할 희망과 치유력을 제공했다. 순례 경로가 교역로 및 통신 경로와 겹치면서 유럽 전역을 어지러이 가로질렀다. 물질성은 기독교도의 체험의 중심에, 그 전례에, 경배를 위해서 만들어지고 꾸며진 공간들, 그리고 신자들이—빵의 형태로—먹을 수 있는 성육신에 대한 믿음에 존재했다. 이 성사sacrament와 여타 모든 것은 물질의 가시적인 표식을 통한 "보이지 않는 은총"의 작동이었다. 세례식에서 성수나 죽음을 앞둔 신도에게 바르기 위한 성유를 생각해보라.

성유물과 그것들이 보관되는 성소, 그리스도의 육신 자체에 『성서』가 추가되었다. 육화된 말씀은 복음서에 적힌 말씀이었고, 그 책은 기독교의 중심적인 상징이 되었다. 책은 심지어 그것을 읽지 못하는 사람들에게도 기독교 진리를 대변했다. 책은 행렬에서 전시되고, 화려하고 아름답게 제작되었으며, 도서 제작은 많은 수도사들의 일과를 차지했다. 종교 역사가들과 책 역사가들은 이제 종교에서 책들의 많은 쓰임들―물건으로서, 지식을 담은 그릇으로, 권위의 상징으로서―을 추적하는 시도에서 협력하고 있다. 책에는 말씀 이상이 담겨 있었다. 책은 조형적인 이미지들과 도해, 종교적인 상징과 음악 기호로 가득했다. 책에 대한 접근권은 직업과 교육, 재산으로 결정되었다. 기원후 첫 1,000년 동안에는 수도원이 대부분의 책을 보유했다. 1400년 무렵부터 잉글랜드와 프랑스에서는 평신도들도 기도서를 많이 소유했고, 그 기도서들이 지금까지 많이 남아서 역사가들은 기도와 헌신의 무척 내밀한 습관들을 연구할 수 있다.

사람들은 기도서를 손으로 들고, 읽고, 책장을 넘기는 소리를 듣고, 낭송했다. 하지만 신앙생활에 대한 이런 보조 도구 없이도 기독교도의 삶에는 그 핵심에 상당한 감각 경험이 수반되었다. 종소리는 시간의 경과와 신자들이 기도해야 함을 알렸다. 불빛은 거룩한 공간을 표시했는데, 특히 제단과 행렬에서 그랬다. 향내는 교회와 예배당에 들어왔음을 알렸고, 안에서는 노래하고 기도하는 특징적인 목소리를 들을 수 있었다. 삶 전체가 감각 경험이지만, 종교적 삶은 감각에 호소하는 그것만의 다양한 자극과 매력이 있었다. 역사가들은 이제 이를 인식하고 있으며, 자신들의 연구에 소리, 이미지, 냄새, 촉감을 포함시키려고 노력한다.

이미지를 이용한 연구 작업은 일찍 시작되었고, 이제는 이미지 없이 과연 어떻게 종교를 이해할 수 있을지 생각하기 힘들다. 심지어 수수한 교구 교회들도 흔히 십자가형, 천국과 지옥, 동정녀 마리아 및 아기 예수와 더불어 『성서』의 이야기들을 묘사하며, 기본적인 신조들을 뒷받침하는 형상들로 장식되었다. 이미지는 기도서 내의 기도문들과 상호 작용하면서 더 사적인 묵상에도 영향을 주었다. 14세기에 이르자 이미지에 대한 수요가 매우 커서 장인들은 수요를 충족시키기 위해서 판화의 기계적 제작 방법들을 실험했는데, 이런 시도는 다음 세기 인쇄술의 발전에 선구적인 역할을 했다. 이와 유사하게, 대량 생산된 책들, 순례자용 배지, 봉헌용 소상小像들은 유럽 전역에서 수천 개씩 제작되고 거래되었다. 이를 통해서 우리는 유럽에서 종교의 물질문화가 형성되는 데 수공예와 종교적 이해관계, 경제적 역량이 교차했음을 짐작할 수 있다. 종교적 영역에서의 소비는 중세 후기에 걸쳐 유럽에서 전문 시장들의 발달 및 신기술 발전과 나란히 이루어졌다.

창의성은 종교적 관념들과 반응했고, 개인적 이용이나 집단적 감상을 위한 물질문화를 통해서 유럽인들의 삶을 풍성하게 가꾸었다. 성지 성모상Shrine Madonna이라는 흥미진진한 착상을 생각해보라. 그릇처럼 안쪽이 비어 있고 열 수 있는 이 조각상은 마리아의 육신이 신성을 담고 있었고 구원자를 낳았다는 생각의 물질적 실현이다. 묵주는 어떤가? 단순히 구슬을 꿰어 만든 이 물건은 15세기 후반에 등장한 이래 각각의 구슬이 동정녀의 기원이나 예수 수난의 기억들과 연관된 종교 의식의 보조 도구로서 가톨릭 개인 신앙생활의 지주가 되었다. 묵주는 나무 구슬을 줄에 펜 단순한 것에서부터 금줄에 은구슬을 세심하게 새겨넣은 것까지 다양하다. 물질은 신앙 행위에 신호 역할을 하고 개인적 기도에 촉각적인 버팀대가 되었다. 묵주나 성모상을 비롯한 이런 물건들은 관념들이 물질적 형태를 띠고 실천으로 옮겨진 것이다. 그것들은 이제 종교사가들의 관심을 끌고 있다.

종교적 다양성, 영향, 교환

우리가 지금까지 본 것들은 전부 종교 연구가 더 폭넓은 역사 행위자 집단을 포괄하고, 규범 및 규정들과 함께 실제 관행들을 파악하고, 종교생활의 물질성을 이해하는 것을 추구해왔음을 보여준다. 의심의 여지없이 우리 사회들 내의 다양성에 대한 가치 평가에 자극되어, 이제는 유대인, 기독교도, 무슬림의 삶에서—그리고 일부 지역들에서는 아르메니아인, 그리스인 그리고 쿠만인과의—공존과 얽힘, 때로는 혼종성에 대한 인식이 커졌다. 이 종교들 간의 관계는 상이한 특징들을 보였다. 가령 유대인에 대한 태도는 기독교의 근본적인 요소였는데, 이것은 교체Supersession—기독교가 유대교의 주장들을 대체했다는—의 관념들과 기독교도를 향한 사악한 저의를 유대인에게 뒤집어 씌우는 일단의 서사들을 통해서 표명되었다. 그러한 서사들 다수는 중세에 생겨난 것이다. 유대인들은 유럽 대다수의 도시들에 종종 유구한 정착 공동체로서 존재했지만, 그들의 종교 관행과 민사적 권리에 대한 일정한 제한으로 구별되었다.

기독교 내에서 유대교의 존재감에 관해서 사고하다 보면 종교가 형성되고 경험되는 문화적 과정들에 역사적 관심이 집중된다. 신앙 논

미리 루빈

쟁polemic은 그런 양식들 가운데 하나이다. 종교적 정체성이 다른 종교에 대한 대립과 개념 정의定義로 강화되는 것이다. 기독교의 "타자들"에 대한 이러한 식별 과정—발명, 개념 정의, 때로는 박해이기도 한 과정—은 R. I. 무어의 영향력 있는 1987년 저작 『박해하는 사회의 형성The Formation of a Persecuting Society』에서 조명되었다. 그의 논지에 따르면 12세기에 교회의 권위는—종교 교육, 신학, 교육, 법률, 전례에서—지식과 제도들의 발전은 물론 유대인, 이단, 매춘부 등 비기독교적인 것에 대한 정의를 통해서 확립되었다. 이는 기독교 지식인들이 유대인을 기독교 정체성을 비추는 거울로서 투사하는 방식을 발전시켰다는 뜻이다. 기독교 군주들이 경제적, 상업적 성장의 수단으로서 유대인의 존재를 자국 내에서 법적으로 보장하고 규제하려고 노력하던 그 순간에도 말이다. 역사가들과 미술사가들은 기독교 역사에서 유대인의 존재에 대한 집착의 심화를 파악해왔다. 1200년에 이르자 사악한 저의를 품은 유대인들은 십자가형 장면에 등장하는데, 이는 이전 세기들에서는 볼 수 없던 일이었다. 신앙 시에서도 유대인들은 동정녀 마리아의 특별한 적으로 묘사되었다. 흑사병 이후 긴장되고 폭력적인 수십 년 동안 유대인과 타자들—마녀, 무슬림, 후스파, 고리대금업자들—모두 기독교인의 안녕에 위협이 되는 사람들로 그려졌다. "타자화"의 레토릭은 16세기로도 이어져 프로테스탄트를 묘사하는 데에 동원되었고, 종교적 차이에 대한 집착은 이제 비기독교도와 더불어 다른 기독교도까지 아우르게 되었다. 도처에서 통치자들은 정통 신앙을 지키고 종교생활을 규제하는 것에 더 적극적으로 개입하게 되었다.

지구적 종교 — 종교와 정치

종교사 연구에 대한 우리의 논의는 더 폭넓은 행위자들과 현상을 아우르는 방향으로 나아가는 움직임에서 시작했다. 여성으로, 적극적인 평신도들로, 토착어로, 현실에서 실천되는 종교로 말이다. 이것은 기독교 교회와 사회의 엘리트 계층과 기관들로부터 멀어지는 움직임이었다. 하지만 유럽사의 지구적 전환과 그에 대한 역사가의 관심은 국가와 종교 간의 수렴과 선교사들과 수도회들의 활동으로 다시 관심이 쏠리게 되었음을 뜻한다. 그러나 우리가 논의해온 모든 주제들은 유럽의 기독교 관념과 실천들이 정복자와 정착민들과 함께 이동한 이래로 지구적인 기독교를 탐구하는 역사가들에 의해서 이용되고 있다. 관념과 실천들은 결국에 그리고 불가피하게 서로 영향을 미쳤다. 페르난도 세르반테스는 기독교 관념과 실천들이 아메리카 원주민들의 믿음들과 상호 작용하는 과정에서 등장하는 악마에 관한 관념들을 탐구해왔다. 로맹 베르트랑은 마법에 관한 관념들이 에스파냐 정복 10년 뒤에 필리핀인들 사이라는 긴장감 흐르는 배경에 적용될 때에 어떻게 작동했는지를 탐구해왔다. 그리고 데이비드 어빙은 원주민 음악이 선교사들에 의해서 어떻게 기독교 성가와 결합하여 그들이 필리핀에서 전도하고 있던 많은 새로운 신도들의 혼종적인 체험

미리 루빈

형식을 만들었는지를 연구해왔다. 하지만 지구적 전환은 유럽에서와 다르게 유지되고 배치된 권력과 폭력의 구조들에 주목할 것을 요구한다. 그리고 이는 마땅히 프로테스탄트와 가톨릭의 지구적 확장을 떠받친 종교적, 정치적 관념들에 대한 이해를 요구한다.

종교에 대한 역사적 연구는 이제 접근법의 다양성을 뚜렷한 특징으로 한다. 역사가들은 종교생활에서 어떤 이념형에 대한 일치를 기대하기보다는, 자신들의 사료에서 종교가 논쟁의 대상으로서, 창의성의 현장으로, 권위의 확립을 위해서 이용되는 장으로 등장하기를 기대한다. 종교는 강력한 서사들과 사람들을 사로잡는 의식들로 신앙이 없다고 밝힌 사람들 사이에서도 여전히 살아 있다. 종교는 미학과 윤리학에서 기준을 세운다. 그리고 전 세계에서 종교는 여전히 많은 개인들과 정치체들에 의해서 최고의 권위로 천명되므로, 우리는 그 작용을 이해하기 위해서 노력해야 한다. 여기에서 역사는 우리의 가장 확실한 안내자이다.

더 읽을 거리

Annabel S. Brett, *Changes of State: Nature and the Limits of the City in Early Modern Natural Law* (Princeton: Princeton University Press, 2011)

Caroline Walker Bynum, *Holy Feast and Holy Fast: The Religious Significance of Food to Medieval Women* (Berkeley: University of California Press, 1987)

Caroline Walker Bynum, *Christian Materiality: An Essay on Religion in Late Medieval Europe* (Princeton: Princeton University Press, 2011)

Madeline H. Caviness, *Visualizing Women in the Middle Ages: Sight, Spectacle, and Scopic Economy* (Philadelphia: Pennsylvania University Press, 2001)

Fernando Cervantes, *The Devil in the New World. The Impact of Diabolism in New Spain* (New Haven: Yale University Press, 1997)

Fiona J. Griffiths, *Nuns' Priests' Tales: Men and Salvation in Medieval Women's Monastic Life* (Philadelphia: Pennsylvania University Press, 2018)

D.R.M. Irving, *Colonial Counterpoint: Music in Early Modern Manila* (Oxford: Oxford University Press, 2010)

R.I. Moore, *The Formation of a Persecuting Society: Authority and Deviance in Western Europe, 950-1250* (Oxford: Blackwell, 1987, second edn. 2006)

Miri Rubin, *Corpus Christi: the Eucharist in Late Medieval Culture* (Cambridge: Cambridge University Press, 1991)

Ulinka Rublack (ed.), *Protestant Empires: Globalizing the Reformations* (Cambridge: Cambridge University Press, 2020)

Reima Valimaki, *Heresy in Late Medieval Germany. The Inquisitor Petrus Zwicker and the Waldensians* (Woodbridge: Boydell Press, 2019).

13

가족사는 왜 중요한가?

에밀리 브랜드

자부심 있는 여느 귀족과 마찬가지로 비타 색빌-웨스트의 삶도 가족 사에 흠뻑 젖어 있었다. 열두 살에 그녀는 부모님이 어안이 벙벙해질 인생 "최초의 야심"을 품었는데, 그 야심이란 디너파티에 "천을 뒤집 어쓰고 유령으로 나타나 우리 선조들의 다양한 업적에 관해 내가 지 은 서사시를 읊는 것"이었다. 성인이 된 이후 그녀는 오래 전에 죽은 친족들의 초상화를 모방하여 헤어스타일을 꾸몄고, 선조들의 일화를 자신의 소설과 논픽션에 엮어넣었다. 이 가운데 가장 직접적인 작품 인 가문의 전기 『놀 저택과 색빌 가*Knole and the Sackvilles*』(1922)는 1908년 그녀의 할아버지의 죽음으로 끝을 맺는다. 그는 "다른 이들처럼 하나 의 이름이 되었고, 그의 초상화도 그의 출생과 사망 연도를 기록한 이 름표와 함께 나머지 초상화들 사이에서 제자리를 찾았다." 마지막 숨 을 내쉬면서 그는 자연스럽게 "가족family"에서 "가족사family history"로 옮겨갔다.

물론 수 세기에 걸쳐 잘 보존된 가보와 기록과 전통에 쉽게 접근할 수 있다면, 과거에 대한 이런 특정한 비전을 가꾸기는 쉽다. 그 비전이 **우리**를 좀더 유리한 위치에 둔다면 더욱이 구미가 당기는 일이다. 그 결과 가족사는 오랫동안 특권층이 선호하는 보물 창고였고, 그에 따라 가족사 분야에는 보수주의와 골동품 취향, 자기만족의 기미가 부여되었다. 안타깝게도 이런 기미는 쉽사리 사라지지 않았다. 실제로 색빌—웨스트의 『놀 저택과 색빌 가』가 출판된 지 한 세기가 지나자, "올바른" 역사를 이해하고자 하는 이들은 가족사를 집단적으로 외면했고, 이는 잠재적인 역사적 금광을 깡그리 무시하는 데에 이르렀다.

우선, 두 가지 연관된 개념을 구분할 필요가 있다. **족보**genealogy 연구는 엄밀히 말해서 "가계도family 'tree'"의 뼈대를 구성하기 위해서 이름, 연도, 지명들을 모아서 편찬하는 일이다(나는 언제나 "뿌리roots"라는 심상을 더 좋아한다. 어디로 뻗어나갈지 알 수 없는 어지럽고, 뒤엉킨 평등주의적 이미지, 즉 [흔히 남성에 초점을 맞춘] 가지와 그보다 덜 중요한 [흔히 여성] 잎사귀들로 이루어진 단정한 중세적 비전보다 말이다. 물론 뿌리라는 이미지가 미감은 더 떨어질 수도 있겠다). 색채, 성격, 의미를 부여하기 위해서 우리는 사회적 맥락, 젠더, 종족성, 지리, 직업을 비롯해 무수한 요인들을 고려하고, 죽은 사람들에게 얼마간 생기를 불어넣기 위해 서사를 창조하면서 **가족사**를 파고들어야 한다. 1798년 스코틀랜드의 역사가 애덤 퍼거슨의 말대로 "아버지와 아들의 한낱 이름과 날

에밀리 브랜드

짜, [누가 누구의] 대를 이었다는 사실은 언제나 나의 기억에서 사라져 버린다.……그들에게 실체를 부여하고 하나의 인상을 얻기 위해서 나에게는 일정한 모험이나 인물의 특성이 필요하다."

비록 **역사학과 가족사**라는 학문 분야는 다른 경로를 밟아왔지만, 양자는 동일한 도구와 방법론, 목표들 다수를 공유하며 서로 엉켜 있고 떼려야 뗄 수가 없다(이 점은 로런스 스톤과 필리프 아리에스 같은 학자들이 개척한, 서로 관련은 있지만 가족사와는 뚜렷이 구분되는 가족에 관한 사회사 저작에서 가장 명시적으로 드러날 것이다). 특정 가문들의 역사에 관한 구식 견해들을 반박하는 최상의 길은 그 역사를 씀으로써, 우리가 이용할 수 있는 모든 학문적 자원과 엄밀성을 동원하여 그것을 잘 씀으로써 그저 이 간극에 다리를 놓는 것이다. 하지만 그렇게 한 가지 초점에 집중된 서사들을 쓰는 행위—그리고 읽는 행위—가 정말로 우리의 공유된 과거에 관해서 **새로운** 바를 이야기해주거나 역사 탐구의 다른 분야에 빛을 던져줄 수 있을까? 가족사에 대한 대중적 갈망은 우리의 현재에 관해서 무엇을 말해줄까? 그리고 그것은 미래에 영향을 미칠 수도 있을까?

우리의 선조들과 연결되어 있음을 느끼고 싶은 욕망은 종종 소중히 여겨지고 문화적으로 독특한 방식으로 표명되지만, 그 욕망은 시대, 문화, 계급을 초월하는 뿌리 깊은 인간 충동이다. 고대 로마에서는 가족의 기억과 선조를 본받는 것이 유덕한 시민의 핵심 신조였다. 수 세대의 역사를 기억하는 서아프리카 그리오griot의 구비 전승과 모든 사물들의 계보라는 개념이 세계에 대한 설명 틀 역할을 하는 마오리족의 구비 전승 와카파파whakapapa에서도 그런 모습을 찾아볼 수 있다. 다른 사회들에서 그것은 사적인 기념의 수단이자—그보다는 덜 가상하게도—권력으로 통하는 수상쩍은 경로로서 공존해왔다.

족보에 대한 심취가 특히 서양 문화의 중심에 단단히 자리 잡고 있다는 것은 놀랄 일이 아니다. 유럽 민족들이 형성되면서 권력의 위계—군주정 자체부터 세습 귀족제와 단순한 소유권에 이르기까지—는 왕조와 세습 제도를 중심으로 짜였다. 친족 관계는 아메리카의 탄생에도 중대한 역할을 했으며, 정치적으로 의미심장한 족보상 문제들은 지금도 한 사람의 경력을 좌지우지할 수 있다. 18세기에 인쇄가 대중화되면서 종합적인 귀족 연감이 널리 입수 가능해짐에 따라, 이전까지 다루기 버거웠던 영국 족보는 길들이기 편한 짐승이 되었다. 한편 다른 곳에서 비특권층은 다른 방식으로 선조들에 관해서 숙고했다. 성전들에는 수 세대에 걸친 탄생과 죽음의 기록이 끼적여졌고, 가족들은 꽃과 심장으로 장식되고 자수로 영구히 기려졌으며, 이름들은 여성들이 대대로 물려받은 가보 상자에 새겨졌다.

19세기 당시 역사학의 전문화는 족보 연구에 끌을 댔다. 족보 연구는 역사학에서 쪼개져나와 부차적인 탐구 분야가 되었다가 결국 취미가의 영역으로 밀려났다. 1897년, 존 프랭클린 제이미슨—직업 역사가이자 미국 역사학회 설립의 핵심 인물—은 "족보에 대한 역사 협

에밀리 브랜드

회들의" 무의미한 "중독"을 질타했다. "하루가 멀다 하고 족보집이 출간되고 있다"고 그는 불평했다. "그 지겹고 두툼한 족보집을 샅샅이 뒤져보아야 이 한심스러운 이름과 날짜의 집적이라는 그 수많은 겨속에서 역사의 낟알을 한 줌이나 건질 수 있을까?" 역사학자들은 그토록 대중적인 분야를 진지하게 취급하지 않으려는 이런 태도를 완전히 떨쳐내지 못했고, "족보학"과 "가족사"를 합쳐서 유사한 비판으로 뭉뚱그려 처리해버렸다.

그럼에도 불구하고 두 분야는 대서양 양안에서 줄곧 번창했다. 특히 1970년대 이후로 수백 개의 기관들이 우후죽순처럼 생겨나 연구 관행의 기준을 전문화하고 촉진하고 성문화했다. 이는 어느 정도 1976년 소설 『뿌리Roots』의 성공으로 인한 대중적 관심의 폭발 덕분이었으며, 족보학과 가족사의 부흥은 다시 대중적 관심을 촉발했다. 『뿌리』에서 작가 알렉스 헤일리는 아프리카계 미국인 조상을 "추적하며" 잃어버렸던 유산과 다시 만났다고 주장한다. 이러한 호혜적 수요-공급 관계는 근래 몇 십 년 사이에 인터넷의 도래와 역사 기록 데이터베이스의 접근 용이성과 더불어 가족사에 푹 빠진 TV 프로그램의 인기로 드러난다. 두 현상 모두 이야기체 중심 가족사의 매력을 활용하지만, 한편으로는 시청자들 스스로가 족보 찾기에 나서도록 자극하고 그에 필요한 도구를 제공한다.

2020년대가 밝아왔지만 하나의 학문 분야로서 가족사의 정당성과 가치를 둘러싼 대답들은 여전히 불분명하다. 학술적인 무관심과 미숙한 자료 제공자들에 의한 오류가 쇄도하는 크라우드 소싱 데이터베이스 문제(이 문제가 커지고 있음은 나도 인정한다)는 신뢰할 수 없고, 역사학과는 무관하다는 오랜 비난으로부터 가족사 분야를 건져내는 데에 별반 도움이 되지 않는다. 그래도 우리는 혈통이 비단 과거만이 아니라 우리 자신과 우리가 살아가는 사회에 대한 이해와 떼려야 뗄 수 없게 묶여 있음을 보여주는 강력한 사례들을 거듭 접한다. 어쩌면 다른 무엇보다 우리의 공유된 과거의 지속적인 사용—그리고 오용—이야말로 우리가 가족사에 관해서 이야기하기로 선택한 서사들이 왜 중요한지를 깨우쳐주는 증거인지도 모른다.

가족사 쓰기는 세기를 아우르는 논픽션부터 내밀한 집단 전기, 한 가족의 시선을 통해서 본 특정 역사적 순간에 초점을 맞추는 서술까지 다양한 형태를 띨 수 있다. 일부 문화들에서 가족사는 운문이나 노래로 더 의미 있게 표현된다. 그것은 다큐멘터리, 드라마, 박물관 해설의 토대가 된다. 가족사의 이점은 순수하게 실용적인 것에서부터 대단히 개인적인 것에 이르기까지 다양하다. 유전병의 예측과 치료에 유전자 검사를 이용하는 것은 중대한 의학적 발전이지만, 가족사보다는 DNA에 더 긴밀하게 연관되어 있기 때문에 이 글이 다루는 범위를 벗어난다. 하지만 개인적인 성찰뿐 아니라 더 넓은 차원의 역사들에 대한 대중의 이해와 참여를 증진하는 데에 가계의 서사들이 동원되는 방식에서 볼 수 있듯이, 글로 적힌 말 역시 영향력을 발휘한다.

에밀리 브랜드

그 첫 번째 영역은 개인적 정체성의 문제이다. 산 자와 죽은 자는 모두 정체성 의식이나 "소속감"을 형성하는 수단으로서 혈통이 발휘하는 대단히 개인적인 힘에 대한 끝없는 증거를 제공한다. 가족사를 조사하는 사람들을 다룬 근래의 연구는 흔히 공통된 동기를 보여준다. 그들은 "자신이 누구인지", 어디에서 "왔는지" 그리고 광대한 역사의 물결에 자신들이 어떻게 들어가 있는지 조사하기를 원한다. 자신을 응시하고자 하는 이러한 충동은 종종 자기중심적이고 사소하다고 비판받지만, 여러 긍정적 방면으로 우리를 이끌 수 있다.

자신의 기원을 찾도록 우리를 끌어당기는 힘은 당연히 입양이나 이민, 노예로 끌려온 집안 내력이나 체계적인 문화 파괴 등등 어쩌다 보니 조상들과 단절된 사람들에게서 강하다. 이런 상황에서 그 빈칸들을 채우고 이해하는 일은 인생을 바꿀 만큼 성장에 중요하고 정서적인 카타르시스를 줄 수도 있다. 가계 조사를 통해서 처음 접하는 친족 네트워크가 열리면서 가족 간 유대를 위한 새로운 장이 만들어지기도 한다. 더 일반적으로 보자면 과거에 관한 서사들은 우리 자신의 측면들을 설명하는 (물론 때로는 의심스러운) 도구를 제공한다. 가장 전통적으로, 고귀한 혈통—재산이나 어떤 영웅적 행적으로 두각을 나타내든 간에—이라는 개념은 그 후손들에게 (마땅하거나 그렇지 않거나) 일종의 광휘를 부여하는 데에 이용될 수 있다. 낭만주의 시인이자 가계에 대한 열성적인 신봉자인 바이런 경은 이른바 "폭풍 같은 격정의 유전"에서 위안을 얻었는데, 이런 기질을 물려받은 것이 자신에게 줄줄이 찾아오는 불운을 설명해줄뿐더러 제멋대로인 행동거지도 정당화한다고 믿었기 때문이다. 그는 주장했다. "통풍이나 여느 병처럼 우리가 격정을 물려받지 않는다는 말은 웃기는 소리이다."

이는 예술적이고 직업적인 성과를 자극할 수도 있다. 소설가 토머스 하디는 바이런과 마찬가지로 몰락한 가계라는 멜랑콜리한 착상을 끊임없이 고민했고, 이런 성찰은 그의 소설과 시에 깊이 스며들어 있다. 가족 서사는 칭송받는 친족들을—이를테면 군대에서—본받거나 대답된 적 없는 흥미로운 질문들과 씨름하는 데에 직업 인생을 바치도록 고무하면서 한 사람의 경력에 영감을 줄 수도 있다. 2020년 다큐멘터리 「인슬레이브드Enslaved」는 아프리카 노예 무역 난파선을 보호하고 그 증거들을 기록, 해석하는 해양 고고학 집단인 목적 있는 다이빙Diving with a Purpose의 작업을 보여주었다. 구성원들 다수는 침묵당한 조상들에게 목소리를 되찾아주고 싶다는 바람을 직접적으로 표명했고, 그들 작업의 감정적 무게는 탐사가 성공할 때 그리고 그 기억과 체험들을 되살릴 수 없다는 사실이 드러날 때에 다이빙 팀원들이 보이는 반응에 감동적으로 반영되었다.

우리의 자의식이 더 안정적으로 자리 잡으면, 그러한 역사들은 우리의 정체성을 외부 세계에 전달할 수 있다. 1711년 조너선 스위프트의 친구 앤 롱은 새 이웃들에게 보여줄 수 있도록 "족보를 만들어달라"고 그에게 요청했다. "여기 사람들은 내가 어떤 사람인지 몹시 알고 싶어한다." (친족 관계와 후원을 바탕으로 이루어진 사회에서 질문들은

에밀리 브랜드

아무래도 스스럼없었다.) 비타 색빌-웨스트는 한 발짝 더 나아갔다. 가족사를 씀으로써 가문 내에서 자신의 위치를 재천명할 수 있었으니 말이다. 비록 여자라는 이유로 자신이 아끼는 놀 파크를 상속받을 수는 없었지만—그녀 대신에 삼촌에게 넘어갔다—글을 씀으로써 그녀는 책으로 그곳에 거주하고 소유할 길을 찾아냈다.

갈수록 세속화되는 사회에서 이러한 사적인 성찰과 공적인 과시 사이에 자리 잡고 있는 것은 인류 최대의 질문들 가운데 하나와 씨름하려는 시도이다. 가장 실존적인 층위에서 한 사람의 가족이 지닌 정체성을 탐구하는—그리고 결정적으로 **그 지식을 물려주는**—일은, 다음 세대를 위해서 축적된 지식의 유산을 창조하는 가운데 필멸의 개념에 대처하는 하나의 수단을 제공하기까지 한다.

둘째로, 조상들과의 접점에 관해서 사려 깊게 성찰하는 일은 우리를 **집단적** 기억과 정체성의 항구적인 변화로 유도할 수 있다. 이 렌즈를 통해서 역사를 탐구하는 일은 우리가 과거를 어떻게 바라보는지에 관해 질문하도록 강요하면서 하나의 확립된 그림을 종종 복잡하게 만든다. 어떤 이들에게—특히 자신들이 어디에서 "왔는지"에 관해 특정한 관념을 품고 있는 사람들에게—그 결과는 생각을 무장 해제시키는 것일 수도 있다. 자신의 가족사를 폭넓게 서술한 책에서 앨리슨 라이트는 여러 세대에 걸쳐 12곳의 나라를 가로지르는 이주의 역사를 발견하고서 "영국성"에 대한 자신의 관념이 흔들렸을 뿐 아니라 부침을 거듭하는 인간의 삶에 국가적 경계를 부과하는 일이 얼마나 자의적인지도 깨닫게 되었다고 설명한다. 여전히 "애국적" 기운으로 뜨겁게 불붙는 시대에 이런 관점은—대규모로 함양되면—국민 정체성과 대중적 상상력에 관한 중요한 공적 논의를 이끌어낼 수 있다. 낙관주의자라면, 심지어 자체의 다양성을 탐구하고 인정함으로써 지식을 갖춘 사회는 더 관용적이고 수용적인 경향을 띠게 되지 않을까 기대할 수도 있을 것이다.

이밖에도 가족사는 이민이나 디아스포라 공동체 내의 뿌리를 공유하는 사람들 사이에서 친화감을 조성할 수 있다. 결정적으로 이런 이야기들(흔히 덜 "전통적인" 정보 원천들을 바탕으로 한다)을 격상시키고 거기에 질감을 부여하는 일은 다른 곳에서의 후속 조사를 자극하는 효과가 있다. 또한 역사적 공백을 채울 수단을 가진 다른 사람들을 깨울 나팔 소리 역할을 하거나, 단순히 우리가 무엇을 상실했는지에 관한 의식을 고양할 수도 있다. 우리는 이를 홀로코스트 생존자 가족들이 기억의 말소와 추모에 관심을 두고 설립한 기관들이나, 2018년 윈드러시 스캔들 동안—영국에서 수십 년간 합법적으로 거주해오다가—강제 추방에 직면한 이들의 저항적인 반응에서 볼 수 있다. 흑인의 목숨도 소중하다 로스엔젤리스 웹사이트는 그 단체가 "누구보다 강한 우리 선조들이 닦은 길과 영성에서 힘을 이끌어냄"을 공공연히 천명한다. 가족사는 액티비즘이자, 대대로 내려오는 슬픔이나 상실의 이야기를 되찾고 재구성하는 수단이 될 수 있다.

한편 가족사라는 동전의 반대쪽 면에는, 수치나 증오로 물든 어두

　　　　　　　　　　　　　　　　　에밀리 브랜드

운 집단적 과거가 있다. 나치와의 관련성이나 여타 역사적 범죄들은 어떻게 평가해야 할까? 이에 대한 대답을 2015년 미국 다큐멘터리 「당신의 뿌리를 찾아서Finding Your Roots」에서 노예를 소유했던 자기 조상들에 관한 내용을 빼달라고 요청했던 배우 벤 애플렉의 반응에서 찾을 수는 없다. 당시 애플렉은 논란이 커지자 고작 "당혹감"을 이유로 댈 수밖에 없었기 때문이다. 불편할 수도 있지만, 이런 고통스러운 서사들을 직시하고 우리의 반응을 분명하게 표명할 때에만 우리는 과거에 벌어진 일을 이해하고 오늘날 그와 유사한 패턴들에 효과적으로 대처하기를 기대할 수 있다.

셋째로, 가족사를 쓰는 것은 역사 일반에 대한 대중의 참여를 자극하는 데에서 엄청난 잠재력을 발휘한다. 가계 조사는 종종 세 번째로 인기 있는 온라인 활동(쇼핑과 포르노 검색 다음이다)으로 거론된다. 시험 삼아서 인터넷으로 가계도를 조사하던 사람들이 어느 순간 산업혁명이나 아일랜드 기근 혹은 제1차 세계대전 참호의 한복판으로 이동하게 되므로, 구제 불능의 검색 중독자들은 가계 조사를 더 폭넓은 과거의 향유로 이어지는 "관문 마약gateway drug"이라고 묘사한다. 많은 경우, 역사적 사건의 한복판에 위치한 한 가족의 서사를 중심으로 삼으면, 그런 사건들은 훨씬 다루기 쉬워진다. 문학자 제롬 드 그루트의 말마따나 그것은 "과거의 혼돈을 헤쳐나갈" 길을 제공한다. 이는 비록 가장 권위 있는 설명을 제공하지는 않지만 살아온 경험의 직접성을 이끌어낸다. 이런 점에 비춰볼 때, 대중적 관심과 학계 사이에서

넓어져가고 있는 간극은 한층 실망스럽다. "역사"가 갈수록 모두에게 속한 것으로 인식되는 시대에 간극에 다리를 놓는 일은 틀림없이 상호 건설적이지 않을까?

연구 성과의 증대가 과거에 생기를 불어넣는 맥락과 이론적 접근법들을 제공함과 더불어 역사학 분야의 계속되는 전문화를 강화하리라는 점은 분명하다. 그러나 안타깝게도 학계가 가족사와의 협력으로부터 혜택을 볼 수 있다는 생각은 그리 일반적이지 않다. 가계 연구에서 집중적 훈련을 통해서 갈고닦인 조사 도구, 관점, 기량이 정식 학교 교육에 결합되는 경우는 매우 드물다. 적어도 전문적인 대학원 과정 이전에는 말이다. 하지만 전기 작가와 사회사가들에게 가족사 연구는 친족 네트워크와 성격 형성에 가계가 미치는 영향을 이해하는 데에 반드시 필요하다. 19세기 신화나 오해 대신에 가계 기록을 재검토할 필요성은 종종 완전히 무시된다. 심지어 근래 영국에서 가장 유의미한 역사적 발견들 가운데 하나가 가능했던 것도 가족사 연구 도구 덕분이었다. 레스터 시 주차장 지하에서 발굴된 리처드 3세의 유해는 생존한 후손을 추적하여 그들의 DNA와 대조함으로써 신원이 확인되었다.

외부로 시선을 돌려보면, 족보학에 대한 수요는 아마추어 연구자와 학계 연구자들이 발굴한 역사 기록의 접근성을 직접적으로 촉진해왔다. 이는 처음에 문서고의 활용에 영향을 미쳤고, 나중에는 온라인 구독 데이터베이스에 대한 갈증을 낳았다. 그 순전한 상업적 소구

에밀리 브랜드

력은 더 넓은 역사학 분야에서 놀랄 만큼 급속한 성장을 낳았고, 디지털화 보존 작업을 초래했다. 학술 연구를 추진하는 배후의 원동력이 부분적으로는 대중에게 지식을 전달하고 대중을 참여시킴으로써 더 폭넓은 영향을 미치고자 하는 것이라면, 역사에 대한 이 같은 기존의 대중적 갈증이 연구에 활용되거나 정당한 연구 분야로 인정조차 받지 못하는 실상은 근시안적으로 느껴진다.

물론 그러한 비전은 모든 역사학 분야에 마땅한 올바른 존중과 학문적 엄밀성을 위한 토대를 제공하고 강조함으로써만 달성될 수 있다. 증거를 제대로 따지지 않고 자신들이 발견한 바를 사려 깊게 전달하지 못하는 사람들로 인해서 물은 언제든 흐려질 수 있으며, 혈통에 부여하는 정서적 무게와 의미는 가족사 연구의 최대 강점이자 최대의 위험 요인이다. 여느 관련 분야와 마찬가지로 가족사를 쓰는 사람들은 그것을 오용하지 말아야 할 책임이 있다. 역사는 과거에 관한 그러한 서사들이 위험한 방식으로 조작될 수―심지어 무기가 될 수―있음을 보여준다.

가족사가 개인적인 것과 공적인 것 양쪽에 긍정적 충격을 가져올 힘이 있듯이, 그것은 더 골치 아픈 방면으로 우리를 이끌 수도 있다. 편향과 희망적 사고에 불가피하게 영향을 받겠지만, 우리는 자신의 가족사에 열린 마음으로 접근해야 한다. 또한 다른 이들의 가족사를 쓸 때에는 항상 배려와 존중이 뒷받침되어야 한다. 모두가 그렇게 꼼꼼하지는 않으며, 모두가 그들이 찾고 있었을지도 모르는 확인 증거를 얻는 것도 아니다.

가족사는 정체성 의식을 부여할 수도 있지만 반대로 우리 발아래에 편안히 깔려 있던 러그를 획 잡아당길 수도 있다. 그나마 가장 양호한 경우에는 떠받들어지던 "조상"이 우리와 아무런 관련이 없다는 사실을 받아들여야 하는 일이 생기기도 한다(언젠가 나는 남북 전쟁 당시 영웅이었던 선조의 얼굴을 새긴 도자기 세트 제작을 이미 주문해둔 사람에게 그런 난감한 소식을 알려야 하는 일을 떠맡은 적이 있다). 최악의 경우에는 우리의 자의식 전체가 허물어지거나 심지어 몇 년이 걸려야 회복될 정체성 위기에 시달릴 수도 있다. 2018년에 「가디언」에 쓴 글에서 번역가 세쿼이야 야우에키는 그의 누이가 의뢰한 DNA 검사에 의해서 알게 된, 자신이 원하지도 않았던 발견을 한탄했다. 그는 자라면서 줄곧 자신이 서스크해녹족의 후예라고 믿었지만, 이는 사실이 아니었다. 순간적으로 떠오른 생각 이상은 아니었던 듯한 그의 아버지의 거짓말은 심대한 결과를 초래했다. "일생 동안 나 자신에 관해 들려준 모든 이야기들은 나의 서사적 자아가 의존하는 특정한 물질적 측면을 기반으로 했다"라고 야우에키는 설명했다. "이제 나는 파열된 서사로부터 작업하고 있다."

가계 연구에 관한 우려는 미국 사회의 중심에 자리하고 있으며, 정치 담론에서 수시로 드러난다. 버락 오바마 대통령의 재임은, 그가 일단의 전직 미 대통령들과(그리고 윈스턴 처칠과 브래드 피트와도) 혈연이라는 2008년 어느 가계연구협회의 주장에서부터 그가 합법적 미국 시민이 아니라는 도널드 트럼프의 자기 좋을 대로인 근거 없는 주장에 이르기까지 다양한 논의를 자극했다. 2018년에는 체로키 원주민에 뿌리를 두었다는 상원의원 엘리자베스 워런의 오랜 주장이 결국 DNA 검사와 아메리카 원주민 공동체 및 그녀의 반대파의 비판을 낳으며 세간의 이목을 집중시켰다. 정치적 반대파는 워런이 자신의 정치적 경력을 도모하기 위해서 원주민 혈통을 주장하고 있다고 비난하는 데에 그쳤지만, 체로키 네이션 대표들은 부족 시민권은 혈통이 아니라 수 세기에 걸친 문화적 동류의식에 뿌리박힌 것이라는 논거를 토대로 워런의 주장에 반대했다. 순전히 혈통만 강조하는 워런의 주장은 원주민 정체성에 뜬금없는 "정착─식민자" 정의를 부과할뿐더러 정당한 부족 시민들의 명예를 더럽혔다. 이민과 식민화로 생겨난 국가에서 친족성에 대한 엇갈리는 정의들과 유산과 정체성, 전용에 관한 주장들에는 특정한 정치적 의미가 실리기 마련이다.

신화 만들기는 더 넓은 규모로 자행될 때 대중적 상상과 정치, 심지어 인종 관계에 우려스러운 결과를 낳을 수 있다. 감정을 자극하는 가족사와 집단 기억─흔히 믿음직한 학문 연구로 전혀 뒷받침되지 않는다─의 호소력은 종종 특정한 속셈이 있는 사람들에 의해서 비양심적으로 용도 변경될 수 있다. 20세기는 혈통, 민족주의, 이민, 우생학 간의 당혹스러운 관계 그리고 그에 뒤따를 수 있는 참상에 관한 풍성한 증거를 제공한다. 또한 역사가 아너 색스는 1970년대 족보학에 대한 폭발적 관심이 어떻게 백인 우월주의 정서의 부활로 이어졌는지 조명하면서 혈통 연구의 "퇴행적 잠재력"을 지적한다. DNA 검사가 갈수록 쉬워지면서 되살아날 조짐이 보이는 이런 경향은, 인종적 "순수성"이라는 쉽게 무기화되는 개념들과 더불어 오용의 기회들에 문을 열어준다. 여기에서 과학이 우리에게 뭐라고 말하든, 중요한 것은 그것을 중심으로 우리가 구성하는 서사이다.

단단히 자리 잡은 국민적 이야기에 대한 도전들은 아무리 조심스럽게 접근하더라도 불가피하게 역풍을 불러온다. 2020년 내셔널 트러스트는 유서 깊은 대저택들과 대서양 노예 무역이 낳은 부副 간의 관계를 조명했을 뿐인데, 영국 역사를 "더럽히고" "다시 쓴다"는 격앙된 반응과 직면했다. 하지만 선조들의 서사를 기만하거나 착취하거나, 그것에 쓸데없는 장밋빛 렌즈를 씌우려는 시도는 이같이 제대로 된 지식을 갖춘 대항 시도로만 허물어트릴 수 있다. 여기에서 가족사의 서사적 힘이 진가를 발휘한다. 갈수록 양극화되는 세계에서 이는 더욱더 중요한 듯하다.

가족사는 앞으로도 급속한 팽창과 진화라는 최근 경향을 지속할 듯하며, 아카이브 운용에 한층 더 확고하게 중요한 수단이 될 것으로 보인다. 기술 진보는 혈통과 가계 조사에 대한 대중적 매혹을 불가피하게 반영하고 또 거기에 대응할 것이며, 그 과정에서 역사적 조사 자체의 성격을 변화시키고 가속화할 것이다. 아무런 개입이 없다면, 공공

에밀리 브랜드

기록 보관소와 민간 기업 간의 대단히 수익성 있는 협업—영국 국립
기록 보관소와 파인드마이패스트FindMyPast 같은—도 이런 유형의 조
사가 확고히 학계 바깥에 머물게 하는 경향을 더욱 공고히 할 것이고,
수백만 명의 "아마추어" 취미가들이 여기에 기여하도록 장려할 것이
다. 가족사는 벅차고 어려운 주제들을 더 쉽게 접근하고 소화할 수 있
는 의미 있는 경로를 제공하는 일종의 참여적 역사이지만, 넓은 역사
학 안에서 더 떳떳한 자리를 차지할 자격이 있다.

　이제는 구석구석 스며든 사회사, 젠더사, 지역사 분야가 이전에 그
랬던 것처럼 가족사는 여전히 학술적 존중과 이론적 연구의 부족에
시달리고 있다. 다행스럽게도 족보학자 협회, 가족사 연맹, 문장과 계
보 연구소 등 무수한 비非학술 기관들은 수십 년 동안 이 분야를 전문
화하고 적극 알리는 만만찮은 과제에 열심히 대처해왔다. 마지막으
로, 시류 역시 바뀌고 있는 듯하다. 글래스고 대학교와 스트래스클라
이드 대학교가 가계 연구의 석,박사 과정을 마련하고 있는 스코틀랜
드의 상황이 특히 그렇다. 이러한 발전상은 대단히 고무적이며, 미래
세대 역사가들에게 현미경을 가져다대듯 풀뿌리 사료들을 지극히 꼼
꼼하게 조사하는 기술을 갖춰줄 것이다. 이런 대안적 역사의 관점을
도입하기를, 다시 말해 흔히 안이하게 받아들여지는 사료들에 관해
서 더 비판적인 사고를 촉진하고, 관련 연구 분야를 보완할 수 있도록
앞으로 더 많은 대학들이 족보학 교과 과목을 개설하기를 바란다. 향
후 역사책과 전기는 무궁무진하게 풍성해질 것이다.

인류 역사 내내 조상들과 의미 있는 대화를 나누고자 하는 충동은 계급, 문화, 민족, 종족을 초월했다. 그러한 개인적 렌즈를 통해 볼 때, 이 대화—그리고 글이나 구비 전승—은 가장 강력한 모습의 역사가 아닐까? 가족사는 중요하다. 가족사에의 참여는 우리 자신에 대한 관점을, 우리가 주변 세계와 관계하는 방식을 변화시키고 심지어 갈수록 세속화되고 고령화되는 인구에 실존적 위안을 제공할 수 있다. 그것은 집단 정체성들에 대한 상像들을 복잡하게 만들고, 확립된 역사적 서사들에 질문들을 제기하며, 생전에나 사후에 인간성을 박탈당한 이들에게 인간성을 회복해줄 수 있다. 우리 조상들의 특정한 투쟁이나 위업에 관해 배우는 일은 지극히 개인적인 추모 행위가 될 수 있으며, 엄밀하고 가차 없는 가족사 쓰기는—어떤 형식을 띠든—풍성한 문화적 유산의 보존을 허락한다. 최근에 방영된 BBC 다큐멘터리 시리즈 「나의 가족과 홀로코스트와 나My Family, The Holocaust and Me」(2020)에서 한 참가자는 유대인 친척들이 정확히 어떻게 죽었는지 왜 알고 싶어하느냐는 질문에 "[그들의 최후를/옮긴이] 알아내는 게 좋은 일인지 모르겠다. 하지만 그것은 **중요한 일이다**"라고 대답했다. 그 이야기 자체는 수 세대에 걸쳐 그의 가족을 괴롭혀온 상처를 치유할 잠재력을 가지고 있지만, 그것을 **이야기하는** 일은 아무런 개인적 접점이 없을 수도 있는 역사적 트라우마를 더 많은 사람들이 의미 있게 고찰하도록 자극한다.

가족사의 여러 미덕들 가운데 하나는 각각의 실이 영원히 미완으

에밀리 브랜드

로 남아 있으며, 완성된 태피스트리는 우리의 시야 너머에 보일 듯 말 듯 존재한다는 점이다. 『보통 사람들Common People』에서 앨리슨 라이트 는 "우리가 쓰기로 한 가족사, 우리가 믿는 과거는 항상 우리에게 있 는 많은 이야기들 가운데 고른 것"이라고 조명한다. 비타 색빌-웨스 트는 사촌에게 "너랑 나는 맞서 싸워야 할 대단한 유전을 타고났어" 라고 농담을 던지며, "형편없고" "미친" 조상들을 일종의 개인적 도전 대상으로 여긴 것으로 보인다. 나는 우리 집안 족보를 조사하면서 링 컨셔 정신병원에서 만나서 결혼했다는 에드워드 시대의 어느 부부 이 야기에 이끌린 한편, 나의 어머니는 악명 높은 블라이 선장과 관계가 있다는 집안의 오랜 풍문을 조사하고 싶어하신다. 반면 나의 할아버 지는 두 이야기에는 손사래를 치면서도 빅토리아 시대에 철도 노동자 였다는 선조들의 무용담은 좋아하신다. 이런 탐구들은 우리 조상들 로 이어지는 길을 내는 한편으로 후손들과도 교감할 기회를 제공한 다. 우리는 글쓰기를 통해서 가족사의 유산을 창조하면서 우리가 찾 아낸 사실만 전달하는 것이 아니라 우리 자신의 관심사와 가치관도 드러낸다.

1850년 미국의 에세이스트 랠프 월도 에머슨은 "사람은 저마다 그 의 모든 선조들에게서 따온 인용이다"라고 썼다. 전기 작가에게든 역 사가에게든 그가 연구하는 대상의 가족사는 주요 인물의 사회적 지 위, 동기, 심지어 성격을 이해할, 종종 간과된 수단을 제공한다. 친족 관계와 영향력의 네트워크는 갈수록 분명해지고 있으며, 공동체의 정서적 질감은 어느 정도 되살릴 수 있다. 자신의 혈통을 탐구하는 사람들에게는 각 "인용"마다 잠재적 교훈이, 역사를 들여다볼 참신하고 내밀한 창이 존재한다. 아니면 이런 탐구는 철학자 로먼 크르즈나릭이 『좋은 조상The Good Ancestor』에서 말한 것처럼 장기적 결과를 염두에 두고 사고하고 행동하도록 고무한다. 대부분의 경우에 우리의 가족사는 지체 높은 남녀 귀족 나리들이 아니라 일꾼, 공장 노동자들, 이름과 목소리가 오래 전에 역사에 묻힌 사람들이 차지하고 있다. 우리가 아니라면 달리 누가 그들을 찾아볼 것인가? 대체 누가 당신을 찾아볼 것인가?

에밀리 브랜드

더 읽을 거리

가족사

Jung Chang, *Wild Swans: Three Daughters of China* (New York: Simon & Schuster, 1991) (『대륙의 딸』, 오성환, 황의방, 이상근 옮김[까치, 2006])

Hadley Freeman, *House of Glass, The Stories and Secrets of a Twentieth-Century Jewish Family* (London: Fourth Estate, 2020)

Alison Light, *Common People: The History of an English Family* (London: Penguin, 2014)

Stephen McGann, *Flesh and Blood: A History of My Family in Seven Maladies* (London: Simon & Schuster, 2017)

Tiya Miles, *Ties That Bind: The Story of an Afro-Cherokee Family in Slavery and Freedom*, 2nd edn. (Berkeley: University of California Press, 2016)

Robert Sackville-West, *Inheritance: The Story of Knole and the Sackvilles* (London: Bloomsbury, 2010)

족보학 관련

Bruce Durie, 'What is Genealogy? Philosophy, Education, Motivations and Furture Prospects', *Genealogy*, vol. 1, no. 1 (2017)

Jerome de Groot, 'On Genealogy', *Public Historian*, vol. 37, no. 3 (2015)

Honor Sachs, 'The Dark Side of Our Genealogy Craze', *Washington Post*, 13 December 2019

François Weil, *Family Trees* (Cambridge, MA: Harvard University Press, 2013)

Karin Wulf, *Lineage: Genealogy and the Politics of Connection in British America, 1680-1820* (Oxford: Oxford University Press, 근간)

Eviatar Zerubavel, *Ancestors and Relatives: Genealogy, Identity, and Community* (Oxford: Oxford University Press, 2012)

14

박물관은 어떻게 과거로의 문을 열 수 있을까?

거스 케이슬리-헤이퍼드

나는 유행 선도와는 거리가 먼 런던 교외에서 자랐다. 음악이 그 동네에 어떤 식으로든 쿨하다는 평판을 가져다준 것은 한참 나중의 이야기이다. 그 동네는 심지어 내가 아주 어렸을 때에도 모든 것으로부터 한참 떨어져 있다는 느낌을 주었다. 우리는 버스 종점이 있는 거리에 살았다. 나는 그곳을 사랑했고, 모두를 보살펴주는 그 나른한 동네를 좋아했다. 그러나 10대가 되자 그 숨 막힐 듯한 조용함이 서서히 못마땅해지기 시작했고, 젊은이에게는 영 싫은 교외의 평온이 싫증 났다. 밤이면 나는 철도의 측선을 따라 뽐내듯 천천히 이동하는 열차들이 나직이 덜컹거리는 소리를 들으며 오랫동안 그 열차들의 최종 목적지에 관해 공상의 나래를 폈다. 또 종점에 도착한 야간 버스에서 비틀비틀 내려 자신들이 어디에서 길을 잃고 여기까지 오게 되었나 어리둥절한 취객들의 흥얼거림을 들었다. 천장에 비치는 자동차 헤드라이트 광선이 어둠 속에 사라질 때까지 눈으로 쫓으며 나도 그 빛을 따라

갈 수 있기를 바랐다. 혼자 여행할 만한 자원이 생기자마자 나는 여행을 했다. 그럴 만한 경제적 여유가 생기기 전에 서유럽을 여행했고, 아직은 가지 말아야 했을 시기에 소련에 갔으며, 외교부가 방문 자제를 권고할 때 중앙아메리카를 찾았다. 또한 아시아 여행이 필수로 느껴지기 전에 그곳을 방문했으며 물론 아프리카에도 갔다.……아프리카(부모님이 태어나신 곳)는 내 인생의 초기 집착 대상이 되었다.

20대 초반에 나는 아프리카의 등뼈를 따라서 버스를 타고 이동하며, 그곳의 사막과 강을 횡단하고, 하이아틀라스 산맥부터 칼라하리 사막까지 곳곳에 숨어 있는 역사들을 풀어헤치며 시간을 보냈다. 나는 내가 안다고 생각하는 역사들에 관한 아프리카적 시각과 사랑에 빠졌고, 고대 유적지에서 고스란히 이끌어낸 새로운 서사들에 사로잡혔으며, 아무도 손댄 적 없는 유적을 발굴해서 끌어낼 수 있을지도 모를 이야기들을 의식하며 흥분했다. 그곳에는 역사가 호들갑이나 유난을 떨지 않으면서 만남을 기다리고 있었다. 그곳은 주변을 감싸는 과거의 찬란한 물질성으로 마음을 사로잡는 대륙이었다. 그리고 아프리카는 위대한 역사의 소재들과 더불어 그곳을 찾는 방문객들에게 정동적인 무형 문화를 가깝게 느끼고, 살아 있는 역사들을 체험할 기회를 허락했다. 서사시풍의 역사 구전부터 눈부신 공연과 가면무도회까지 말이다. 내용과 형식에서 이런 역사들을 추구하는 일이 내 경력의 큰 부분을 이끌어갈 터였다. 역마살이 낀 나의 발은 내가 해외에서 일하도록 이끌었고, 결국 나는 워싱턴 DC 스미스소니언 국립 아프리카 미술관에 도달했다. 하지만 타향살이의 긴 세월은 결국 내가 태어난 도시를 향한 사랑에 다시 불을 붙였다. 코로나19 바이러스의 창궐과 경기가 침체되리라는 전망, 분열적인 문화 전쟁과 브렉시트의 와중에 나는 새로운 자리를, 다시 말해 새로운 종류의 박물관을 건립하는 일을 제의받아 2020년 봄 런던으로 돌아왔다. 그것은 어린 시절부터 나의 마음속을 떠나지 않았던 갈망에 답할, 즉 과거에 대한 갈증을 느끼는 젊은이들을 어떻게 육성하고 격려하고 해방시킬 수 있을까라는 질문에 답할 기회를 제공하는 박물관학적인 제의였다.

2020년대는 하나의 기회를 제시한다. 예술이 지금처럼 중요하고, 결정적이고, 잠재적으로 유용하며, 다툼의 대상이 되는 때도 좀처럼 없는 것 같다. 작금의 경제적, 정치적 조건들은 우리가 동원할 수 있는 자원들을 위협하지만, 한편으로는 예술의 가치를 입증할 강력한 플랫폼을 제공한다. 런던 빅토리아 앤드 앨버트 박물관은 바로 이 순간 하나의 역할을 수행하는 데에, 즉 새로운 관람객과 기존 관람객 모두에게 말을 걸고, 박물관이란 어떤 곳인지에 대한 21세기다운 답변을 주고, 기회를 창출하고, 토론을 주도하고, 새 세대를 고양하고, 영감과 힘을 실어줄 수 있는 특별한 시도로 그 역할에 응답하고자 노력해왔다. 목표는 이스트런던에 새로운 종류의 컬렉션 센터와 박물관을 건립하는 것이다. 전통적으로 극소수의 전문가들만이 접근했던 소장품—대략 26만 점—을 모두에게 개방하는 것이다. 개방된 중앙 코트를 중심으로 구상된 건물의 유리 난간과 유리 바닥은 컬렉션을

거스 케이슬리-헤이퍼드

진정으로 개방하도록, 방문객들을 세계 최고의 미술 및 물질문화 단일 컬렉션 가운데 하나에 몰입시킬 수 있도록 설계되었다. 이 건물은 국제적인 예술가와 제작자들의 작품을 선보이는 새로운 멀티갤러리 박물관과 짝을 이룰 예정이다.

　주된 도전은 의미 있는 기회를 만들어내기 위해서, 그리고 유럽에서 경제적으로 가장 불리한 여건에 처해 있고, 인구학적으로 가장 복잡한 지역 사회 중 하나를 위해 어떻게 과거의 유물에 다시금 생기를 불어넣을 수 있을 것인가이다. 이런 도전에 맞서는 일은 박물관학의 패러다임을 새로운 관객에 맞춰 전환하는 것, 다시 말해서 새로운 종류의 참여와 기회를 제공하는 것이다. 디지털 우선 세대를 위해 역사적 컬렉션을 어떻게 되살릴 것인가? 복잡하고, 논쟁이 분분하고 때로는 고통스러운 역사들을 분열을 초래하지 않는 방식으로 어떻게 맥락화할 것인가? 다른 어느 국립 박물관이 지금껏 달성한 것보다 더 젊고 더 다양한 관람객들에게 지속 가능하게 말을 걸고 또 그들을 **대변하는** 체험적 참여를 어떻게 제공할 것인가? 그리고 이것을 어떻게 잠재력을 자유롭게 풀어주고, 주체성과 창조성을 활성화하는 방식으로 수행할 것인가? 무엇보다도 어떻게 환영과 개방성의 느낌을, 우리가 방문객들과 함께 서사를 창조하고자 한다는 느낌을, 말하자면 교감의 느낌을 줄 것인가? 이런 질문들에 답하기 위해서는 환대, 포괄성, 인간적 온기와 상호 작용이라는 바로 우리 자신의 체험을 들여다보아야 한다.

20대 때 어느 라마단 기간에 나는 타우즈로 가는 길에 갇힌 적이 있다. 그곳은 사하라 사막 위쪽 가장자리에 걸친 모로코 남부 지역으로, 연중 어느 때라도 오도 가도 못하는 신세가 되지 않는 편이 좋을 곳이다. 운전사들이 지치고 배가 고플 때면 이 길은 더욱 험난해진다. 우리가 탄 차는 도로 위를 달렸고, 이내 도로가 자취를 감추기 시작한 뒤에도 여전히 달렸다. 그러다가 도로가 있던 자리를 대신하여 자동차 바퀴 자국이 난 길조차 사막으로 바뀌자 우리는 험한 바위와 부드러운 모래 사이로 더듬더듬 길을 찾아 움직였다. 차는 어쩌다 한 번씩 조금 속도를 올리기도 했지만 거듭하여 거북이걸음으로 되돌아갔다. 차가 여러 번 멈췄음에도 나의 운전사 하산은 남은 여정도 가다 서다를 반복하는 힘겹고 느린 여행이 되리라는 사실을 결코 받아들이려고 하지 않았다. 그는 몇 번이나 아무도 지나간 적 없는 도로 구간에서 가속을 하다가 머지않아 모래와 맞닥뜨렸다.

　차 안에는 완벽한 정적이 흘렀다. 살짝 어색함이 느껴지는 정적이었다. 하산은 운전에 대한 집중과 좌절감으로 몸이 굳어버린 듯했다. 그의 온몸과 마음은 도로 표면의 질감과 만곡의 변화로부터 눈앞의 도로 사정에 대한 자그마한 단서를 얻는 데에 초점이 맞춰져 있었다. 그럼에도 사막의 모래가 우리를 가로막는 상황은 어김없이 반복되었다. 그의 눈은 마치 먼 곳을 응시하듯, 동이 튼 이후로 먹거나 마시지 않은 사람에게서 흔히 볼 수 있게 게슴츠레했다. 라마단이 진행되는 달에 낮 동안의 금식 효과가 몸에 점차 부담이 되고 있음을 알아차리

　　　　　　　　　　　　　　　거스 케이슬리-헤이퍼드

기란 쉬운 일이었다. 금식으로 불가피하게 몸에 기운이 없어지는 것도 큰일이지만, 나는 언제나 장기간 금식에 따르는 더 큰 난관은 금식이 사고와 기분에 미치는 영향에 대처하는 일이라고 생각해왔다. 많은 사람들처럼 나의 운전사도 집중력을 높이고, 모든 것을 두 번씩 점검하고, 자신이 하는 모든 일을 의식적으로 침착하게 수행함으로써 금식이 미치는 영향을 상쇄했다. 하지만 모래 때문에 매번 정지하고 육체적으로 힘을 쓸 때마다 그런 것들 하나하나가 하산의 심신에 영향을 주고 있었다. 고도로 집중한 그의 주변으로 팽팽한 긴장이 흐르는 것이 느껴졌고, 내면 깊숙한 곳으로 손을 뻗어 마지막 남은 힘을 끌어올리려고 애쓰는 모습이 눈에 보이는 듯했다. 나는 정말로 그를 돕고 싶었다. 그렇게 악착같이 운전에 임하지 않아도 된다고 말하고 싶었다. 그러나 그곳의 지리나 사하라 지역 도로 사정이 요구하는 운전 기술을 전혀 몰랐으므로 내가 할 수 있는 가장 보탬이 되는 일이란 그저 입 다물고 있는 것이었다. 그러므로 차 안에는 침묵만 흘렀다.

『코란』은 더운 기후에 음식과 물을 전혀 섭취하지 않음으로써 발생할 수 있는 특정 스트레스들을 민감하게 인지하고 있다. 이슬람 경전은 폭넓은 재량과 관용을 보이며, 그 안에는 심지어 여행 중인 사람들에게는 음식을 허용하는 특별한 조항들도 있다. 라마단 금식은 혹독한 시험을 의도한 의식이 아니다. 알라는 **평안**을 바랐지 역경을 바라지 않았다. 그 거룩한 달은 소비 그리고 공동체와 우리의 관계를 성찰하는 기간이었다. 비록 많은 무슬림들이 금식 과정의 일환으로 얼마간의 고생을 각오하고 있지만, 신체적 부담, 강한 정신력과 자제심의 입증은 신과 의무를 성찰하도록 공동체를 하나로 끌어당기는 금식의 잠재력에 부차적이었다. 친구와 가족들과 함께 금식하며 매일 반복되는 기도와 금식, 섭취의 패턴으로 다른 수백만 명과 하나로 묶여 있음을 아는 느낌은 우리에게 위안을 주는 잠재력이 있다.

그날 여정의 마지막 몇 킬로미터 구간을 이동하며 저녁 정차지가 점차 가까워지는 사이, 눈앞에 모로코의 진미들이 떠오르면서 나의 정신적 방어벽은 무너졌다. 나는 상상 속에서 시원하고 가벼운 양파토마토 샐러드를 실컷 먹었다. 훈제 양고기나 마늘 향이 밴 소고기 케밥을 먹고, 접시에 담긴 꿀에 재운 디저트를 먹은 다음 민트 차로 엄청난 갈증을 해소하는 꿈을 꿨다. 우리는 게스트하우스로 향하고 있었다. 낙타를 몰던 고대의 트럭 운전사들이 길에서 벗어나 기도를 하고 체력을 재충전한 뒤에 다시 힘겨운 사막 횡단 여정에 나서는 곳이었다. 나의 진수성찬 백일몽을 실현할 가망은 다소 낮다는 사실을 알고 있었음에도, 마침내 차가 호텔 밖에 정차하고 하산이 엔진 시동을 끄자 나는 그동안 전 세계의 트럭 정차지에서 먹었던 푸짐한 음식들을 떠올렸다. 트럭 운전사들의 식단에 한 가지 일관된 특징이 있다면 그것은 맛난 음식이 한 상 가득하다는 것이었기 때문이다.

다른 곳에서라면 삼면에 골함석을 댄 판잣집이 감히 호텔을 자처하지는 않을 것이다. 그러나 여기에서는 안전하고 깨끗하고 바람을 피할 수 있는 고정식 피난처라면 뭐든 대궐 같아 보였다. 우리는 소금기

거스 케이슬리-헤이퍼드

와 비눗기가 있는 찬물의 마지막 한 방울까지 즐기며 작은 세숫대야를 함께 썼다. 그러고는 다용도실 바닥의 부드러운 카펫 위에 비스듬히 누워 있는 다른 사람들과 합류했다. 내 집마냥 편안함을 느끼지 않을 수 없었다. 팔다리와 몸이 서로 닿고 겹쳐졌고—최면을 거는 듯 철판 지붕이 바람에 낮게 삐걱거리는 소리, 칙칙 끓는 물소리가 주는 안온한 느낌—방 뒤쪽 어디에선가 어둠에 가려, 잠자는 아이의 깊고 느린 숨소리가 들려왔다. 무자비한 여정을 마감한 뒤 저녁이 다가오는 가운데 피할 수 없는 노곤함은 즉각적인 효과를 낳았다. 평소 같은 밤이라면 나른함에 몸을 맡기고 금방 잠에 빠져들었을 테지만 나의 피로도 엄청난 갈증과 허기에는 상대가 되지 않았다. 그리고 나는 방 안의 모든 사람들과 마찬가지로 잠과 음식은 일몰 후까지 기다려야 함을 알고 있었다.

모든 라마단 황혼에 공통적이라기도 한 듯이, 해질녘 마지막 얼마 동안은 고집스럽게 시간이 흐르지 않는다. 태양이 천천히 내려오며 햇살들이 문지방 아래로 낮게 깔렸다. 조금씩 마지막 그림자들이 우리 위로 드리워지며 낮을 몰아냈다. 나는 카펫에 머리를 대고 누워서 잠깐 눈을 감고 물에 우려낸 찻잎의 따뜻한 박하 향과 온기, 쿠스쿠스 냄새를 들이켰다. 날이 저물었다.

기도를 마친 뒤 우리가 각자 집과 가족 이야기를 주고받는 동안 주인은 내가 온종일 고대해온 것을 만들기 위해서 재료를 준비하기 시작했다. 심지어 그 좁은 단칸방에서도 호텔 주인은 옛날 방식대로 정성스레 민트 차를 준비했다. 베르베르 말로 아스헤이As-hay라고 부르는 그것은 모로코에서 손님 접대의 기본이다. 나는 북아프리카 곳곳에서 가부장들을 지켜보았듯이 그가 진한 찻잎을 주전자에 넣고 찻물이 끓기를 기다리는 모습을 지켜보았다. 그는 차를 끓이는 동안 방 안을 둘러보며 손님 한 사람 한 사람을 유심히 살폈다. 그는 낯선 이의 불편함을 금방 알아채는, 사람들이 수다 떠는 소리가 가득한 방 안에서 고립을 감지하는 재능이 있는 부류의 사람인 듯했다. 주인장은 자신의 딸에게 눈짓을 보내 한 손님에게 신문을 가져다주고 석유 램프에 불을 켜도록 시켰다. 그는 손목시계를 벗었다. 그러고는 한때는 도금되어 있었지만 이제는 칙칙한 황동이 드러나도록 거의 닳을 때까지 애지중지하며 닦아낸 그 시계의 창을 가리켰다. 나는 그것이 시간의 흐름이 아니라, 바로 지금이 중요한 순간이라는 사실을 알려주려는 뜻이었다고 생각한다. 환대는 무슬림 문화들에서 하나의 예술 형식이며, 그 순간 나는 명장의 작업을 지켜보고 있었다. 그는 사헬 지방에서 길을 잃은 긴 이야기를 들려주기 시작했고, 이야기는 "네가 이 세상의 이방인, 여행자인 것처럼 살아라"*라는 이슬람 격언과

---

* 흔하게 인용되는 이 이슬람 격언은 다양하게 번역된다. 이븐 우마르는 다음과 같이 말했다. "알라의 사자使者에게 평화와 축복이 내리길. 그가 말하길 '이 세상에서 이방인이나 길을 가는 여행자처럼 지내라.'" 출처 Ṣaḥīḥ al-Bukhārī, 6053. 알부하리에 따르면 사히흐이다(이슬람 학자들은 어디까지가 진짜 무함마드의 말씀이고 어디부터가 나중에 추종자들이 덧붙인 말인지에 따라서 신빙성의 정도를 나타냈는데, 그중 사히흐는 가장 진실함을 의미한다/옮긴이).

함께 마무리되었다.

일단 서먹서먹한 분위기가 깨지자 호텔 주인은 아무도 보지 않는다고 생각할 때 조심스레 램프를 옮겨 부끄럼을 타는 젊은 트럭 운전사가 아늑한 그늘 속으로 물러나 쉴 수 있도록 선택지를 주었다. 그리하여 저녁 내내 이어질 과정, 즉 손님 한 사람 한 사람이 편안하고 아늑하고 행복하고, 제 집처럼 지낼 수 있도록 호텔 주인이 티 나지 않게 사람들을 계속 챙기는 과정이 시작되었다. 사막에 있는 작은 골함석 호텔은 웃음소리로 들썩였다. 심지어 하산도 미소를 지었다. 찻물을 걸러내고 설탕이 듬뿍 추가되었다. 몸집이 작은 사람이 뒤늦게 도착해 문간에 서 있었다. 차에 설탕을 조금 더 넣자 끈적거리는 뜨거운 용액은 유리 같은 광택을 띠었고, 다시 열을 가해 차를 팔팔 끓이는 사이 주인은 신선한 민트 잎을 몇 줌 쥐어서 찻주전자에 으깨 넣었다. 진짜 마법이 시작된 것은 바로 그때였다. 향기로운 연금술이 폭발하듯 방 안 전체로 퍼지는 자극적인 냄새와 함께 시작되는 듯했다. 스피어민트 향과 오래된 알갱이 녹차(gunpowder tea : 찻잎을 동그랗게 뭉쳐서 말린 차. 주로 중국 녹차와 우롱차에서 볼 수 있다/옮긴이)의 향에 이어서 옅은 토피(toffee : 설탕, 버터, 물을 함께 끓여 만든 사탕/옮긴이) 탄내가 남았다.

방 안은 이제 고요했고 기다림은 거의 참을 수 없는 지경이었다. 우리는 모두 황금빛의 몹시 뜨거운 액체가 주전자에서 주전자로 세 차례 조심스레 옮겨 부어지는 모습을 지켜보았다. 찻물을 옮겨 부을 때마다 물을 따르는 주전자의 높이는 점점 높아지며 음료에 공기를 주입했고, 찻물 표면에 깊은 거품을 만들면서 풍미를 높였다. 차는 수년에 걸쳐서 끈끈한 갈색 찻물 떼가 찌든 유리잔에 나왔다. 김이 모락모락 나는 뜨거운 황금빛 랜턴이 손님들의 손을 거쳐 방 안 곳곳으로 건네졌다.

나는 동이 튼 이후로 아무것도 먹지 않은 상태였다. 물로도 갈증을 해결할 수 있었겠지만, 하루를 잘 마무리함으로써 힘겨웠던 하루를 기리고 싶었다. 향기를 맡거나 그 순간을 만끽하려고 더 기다리지는 않았다. 더는 참을 수 없었다. 내가 뜨거운 유리 찻잔 가장자리에 입술을 대자 예기치 못한 풍미들이 혀로 쏟아졌다. 처음에는 물의 온도가 민트의 톡 쏘는 맛을 가렸지만, 캐러멜 같은 설탕의 단맛을 뚫고 나올 만큼 강력한, 신선하고 알싸한 민트 향이 이내 입안을 자극하면서 구수한 차의 맛이 감돌았다. 그러고는 마지막에 더 부드러운 스피어민트의 풍미가 혀끝에 느껴졌다. 열량을 절실히 원하는 신체에 당이 급속히 강타하자 신경 말단에 불이 붙고, 눈동자는 커지며, 모든 감각이 짜릿해졌다. 그다음 민트의 감미로운 뒷맛이 효과를 내며 신경을 안정시켜주고 다시 가다듬어주었다. 그 차 한 모금은 앞으로도 영영 잊고 싶지 않은 한 모금이자, 풍미와 준비 과정, 수 세기 동안 거의 변하지 않고 이어져온 절묘한 일종의 무형 유산이며, 무슬림 국가들에서의 우연한 만남들을 흔히 그토록 커다란 즐거움으로 탈바꿈시키는 특정한 종류의 환대를 들여다보는 창이다. 이러한 문화적 전

　　　　　　　　　　　　　　거스 케이슬리-헤이퍼드

통들은 지금도 사회적 응집력을 구축하는 중요한 메커니즘이다. 이 것은 칸트라면 특별하게 여겼을 경험적 조우experiential encounter의 특징이자 사회 발전의 정점으로서, 공동체들이 공유된 경험, 상호 존중, 신뢰로 결합되는 순간, 가치관들이 일치하는 것처럼 느껴지는 순간이다. 차에 이어서 우리는 틀림없는 모로코의 풍미가 느껴지는 진한 렌틸콩 수프로 소박하지만 든든한 식사를 했다. 달고 짭짜름한 그 진한 맛은 전통적인 유럽 식탁에서는 어색한 조합으로 느껴질 테지만 여기에서는 완벽하게 어울렸다. 이후 가족과 우정에 관한 더 많은 이야기들, 사랑과 상실, 교감의 이야기들이 오갔다. 그날 저녁, 가장 가까운 마을에서도 몇 킬로미터나 떨어져 있지만 깊은 장소성sense of place을 지닌 사막 변두리의 자그마한 방은 세상의 중심처럼 느껴졌다.

타우즈로 가는 길에 그 소박한 식사를 한 지 수십 년이 지난 지금도 그날 저녁은 계속해서 나를 사로잡는다. 그것은 나 자신의 환대를 가늠하고자 할 때, 내가 어디에서 살든 일하든 환대와 장소성의 질質을 평가하고자 할 때 기준이 되는 나의 감정적 잣대로 남아 있다. 그리고 21세기에 맞는 새로운 박물관을 고민하면서 나는 방문객과 주인 간의 관계, 낯선 이들 간의 관계의 그 탁월한 질, 어떤 특별한 것의 일부라는 손에 만져질 듯한 그 느낌을 고스란히 본받고자 한다. 박물관 건물과 관리자들은 그러한 강력한 교감의 느낌을 어떻게 만들어내는가? 어떻게 공유된 서사를 제시하고 정서적으로 끌어당기는 강력한 힘을 발전시키는가? 방문객들이 관심과 배려를 받고 있다고 느낄 수 있도록 우리는 어떻게 환대를 구축해나가는가? 타우즈로 가는 길에 묵었던 그 호텔이 박물관의 기조를 세우는 데에 모종의 가이드가 될 수 있다면, 넉넉함, 겸손함과 진정성은 극히 중요하다. 인종, 문화적 다양성, 나이, 계급, 학업 수준이나 교육 정도는 참여의 장벽이 될 수 없으며, 방문객들이 느끼는 문화적 편안함이나 안락함의 정도를 좌우해서도 안 된다. 비록 차이와 다양성은 상찬될 수도 있겠지만, 차이와 다양성을 뛰어넘을 수 있는 가능성도 있어야 한다. 내가 생각하는 위대한 문화 기관들의 특징들이란 다음과 같다. 문화 기관들은 환영과 위안, 영감, 융합과 신뢰할 만한 실천의 지점들을 찾을 수 있는 공간이다. 그러나 이것들 중에서 무엇이든 이루어내려면 우리도 타우즈로 가는 길에 있던 호텔처럼 공유된 공간을 보완해줄 공유된 서사를 찾아야 한다. 방문객들이 우리 박물관이 교감의 공간임을, 공유된 이야기들, 즉 역사에 의해서 우리가 우아하게 서로 가까워지는 장소임을 느끼게 해야 한다.

이야기들은 중요하다. 박물관이 주로 유물들, 그저 소장 컬렉션이 전부인 경우는 거의 없다. 컬렉션은 이야기들을 들려주며, 역사들을 상징하며, 공동체적 연속성을 포착한다. 유물들은 어떤 더 큰 진실을 예시하기 위해서, 어쩌면 집단적 카타르시스를 조성하거나 응집성을 이끌어내기 위해서 그곳에 존재한다. 순수하게 유물 그 자체로 그곳에 존재하는 경우는 드물다. 얼마나 찬란한 컬렉션이든 보통은 이야기가 헤드라인이며 신 스틸러(scene-stealer : 주연보다 더 눈길을 끄는 조

거스 케이슬리-헤이퍼드

연/옮긴이)로, 다시 말해서 아무리 희미하게 머릿속에 그려진다고 하더라도 기억에 가장 오래 남는 것이다.

18세기 중반 영국 박물관의 설립은 자코바이트에 대한 확실한 진압(과 연합 왕국의 공고화)뿐만 아니라 일단의 더 넓은 제국적 야심의 급증과도 일치했다. 신설 국립 박물관은 이제 막 생겨나고 있던 제국에 관한 초기 서사들을 제시했고, 영국을 그리고 우리와 관련하여 세계를 규정하는 데 일조했다. 설립자 한스 슬론은 식물학도이자 노예 플랜테이션에서 일했던 의사로서, 그 시대의 산물이기도 했다. 그의 컬렉션, 그의 포부, 그의 세계관은 모두 거대한 계몽주의 테마들이 형성되고 있던 순간에서 영향을 받았다. 그리고 그 컬렉션이 엮은 서사는 그 시대에 강력하게 말을 걸었고, 다양한 민족들의 새로운 사고, 새로운 정치, 새로운 만남과 새로운 영토들을 설명하는 방식으로 자연과 인류의 위계질서 강화에 일조했다. 그것은 자연스레 영국인을 세계의 중심에 그리고 그 지적인(그리하여 암묵적으로 도덕적인) 위계의 정점에 두었다. 그것은 박물관이 중요한 국가 기관이 될 것임을, 군대와 행정 조직처럼 국민의식을 주조하는 도구로서 동원될 수 있음을 분명히 했다. 그리고 영국 박물관은 제 역할을 했다. 새로운 자신감의 지적인 압축판, 유물과 서사의 보고로서 그것은 영국이 헤쳐나가고, 이해하고, 통제하고자 한 세계의 유비를 나타냈다.

한 세기 동안 사우스 켄싱턴에 설립된 세 곳의 박물관은 갱신되는 유사한 일단의 명령, 즉 심대한 산업적, 제국적 변화의 여명을 맞이하던 국가에 복무해야 한다는 동기로 돌아갔다. 과학, 자연사, 미술과 디자인에 초점을 맞춘 신설 국립 박물관이었던 세 곳은 세계를 실용적으로, 하나의 도구 상자처럼 보고자 했다. 빅토리아 앤드 앨버트 박물관의 창립자 헨리 콜은 한스 슬론과 매우 다른 부류의 사람이었다. 콜은 세계를 호기심 상자로 보는 대신에 사람들과 기술에 그리고 문화적 전환 가능성에 매혹되었다.

1849년 콜은 프랑스의 문화적, 산업적 야심의 압축판으로 여겨진 제11회 5년제 파리 박람회에 참석했다. 콜은 파리 박람회에 감명받지 않았고, 국제적인 참가자들의 부재를 결정적인 누락으로 간주하여 실망한 채 돌아왔다. 그가 발견했다시피 위대한 문화의 이야기를 들려주는 것이란 지구적 이야기를 들려주는 일이었다. 파리 박람회에 대한 대응으로서 그는 진정으로 국제적인 의도로 이전의 모든 박람회들과 뚜렷하게 구분될 만국 박람회를 구상했다. 콜은 지리와 시간을 가로질러 여러 민족들 간의 일종의 보편적 연결성을, 다시 말해서 문화적 탁월성과, 제작품과의 접촉을 통해서 가장 뚜렷하게 감지되는 연결성을 믿었고, 사상 최대의 박람회로 그 연결성을 기리고자 했다. 그는 그렇게 하는 데에 성공했고 만국 박람회는 참가자로서 또 관객으로서 지구 곳곳에서 사람들을 끌어들였다. 6만 명의 외국인이 런던을 찾았다. 그들은 곧 영국과 영국의 제국적 관계들의 본질을 재정의하는 데에 일조할 터였다.

만국 박람회를 가장 일찍 찾은 방문객들 가운데 한 사람인 「펀치

Punch」의 저널리스트이자 사회 개혁가인 헨리 메이휴는 거의 모든 사람들과 마찬가지로 자신이 본 것에 감명을 받았다. 그는 만국 박람회를 창조 산업에 대한 흥미진진한 연구로 보았다. 이것은 국제적 실천을 위한 플랫폼인 한편으로, 영국 최고의 창의성을 위한 기가 막힌 광고이기도 했다. 그리고 메이휴 안의 저널리스트는 이 국가적 전환의 엔진이라고 할 수 있는 공동체들을 찾아내고자 했다. 그는 런던 시에서 최첨단과 거리가 가장 먼 동쪽 지역으로 갔다. 만국 박람회 당시 이스트런던을 묘사한 그의 글은 빅토리아 시대의 도시 관리와 시정에 대한 하나의 고발물이다. 하지만 그와 동시에 그는 찢어지는 가난과 궁핍을 통해서 이스트런던을 자랑스러운 제작자들의 공간으로, 재단사, 제화공, 톱질꾼, 목수, 가구 제작자, 실크 방직공의 장소로 정의했다. 같은 시대에 같은 거리들을 걸었던 디킨스는 그와 유사하게 그곳을 "보일러 제작자, 창자실 방적공(gut spinner : 동물의 창자로 만든 실을 잣는 사람. 창자실은 외과용 봉합 실, 악기의 현, 채찍 등 다양한 분야에 이용되었다/옮긴이), 유약 제조공, 인쇄공, 잉크 제조공과 기타 등등"의 장소라고 묘사했다. 빅토리아 런던의 다른 연대기 작가들처럼 두 사람은 이 성장과 진보의 시대에 최대의 희생을 치르고 있는 사람들이 가장 적은 혜택을 보고 있다는 사실에 충격을 받았다. 오늘날 브렉시트 이후 영국이 세계와의 관계를 재설정하고 있는 가운데 빅토리아 앤드 앨버트 박물관이 제도적 에너지의 중요한 일부를 투입하고자 하는 대상은 바로 그 창의적인 이스트런던 공동체들의 후예들이다. 비

록 이스트런던이 엄청난 변화를 겪기는 했지만, 그곳에는 변하지 않는 것들도 있다. 그곳은 여전히 무엇인가를 만들어내는 장소, 발명과 창의성의 공간이다. 그리고 그곳은 영국에서 경제적으로 가장 어렵고 문화적으로 가장 다양한 공동체들의 본고장이기도 하다.

우리가 바라는 변화를 가져오기 위해서는 대담해져야 한다. 상설 박물관을 짓고자 했을 때, 콜은 그곳이 급진적이기를, 창의성을 통제하기보다는 해방시키기를, 독창성을 제도화하기보다는 소생시키기를 원했고 거대한 유동의 시대에 유의미한 피난처가 되기를 원했다. 그는 자신의 빅토리아 앤드 앨버트 박물관이 진정으로 전환적인 곳이 되기를, 평범한 삶들을 의미 있게 변화시킬 다종다양한 도구를 제공하기를 희망했다. 그래서 그는 대담했다. 콜 휘하의 빅토리아 앤드 앨버트는 박물관 관행에서 진보적인 혁신을 선도했다. 그곳은 가스등 조명을 설치한 최초의 박물관이자 남녀 직장인들이 일을 끝내고 방문할 수 있도록 야간 개장을 시행한 최초의 박물관이었다. 그곳에서는 휴식과 사회적 기회를 제공하는 카페, 실용적 공부를 위한 스튜디오와 도서관이 제공되었다. 하지만 콜의 방법과 가치들은 그의 시대와 문화에 의해, 무엇이 옳고 아름답고 유용한지에 대한 특정한 귀족적인 확실성에 의해서 제한되었다. 콜의 비전에는 강력하고 시대를 초월해 취할 것들이 있지만, 오늘날 우리는 지식, 진실, 선이나 아름다움은 독점할 수 없음을 받아들여야 한다. 우리가 깊은 제도적 전문성을 갖추고 있지만 진실을 독점하고 있지는 않다는 사실을 끌어안

거스 케이슬리-헤이퍼드

아야 한다. 실제로 역사와 해석은 제작자와 관람객들과 역동적 교환의 일부일 때에 가장 흥미진진하다. 그리고 우리는 박물관을 찾은 관람객들이 우리의 컬렉션에 관여함으로써 변화되기를 바라지만, 한편으로 우리의 기관이 관람객들에 의해서 변화될 잠재력을 가지고 있기를, 진정한 서사 교환의 도가니일 사헬 지방의 그 호텔처럼 되기를, 이 유동적 시대의 변화무쌍한 필요와 분위기를 반영할 수 있을 만큼 열려 있고 유연하기를 바란다. 그리고 그렇게 하기 위해서는 새로운 방식으로 작업해야 한다.

다양한 예술 분야에 걸쳐 우리는 디지털 혁명의 혜택을 누려왔고, 디지털 기반 시설과 도구가 영화와 텔레비전의 소비와 배급을 어떻게 변모시켰는지, 디지털 참여가 소비자 참여의 패턴과 소비를 어떻게 변모시켰는지를 목도해왔다. 하지만 아직까지 박물관 부문은 박물관 방문의 성격을 변화시킬 진정으로 전환적인 디지털 패러다임을 찾지 못했다. 어쩌면 디지털 기술들의 창의적인 통합을 통해서 우리는 새로운 종류의 참여를 가져오고 컬렉션에 대한 이용자의 경험을 변모시킬 수 있을지도 모른다. Z세대, 즉 고객 맞춤 제작customisation에 익숙하고 진정성에 집착하는 인구 집단에게, 우리는 방문객들이 아름다운 것들을 **보기만** 하는 대신 컬렉션들에 직접 관여하고 자신들의 일부를 남겨두고 갈 기회를 제공하는 환경과 체험을 만들어내고 싶다. 시간이 흐르면서 박물관들은 아름다운 유물의 보관소만이 아니라 성찰, 증언, 기억의 저장소가 되어야 할 것이다.

나의 희망은 빅토리아 앤드 앨버트 이스트가 그곳을 찾는 다양한 관람객들에게 많은 것들이 되는 것이다. 어쩌면 미래의 한스 슬론은 우리의 수장고를 탁월한 큐레이팅의 개방적 중심으로서 소중히 여길지도 모른다. 장래의 헨리 콜은 아마도 우리의 박물관을 역량 강화의 촉매이자 영감과 기회의 도가니라고 칭찬할 것이다. 하지만 나는 타우즈로 가는 길의 미래 동료 여행자들이 그곳의 뛰어난 환대에서 위안이 되는 무엇인가를 발견하기를, 박물관이 방문객의 필요와 욕구에 따라 유연하게 변화할 줄 아는 자신감을 가지고 있기를 바란다. 새로운 문화적 풍경은 새로운 종류의 기관을, 새로운 관객을 위해서 컬렉션에 새로운 에너지를 주입하고, 스스로를 새 시대의 관심사와 리듬, 생산 양식에 맞춰 재조정할뿐더러 과거의 본질적인 휴먼 스토리를 들려줄 수 있는 박물관을 요구한다. 우리는 미술과 디자인의 경험적 저장소를 건설하고, 그곳을 실험적인 파트너십에 기반을 둔 갤러리와 전시 플랫폼과 짝짓고, 상상력을 위한 캠퍼스를 창조하고, 전 세계의 관람객, 공동체, 예술가, 제작자들과 함께 평등하고, 감정이입적이며, 개방적인 관계를 이끌어내면서 설명과 화해를 위한 공간, 우리의 컬렉션들이 재현하는 복잡하고 어려운 역사들을 인정할 수 있는 공간을 만들어낼 일생일대의 비상한 기회를 가지고 있다.

거스 케이슬리-헤이퍼드

더 읽을 거리

아프리카 역사의 환경적이고 일시적인 전통들에 관하여—구전, 수행과 가면극, 덧없는 사물들
Toyin Falola and Christian Jennings (eds.) *Sources and Methods in African History: Spoken, Written, Unearthed* (Rochester, NY: Rochester University Press, 2005)

박물관의 미래와 디지털 문화유산을 둘러싼 논쟁
Jane Anderson, *The Routledge Companion to Cultural Property* (London: Routledge, 2021)
Fiona Cameron and Sarah Kenderdine (eds.), *Theorizing Digital Cultural Heritage; A Critical Discourse* (Cambridge, MA and London: MIT Press, 2007)

식민지 역사들을 박물관에서 맥락화하기
John McAleer, 'Objects of Empire: Museums, Material Culture and Histories of Empire' in Anne Gerritson and Giorgio Riello (eds.), *Writing Material Culture History* (London: Bloomsbury, 2015)
Dominic Thomas (eds.), *Museums in Postcolonial Europe* (London: Routledge, 2010)

물질적 관여의 새로운 형식들
Arjun Appadurai, *The Social Life of Things* (Cambridge: Cambridge University Press, 1986)
Lambros Malafouris, *How Things Shape the Mind: A Theory of Material Engagement* (Cambridge, MA: MIT Press, 2013)

사회적 응집성 구축을 위한 문화적 전통과 의례, 공동체, 메커니즘들
Charlton Payne and Lucas Thorpe (eds.) *Kant and the Concept of Community* (Rochester, NY: Rochester University Press, 2011)

인종, 문화적 다양성 등등과 관련하여 제도적 장벽들을 제거함으로써 관람객을 환영하는 환경을 건설하기
Nicole Ivy, 'The Labor of Diversity', *Museum*, January 2016, 36-9
Richard Sandell and Eithne Nightingale (eds.) *Museums, Equality and Social Justice* (2013). With a foreword by Mark O'Neill and Lois Silverman. 학자들과 현장 활동가들의 에세이 21편.

15

원주민을 위한 공간을 마련하는 일은 어떻게 역사를 바꾸는가?

레일라 K. 블랙버드와 캐럴라인 도즈 페넉

민족을 말살하려면 먼저 그들에게서 기억을 제거하는 일부터 시작하지. 누군가가 그들의 책과 문화를 파괴해. 그리고 다른 누군가가 다른 책들을 쓰고 그들에게 다른 문화를 제공하고 다른 역사를 만들어내고. 그러고 나면 민족은 서서히 자신의 현재 모습과 과거 모습을 잊기 시작하지. 주변 세상은 더더욱 빨리 잊어가고 말이야.

— 밀란 쿤데라, 『웃음과 망각의 책*Le Livre du Rire et de L'oubli*』

레일라 K. 블랙버드이하 블랙버드로 표기 모두는 아니라고 해도 다수의 원주민들에게는 과거와 현재 사이에 구분이 존재하지 않는다. 그들은 전통적인 앎의 방식들과 믿음 내에서 모든 시간과 모든 역사가 상호 연결되어 있고 공존하며, 문화와 안녕에 매우 중요하다고 생각한다. 우리는 이러한 접점들이 성스럽다고 여긴다. 현재와 과거를 하나로 엮고 살아 있는 세대를 조상들과 연결하는 그 실들을 끊는 일은 식민화와 노예화, 학살, 토지 강탈, 강제 이주, 종족 학살 그리고 조약 위반과 같은 최초 행위들을 넘어서 폭력으로 작용해왔다. 교실에서는 식민화에 대한 신화화된 설명들이 예사롭게 통용되지만, 심지어 그런 설명마저 우리의 역사책에서는 턱없이 부족한 실정이다. 이른바 신세계의 역사를 연구하고 가르치는 일에 대한 접근법들은 아예 파괴적이지는 않다고 하더라도 흔히 부적절하다. 하지만 오늘날 우리는 원주민들을 위한 공간과 관점들을 만들어서 역사를 좀더 정직하고 역동적인 것으로 바꿀 수 있다. 이러한 과정에서 역사를 바로잡을 가능성 역시 커질 것이다.

역사는 정치라는 도가니에서 하나의 무기로 주조된다. 식민 지배자들의 시각을 강화하고 국가적 신화를 창조하기 위해서, 정책 결정자들과 교육자들은 과거에 관한 정교하게 고안된 판본들을 동원하는 경우가 허다하다. 안타깝게도 이는 또한 원주민들과 유럽인들 사이의 관계를 규정해왔다. 아메리카 원주민은 이러한 역사에서 달아날 수 없다. 그것은 국민 국가의 법적 틀을 구성하고, 국경선과 시민권을 정의하며, 우리의 정치적 주권을 제한하고, 심지어 우리의 혈통을 정량화한다. 식민주의 정책들은 땅과 그곳의 자원에 대한 지배권을 유지하기 위해 우리의 전통적인 앎과 존재 방식을 억지로 바꾸고 대체하는 데, 우리의 유대를 깨트리고, 다름 아닌 우리의 정체성을 통제하는 데에 수 세대 동안 이용되어왔다. 원주민들은 일찍부터 역사를 짊어지는 법을 배워야 함과 동시에 그 무게에 짓눌리지 않아야 한다. 우리가 희생자가 아님을 마음 깊이 알아야 한다. 우리는 생존자, 문화 담지자이자 번영하는 공동체들이다. 우리는 여전히 이곳에 있다. 이곳은 우리의 땅이다. 그리고 우리가 이 땅에 속하지 이 땅이 우리에 속한 것이 아니다.

원주민들이 어쩌다 보니 사라졌다거나 영원히 과거에 남겨졌다는 이야기는 사실의 창조물이라기보다는 역사적 기억과 문학의 창조물이다. 우리가 변하지 않는 과거의 유물이라고 생각한다면 우리에게 미래로 가는 길은 없다. 하지만 식민 지배는 이러한 논리, 즉 우리는 "원시인"이며, "문명"이나 근대성, 자치가 불가능하다는 전제에 의해서 정당화되었다. 그것은 모래로 쌓은 토대이며, 제국들은 그 토대 위에 건설되고 붕괴되어왔다. 마찬가지로 제국의 역사들은 속이 비고 불완전한 과거에 대한 한 가지 판본이다. 그 역사들에는 수백만 원주민들의 얼굴과 목소리, 이야기들이 빠져 있다. 그들 또한 이 땅에서 살아가고 사랑했으며, 이동하고 창조했으며, 전사, 시인, 예언자, 치유자, 외교관, 지식인들이었다. 말소는 정착-식민의 현재를 지속시키는 폭력의 한 형태이다.

원주민들을 살아 있는 현대의 진짜 존재로 보아야만 계속되는 저 식민지적 현실에 도전할 수 있다. 학자와 학생들이 이렇게 관점을 바꾸는 것만으로도 과거의 원주민 행위자들의 주체성을 회복시켜주는 일이 가능해진다. 게다가 이는 시공간을 가로질러 접점들을 바로잡고, 우리 조상들을 우리 그리고 미래 세대와 이어주는 실들을 꿰매고자 하는 살아 있는 원주민들을 위한 공간을 마련하는 것으로도 이어진다. 원주민들이 미래를 가질 수 있다고 여겨질 때에만 우리는 미래가 생겨나는 것을 꿈꾸고 희망할 수 있다. 과거의 무게를 먼저 인식하고 명예롭게 기릴 때에만 우리는 마침내 현재에서 화해의 가능성을 위한 공간을 모색할 수 있다. 바로 그것이 오늘날까지 이어지는 다수의 활기찬 원주민 문화, 정치체, 언어를 중심에 놓을 수 있는 역사에 우리가 헌신해야 하는 이유이다. 그것은 어쩌면 그 어느 때보다 불가결하고 필수적인 프로젝트이며, 우리에게 전략적 협력의 기회를 제공할 것이다. 이 글은 바로 그런 일을 하기 위한 하나의 연습이다. 결론에 도달하기 전에 우리의 독특한 목소리와 관점들을 유지함으로써 우리는 사례를 제시하고자 한다. 이야기들은 흔히 여러 차원들에서 살아간다.

캐럴라인 도즈 페닉이하 '페닉'으로 표기   1961년, E. H. 카는 역사가들에게 과거와 미래 사이에서 자신들이 어떤 입장에 서 있는지 인식하라고 촉구했다. 역사가는 무미건조한 사실들의 집합의 중립적인 관리자도, 자신의 역사적 허구를 윤색하기 위해서 증거들을 단편적으로 이용하는 선전가도 아니다. 카에게 역사란 자기 시대의 관심사를 반영할 수 있고 반영해야 하지만, 그 역할에 매몰되어서는 안 된다. 학계에 들어갈 때에 학자들은 이 절벽을 따라서 조심스레 걸어가도록 배운다. 우리의 편향들을 인식하고 인정하도록, 우리가 고르는 증거가 우리의 이야기를 어떻게 형성하는지를 이해하도록 배우는 것이다. 하지만 절대적 객관성에 맞선 카의 낭랑한 외침이 들린 지 60년이 지난 지금도 불편부당한 관찰자라는 역사가 모델은 안타깝게도 여전히 남아 있다. 그 모델은 권력과 호기심 간의 불편한 관계도 문득 환기시킨다. 린다 투히와이 스미스(마오리족)가 말한 바와 같이, "조사는 아마도 원주민 세계의 어휘에서 가장 더러운 단어일 것이다.……그것은 나쁜 기억들을 상기시킨다." 원주민 역사 연구자들은 원주민들의 신체, 삶, 역사들이 수 세기 동안 면밀한 조사의 대상이었다는 사실을 잊어서는 안 된다. 비원주민 관찰자가 "중립적" 조사를 위해서 이러한 과거들을 어떻게든 "회복할" 수 있다는 발상은 수 세기 동안 서구와 "나머지" 세계 간 관계의 중심에 자리한 대단히 문제적인 역학을 재생산한다.

원주민 역사들에 관해서 작업하는 비원주민 학자들 역시 이러한 역사에서 달아날 수 없으며, 나는 그 점이 나의 연구 수행에 밑바탕이 되어야 한다고 생각한다. 카는 역사가 "역사가와 그의 사실들의 끊임없는 상호 작용 과정, 현재와 과거 사이의 끊임없는 대화"라고 썼다. 이 대화는 중대하지만, 나는 그 대화를 카보다는 덜 추상적인 것으로 바라본다. 그것은 역사가와 그녀의 "텍스트들"(그 텍스트가 문자적이든 시각적이든 또 물질적이든 구두이든 간에) 간의 대화에 그치지 않는다. 우리가 연구하는 증거는 오늘날 세계 곳곳에서 여전히 건재한 원주민들에게 폭력적인 단절을 반영한다는 의식을 역사가와 텍스트 사이

레일라 K. 블랙버드와 캐럴라인 도즈 페넉

에 위치시키는 대화이기도 하기 때문이다. 아스텍(더 정확하게는 멕시카Mexica) 세계를 연구하는 역사가로서 나는 거의 전적으로 멕시코 침공 이후에 생성된 사료들로 작업하는 데에 익숙하다. 이 자료들은 콩키스타도르, 선교사, 노예 상인과 노예주, 정착민들에 의해서 혹은 그들을 소재로 또는 그들의 후원하에 쓰인 텍스트들이다. 상형 문자 아카이브 대화재에서 살아남은 메소아메리카 텍스트는 거의 없다. 대다수의 텍스트는 에스파냐의 정복 초창기에 선교사들의 종교적 열성으로 인해서 불길 속으로 사라졌다. 심지어 나와족—나와틀어를 사용하는 아스텍족과 그 이웃 부족들의 후예—이 작성한 보다 나중의 문서들도 불가피하게 어느 정도는 식민주의적 접촉, 다시 말해 폭력, 단절, 파괴와 더불어 적응, 저항, 혼교주의syncretism로 이루어져 있다.

학자로서 우리는 "결을 거슬러" 읽는 법, 즉 확연히 드러나는 것 이면을 보고 표면 너머의 증거를 발굴하는 법을 배운다. 그러나 선입견과 전제의 갈라진 틈새들을 통해서 원주민 역사들을 언제나 분명하게 "읽어낼" 수 있는 것은 아니다. 비록 "민족역사학ethnohistory"이라고 부르는 학제간 방식—원주민 역사들을 조명하기 위해서 미술사, 고고학, 생태학, 풍경, 언어학, 인류학과 같은 상이한 학문 분야와 자료들을 하나로 모으는 포괄적 접근법—으로 작업한다고 주장하는 것이 이제는 제법 주류가 되었지만, 이 시대 원주민 공동체들의 위상은 여전히 미미하다. 구전 역사들은 흔히 "일화anecdote"로, 원주민 원로들은 "이야기꾼storyteller"으로 치부되어 역사가와는 다르다는 듯이 취급된다. 우리는 이렇게 하기보다 과거를 이해하고 말하고 연구하는 대안적 방식들을 인식해야 한다. 이 대안적 방식들은 서양의 "사실들"을 명시적으로 거부하고 전통적인 "이야기들"을 선호할 수도 있다. 순전히 그 이야기들이 더 중요하거나 다른 앎의 방식들을 담고 있기 때문이다. 아스텍 "신화적 역사들"을 그 자체의 관점대로 독해하는 편을 선호하여 끈질긴 아카이브 경험주의를 거부하는 수전 길레스피가 썼듯이, 이 세상에는 "발견될 다른 '진실들'이 있다." 원주민 인식론들은 그 나름대로 타당하다.

원주민 역사 연구는 협력과 대화의 작업이어야 한다. 그것은 역사가와 그녀의 텍스트 사이의 대화에 그치지 않고, 그녀가 그 속에서 발견하는 사람들, 그리고 그 뒤를 잇는 사람들과의 협력과 대화여야 한다. 예를 들면 테노치티틀란 세계를 되살리기 위한 시도였던 나의 작업은 많은 측면에서 문화사가의 전통적인 방법들을 끌어안는다. 하지만 나는 "아스텍족"의 시대는 지나갔어도 오늘날 멕시코에서 수백만 명이 여전히 나와틀어와 100여 가지 이상의 여타 원주민 언어를 사용한다는 사실을 언제나 의식하면서 문화사의 연구 방법들을 적용한다. 멕시카, 사포텍, 미스텍, 테파넥, 올메카, 마야와 무수한 여러 부족들의 후예들이 멕시코 방방곡곡에서 살고 있다. 나는 비록 어느 원주민이 살아 있는 라코타, 아파치 혹은 크리 원로와 그들의 역사에 관해서 이야기하는 방식으로 그들의 조상들에게 "말을 걸지는" 못하지만, 원주민의 목소리들을 중심에 두면서 그 점이 그들의 후손들에게

레일라 K. 블랙버드와 캐럴라인 도즈 페넉

중요하다는 점을 의식하며 역사를 쓰는 것을 도울 수는 있다. 과거의 원주민들을 사악하고, 피에 굶주리고, 잔혹하게 정형화할 때에 우리는 그들의 땅에 대한 침략과 그들의 후손의 노예화 그리고 오늘날 아메리카 대륙 곳곳에서 계속되는 인종차별 및 그들이 경험하는 억압을 암묵적으로 변명해준다. 나는 그들을 대신하여 발언할 수는 없다. 그러나 조심스레 텍스트들을 풀어냄으로써 그들이 스스로 발언할 수 있도록 도울 수 있다.

블랙버드　옛 격언대로 역사는 승자에 의해서 쓰인다. 그렇다면 대다수의 미국인들에게 역사는 식민화와 함께 시작된다. 그들에게 현대 민족을 규정하는 것은 접촉과 연결보다는 정복이다. 미국에서 민족적 기원 이야기는 "명백한 운명Manifest Destiny"으로 점철되어 있다. 그것은 대서양부터 태평양과 그 너머까지 앵글로−프로테스탄트의 팽창은 이미 정당화되었고, 불가피하며, 신이 주신 권리라고 보는 철학이다. 마찬가지로 캐나다에서는 상호 경쟁하는 영국과 프랑스의 제국적 이해관계와 폭력이 당대의 민족적 현실들을 형성해왔다. 하지만 역사 서술—흔히 그 기원이 되는 민족에 매여 있고 따라서 민족주의에서 자유롭지 못하다—은 문화적으로 구성된 선입견이나 편견을 전적으로 배제하지는 못한다. 이 점은 카가 우리에게 가르쳐준 교훈의 핵심이다. 그럼에도 학계의 쟁쟁한 사상가들 일부는 심각한 편견들을 유지하고 있다. 본인들은 자신들의 관점이 전적으로 객관적이라고 믿고 있다고 할지라도 말이다. 경험주의란 흔히 순진함이다.

유럽 정착민들과 그 후손들은 자신들을 서양 계몽주의 전통의 자랑스러운 상속자로 여기도록 배워왔고, 역사학은 바로 이런 틀 위에 하나의 전문 분야로 수립되었다. 20세기 전환기에 미국 역사학회의 7인 위원회는 민족사 교육은 정치적 프로젝트여야 한다고 결정했고, 훗날 미국 역사학회의 회장이 된 제임스 하비 로빈슨은 "역사 연구의 범위와 의도"를 설정할 "신역사"를 발전시키기 시작했다. 1916년 로빈슨과 동료들은 미국 교육부에 교육을 통해서 올바른 시민계층을 형성할 수 있다는 약속을 제시하며 당시 개발 중이던 공립학교 교과과정에 민족사의 중요성을 확립시켰다. 그다음 역사학계는 세계대전 시대의 "야만주의"의 어둠으로부터 세계를 수호할 희망으로 "서양 문명"을 치켜세우는, 항구적인 역사관을 내세우기 시작했다. 그 이후로 줄곧 중등 교육과정은 고대 그리스와 로마인에서부터 "우리의 공유된 유럽적 기원들"을 거쳐, 아메리카를 "발견하고" "건설한" 청교도와 개척자들까지, "코카서스 인종"의 "진보적인 발전"과 기독교 신앙의 지구적 지배를 중심으로 해왔다.

미국 학계의 원주민 역사학자로서 나는 깊이 뿌리박힌 이러한 편견들과 끊임없이 씨름해야 한다. 심남부에서 자란 나는 어린 시절에 "사라지고 있는 인디언들"과 용감한 개척민들, "행복한 노예들"과 자애로운 아버지 같은 노예주들의 이야기를 들려주는 역사 교과서들을 접했다. 그 교과서들에서는 나의 진실이나 내가 알고 사랑하는 사람

레일라 K. 블랙버드와 캐럴라인 도즈 페넉

들 대다수를 찾을 수 없었다. 바로 그 점이 내가 역사가가 되도록 영감을 주었다. 하지만 이는 내가 다른 두 세계를 걷는 법을 배워야 한다는 뜻이기도 했다. 교육은 원주민 문화, 언어, 지식 생산을 단절시켰고, 교육 기관들은 오랫동안 유럽 "문명화" 프로젝트의 일부였다. 아메리카 원주민들에게 이는 트라우마와 깊이 얽혀 있다. 고등 교육을 받겠다는 나의 뜻을 처음 아셨을 때, 어머니는 내게 이 체계는 나를 위해 만들어지지 않았음을 잊어서는 안 된다고 경고하셨다. 이런 교육 체계는 나를 위하기는커녕 명시적으로 나 같은 사람들을 파괴하려고 설계된 것이었다.

1870년대부터 백인 아이들에게는 "문명화 신화"가 주입된 한편, 원주민 아이들은 자기 집과 문화, 공동체로부터 억지로 분리되어 "인디언 기숙학교"에 넣어졌다. 미 정부의 인디언 부서나 민간의 종교 단체들이 운영한 수백 군데의 기숙학교들 가운데 최초인 칼라일 인디언 실업학교는 리처드 헨리 프랫 준장이 "인디언을 죽이고 인간을 구하라"라는 철학하에 설립한 학교이다. 프랫 및 프랫과 같은 사람들은 캐나다의 인디언 부서 감독관 덩컨 캠벨 스콧이 말한 "인디언 문제"의 "최종 해법"을 믿었다. 바로 백인성whiteness으로의 강제적인 동화 아니면 절멸이었다. 마찬가지로 그의 정부는 원주민 문화들이 근대성에 적응할 수 없다고 주장하며 "공격적인 동화" 정책을 발전시켰다.

1996년에서야 마지막 학교가 문을 닫은 캐나다 "기숙학교"의 평행 역사(같은 시기 미국의 역사와 유사하게 진행되었다는 뜻/옮긴이)는 근래에 국가적인 차원에서 시행된 인권 조사의 중심이 되었다. 이 조사를 통해서 진실과 화해 위원회는 선주민, 메티스, 이누이트 아동들이 고유의 언어와 문화를 금지당하고, 만연한 신체적, 성적 학대를 당했으며, 잔학 행위와 기아, 죽음에 노출되었다는 수천 건의 진술을 들었다. 조사 결과는 분명하다. 이 학교들의 유산이란 종족 학살의 유산이다. 종족 학살의 결과는 가난과 질병, 절망을 통해서 여전히 뚜렷하게 감지된다. 미국과 캐나다에 걸쳐 원주민들의 1인당 자살과 수감, 성폭행, 살인 비율은 다른 어느 인종이나 종족 집단보다 높다. 아메리카 대륙 전역에서 원주민들은 고용, 교육, 건강과 재산 같은 모든 사회경제적 척도에서 여전히 불리하다. 하지만 타냐 탈라가(아니시나비족)가 상기시키듯이, "너는 신경 쓰지 않도록, 무관심하도록 길들여져 있고, 그 무관심에는 폭력이 존재한다."

안타깝게도 미국은 현재 진실이나 화해를 위한 미래상을 가지고 있지 않으며, 과거의 많은 참상들은 우리의 역사책에서 여전히 감춰져 있다. 살아 있는 우리 세대에서야 비로소 아메리카 원주민들은 이 세대 간 트라우마의 순환을 깰 수 있게 되었다. 더 "전통적"이거나 "애국적"인 버전의 과거를 지지하고 그러한 과거로 돌아가기를 바라며 노예제와 종족 학살의 참상을 부정하는 두툼한 책들을 써낸 역사가들과 달리, 나는 지배를 미화하는 역사들에서 우리의 국가적 정체성을 찾아서는 안 된다고 믿는다. 그 대신 우리는 충분한 시간을 가지고 "현재와 과거 사이의 대화"를 세심히 고려한 다음, 우리가 공유한

레일라 K. 블랙버드와 캐럴라인 도즈 페넉

의식의 식민지적 뿌리들을 성찰해야 한다. 우리는 흔히 회자되는 심연을 기꺼이 그리고 용감하게 들여다보아야 한다. 우리 자신을 진정으로 알아야 한다. 이렇게 해서 우리는 남아 있는 자들을 기리기 위한 공간을 만들 수 있다. 사실인즉, 식민 지배자도 피식민자도 부정을 통해서는 결코 치유될 수 없다.

페닉   20년 전에 옥스퍼드에서 공부한 영국 역사가로서 나는 사료가 중요하다는 것을, 우리가 사료를 어떻게 선택하고 사용하는지가 우리가 이야기하는 역사들을 형성한다는 점을 배웠다. 나는 그 역사들이 중요하고, 그것들이 정치적 목적으로 이용되고 오용될 수 있음을 배웠다. 포스트 모더니스트들은 헤이든 화이트가 말한 "가치 판단에서 자유로운 역사" 같은 것은 없음을, 서사들은 강력하고 복합적임을, 우리의 해석은 우리 자신의 맥락과 더불어 저자들의 맥락에 깊이 뿌리박혀 있음을 학계에 가르쳐주었다. 포스트 식민주의 역사가들과 서벌턴 연구 집단의 작업은 영국의 제국적 과거에 대한 향수 어린 환상에 도전했으며, 미국에서는 신문헌학New Philology이 원주민 언어 연구에 초점을 맞춤으로써 메소아메리카에 대한 이해를 바꾸었다. 하지만 비록 우리가 들리지 않는 목소리들을 회복시키도록 애쓰라고 배웠다고 할지라도 들리지 않는 그 목소리들이 우리와 동시대인들의 목소리일 수도 있다는, 아니, 결정적으로 우리가 이야기하고 있던 이야기들이 계속되는 억압 서사의 일환일 수도 있다는 생각은 좀처럼 보기 힘들었다.

원주민 역사는 현재라기보다는 과거로 비췄다. 학계 너머 외부로 시선을 돌렸을 때에야 비로소 나는 이 역사와 여전히 함께 살아가는 사람들을 보았다. 나의 작업은 나와틀 연구의 중진인 미겔 레온-포르티야와 그의 스승 앙헬 가리바이 K. 같은 사람들의 연구에 뿌리를 둔다. 그들은 역사 속의 나와틀 단어 수백만 개를 알아내 번역하는, 대단한 작업을 해낸 학자들로, 아스텍 문학과 철학이 세계 문명들의 정전에서 한자리를 차지해야 한다고 믿었고, 정말로 그들이 옳았다. 번역과 해석은 원주민의 과거를 이해하는 데에 불가결한 도구였다. 그러나 번역과 해석 작업은 협업보다는 관찰과 번역에만 초점을 맞춘 민족학ethnology 전통의 일환으로 간주되고 있다. 멕시코 원주민 역사에 대한 레온-포르티야의 열정은 그의 삼촌인 저명한 고고학자이자 인디헤니스모(indigenismo : 에스파냐 정복 이전의 멕시코 역사들에 기반을 둔 통합된 국민 정체성을 창출하려는 20세기 움직임)의 핵심 기획자들 가운데 한 사람인 마누엘 가미오가 불붙인 것이다. 원주민 부족 역사의 복잡성과 중요성을 보여준 가미오의 작업과 가리바이 같은 민족학자들 및 언어학자들의 작업은 그 역사를 재구성하는 데에 빠트릴 수 없다. 하지만 가미오는 원주민들의 먼 과거의 문화와 예술을 우러러본 한편으로, 동시대 원주민 공동체들을 국민 국가 건설 시도 속에 근대화와 통합이 필요한 잠재적 시민들로 보았다.

원주민의 과거를 적극 알리고 생존한 원주민 공동체들에게 제한적

레일라 K. 블랙버드와 캐럴라인 도즈 페넉

이나마 얼마간 혜택을 제공하기는 했지만, 인디헤니스모는 근본적으로 원주민 유산 가운데 "좋은 부분들"을 취하고 나머지는 동질적인 메스티소 멕시코인 정체성으로 포섭시키도록 설계된 동화주의 프로젝트였다. 원주민성Indigeneity — 후손 공동체들로부터 단절된 영광스러운 화석—은 국가주의적 서사를 창조하기 위해서 전용된 한편, 원주민 본인들은, 멕시코 민족학자 기예르모 본필 바타야에 따르면 "인디언을 통합시키기 위해서, 그를 탈인디언화de-Indianise하기 위해서" 창안된 "상상적 멕시코"를 만들어내는 과정에서 정형화되고, 동화되고, 말소되었다. 바타야에게 이 발명된 인디헤니스모는 "멕시코 프로푼도México profundo"(깊은 멕시코)와 대립하는 것이었다. 바타야는 원주민 부족들이 자신들의 문화와 전통의 일부분을 유지하는 독자적인 공동체, 개인, 가족, 지역으로서 "진짜" 메소아메리카를 구현하는 존재들이자 "메소아메리카 문명에 기원들을 둔 세계관과 인간생활을 조직하는 방식들의 담지자"라고 보았다.

박물관 관장으로서 바타야는 그들 자신의 역사를 공동으로 창조하는 주체로서 원주민들에게 힘을 실어주며, 원주민 공동체들과 직접 작업한 최초의 연구자들 중 한 사람이었다. 이런 인디헤니스모 파르티시파티보indigenismo participativo(참여적 원주민주의) 모델은 원주민 활동가, 학자, 기관들과 손을 잡고 현지 공동체들에 권한을 부여하고 언어적, 문화적 전통들에 새로운 활력을 불어넣고자 하고 있다. 2003년 나와틀과 62개의 여타 원주민 언어가 공식적으로 인정되었지만,

다수의 멕시코 원주민 언어는 여전히 사멸 위기에 처해 있으며, 그 공동체들의 역사와 문화적 정체성도 위태로운 상황이다. 사카테카스 민족학 교육 연구소 같은 기관들에서 원주민 학생과 교사들은 연구자들과 손을 잡고 외부 청자들을 위해서 단순히 통역만 하기보다는 자신들의 언어를 다시 활성화하고 현재의 언어 사용자를 위한 학문 연구를 개척하고자 노력하고 있다. 여기에서 원주민들은 흔히 그렇듯 정보 제공자나 방관자에 불과하지 않다. 그 대신 그들은 자신들의 문화를 "단절이 아닌 연속성으로 특징지어지는" 것으로 보는 공간에서 조사와 교육 활동의 능동적인 참여자이다.

그러한 협업 관계는 원주민 역사를 상아탑의 활동이라기보다는 협력적 시도로 볼 가능성을 제시한다. 역사가들도 원주민들과의 협업의 가치를 알아보는 협력적이고 윤리적인 방법을 찾아낼 수 있다. 학계의 역사가로서 나는 내 분야의 토대를 이루는 학문 연구와 강탈의 전통들을 부인할 수 없다. 우리는 원주민의 과거를 연구하고, 범주화하고, 이름표를 붙임으로써 그 과거를 식민화해왔다. 전략적 협력을 통해서 이러한 소유(원주민의 과거를 연구자들이 소유하는 것/옮긴이)에 반발하는 것은 역사를 재상상하는 행위이다. 과거를 "탈식민화한다"라는 것은 바로 이런 의미이다.

블랙버드와 페닉　원주민들과 유럽 침략자들이 최초로 조우한 이래로 역사학의 실제는 식민화와 떼려야 뗄 수 없게 되었다. 원주민 텍

레일라 K. 블랙버드와 캐럴라인 도즈 페닉

스트들은 불태워지고, 그들의 문화는 식민 지배자의 이미지에 따라서 재창조되었다. 유물들은 강탈당하고, 면밀하게 조사되고, 그 유물들과 연관된 공동체들을 조금도 존중하지 않은 채 그리고 그 유물들의 의미나 힘에 대한 아무런 이해도 없이 전시되었다. 16세기 이래로 원주민들이 신성시하는 물건과 정령이 깃든 유해들은 일류 기관들의 귀중한 소장품 가운데 일부였다. 수만 점이 아직도 돌아오지 못했다. 하지만 강제로 동화되고, 살아 있는 세대들과 조상들 사이에 끊어진 접점들을 다시 잇고자 하는 원주민 공동체들에게 유산을 되찾는 능력은 필수 불가결하다. 타리타 알라르콘 라푸 주지사(라파 누이[이스터 섬의 원주민 명칭/옮긴이])가 영국 박물관에 1868년 이스터 섬에서 영국 해군이 훔쳐간 거대 모아이 석상 호아 하카나나이아Hoa Hakananai'a의 반환을 요청하면서 말한 대로, "우리는 그저 몸뚱이일 뿐이다. 너희 영국인들이 우리 영혼을 가져갔다."

학자들은 이제 (대체로) 우리가 이야기하는 역사들에 원주민을 포함하는 일이 중요하다고 인정한다. "변경 지대frontier"와 "발견discovery"은 "중간 지대middle ground"와 "뒤엉킨 역사들entangled histories"로 대체되었다. 원주민 이야기들을 위한 공간을 마련하는 작업은 제국의 역학에 대한 우리의 이해를 바꿈으로써 이미 역사학을 변화시켰고, 원주민들이 식민주의 내부에서 제한적인 주체성을 누렸음을 보여주고, 유럽의 인종적, 문화적 우월성에 대한 끈질긴 전제들을 약화시켰다. 마찬가지로 박물관들은 마거릿 M. 브루샤크(아베나키족)가 "복원적 조사"라고 부른 활동에 참여할 길을 서서히 모색하고 있는데, 이는 약탈 유물을 후손 공동체에 반환하고 원주민들이 자신들의 과거를 더 잘 이해하고 대변할 수 있도록 협력하는 일이다. 예를 들면 2017년 수백 점의 문화유물들이 예일 피보디 자연사 박물관에서 반환되어, 매니 하츠 린 말레르바 족장(모히건족)이 말한 "성스러운 순환"에 마침내 마침표를 찍었다. 또한 예일과 모히건족은 학술 활동을 지원함과 동시에 부족 공동체들이 자신들의 유산을 조사하고 주권을 확인하도록 그들에게 역량을 실어주는 프로젝트인 원주민 북동부 협력사업을 통해서 서로 협조하고 있다. 하지만 이는 예외적 사례이지 아직 일반적인 일이 아니다.

"역사 없는 사람들"이라는 원주민 문화에 대한 정형은 16세기—후안 히네스 데 세풀베다가 에스파냐의 식민화를 정당화했을 때—부터 1965년 휴 트레버-로퍼가 "유럽 이전, 콜럼버스 이전 아메리카 연구"는 "대체로 암흑 상태이며 암흑은 역사학의 대상이 아니다"라고 매도할 때까지 거의 변하지 않았다. 원주민 역사들에 대한 부정은 계속되는 식민화와 현실들을 말소하고 시공간을 가로지르는 연결들을 단절시킴으로써 과거를 알아볼 수 없게 만든다. 구비 전승과 신성한 전통들, 고고학과 문자적 사료들은 말할 것도 없고 풍경과 언어에 대한 깊은 이해를 바탕으로 원주민 역사들을 끌어안음으로써만 우리는 원주민의 과거를 감싸고 있는 이른바 "암흑"을 꿰뚫어볼 수 있다.

우리는 우리의 연구 실천에서 원주민들이 협업자로서 자신들의 진

레일라 K. 블랙버드와 캐럴라인 도즈 페넉

실을 말할 수 있는 공간을 만들어야 한다. 아메리카 원주민과 토착민 연구NAIS는 원주민 공동체들이 언어적, 아카이브적 그리고 문화적으로 특수한 전문성을 보유하고 있음을 인식하는 협력적, 학제간 활동의 원형을 제시한다. 원주민들은 자기 역사의 결과들과 매일같이 대면하고 있고, 한때 그들의 과거를 영원히 말소하고자 했던 이들보다 흔히 그 과거를 더 속속들이 알고 있다. 최근에 상을 받은 리사 브룩스(아베나키족)와 크리스틴 K. 델루시아 같은 NAIS 학자들의 작업은 지배적인 서사를 흔들고, 독자들이 원주민의 관점을 진지하게 받아들이도록 함으로써 대단히 획기적인 전환을 불러왔다. 두 사람은 식민지 북아메리카의 "기억풍경memoryscape"을 추적하면서 포착하기 힘든 과거를 가시적으로 만들고, 현존하는 원주민 지식과 방법들이 중첩된 엄격한 문서고 조사 작업을 통해서 영국령 대서양 세계에 대한 우리의 이해를 다시 쓴다. 델루시아에게 "기억은 '입증' 간극에 다리를 놓는 한편, 역사학은 공백을 숙고한다." 안타깝게도 그러한 방향 전환을 모두가 환영하지는 않는다. NAIS를 깎아내리는 사람들은 NAIS가 너무 현재 중심적presentist이거나 "정치적 올바름"에 치중하거나 객관성이 결여되어 있다는 정형화된 이미지를 씌운다. 하지만 카가 인식한 대로 객관성은 환상이다. 오랫동안 역사는 민족주의적이고 제국주의적인 의제들에 복무하기 위해서 생산되어왔고, 식민화된 사람들을 침묵시키기 위한 무기로 이용되어왔다.

역사란 무엇인지를 정하는 일은 언제나 역사를 쓰게 되는 사람들의 특권이었다. 역사가들은 문서고에 기반한 방법론을 "진실"의 유일한 심판자로 보는 현 상태를 보호함으로써 문서고가 구현하는 인식론적 폭력을 영속화한다. 원주민 지식을 내재적으로 "편향되거나" 신뢰할 수 없는 것으로 치부함으로써 깎아내리는 사람들은 백인 패권을 암묵적 표준으로 간주한다. 필립 J. 들로리아(스탠딩록 수족)는 묻는다. "원주민들은 (질문을 던지고 조사를 수행하고 결론을 이끌어내는 방식으로) 학계의 역사에 대한 절대적인 권위를 원하는가? 어쩌면 그럴지도 모른다. 어쩌면 그들은 **자신들**에 대해 일정한 권위를 인정받기를 원하는 것일 수도 있다." 자기 결정권의 부재는 심대한 물질적, 정치적 결과를 가져오기 때문이다. 원주민의 관점과 앎의 방식들을 포함시키는 일이 역사를 이해하고 말하는 유럽적 방식들에 도전하는 것이라면, 덕분에 역사는 오히려 더 풍성해질 것이다. 그것은 과거에 대한 우리의 이해를 심화하고, 수 세대에 걸쳐 편향에 빠진 "진실"에 대한 선입견들을 직시하도록 우리 모두에게 역량을 실어줄 것이다. 현재와 과거 사이 우리의 끝나지 않는 대화에서 원주민들은 말할 수 있고 또 그들의 목소리가 들려야 한다.

레일라 K. 블랙버드와 캐럴라인 도즈 페넉

더 읽을 거리

Philip J. Deloria, *Playing Indian* (New Haven: Yale University Press, 1998)

Thomas King, *The Inconvenient Indian: A Curious Account of Native People in North America* (Minneapolis: University of Minnesota Press, 2012)

K. Tsianina Lomawaima, *They Call It Prairie Light: The Story of Chilocco Indian School* (Lincoln and London: University of Nebraska Press, 1994)

Andrés Reséndez, *The Other Slavery: The Uncovered Story of Indian Enslavement in America* (Boston and New York: Houghton Mifflin Harcourt, 2016)

Audra Simpson, *Mohawk Interruptus: Political Life Across the Borders of Settler States* (Durham: Duke University Press, 2014)

Linda Tuhiwai Smith, *Decolonizing Methodologies: Research and Indigenous Peoples* (London: Zed Books, 1999)

Tanya Talaga, *All Our Relations: Indigenous Trauma in the Shadow of Colonialism* (London: Scribe, 2020)

Gerald Vizenor, *Manifest Manners: Narratives on Postindian Survivance* (Lincoln: University of Nebraska Press, 1999)

Stephanie Wood, *Transcending Conquest: Nahua Views of Spanish Colonial Mexico* (Norman: University of Oklahoma Press, 2003)

16

동아시아의 과거는 어떻게 현재와 미래를 형성하는가?
(또는 왜 우리는 위험을 무릅쓰고 중국과 일본을 무시하는가?)

래너 미터

어쩌면 오늘날 세계 최대의 권력 이동은 서양에서 동양으로의 정치적, 경제적 권력 이동과 특히 중국의 대두일 것이다. 하지만 이는 아시아 환태평양에 위치한 사회들의 역사에 대한 제한된 이해만 동반한 이동이다. 2020년 여름 ITV는 1942년 영국의 동양 보루인 싱가포르가 일본군에게 함락당한 사건을 바탕으로 한 J. G. 패럴의 훌륭한 반식민주의 소설 『싱가포르 그립The Singapore Grip』을 극화한 드라마를 방영했다. 이 드라마는 영국 대중문화에 이 지역의 역사가 등장한 드문 경우였다.

수십 년 동안 일반적으로 서양의 학교, 특히 영국의 학교는 동아시아 역사의 어떠한 측면에도 딱히 관심이 없었다. 남아시아는 사정이 다르지만, 그것도 아주 조금 다를 뿐이다. 20년 전 학교에서는 인도 역사를 찔끔찔끔 가르쳤지만 전부 제국의 역사와 관련이 있고 대부분은 영국인의 관점에서 바라본 내용이었다. 하지만 동아시아의 위대한 사회들은 제2차 세계대전 동안 "다른" 추축국으로서 일본이 잠깐 등장할 때를 제외하면 교과 과정에서 거의 전적으로 부재했다. 1980년대에 이르자 이런 사정은 다소 이상하게 비치기 시작했다. 일본은 세계 제2위의 경제 대국이었고 잉글랜드 북부에 투자함으로써 급속히 쇠락해가는 영국 자동차 산업을 위기에서 구제해주고 있었다. 21세기 초에 이르자 이 같은 사실을 역설하는 일은 더욱 이상하게 비쳤다. 일본은 이제 "고작" 제3위의 경제 대국인데 또다른 동아시아의 거인, 바로 중국에게 자리를 내주었기 때문이었다. 1980년대 후반에 내가 대학에 가서 중국어를 공부하겠다고 하자 어떤 사람들은 내가 특이한 전공을 선택한다고 생각했다(학교는 내 선택을 한동안 만류하려고 했다). 사람들은 30년 동안 줄곧 내가 미래 세계에 모습의 관해 열여덟 살 수준의 식견을 가지고 있다고 짐작했다. 그렇지 않았다. 나는 그저 중국(과 일본)이 공부해볼 만한 흥미로운 곳이라고, 그 나라들에 딱히 관심이 없는 지역에서 그 나라들이 특히 그런 곳이라고 생각했을 뿐이다. 내 생각은 지금도 변함이 없다.

오늘날 학교는, 특히 GCSE(영국의 대입 자격 시험/옮긴이) 수준에서는 중국 현대사를 좀더 의식하고 있다. 하지만 작금의 정치는 역사에 더 큰 관심을 강요하고 있는 듯하다. 서양이 중국의 경제적, 군사적, 지정학적 권력의 부상에 어떻게 대처해야 할지 앞다투어 고민하는 지금, 이 새로운 초강대국의 역사적 연원들을 둘러싼 관심은 높아지고 있으며, 심지어 다급함마저 느껴진다. 그리고 더 넓은 차원에서 아시아-태평양 지역은 유럽으로부터 떨어져 나왔지만, 이제 어디로 가야 할지 모르는 영국에 갈수록 중요해지고 있다. 2021년 봄에 영국 정부는 "인도-태평양 지역으로의 경도tilt to the Indo-Pacific", 즉 동남아시아 국가들과의 새로운 무역 협정 체결이나 남중국해로의 항공 모함 파견을 포함할 수 있는 정책 방향을 논의한 국방과 안보에 관한 통합 검토서를 발표했다. 하지만 오늘날 동아시아에 영국의 미래를 투사하는 청사진들은 영국과 그 지역 사이의 복잡한 역사적 관계에 대한 제대로 된 이해가 부족하다.

이 글에서 나는 잘만 이해하면 중대한 지구적 추세들에 대한 서양의 이해를 높여줄 동아시아 역사의 두 가지 측면을 논의하고자 한다. 바로 전쟁의 충격과 지구사의 중요성이다. 근대 동아시아 역사를 아우르는 주제가 있다면 그것은 서양의 복제품이 되지도 않고, 민주주의를 경제 발전의 필연적이거나 불가피한 일부로 만들지도 않으면서 어떻게 근대화하고 세계의 운명의 중심이 되었는가이다. 동아시아 역사로부터 격동의 2010년대에 이끌어낸 또 하나의 유용한 시각은 민주주의의 취약성에 관한 것이었다. 전후 유럽의 이야기는 대다수의 역사 서술에서 이야기되듯 필연적인 민주화의 서사가 되었다. 여러모로 이것은 거꾸로 읽어낸 이야기였다. 독일의 특수한 길(Sonderweg : 독일사가 다른 유럽 나라들과는 다른 특수한 경로를 밟았다는 테제. 주로 독일 중간계급의 저발전, 사회, 정치 부문에서 미진한 근대화에 주목한다/옮긴이)이 나치 독재로의 전락에 책임이 있는지를 둘러싼 기나긴 논쟁은, 부분적으로는 1945년 이전에 독일에서 민주적 헌신이 부재했다는 사

래너 미터

실이 유럽의 맥락에서는 일정 측면 비정상적이었다는 발상에 힘입은 것이었다. 1989년 이후 동유럽의 이야기 역시 자유민주주의가 정치에서 궁극적 규범이라고 주장한 프랜시스 후쿠야마와 여타 논평가들의 지적 프레이밍과 더불어 이 모델에 깔끔하게 들어맞았다.

인도의 역사는 다른 아시아 국가들의 역사보다는 영국인들에게 비교적 더 친숙하다. 이는 부분적으로 그 이야기의 태반이 영어로 이루어져서 쉽게 접근할 수 있었기 때문이다. 하지만 인도에 대한 이와 같은 초점 집중은 아시아를 통틀어 이해할 때에 한 가지 변칙성을 감추었다. 전후 시대 인도는 그 지역에서 일본을 제외하고 유일하게 지속적으로 민주주의 국가였다는 사실 말이다(심지어 그 민주주의 체제도 1975–1977년 2년 동안은 비상사태법하에서 중단되었다). 이는 인도의 경험을 어떤 측면에서는 친숙하게, 즉 유럽적 유산의 과히 좋지 못한 측면들(식민 지배)은 예의 바르게 무시하면서 그 양호한 측면들에서 파생된 민주주의 체제처럼 보이게 했다.

영국인들이 자유화 없이 성공적으로 근대화한 사회들에 익숙했다면, 트럼프 집권기의 미국 그리고 폴란드와 헝가리 같은 유럽 국가들에서 자유민주주의적 규범들이 와해되고 심지어 (그보다는 더 작은 규모로) 2019년 브렉시트 논쟁 동안 영국 정치인들이 교활한 수단으로 의회를 정회하고자 했다는 점은 그다지 놀랍지 않았을지도 모른다. 영국 학교에서 가장 많이 배우는 독재 체제로 전락한 유럽 국가, 즉 나치 독일의 사례는 인종 학살로 끝나면서 여러모로 워낙 극악무도해서 그 자체의 사례, 즉 독일의 경계 너머로는 밝혀주는 바가 별로 없다(유럽 파시즘에 관한 가장 난해한 논의도 이탈리아 혹은 오스트리아의 엥겔베르트 돌푸스 버전의 파시즘과 히틀러주의를 등치시키는 않는다).

1945년 이전 일본의 경로 역시 독일과 다소 유사하게, 모종의 근대화를 이루었지만 끔찍한 대가도 치르게 한 독재와 제국주의를 수반했다. 일본의 전후 재건은 독일과 마찬가지로 그전의 모습과 극명하게 대비되었다. 일본이 세계 평화와 민주주의에 기여하는 지구촌 시민이 된 것이다. 근대화로 가는 도상에서 중국이 겪은 트라우마는 일본의 트라우마보다 더 심각했다. 20세기 중반까지 중국은 지구적 세력들을 형성하는 주체인 만큼이나 그 세력들의 희생자였다. 그럼에도 20세기 초 공산당 정권 이전의 공화 정부들은 여전히 근대 국가를 창조하고자 했다. 20세기 중반에 세계대전과 내전을 겪은 뒤, 중국은 이전보다 근대화했지만 일본 같은 다원주의적 민주주의 체제가 아니라 미국만큼이나 소련에도 도전하는 공산주의 정권의 급진적 실험하에 있었다. 중국의 근대화는 근대사의 더 넓은 테마들에 말을 거는 다양한 테마들로 뒷받침된다. 바로 전쟁이 가져온 충격파, 지구화의 힘, 식민주의의 유산이다.

전쟁과 일본의 형성

종식된 지 4분의 3세기가 지났음에도 불구하고, 제2차 세계대전은 여전히 영국이 스스로를 규정하는 데에서 중심을 차지한다. 이는 다른 많은 사회들에도 해당된다. 러시아는 최근에 "대★ 애국 전쟁"의 기억을 훼손하는 행위를 불법화했다. 유럽에서 전쟁의 "의미"에 관한 지배적인 서사는 특정한 요소들을 공유한다. 내가 "기억 회로"라고 부르는 것으로, 한 역사적 사건의 의미로 여겨지는 것을 규정하는 공유된 관념과 전제들의 집합이다. 1945년 이래로 서유럽과 북아메리카 대다수의 사람들에게는 제2차 세계대전을 파시즘에 맞선 무력 분쟁으로 투사하는 기억 회로가 있다. 그 기억 회로에 따르면, 나치를 중심으로 유럽에 집중되었던 그 전쟁은 궁극적으로 악의 패배와 서방에서 안정적 민주주의의 수립으로 이어졌다. 역사적 세부 내용은 다르지만 워싱턴이나 파리, 런던, 베를린 어디든 그 골격의 핵심 요소들을 부정하는 이는 거의 없을 것이다. 패배한 독일인도 승리한 미국인들만큼 그 기억 회로를 공유한다.

그러나 제2차 세계대전에 대한 서구의 이해, 어쩌면 오늘날 영국에서 가장 널리 이해되고 대중을 사로잡아온(적어도 텔레비전 다큐멘터리와 대중 역사책, 학교 교과 과정을 보면 그렇다) 그 역사적 틀은, 그 무력 분쟁을 둘러싼 동아시아의 매우 다른 틀과 전제들을 포괄할 필요가 있다. 이는 특히 그러한 역사적 전제들이 아시아에서 가장 강력한 두 국가인 중국과 일본을 계속해서 형성해왔기 때문이다.

유럽에서와 달리, 동아시아에서는 서로 간에 이해하는 전제와 서사들 그리고 제2차 세계대전을 둘러싼 공유된 기억 회로가 발전한 적이 없는데, 이는 대체로 냉전과 중국 내전 때문이다. 1945년 일본과의 전쟁이 종식된 직후 몇 년 사이에 국민당 정부는 중국이 아시아에서 신질서를 형성할 핵심 행위자가 될 것이라는 전망을 토대로 전후 일본과 새로운 우호 관계를 수립하려는 조심스러운 움직임을 보였다. 이 시나리오에서는 전후 중국과 일본 둘 다 미국 지향적인 자세를 보였을 것이다. 같은 시기에 프랑스와 독일에서 그러했듯 이러한 맥락은 이전의 두 적국이 과거의 트라우마에 대한 공유된 이해를 형성하는 계기를 제공했을지도 모른다. 또한 미국으로부터의 더 전폭적인 지원은 유럽에서처럼 두 아시아 열강이 기억 회로를 공유하기 좋은 환경을 조성할 수도 있었을 것이다.

그러나 1946-1949년의 국공 내전으로 중국은 동아시아에서 갓 부상하고 있던 친아메리카 질서로부터 결정적으로 이탈했다. 중국 공산당이 승리했기 때문에 중국은 미국 대신 소련과 한편이 되었다. 그 직후 벌어진 한국 전쟁은 양자 간의 균열을 심화했다. 이로써 중화인민공화국과 미합중국은 1978년까지 외교적으로 상호 단절되었다.

한편 일본은 1945년부터 1952년까지 미국 점령하에 있으면서 1949년 이후 중국과는 거의 접촉하지 않았다. 제2차 세계대전의 아시아의 두 주요 교전국 간의 이와 같은 정치적 분리는 양국의 기억 회로에도 뚜렷한 차이를 만들었다. 일본에서는 아시아에서의 전쟁이 남긴 유산이 이후 수십 년간의 역사 서술을 가차 없이 좌지우지할 수밖에 없었다. 중국에서는 1949년 혁명을 윤색하려는 욕망이 지배적인 역사 서사가 된 반면, 일본에 맞선 전쟁 이야기는 대중의 의식에서 사라

래너 미터

졌다가 시간이 흐르며 재등장하여 (아이러니하게도) 전후 수십 년보다 1980년대 이후에 훨씬 더 중요해졌다.

일본에서 근대화는 전후 평화 정착의 핵심 테마가 되었다. 지배적인 정치 서사는 일본이 본질적으로 1945년에 제로에서 출발한 거의 순수한 경제 행위자이고, GDP가 증가함에 따라 이제 발전에 발전을 거듭하고 있음을 내포했다. 역사 서사 역시 이러한 내용을 반영하도록 바뀌었다. 일본 최초의 근대화가 시작되었던 1880년대의 메이지 유신이 이야기의 출발점이 되었고, 1930년대 독재로의 전환은, 전체적으로 보면, 세계 경제를 주름잡는 일본의 흥기(1980년대에 이르자 세계 2위의 경제 대국) 과정에서 하나의 일탈이었던 구라이 다니마("어둠의 계곡")로 묘사되었다.

그러나 실제로는, 중간 중간 걸림돌이 존재하는 이 심심한 경제 제일주의적 근대화 이야기는 전쟁과 일본 제국의 종식이라는 해소되지 않은 트라우마와 필연적으로 엮이게 되었다. 1945년 이후 20년 이상에 걸쳐 자신들의 제국이 점차 와해되는 모습을 지켜본 프랑스와 영국과 달리 일본의 식민 지배 시대는 "대동아 공영권"이 붕괴하면서 1945년 8월에 순식간에 막을 내렸다. 다음 몇 십 년 동안 일본 역사가들은 그 재앙적인 전쟁의 원인들에 관해서 이에나가 사부로 같은 좌파 쪽 역사가들과 논쟁하게 되었다. 좌파 역사가들은 일본이 전쟁 책임을 직시하기 위해서 더 힘써야 한다고(이를테면 학교 교과서에서 전쟁이 묘사되는 방식에서) 요구하며 그 기간 대부분을 보수주의적 정부와 맞서 싸우면서 보냈다. 하지만 이따금 외부에서 들려오는 단순하고 과장된 묘사—일본이 전쟁 책임을 인정하기를 무턱대고 거부했다는—는 지나친 단순화로, 결코 사실이 아니었다. 가령 가장 끔찍한 전쟁 범죄 가운데 하나인 1937-1938년의 난징 대학살은 실제로 1970년대에 혼다 가쓰이치 같은 일본 저널리스트들에 의해서 폭로되어 일본 대중이 억지로라도 주목할 수밖에 없었다. 반면 그 주제가 중국에서 공개적으로 논의되기 시작한 시기는 그보다 10여 년이 지난 후이다. 1980년대 이전에 베이징 정부는 일본 전쟁 범죄에 대한 과도한 관심이 (1972년에 마침내 이루어진) 일본과 외교 관계를 수립하는 데에 도움이 되지 않을 것이라고 생각했기 때문이다.

심지어 오늘날인 2010년대와 2020년대에도 아시아에서 처참한 전쟁의 유산은 계속해서 일본 정치, 교육, 문화를 좌지우지하고 있다. 전시를 다룬 영화들은 여전히 인기가 있지만, 아주 특정한 종류의 해석을 따르는 경향이 있다. 주목할 만한 점은 그런 영화들 가운데 1937년에 발발한 중일 전쟁을 다룬 작품은 극소수라는 사실이다. 이는 "진짜" 전쟁은 오로지 1941년 진주만에서, 다시 말해 서양 적국인 미국이 참전했을 때에 시작되었다는 의미를 함축한다. 더욱이 전쟁을 둘러싼 일본 대중문화 대부분은 일본의 타국 침략이 아닌 본국 후방 전선의 경험을 다룬다. 인기를 끈 만화영화 「이 세상의 한구석에この世界の片隅に」(2016)는 전시에 히로시마 부근(결말이 어떻게 될지를 암시하는 단서) 작은 촌락에서 결혼생활을 시작한 어느 젊은 여성을 다룬 대단

히 힘 있는 이야기를 담고 있다. 이야기는 감동적이며 전쟁 말기에 일본 사람들이 겪은 실제 고통을 잘 보여주지만, 중국이나 동남아시아 또는 일본이 침략한 여타 지역들의 일본군이 영화상에서 어떤 식으로든 명시적으로 거론되지 않는 광범위한 영화들 가운데 한 편이다. 이런 그림은 전시의 역사가 현재를 형성하는 다른 주요 동아시아 국가인 중국과는 매우 다르다.

중국과 전쟁

마오쩌둥 시대에 중국 역사학자들은 역사에서 쓸 수 있는 것과 쓸 수 없는 것을 심하게 제약받았다. 제한적이기는 하지만 가치 있는 연구는 마오쩌둥 집권기 첫 10년 사이에 이루어졌는데, 대체로 중국 공산당의 거스를 수 없는 권력 부상의 서사에 유리한 역사만 고르는 식이었다. 그후 문화대혁명(1966-1976)이 일어나 역사학자들을 비롯한 지식인 집단 전체가 일체의 의미 있는 글쓰기 작업을 전혀 할 수 없게 되었다. 역사가들이 조사의 범위를 확대하는 일이 가능해진 것은 1978년 개혁 시대가 열린 후였다. 이로써 널리 눈에 띄게 된 분야는 중국의 항일 전쟁 시기, 즉 서양에서는 제2차 세계대전의 중국 전역China Theatre으로 알려진 전쟁에 대한 연구였다(우리에게는 중일 전쟁으로 알려져 있다/옮긴이). 수십 년간 그 주제에 대한 논의는 중국 역사학계에 국한되어 있었다. 이는 대체로 일본에 대한 항전의 주된 몫이 장제스 휘하의 국민당에 의해서 수행되었고 중국 공산당이 수행한 역할은 중요하기는 해도 본질적으로 부차적이었기 때문이다. 1949년 본토에서 승리한 공산당이 내전에서 물리친 적 국민당의 항일 전력을 긍정적으로 평가하기는 거의 불가능한 일이었다.

그러나 1980년대부터 다양한 요인들이 중국에서 항일 전쟁 역사의 상대적 비가시성을 변화시켰다. 특히 역사학자들은 일본을 물리치는 데에 국민당이 기여한 부정적 측면들과 더불어 긍정적 측면들을 이해하기 위해서 더 명암을 고려한 접근을 추구했고, 어쩌면 놀랍게도 이러한 연구는 강성 "보수파"로서 과거 마오쩌둥의 개인 비서이기도 했던 후차오무 같은 중국 공산당 내 고위 인사들의 도움을 받아 이루어질 수 있었다. 공산당이 역사 해석의 각도를 기꺼이 넓히고자 한 데에는 여러 가지 이유가 있었다. 실용적 관점에서 볼 때 중국 공산당은 타이완과의 관계 개선을 원했고, 국민당의 전시 공헌에 관해 더 전향적인 자세를 취하는 것이 여기에 도움이 되리라고 여겼다. 또한 더 넓게 보자면 1980년대가 문화대혁명의 여파에서 중국이 회복하고 있던 시기였다는 점도 고려될 수 있다. 문화대혁명의 여러 사건들이 남긴 이데올로기적 잔해는 계급 투쟁에 대한 대중의 인식을 악화시켰다. 공산당 지도부는 보다 국민 통합적인 서사를 찾았고, 제2차 세계대전 동안 침략자에 맞서 중국인이 함께한 투쟁은 이런 서사에 잘 들어맞았다(전시에 적군에 대한 협력은 광범위했지만 이런 판본의 서술에는 언급되지 않았다).

다음 40년에 걸쳐서 제2차 세계대전 서사는 중국사에서 결정적인 사건으로서 훨씬 더 두각을 나타냈다. 역사적 유비는 때로 대결적일 수도 있다. 중국 정부는 2020년 초 팬데믹이 시작되자 코로나19 바이러스에 맞서 "인민전"을 개시하겠다고 선언했다. 같은 해 후반에 국무위원 양제츠는 중화인민공화국이 정부 외교 정책에서 접점들을 만들기 위해서 "장기전"을 치러야 할 것이라고 천명했다. 두 가지 표현 모두 1930년대에 일본에 맞선 싸움에 관한 마오쩌둥의 저술에서 곧장 가져온 것이다. 한편 그 시기의 역사를 이용하는 또다른 방식은 협조적인 어조를 띠는데, 여기에는 중국 지도자와 외교관들이 중국은 1945년 UN 헌장의 첫 서명국이라는 사실을 수시로 상기시키는 것도 포함된다. 이런 역사적 사실을 지적함으로써 중국은 자국이 1945년 세계 질서의 "창조 현장에 함께했으며", 작금의 미국이 자국의 권리를 주장하기 위해서 전후 질서의 건설자로서의 위상을 이용하는 것처럼 중국도 그렇게 할 자격이 있다고 주장하고 있는 것이다.

이런 주장이 과연 그럴듯한지는 확실히 따져볼 만하다. 하지만 이를 이해하기 위해서 서양인들은 중국의 전시 경험이 자국의 근래 역사에 관한 의식에서 차지하는 위상에 관해서 어느 정도 알 필요가 있다(오래 전에 벌어진 그 무력 분쟁을 국민의식의 원천으로 삼는 영국, 폴란드, 러시아 및 여타 국가들에 대해서와 마찬가지로 말이다). 중국이 UN 안전보장이사회의 5개 상임 이사국 가운데 하나라는 사실은 널리 알려져 있으며, 베이징이 1971년에야 타이완으로부터 UN의 중국 의석을 되찾아왔다는 사실 역시 많은 사람들이 알고 있다. 하지만 제2차 세계대전에 대한 중국의 기여와 루스벨트 대통령이 (국민당) 중국을 전후 국제 질서 안에 통합시키는 데에 부여한 의미를 어느 정도 알지 못하면, 중국이 국제 사회 최상층에 느닷없이 등장한 것처럼 보이는 현상을 이해하기는 어렵다. 사실, 지구적 강국으로서 중국의 대두는 최소 1945년 이래로 줄곧 진행되어온 서사이다. 다만 그 경로가 이를테면 미국보다 훨씬 더 에둘러가는 경로였을 뿐이다.

지구적 서사들

근래에는 중국의 더 먼 과거의 역사 역시 지금의 현상, 다시 말해서 갈수록 지구적 성격을 띠어가는 중국 세력의 해외 진출을 뒷받침하는 데에 활용되고 있다. 명나라 초기인 1405년과 1433년 사이에 동남아시아, 인도, 동아프리카를 비롯해 여러 목적지로 수차례 항해를 떠난 정화의 이야기는 새롭게 인기를 끌고 있다. 정화는 수백 명의 선원이 노를 젓는 거대한 "보물선"을 이끌고 원정을 떠난 대단한 인물로, 그의 원정은 교역과 문화 교환은 물론이고 약간의 무력 분쟁도 아울렀다. 정화의 항해에서 더 비상한 사건들 가운데 하나는 선원들이 기린을 선물받아서 중국으로 가져온 일이다. 중국 공산당이 추인한 이 판본의 이야기는 다소 사탕발림의 경향을 띤다. 이야기의 근저에 깔린 핵심은 중국의 원정은 서양 열강의 아프리카와 아시아 원정과 달리 정복이나 폭력이 아니라 순수하게 무역에 관한 행위였다는 내용이다. 이 역사적 유비가 의미하는 바는 분명하다. 근대 전기에 대규모 폭력을 자행한 세력이 중국이 아니라 서양이듯, 오늘날 세계는 서양보다 중국을 더 두려워할 필요가 없다는 것이다. 사실 역사학자들은 정화가 쓸모 있다고 여길 때면 종종 폭력을 사용했음을—예를 들면 스리랑카로 항해할 당시 말을 듣지 않는 현지 군주를 제압했다—보여준 바 있다. 하지만 중국이 유럽 제국들처럼 제국적 권력을 동원하여 대규모 해외 영토를 수립하려고 하지 않았음은 사실이다(그러나 육상 국경선은 여러 차례 기꺼이 확대했다).

그러나 전체적으로 보았을 때, 왜곡에도 불구하고 정화의 항해 같은 이야기들에 서양인들을 포함한 누구나가 접근할 수 있게 하는 일은 유익하다. "발견의 시대"가 순수하게 서양의 모험이었다는 생각은 구식이 된 지 오래이다. 이상적으로 생각해본다면, 서양의 식민화 이전 시대에 중국과 동남아시아의 항해술에 대한 이해는 정화의 이야기를 넘어설 것이다. 중국의 항해술이 정화의 항해보다 오래 전부터 광범위하고 정교했으며, 원정 이후 몇 세기 동안 중국과 동남아시아 사회들이 복잡한 교역 관계를 유지해왔음은 잘 알려져 있다. 하지만 정화는, 서양을 관심의 초점에 두지 않으면서, 동아시아 사회들의 해양 탐사라는 더 넓은 이야기를 들려주는 접근하기 쉬운 출발점을 제공한다.

지금까지 나는 중국인과 일본인의 눈에 비친 역사에 집중해왔다. 이는 의도적이다. 서양에서는 유럽인이 핵심 행위자가 아닌 역사의 중요 갈래들을 생각하는 데에 시간을 너무 할애하지 않는다. 하지만 지구적 쟁점들로 넘어오면, 이 책의 다른 글들이 보여주듯이 유럽 제국 세력이 근대를 형성해왔고, 그 점은 동아시아와 동남아시아의 경우에도 해당된다. 싱가포르 등 그 지역의 일부 국가들에게 영국과의 유서 깊은 연관성은 많은 측면에서 여전히 명백하다. 싱가포르의 엘리트 계층은 아이비리그에 가지 않을 때면 여전히 영국의 유수의 대학들에 다수의 학생들을 보내고 있으며, 브렉시트 시대에 동남아시아 지역에서 영국의 관여에 더 큰 역할을 할 가능성이 크다. 하지만 무역과 아편 가공, 경제적 착취와 (실패한) 방어가 복잡하게 얽힌 이 전초 기지의 긴 역사는 심지어 인도 독립의 이야기와 비교해보더라도 영국에 거의 알려져 있지 않다.

그러나 중국은 일반적인 역사책들에서는 거의 보이지 않는 영국과의 유구한 관계에 한층 훌륭한 사례를 제공한다. 브렉시트 영국이 동아시아와 더 활발히 교역해야 한다는 생각을 비롯해서 무역은 요즘 뉴스에서 많이 논의되는 화제이다. 이는 분명히, 무려 한 세기 동안 지속된 놀라운 기관인 대청제국 해관총세무사(중국 관세청 세무총국)에 관해서 더 많이 알아보는 계기가 될 것이다. 대청제국 해관총세무사는 청나라 정부를 대신해서 세금을 징수하는 영국인들로 구성된 기관이었다. 아편 전쟁의 여파로 수립된 제국주의의 소산이기는 하지만, 그곳의 초대 국장인 얼스터 출신 로버트 하트는 자신이 영 제국의 대리인이라기보다는 청나라 정부에서 일한다고 생각한다는 점을 언제나 분명히 했다. 더 효과적이고 유익한 조세 체계를 달성하기 위해서 청나라가 관세에 대한 주권의 일부를 포기하게 된 기관이었던 해관총세무사는 EU에서의 영국의 반세기와 심오한 차이점과 유사점 둘 다를 가지고 있다.

중국의 흥기 서사에는 영국과의 접점들도 있다. 제국의 도시들에 관해서 쓸 때면 사람들은 흔히 콜카타나 케이프타운을 염두에 둔다. 상하이를 생각하는 경우는 훨씬 드물다. 하지만 상하이 역시 정착민 식민주의가 만들어낸 대표적인 도시 가운데 하나로, 영국인이 지배한 공공 조계를 중심으로 1843년부터 진주만 공습 때까지 한 세기 동안 지속되었다. 조계지는 오늘날 그 시대와 양가적인 관계를 맺고 있다. 중국의 역사 서술은 영국 제국주의를 주권 침해로 규탄한다. 그럼에도 불구하고 식민지 시대의 유산, 특히 황푸 강변의 유명한 와이탄을 대표하는 아르데코 양식의 건축물들은 정성스레 보존되어 그 자체로 문화유산으로 간주된다. 이처럼 상하이에 대한 외세의 영향은 오늘날 전적으로 중국적인 상하이에서 모호한 유산으로 간주되는 반면, 서양의 역사적 고려에서 상하이 조계지는 본질적으로 아예 부재한다. 일단의 전문가 집단을 벗어나면 그 근대 도시를 형성하는 데에 상하이의 영국적 유산이 차지하는 중요성은 더 넓은 제국의 이야기에서 거의 고려되지 않는 것이다.

홍콩의 이야기는 근래에 더 가시적이 된 듯한데, 우리 시대에 가장 중요한 이야기 가운데 하나가 홍콩 주민들의 여러 자유로운 권리들 freedoms의 침식, 특히 2020년 7월 엄혹한 홍콩 국가보안법의 시행 이후 심화된 자유권 침식이기 때문이다. 여기에서 역사적인 이해를 갖춘 사람들에게 흥미롭고도 불편한 지점은 홍콩 당국이 민주주의자들을 탄압하는 과정에서 영국 보통법—구속 적부 심사권과 보석 청구권과 더불어 말총 가발을 쓴 변호사들—과 중국 공산당의 권위주의가 결합한 방식에 있다. 물론 이러한 조합은 홍콩에만 있는 것이 아니다. 싱가포르, 케냐, 남아프리카도 역사적으로 영국 보통법의 관행과 고도로 억압적인 국내 정치를 결합한 사례이다. 하지만 홍콩의 경우는 매우 다른 역사적 뿌리를 가진 두 체제의 직접적 충돌임과 동시에 그 조합이라는 측면에서 독특하다. 홍콩이 2020년대에 어떻게 그러한 입장에 처하게 되었는지를 이해하는 일은 그 독특한 역사를 이해할 때에만 가능하다.

나는 단순히 "민주주의"라는 용어 대신에 "자유freedom"라는 표현을 썼다. 이는 2020년 홍콩 통치자들에 의한 민주적 규범의 파괴도 중요하지만, 홍콩 민주주의 자체가 식민지 시절에 경험한 비교적 짧막한 민주주의 시기의 산물이기 때문이다. 인도는 20세기 초부터 자치권들을 조금씩 얻어냈다. 반면 홍콩에서는 1952년에야 매우 제한적인 민주주의로 나아가는 최초의 조치들이 시행되었다. 물론 나중에 가면 홍콩의 민주화 속도도 빨라지기는 했다. 그럼에도 홍콩은 1960년대와 1970년대에도 여전히 만연한 경찰 부패로 고생했다. 다시 말해서 영국 식민 지배 시기가 순전히 진보의 시기는 아니었다는 말이다. 하지만 홍콩을 독특하게 만든 많은 요소들—사법권 독립,

경제적 자유, 언론과 학문의 자유—은 확실히 영국 식민 권력의 산물이기도 했다.

홍콩 역사의 명암을 따지는 더 풍성한 이해는 상이한 두 지역들에서 벌어지는 논의에 보탬이 될 것이다. 영국을 비롯한 서구에서 홍콩의 자유에 관한 논의는 마땅히 2010년대와 2020년대의 자유의 상실에 집중되어 있지만, 논의의 바탕이 되는 홍콩의 복잡한 과거사에 대한 이해는 매우 부족하다. 한편 중국은 중국대로 베이징이 승인한 새로운 "애국적" 역사 교과 과정을 홍콩에 부과하고자 하고 있다. 여기에서 홍콩의 역사는 순전히 더 큰 중국사의 일부로만 취급되며, 심지어 중국 공산당의 집권이 가장 중요하고 전환적인 요소로 간주된다. 서구나 중국에서 논의되는 서사 모두, 제국 권력과 지배 그리고 주권국가들에 대한 평등한 대우 사이의 관계에 관해서 무척 중요한 이야기를 빠트린 셈이다.

이런 사안들이 왜 중요할까? 동아시아에서 역사는 그저 과거사가 아니다. 그것은 대단히 현재적인 사안이다. 그러나 서구, 구체적으로 영국인의 인식에서 동아시아 역사에 대한 관심 부족은 현대 세계에 대한 영국과 서구의 이해에서 갈수록 문제적인 왜곡을 낳고 있다. 동아시아는 경제적, 지정학적 무게감 그리고 내재한 위험한 긴장 관계로 인해서 어쩌면 지난 200년 동안보다 2020년대에 세계에 더욱 중요할 것이다. 오늘날 세계에서 가장 위험한 잠재적 충돌 지대들 중에서 일부는 아시아-태평양 지역에 있다. 북한의 핵 위협, 남중국해와 동

중국해에서의 해상 충돌, 중국과 타이완의 재통일을 둘러싼 전쟁 가능성, 히말라야 산맥에서 벌어지는 중국과 인도의 국경 분쟁, 2021년 미얀마에서의 군사 쿠데타 등등을 보라. 바로 이 순간의 화약고들 하나하나는 현대 동아시아 역사에 그 연원을 두고 있다. 서구의 역사와 상호 작용하는 지점과 그렇지 않은 지점, 둘 다에서 그 지역의 역사를 이해하는 일은 시급한 과제이다.

래너 미터

더 읽을 거리

Ian Buruma, *The Wages of Guilt: Memories of War in Germany and Japan* (London: Atlantic Books, 1994) (『아우슈비츠와 히로시마』, 정용환 옮김[한겨레출판, 2002])

Paul Cohen, *Discovering History in China: American Historical Writing on the Recent Chinese Past* (New York: Columbia University Press, 1985) (『학문의 제국주의 : 오리엔탈리즘과 중국사』, 이남희 옮김[산해, 2003])

Alexis Dudden, *Troubled Apologies Among Japan, Korea, and the United States* (New York: Columbia University Press, 2008)

Christopher Harding, *The Japanese: A History in Twenty Lives* (London: Penguin, 2020)

Sheila Jager and Rana Mitter (eds.), *Ruptured Histories: War, Memory and the Post-Cold War in Asia* (Cambridge, MA: Harvard University Press, 2007)

Sheila Miyoshi Jager, *Brothers at War: The Unending Conflict in Korea* (London: Profile Books, 2013)

Rana Mitter, *China's Good War: How World War II is Shaping a New Nationalism* (Cambridge, MA: Harvard University Press, 2020)

Rana Mitter, *Chinese Characters: A History in Twenty Characters*: BBC Sounds Free download: https://www.bbc.co.uk/progrmmes/b09zgd6y/episodes/downloads

Daivid Pilling, *Bending Adversity: Japan and the Art of Survival* (London: Penguin, 2014)

Tony Saich, *From Rebel to Ruler: One Hundred Years of the Chinese Communist Party* (Cambridge, MA: Harvard University Press, 2021)

Franziska Seraphim, *War Memory and Social Politics in Japan, 1945-2005* (Cambridge, MA: Harvard East Asian Monographs, 2006)

17

역사는 왜 언제나 다시 쓰여야 하는가?
샬럿 리디아 라일리

역사 다시 쓰기는 역사가가 옹호하기에는 위험한 일처럼 들릴 수도 있다. 역사 다시 쓰기는 우리에게 레온 트로츠키, 레프 카메네프, 알렉산드르 말첸코가 처형된 이후 핵심적인 역사적 사건들에서 그들의 존재가 설명하기 힘든 이야기가 되자 사진들에서 그들을 지워버린 소련을 상기시킨다. 그것은 아르메니아 종족 학살을 부정하는 튀르키예 정부, 톈안먼 항의 시위에 대한 논의를 금지시킨 중국 공산당 정부, 홀로코스트에 폴란드 국민이 연루되었음을 인정하기를 거부하는 폴란드 정부를 상기시킨다. 이러한 다시 쓰기는 부정을 중심으로 이루어지며, 따라서 위험하다. 그것은 과거에 대한 이해와 지식을 제한한다. 또한 민주주의와 개방성에 반하며, 시민들에게 갈수록 더 많은 권력을 행사하려고 정보를 통제하고 명료성을 거부하고 이야기를 비트는 데에 열심인 현 정치 체제를 형성하는 일에 이용된다. 역사적 사건들의 부정—사진을 수정하고, 책을 불태우고, 과거를 지우고 흐리게 할 목적으로 새빨간 거짓말을 날조하는 것—에 역사가와 시민들은 저항해야 한다.

그러나 모든 역사 다시 쓰기가 잘못된 것은 아니다. 어떤 다시 쓰기는 필요하다. 사실, 역사는 다시 쓰이지 않고는 존재할 수 없다. 이 글은 역사 다시 쓰기를 옹호하고자 한다. 사실 역사는 오로지 쓰이고 다시 쓰이는 과정을 통해서만 존재할 수 있다고 주장하고자 한다.

역사는 과거가 아니기 때문에 다시 쓰여야 한다

역사 다시 쓰기는 과거를 수정하는 것이 아니다. "역사"와 "과거"는 근본적으로 다르기 때문이다. 과거는 어디에서나 누구에게나 이미 일어난 모든 일이다. 과거는 되돌아가거나 되감을 수 없으며—당신이 일어난 어떤 일을 놓쳤다고 해도 뭐 어쩔 수 없다!—다시 쓰일 수 없다. 우리가 할 수 있는 일이란 조사하고 역사를 쓰는 것이며, 여기에서 역사란 본질적으로 과거에 관한 이야기이다. 이 역사는 부분적이고 주관적이며, 역사가가 선택할 수 있었을 과거에 관한 여러 다른 이야기들 가운데 한 가지 판본이다.

이야기를 들려주기 위해서 과거를 재구성하는 이와 같은 과정은 역사가의 전유물이 아니다. 역사가든 역사가가 아니든 우리 모두는 항상 과거를 상상한다. 심지어 역사가들도 자신들의 작업 안팎에서는 과거를 다르게 생각한다. 우리 모두에게는 가족사와 어지럽게 가지를 뻗은 가계도가 있다. 우리는 머릿속으로 그 가계도를 그리며 우리의 친척들을 상상한다. 그들이 어느 가지에 들어가는지, 그들 각각이 무슨 일을 했는지, 그들이 누구를 사랑했는지, 그들의 삶이 어떻게 교차했는지 상상한다. 심지어 우리가 만난 적도 없고 알 수도 없는 사람들을 말이다. 이 모든 정보들은 우리의 상상 속에서 제자리를 찾는다. 고작 연필로 그은 한두 줄의 선으로 포착되거나, 가계도의 두 연도 사이에 걸려 있거나 혹은 뻣뻣하게 자세를 취한 몇 장의 흑백 사진이나 총천연색 스냅 사진으로 가득한 가족 앨범 속에 담겨 있다고 할지라도 그렇다. 우리에게는 개인사도 있고, 그 속에서 우리는 학교를 졸업한 해, 시험에 통과한 해, 사랑에 빠졌던 해, 사랑이 깨졌던 해, 결혼하고 이혼하고, 자식을 낳거나 사랑하는 사람들을 잃었던 해를 이야기한다. 그리고 보다 평범한 역사들도 이야기한다. 일터에서 일진이 좋지 않았는데 버스까지 놓치고 울었던 날(그리고 그 일이 벌어졌던 지점), 더할 나위 없이 무더운 날 해변에 갔을 때(그리고 그때 함께 간 사람들), 특정 기차에 탑승할 때나 특정한 집 앞을 걸어갈 때마다 떠오르는 기억들. 이것들은 사건들을 단순히 시간 순서대로 나열한 것이 아니라 과거에 대한 창조적인 상상의 산물이며, 학계의 역사가가 집필한 논문처럼 구성되고, 서술되고, 그 논문만큼 역시 중요하다. 이 역사들은 우리의 삶이 진행되면서, 우리의 기억들이 이동하면서 그리고 우리에게 중요한 것들이 시간이 지남에 따라 변하면서 다시 쓰이고 덧쓰인다.

우리는 또한 더 넓고, 더 포괄적인 과거와 관계를 맺고 있다. 그것

　샬럿 리디아 라일리

은 우리의 국가적 역사와 국제적 역사에 대한 의식, 우리의 공동체와 국가들이 과거에 어떻게 존재했는지에 관한 이야기이다. 역사는 어느 정도는 "일반 상식"의 일부이며, 우리 모두는 과거에 대한 우리의 이해와 연관된 일단의 시금석을 가지고 있다. 현대 영국에서 제2차 세계대전은 현재의 모든 정치 문화에 걸쳐 크게 다가오는 것 같다. 여기에는 20세기를 "전후"나 "전간기" 같은 덩어리로 나누는 우리 공동의 시대 구분도 포함된다. 정도의 차이는 있지만, 과거에 대한 우리의 집단적 상상에는 제1차 세계대전과 부활절 봉기, 산업 혁명, 나폴레옹 전쟁, 스코틀랜드 왕국과 잉글랜드 왕국을 통합한 연합법과 시간을 더거슬러올라간 여타 사건들, 즉 명예 혁명과 마그나카르타, 노르만 정복이 일어난 1066년 등이 포함될 수 있다. 모든 국민은 과거와, 과거를 이루는 순간들에 대한 집단의식을 가지고 있다.

그러나 과거Past가 있고, 그것이 실제로 일어났던 모든 일이라고 한다면 "역사"는 그보다 미끄러운 어떤 것이다. 역사가들은 과거의 한순간에 주의를 돌리고 그에 관해서 깊이 고민한다. 그들은 사료를 읽고 막다른 골목에 부딪히고, 방대한 노트를 정리하고, 결국에는 우리가 역사History라고 부르는 무엇인가를 들고나온다. 그리고 이 모든 과정을 거쳐서 역사가는 선택을 한다─무엇을 포함하고 무엇은 피할지, 무엇에 관해서 쓰고 그것을 어떻게 쓰고 다시 쓸지를 말이다.

이것이 언제나 모두에게 환영받지는 않는다. 역사가들은 역사들을 다시 씀으로써, 다른 이들이 잘못된 이야기로 믿는 것을 선택하고, 잘못된 순간들을 조명함으로써 주위의 눈총을 받을 수도 있다. 영웅으로 여겨진 사람들을 집어내어 악당으로 만들거나 그 반대로 함으로써, 또는 친숙하고 마음을 편안하게 해주는 사건들을 재검토하여 완전히 뒤집어엎음으로써 말이다. 하지만 이런 안락한 신화를 다시 쓰는 일은 역사가의 근본적인 역할이다.

물론 과거의 국가적 영광을 다루는 이야기들에서 유래한 안락한 신화는 종종 역사가의 빨간 펜에 저항한다. 영국인의 정체성에 매우 중심적인 제2차 세계대전에 대한 문화적 기억은 블리츠(Blitz : 1940-1941년 독일 공군의 런던 대공습/옮긴이) 정신, 됭케르크 정신, 한마음으로 똘똘 뭉친 영국인을 중심으로 구성되어 있다. 이 이야기들은 영국인의 정체성에 관한 내재적인 진실과 현대 세계에 어떻게 접근해야할지를 보여주는 청사진으로, 또는 현대 영국인을 평가하는 잣대로 국가적 위기의 순간마다 거듭 환기된다. 묵묵히 전쟁을 헤쳐나가는 영국인들의 이미지가 워낙 부정확해서 이제는 역사가들이 블리츠를 "신화"로 언급한다거나 혹은 "침착하게 하던 일을 계속하라"라는 문구가 박힌 유명한 빨간 포스터가 국민적 분위기를 아주 오독한 것이라서 실제로는 사용된 적이 없다는 사실도 중요하지는 않은 것 같다. 신화는 마음을 편안하게 해주며 유용하다. 그래서 계속 살아남는다. 하지만 그럼에도 역사가들은 신화들에 관해 계속해서 걱정하고 고민할 것이다.

역사 다시 쓰기는 역사가의 임무이므로
역사는 다시 쓰여야 한다

여기에서 국가와 공동체들이 과거를 집단적으로 상상한다면, 역사가가 할 일이란 그토록 편안한 생각들을 뒤집고 과거를 구성하는 이야기들을 풀어서 역사라고 하는 새로운 무엇인가를 만들어내는 것이다. 하지만 역사가의 서사는 그 자체로 이야기의 끝이 아니다. 역사적 서사를 쓰고 다시 쓰는 실천은 역사가들의 집단적 정체성에 불가결하다. 역사가들이 마지막 문장을 타이핑할 때, 그들이 책을 출판할 때 그것은 대화의 시작이지 끝이 아니다.

역사가 쓰인 뒤에 우리 역사가들은 우리 사이에서 어느 판본의 이야기가 가장 설득력 있는지를 두고 논쟁한다. 또한 앞 세대 역사가들의 연구를 들여다보고 허점을 찾아내고 낱낱이 해체하여, 다른 인물들을 포함시키거나 다른 문서고나 이론, 학파를 경유하여 다른 관점에서 다시 쓴다. 그다음 우리는 세상에―아니면 적어도 역사가들 서로 간에―우리의 역사를 다시 쓴 역사로서 제시한다. 새로운 책이 나올 때마다 각 주제가 완료된 것으로 표시된다면, 역사학은 지금과는 매우 다른 학문이 될 것이다. 우리가 역사를 다시 쓸 수 없다면 나쁜 역사들이 사실로 내세워지고 논쟁이 분분한 해석들이―아니면 설상가상으로 의도적인 허위들이―도전받거나 이의가 제기되지 않은 채 남게 될 것이다.

역사학이 그저 새로운 사실들을 찾는 일이라고 해도 이 과정은 더 오래 걸릴 것이다. 역사가들은 새로운 돌들을 하나하나 뒤집어보고 그 아래에 감춰진 새로운 문서들을 찾아내면서(사실 그보다는 문서고 관리자들이 고생스레 정리한 카탈로그에서 이런 문서들이 있다고 우리에게 알려줄 공산이 더 크다) 이야기를 점차 채워나간다. 결국에 역사는 완결될 것이다―모든 사실들이 알려지게 될 것이다. 하지만 역사는 이런 식으로 작동하지 않으며, 역사가는 단순히 사실들을 써내려가는 연대기 작가, 상위 10위권 목록 작성자나 연감의 저자가 아니다.

새로운 사료를 발굴하는 일은 중요하다. 하지만 이는 사료 발굴이 항상 새로운 사실들을 조명하기 때문은 아니다. 새로운 사료들은 이야기들과 그 서사들의 초점을 바꾸는 데에 일조함으로써 우리가 더 나은 역사를 쓸 수 있게 도와준다. 역사가들의 글쓰기는 과거에 대한 그들의 해석을 바탕으로 한다. 하지만 그들의 작업이 진짜로 과거 그 자체에, 아니 실제로 **일어난 대로**의 과거에 바탕을 둔 것은 확실히 아니다. 역사가들이 시간 여행자는 아니지 않은가? 실제로 무슨 일이 벌어지고 있는지 확인하기 위해서 역사가들이 연구 대상을 찾아가볼 수는 없다. 그 대신 역사가들은 자신들이 쓰려고 하는 인물과 사건, 생각들을 찾아내기 위해서 1차 사료에 의존하며, 시간이나 공간을 가로질러 개인들이나 순간, 개념들을 추적하러 미로처럼 뻗은 토끼 굴을 따라 내려간다.

더구나 역사가가 한 주제에 관한 1차 사료를 하나도 빠트리지 않고 찾아낼 수는 없다. 특히 요즘 역사가들은 종종 사료의 과잉에 시달린

샬럿 리디아 라일리

다. 캐럴린 스티드먼은 문서고 조사 출장 막판에 겪는 일종의 "문서고 열병"에 관해서 쓴 적이 있다. 그에 따르면 문서고 열병이란 가능한 모든 사료를 다 읽지 못하리라는 불안감—대다수의 주제는 관련 사료를 다 읽는 일조차 불가능하다—이 아니라 원래 읽기로 계획한 문서 보관함 한 상자도 끝을 보지 못할 것 같다는 불안감이다. 학자로서의 긴 경력 동안 한 역사가가 동일한 주제로 끊임없이 되돌아가 매번 새로운 사료를 살펴볼 수도 있다. 새로운 돌들을 뒤집어보고 새로운 각도를 찾고 새로운 목소리를 듣고 새로운 서사를 쓰는 것이다. 그러므로 한편으로 역사 다시 쓰기는 역사가라는 경력의 생애 주기에 내재해 있다. 경력은 길고, 읽어야 할 문서 보관함, 읽어야 할 필사본은 언제나 더 있으며, 그가 전에 썼던 것을 끈질기게 압박한다.

다른 한편으로는 많은 사료들이 애초에 문서고에 들어가지도 못한다는 문제가 있다. 너무도 많은 사료들이 소실되거나 감춰지거나 파기되거나 애초에 존재하지 않는다. 문서고는 자체의 선별 과정으로, 과거를 다시 이야기하는 또다른 공간이다. 누구의 이야기들이 결국 문서고에 들어가게 되는가를 둘러싼 정치는 우리가 글을 쓰는 동안 명심해야 할 중요한 요소이다. 이 문서고의 정치학은 우리가 쓰고 있는 대상에 작동하는 힘의 정치 그 자체에서 비롯될 수도 있다. 영 제국이 해체되어가던 1960년대 초반, 영국 정부는 식민지 행정관들에게 엄격한 지령을 내렸다. 그에 따라 행정관들은 논쟁적이거나 범죄의 증거가 될 수 있는 서류들은 소각하거나(그리고 재는 분쇄했다), 무거운 것을 매단 상자에 담아 흐름이 없는 깊은 바다에 빠뜨렸다. 어떤 서류들은 "개인적"(서아프리카의 황금 해안의 경우)이나 "DG"("총독 대리 deputy governor", 우간다의 경우) 또는 "W"("요주 서류watch files", 케냐의 경우) 같은 표시와 함께 분류되었다. 이런 분류 표시들은 전부 의도적으로 무난하고 주목을 끌지 않을 만한 것으로 선택되었고, 서류들은 조심스레 서둘러 잉글랜드로 옮겨졌다. 이 과정은 매우 비밀리에 진행되었다. 관계자들은 "W" 표시 도장을 보이지 않게 사무실에 감춰둬야 하고, 물론 이런 지시 사항을 전달한 회람도 파기하라는 경고를 들었다. 잉글랜드로 이송된 서류들은 한슬로프 파크에 감춰져 있다가, 케냐에서 마우마우 전사라는 혐의를 받은 사람들이 당한 구금과 고문에 대한 영국 정부의 책임을 묻는 소송이 제기된 2011년에야 세상에 드러났다(그리고 서류철 가운데에는 파기하라고 철저한 지시를 받았던 그 지령들도 존재했다). 이 서류들은 국립 문서 보관소를 통해 아주 서서히 역사가들에게 공개되고 있다. 식민지 역사들은 그 서류들에 담긴 자세한 내용들을 담기 위해서 다시 쓰이고 있다. 영국 식민 정부가 그렇게 애를 써서 역사가들에게서 감추려고 했던 그 내용들 말이다.

그러나 사료들이 항상 음모나 폭력으로 은폐되는 것은 아니다. 사료들은 항상 소실된다. 사람들은 저마다 이런저런 이유로 편지를 찢거나 잃어버리거나 차를 쏟거나 아니면 애초에 편지를 부치지 않기로 결심한다. 소중하게 간직된 연애편지가 있는가 하면, 바람을 피워서 관계가 끝장나거나 내용이 이제 와서 보니 너무 민망해서 불태워진

샬럿 리디아 라일리

연애편지도 있다. 혹은 더 심오한 이유로 사라졌을 수도 있다. 가족과 국가에 자신들의 사랑을 감춰야 했던 많은 동성 연인들의 관계처럼 감히 공개적으로 밝힐 수 없는 사연들 말이다. 아니면 간직하기에는 말 그대로 너무 위험해서 파기된 편지들도 있다.

보통 사람들은 개인의 문서고를 만들고 유지하도록 요구받지 않으며(비록 우리 대다수가 상자와 먼지투성이 하드드라이브에 개인 기록을 보관하기는 하지만), 그러므로 그들의 이야기들은 풀어내기가 쉽지 않을지도 모른다. 심지어 공식 문서고들에도 모든 것을 보관할 공간은 없다. 문서고들이 무엇을 보관할지는 자체의 제도적인 정치(과거에 이 정치는 오늘날의 정치를 반영하지 않을 수도 있다)와 더불어 역사적 기록으로서 무엇을 남겨야 하는지, 무엇을 마지못해서 혹은 기꺼이 버려야 하는지에 관한 더 폭넓은 생각들에 의해서 결정된다. 그러므로 역사가는 항상 부분적인 사료들을 바탕으로 역사를 쓰며, 그러한 이야기들이 부분적이라는 사실을 보여주는 서사들을 접해서 부재했던 사람들과 시각들이 별안간 가시적이 될 때 역사를 다시 쓰게 된다.

우리는 새로운 목소리와 이야기를 덧붙여야 하므로 역사는 다시 쓰여야 한다

역사는 오랫동안 죽은 백인 남성의 이야기였다. 역사는 왕들, 때로는 여왕들이었다. 그것은 장군과 총리, 발명가와 탐험가들이었다. 그들의 백성, 그들의 병사, 그들의 시민, 발명가들의 발명으로 혜택을 보거나 해를 입은 사람들, 새로 "발견된" 곳에 이미 살고 있던 사람들—이 사람들은 역사적 서사에서 중요하지 않았다. 역사는 자신들의 선택과 행동으로 역사를 만든 위인들의 이야기였다. 그러다 어느 날 역사가들은 사회 구조를 발견했고, 역사가 한 사람의 통제를 넘어선 힘들에 의해서 어떻게 형성될 수 있을지에 관해 생각하기 시작했다. 이로써 과거에 다른 사람들도 존재했으며, 그 사람들이 역사를 야기하고 그들도 역사를 체험했다는 사실이 드러났다.

이것은 물론 엄청난 단순화이다. 군중, 대중, 떼거리는 언제나 역사책에 존재해왔고, 역사가들은 여전히 밑으로부터의 역사와 더불어 위로부터의 역사들도 중요하게 여긴다. 하지만 사회사가 우리로 하여금 보통 사람들 및 그들의 삶과 경험에 관해서(그리고 어쩌면 그들의 생각과 감정, 희망과 꿈들에 관해서도) 더 생각하도록 이끌면서 일어난 거대한 역사 다시 쓰기가 과소평가되어서는 안 된다. 역사는 이제 대학에서 하나의 학문 분야로 처음 자리 잡았을 때의 역사와 다르며, 그러한 새로운 현실을 반영하기 위해서 줄곧 다시 쓰여왔다.

역사학과도 이제는 다른 공간이다. 릴리언 펜슨은 1921년 런던 대학교에서 박사 학위를 받은 최초의 여성(사실 최초의 사람)이다. 그녀는 1925년 버벡 칼리지의 강사가 되었고 나중에는 영국과 영연방 대학 최초의 여성 부총장으로 임명되었다. 1921–1990년, 역사학과의 박사 과정 학생들 가운데 여성의 비율은 5분의 1에 불과했다. 이후 더 많은 여성들이 역사학계에 진출하면서 누가 역사를 쓰고 다시 쓸 권

샬럿 리디아 라일리

리가 있는지에 관한 개념이 변했다. 역사학 분야가 올바르게 대표되려면 아직도 갈 길이 멀며, 역사학과에는 여전히 백인 비중이 지나치게 높다. 올리베트 오텔레가 영국 최초의 흑인 여성으로 역사학 교수가 된 것은 무려 2018년의 일이었다. 유색인들은 학계의 역사가가 되는 과정에서 무수한 장벽과 부닥치는데, 그 원인으로는 학교 체제 내의 인종주의와 지독한 빈곤, 대학원 과정에 진학할 경제적 여력의 부족은 말할 것도 없고, 너무도 오랫동안 그들의 목소리와 관점, 역사들이 교과 과정과 연구 조사 프로젝트에서 체계적으로 배제되어왔다는 사실도 빼놓을 수 없다. 역사 다시 쓰기는 이러한 불균형을 바로잡을 회복적인 프로젝트의 일환이며, 이전에 무시되거나 침묵당한 목소리들이 주도해야 한다.

더 넓은 맥락에서 보면 누가 역사를 다시 쓸 특권을 얻는지를 고려하는 일이 중요하다. 과거에 관한 누구의 이야기들이 역사로 받아들여지고 누구의 이야기들이 신화나 거짓말, 논변으로 받아들여지는가? 내셔널 트러스트가 2020년 9월 그들 소유의 건축물들과 식민주의 역사 사이의 연관성을 살펴본 보고서를 발간했을 때, 우파 비판가들로부터 "깨어 있음"(사회 정의나 불평등 같은 이슈에 민감한 태도/옮긴이)에 영합하려는 시도, 갈 데까지 간 정치적 올바름, 현재의 가치관을 통해서 역사를 다시 쓰려는 시도, 그리고 (괴상하게도, 구체적으로) 윈스턴 처칠(115쪽에 이르는 보고서에서 단 두 번 언급될 뿐이다)에 대한 공격이라며 뭇매를 맞았다. 대단히 신망을 받고 종종 보수적인 기관이 그러한 공격을 받았다는 사실은 일부 주제들이 어느 정도까지 역사 다시 쓰기에 적절한 대상으로 여겨지지 않는지를 방증한다. 하지만 이러한 이야기들이 다시 쓰이거나 보완되거나 강화될 수 없다면 그것은 죽은 역사이다. 죽은 역사는 오늘의 우리에게 말을 걸 수 없으며, 힘을 잃고 시들시들해지다가 결국에는 잊히고 말 것이다.

다시 쓰기는 말소가 아니므로 역사는 다시 쓰여야 한다

2020년 9월, 도널드 트럼프 대통령은 미국사에 관한 최초의 백악관 협의회를 개최하며 오점 없는 미국의 과거를, "1,000년 서양 문명의 성취"를 축하하고자 했다. 하지만 이러한 자신만만한 주장을 하는 과정에서 협의회는 미국의 정체성에 관해서 뚜렷한 불안감을 드러내기도 했는데, 애초에 협의회가 좌파 역사가들이 "우리 학교와 교실에서 일그러진 거짓의 그물"로 미국사의 근간을 훼손하려고 애쓰고 있다는 노골적인 우려에서 열렸기 때문이다. 트럼프는 「뉴욕 타임스」의 1619 프로젝트 같은 주도적 움직임들에 맞서 미국사를 "수호할" 필요성을 대놓고 거론하며, 1619 프로젝트를 "어린이들에게 우리 나라가 자유가 아니라 압제의 토대 위에 세워졌다고 가르치기 위해서 미국사를 다시 쓰려고" 한다고 비난했다. 미국이 노예가 된 수백만의 흑인들에게는 "자유"의 정반대를 대변했다는 분명한 사실은 트럼프의 서사에서 전적으로 부재한다. 하지만 트럼프는 미국사에 대한 자신의 이해가 편향적이고 정치적이라는 점을 받아들이지 못한다. 그와 그의

샬럿 리디아 라일리

지지자들에게 1619 프로젝트는 역사만이 아니라 미국이라는 국가의 근간 자체를 공격하는 기획이다. 트럼프는 이러한 다시 쓰기에 맞서 역사를 수호함으로써 자신과 자신의 지지자들이 "1776년의 유산이 결코 지워지지 않게" 하려고 한다고 주장했다.

역사 다시 쓰기가 역사 지우기에 가깝다는 생각이 팽배하다. 2020년 여름에 흑인의 목숨도 소중하다 시위자들은 브리스틀에 전시된 에드워드 콜스턴 동상을 쓰러트려 항만 해저로 내던졌다. 그들도 역사를 "지우려고" 한다는 비난을 받았다. 콜스턴을 브리스틀 거리에서 제거함으로써 사람들이 대서양 노예 무역과 영국 본국의 박애 사업에서 그가 한 역할에 관해 배울 기회를 없애버렸다는 것이다. 하지만 동상 철거는 역사 기록에서 누군가의 이름을 지워버리는 일과 같지 않다. 그 대신 동상 철거는 역사가 우리의 동네와 도시에 들어와 박히는 방식에 대한 창의적인 대응이다. 사람들은 동상으로부터 역사를 많이 배우지 않는다. 무엇보다 동상들은 그 본질상 인상적이고 웅장하며, 멋지게 보이는 대상이기 때문이다. 공동체들은 그들이 기리고 싶은 사람들의 동상을 세운다. 동상 기단부에 그 사람들이 끔찍한 일도 저질렀다는 설명을 새긴 작은 명판을 부착하는 것만으로는 동상의 문화적 의미에 대한 효과적인 균형추가 되지 못한다. 콜스턴은 역사책에 남아 있으며, 누구도 그를 지우려고 하지 않는다. 사실인즉 그의 동상이 쓰러지면서 훨씬 더 많은 사람들이 난생처음으로 그의 이름을 들어보았으며, 그의 삶과 더 폭넓은 브리스틀의 역사, 대서양 노예 무역 그리고 기념의 정치에 관한 무엇인가를 배웠다.

역사 만들기는 협력적, 창조적 행위여야 한다. 동상을 무너트리는 행위는 역사를 지우는 일이 아니다. 그것은 역사 서술 행위이며, 역사가들이 과거에 관한 관념들을 비판적으로 가치 평가하는 과정이다. 동상을 쓰러트리는 것은 과거에 대한 이전 세대의 해석에 도전하는 행위이다. 공동체들은 자신들의 역사가 어떻게 말해지고 있는지에 관해 사유하고, 누가 대표되고 기려지고 있는지뿐만이 아니라 어떤 사람들이나 집단들이 부재하는지에 관해서도 생각할 권리가 있다. 과거에 세워진 동상들은—이전 세대가 쓴 책들처럼—재검토되고, 업데이트되고, 토론되고 그리고 물론 다시 쓰일 수도 있다. 바로 이런 식으로 역사는 지면 위나 어두침침한 방 안의 유리 케이스에 갇혀 있는 죽은 사실들의 집합이 아닌 살아 있는 학문 분야가 될 수 있다.

역사는 그때 일어났던 일만큼이나
지금 우리가 누구인지도 말해주기 때문에 다시 쓰여야 한다

과거가 다시 쓰여야 한다는 발상은 역사학적 관행의 근본들 가운데 하나를 토대로 하는데, 그 근본이란 역사와 역사책들이 주관적이라는 점이다. E. H. 카는 역사학도들에게 역사가에게는 저마다 머릿속을 윙윙 맴도는 관념들이 있으며 그 윙윙거리는 소리를 듣도록 귀를 기울이라고 말했다. 이 말은 모든 역사가들이 저마다 서술하는 역사를 사유하는 나름의 방식이 있고, 역사가들의 정체성이 그들이 하는

샬럿 리디아 라일리

작업과 관련해서 내리는 여러 선택들을 좌우함을 의식해야 한다는 뜻이다. 그 윙윙거림은 역사가의 주관성, 그녀의 견해들, 그녀가 처한 맥락 그리고—A 레벨(영국의 대입 자격 검정 시험/옮긴이) 학생이라면 다 알 듯이—그녀의 편향들이다. 물론 카는 사실 역사학도에게 **그의** 머릿속에 윙윙거리는 소리에 귀를 기울이라고 조언한다. 그가 앙시앵 레짐 연구로 국제적으로 명성이 높은 역사가 베티 베렌스와 결혼했음에도 불구하고 역사가들을 무심코 남자로 지칭할 수 있었다는 사실은 그 자체로 무시할 수 없는 하나의 윙윙거림이다. 이러한 주관성들은 역사가의 작업을 문제가 될 만한 방식으로 좌지우지할 수 있지만, 그 주관성이야말로 우리의 역사 연구와 역사 쓰기를 이끄는 원동력이기도 하다. 역사는 일련의 사실들이 아니다—다시금 카가 말한 대로, 그것은 단순히 좌판 위의 생선이 아니다. 역사가들이 실제로 일어난 일만큼이나 자신들의 주관성과 상상력을 가지고 작업을 하고 있기 때문에 과거는 다시 쓰인다.

이 말이 위험하게 들린다면 그럴 수도 있다. 역사를 쓰는 것은 강력한 정치 행위이다. 그것은 또한 동시대적 중요성을 띤 행위이기도 하다. 역사는 과거에 일어난 일단의 사건들로만이 아니라 그 이상의 어떤 것으로서, 이야기나 서사가 있는 것, 심지어 교훈을 담고 있는 어떤 것으로서 빈번히 거론된다. 역사를 알지 못하면 다른 사람들이 그 역사를 되풀이하는 모습을 보게 된다거나 역사는 한 번은 비극으로 한 번은 소극으로 되풀이된다는 생각은 흔하다. 언론인과 정치인들은 과거가 오늘날 우리를 둘러싼 세계를 위한 시운전이나 되는 것마냥 역사로부터 교훈을 얻을 필요성에 관해서 말하기를 좋아한다. 그들은 또한 미래의 역사가들이 이 순간(과 그들)에 관해 뭐라고 말할지 생각하기를 좋아한다. 주변 세계에 대한 그들의 이해는 적어도 부분적으로는 지금의 우리를 되돌아보고 판단을 내릴 수 있는 역사가들에게 달려 있다.

우리는 과거에 관해서 배울 수 있지만 **과거로부터** 배우는 일은 드물다. 현재에 적용되기 위해서 대기 중인 역사에 간단한 교훈은 없다. 그러나 역사책을 읽으면 역사가들과 그들이 속한 세계의 관심사와 불만에 대해서 많은 것을 알 수 있다. 역사가들이 오로지 주변 세계를 이해하기 위해 역사책을 쓰지는 않음에도 그렇다. 그리하여 역사를 다시 쓰는 일은 우리를 둘러싼 세계가 바뀌고 우리의 관심사가 변하는 만큼 필수적이다. 지금 우리가 쓰는 역사들 역시 미래에 다시 쓰일 것이다.

역사는 역사가들이 작업하고 있는 순간, 즉 그들의 물적 조건들, 그들의 정치적 관점, 그들의 경험과 정체성, 그들이 책상 앞에 앉아서 쓰는 동안 그들을 둘러싼 모든 것에 의해서 틀 지어진다. 그리하여 역사가들은 과거를 되찾기 위해, 과거를 다시 쓰기 위해, 과거가 어떠했는지 그리고 그것이 오늘날 어떻게 이야기될 수 있는지를 재상상하기 위해서 작업한다. 하지만 역사가가 아닌 보통 사람들에게도 역할이 있다. 역사란 다른 여러 유권자들이 개입하는 협력 과정이기 때문이

샬럿 리디아 라일리

다. 전문 역사가, 문서고 관리자, 박물관 큐레이터, 가족사가, 지방사 협회뿐만 아니라 과거에 관해서 생각하거나 말하는 모든 사람들, 그리고 그들이 그렇게 하도록 자극하는 모든 장소와 공간, 유물과 미술품들이 모두 개입한다. 과거는 상상될 필요가 있다. 역사가들이 그것을 재상상할 수 있도록 말이다. 보통 사람들은 자신들이 들은 이야기들을 기억하거나 단순히 되풀이하고 있는 것이 아니다. 그들도 무엇을 남겨두고 무엇을 빠트릴지 결정하는 식으로 선택을 하고 있다. 보통 사람들은 특정한 역사적 서사를 다른 서사들보다 우선시할지 주체적으로 결정한다. 만약 역사가들이 역사에 대한 더 폭넓은 이해들을 다시 쓰기를 원한다면, 이를 인식하고 이 주체성과 함께 작업해야 한다.

우리의 삶이 변화함에 따라서 우리는 자신의 과거를 다르게 생각한다. 과거로부터의 거리가 우리가 과거를 느끼는 방식을 언제나 변화시키지는 않는다. 어떤 기억과 감정들은 사람들에게 영원히 머무르기도 한다. 하지만 대다수의 사람들에게, 비록 의식적인 행위는 아니라고 할지라도, 과거는 언제나 재상상되고 있다. 미래가 끊임없이 발명되고 재발명되듯, 모든 것이 거듭하여 다시 쓰이고 있다. 역사가로서 우리의 작업에서 힘써야 할 일의 일부는 이런 유동성, 우발성, 불안정성의 느낌을 포착하는 것, 다시 말해서 과거와 미래를 창조적인 시도로서 포착하는 것이다. 과거를 상상하는 일은 창조적인 시도이며, 모두가 항상 하는 어떤 일이다. 역사가들에게는 과거를 상상하는 일이 생업이지만, 우리만 그 일을 하는 것은 아닐 것이다. 역사는 안락할 수도, 도전적일 수도 있지만, 언제나 가능한 여러 이야기들 가운데 하나일 뿐이다. 역사는 이를 반영하기 위해서 거듭하여 다시 쓰여야만 한다.

샬럿 리디아 라일리

더 읽을 거리

Hakim Adi, *Black British History: New Perspectives from Roman Times to Present Day* (London: Zed Books, 2019)

Svetlana Alexievich, *The Unwomanly Face of War* (London: Penguin, 2018) (『전쟁은 여자의 얼굴을 하지 않았다』, 박은정 옮김[문학동네, 2015])

Catherine Hall, *White, Male and Middle Class: Explorations in Feminism and History* (Cambridge: Polity, 1992)

Saidiya Hartman, *Wayward Lives, Beautiful Experiments* (London: Serpent's Tail, 2019)

Ludmilla Jordanova, *History in Practice* (London: Bloomsbury, 2017)

Jill Lepore, *These Truths: A History of the United States* (New York: W.W.Norton, 2018)

Gerda Lerner, *Why History Matters: Life and Thought* (Oxford: Oxford University Press, 1998) (『왜 여성사인가』, 강정하 옮김[푸른역사, 2006])

Alison Light, *A Radical Romance: A Memoir of Grief, Love, and Consolation* (London: Penguin, 2018)

Carolyn Steedman, *Landscape for a Good Woman* (London: Virago, 1986)

Carolyn Steedman, *Dust: The Archive and Cultural History* (Manchester: Manchester University Press, 2002)

18

문학은 어떻게 역사를 형성하는가?

이슬람 이사

흐릿한 경계들

문학이 문화의 핵심 측면이라는 점에는 의심의 여지가 없다. 문학의 역할은 오락이나 지식 전달에 국한되지 않는다. 사실, 문학—쓰기와 읽기 모두—은 세계를 변화시켜왔고 앞으로도 계속 그럴 것이다.

우리가 문학과 역사를 서로 나란히 어떻게 읽는지를 고려하는 일에는 닭이 먼저냐 달걀이 먼저냐를 고려하는 일과 비슷한 구석이 있다. 무엇이 먼저인가? 문학이 역사에 대한 우리의 이해를 형성하는가? 아니면 역사가 우리가 읽고 쓰는 문학을 형성하는가? 어떤 측면에서 이런 질문들은 답을 요구하지 않는다. 하지만 그 질문들은 우리 자신과 우리를 둘러싼 세계에 대한 인식과 관념들의 형성에 문학과 역사 둘 다의 중요성을 확인해주는 역동적인 관계를 보여준다.

6세기와 7세기에, 고대 아라비아 남부 달력의 열한 번째 달 첫날이면, 수천 명의 사람들이 방방곡곡에서 카라반을 이끌고 연례 수크 우카즈 시장을 찾아왔다. 오늘날 사우디아라비아인 이 도시는 향료길 바로 중간에 위치해 있었고, 수크 우카즈 시장으로 향하는 길은 뱃사람 신드바드 전설을 낳을 만큼 아랍인들에게 매우 핵심적인 산업상의 여정이었다. 시장은 과연 향긋하고 다채로운 무수한 향신료를 팔았고, 핵심 품목으로는 옷가지와 낙타와 더불어 대추야자, 꿀, 포도주도 있었다. 그러나 장이 서는 이때는 무엇보다 다양한 부족들이 세간의 소식들을 따라잡는 시간이었다. 인쇄술이나 원거리 통신이 출현하기 전에는 모두가 모여서 그해에 세상에서 무슨 일이 있었는지 열심히 소식을 들었다. 각 부족에서 대변인으로 지목된 사람들은 자신의 부족에서 가장 품위 있게 형형색색으로 차려입고 나타나 차례로 일어나서 좌중에게 자기 땅의 최신 소식을 들려주었다. 그들은 청산유수처럼 흘러나오는 아랍 시의 마법을 이용했다.

모종의 사절로서 시는 내용상으로 정보를 전달해줄뿐더러 양식상으로 웅장하고 인상적이어야 했다. 역사는 본질적으로 이러한 운문들을 통해서, 시 한편을 한편을 거쳐서 쓰이고 보도되었다. 오늘날 우리가 이슬람 이전 아라비아에 대해서 아는 거의 모든 내용은 전문 역사책의 대안으로서 그 시대의 시에서 얻은 것이다. 이는 아랍어로 된 가장 뛰어난 운문이자 그 시대의 삶과 사건들에 대한 믿음직하고 상세한 역사적 기록으로 간주되는 문학의 소산이다. 이 시들은 강인한 생명력을 자랑하는 구전 역사를 형성한다. 빈틈없이 암송되어 대대로 귀하게 여겨지며 전수되다가 마침내 문자로 기록된 것이다. 또한 우카즈 국왕은 마음에 드는 시를 들으면 따로 글로 적어달라고 부탁했다고 한다. 8세기에는 7편의 핵심 시가 가장 특별한 리넨 천에 옮겨 적혔으며, 그 시들을 적는 데에 쓰인 잉크는 진짜 금이었다. 이 시들은 특히 중요하게 여겨져서 가장 성스러운 순례지인 메카의 카바에 걸렸고, 이에 따라 공중에 내걸린 시라는 뜻의 물라카트Mu'allaqat라는 별명을 얻었다. 그 시대와 심지어 오늘날의 아랍인들에게 역사와 시는 관련이 있는 것을 넘어 사실상 같은 것이다.

구전 역사가 입말에 대한 의존을 통해서 종종 문학성을 띠는 것은 당연한 일이다. 고대 그리스의 음유시인은 전업 서사시 낭송자였고, 가장 유명한 서사시는 물론 호메로스의 『일리아스』와 『오디세이아』였다. 긴 외투를 걸치고 지팡이를 든 음유시인은 이 고을 저 고을을 떠돌면서 그 서사시들을 공공장소에서 큰 소리로 들려주었다. 누군가는 헬레네가 세상에서 가장 아름다운 여인이었다고 읊었다. 트로이의 왕자 파리스가 그녀를 남편인 스파르타의 왕 메넬라오스에게서 앗아갔을 때 트로이 전쟁이 벌어졌다는 것이다. 호메로스의 서사시처럼 서사시권(Epic Cycle : 트로이 전쟁을 다룬 고대 그리스 시 모음/옮긴이)을 구성하는 그리스 시가와 소포클레스 같은 극작가들의 비극은 트로이 전쟁을 중심으로 했다. 역사상 가장 잘 알려져 있지만 동시에 실제로 일어났을 가능성은 가장 낮은 전쟁 말이다. 이 전설적인 사건들은 고대 그리스 이후로도 수 세기 동안 실제로 일어난 일로 간주되었다. 자연히 사실과 허구는 얽히고설킬 수 있다. 하지만 그 과정에서

이슬람 이사

그러한 신화들은 장소와 사람들에 대한 역사적 레이아웃의 일부가 된다. 한 도시의 거리를 거니는 일은 우리가 의심할 수 없는 실제 사건들만큼이나 그곳의 문학적 그리고 야사적 사건들을 접하는 경험이 되기도 한다. 예루살렘이나 로마 같은 도시에서는 거리에서 모퉁이를 돌 때마다 그런 느낌을 받는다. 영국 노팅엄셔로 진입하는 도로의 표지판에 "로빈후드 카운티"라고 적힌 이유도 마찬가지이다. 20세기의 몇 십 년 만에 신화와 허구—알고 보면 우리가 거의 믿고 있는—는 스코틀랜드의 네스 호수와 런던의 베이커 가 같은 장소들을 규정하게 되었다. 문학과 신화는 일상의 역사와 그 발전의 일부가 되어 국가 정체성과 한 장소의 건축학적이고 경제적인 풍경 같은 요인들에 영향을 주고 있다. 문학 자체는 역사, 특히 문화사의 일부가 된다.

그러나 문학은 또한 그 나름대로 역사적인 순간을 만들어내고 거기에 반응한다. 윌리엄 셰익스피어의 『템페스트The Tempest』에서 미란다가 외딴섬에서 여태껏 만난 인간은 그녀의 아버지와 원주민 캘리번뿐이다. 미란다는 퍼디낸드(결국에는 그녀가 결혼하게 되는 사람)를 처음 보고서는 가장 간단한 말을 던진다. "이건 뭐지?What is it?" 이 단순한 말은 미란다의 단순성과 순진무구함을 드러내지만, 동시에 퍼디낸드의 욕망과 경탄도 보여준다. "놀라다"라는 뜻의 라틴어에서 유래한 그녀의 이름대로, 미란다를 처음 본 퍼디낸드의 반응은 "오, 경이로운 그대여!O, you wonder!"이기 때문이다. 하지만 미란다의 질문 "이건 뭐지?"는 등장인물의 성격 묘사에 그치지 않는다. 근본적으로 그것은 르네상스 전체의 질문이다. 인생이란 무엇인가? 신조란 무엇인가? 예술이란 무엇인가?

문학 이론과 사조들은 심지어 하나의 문학 작품을 넘어 사상의 역사적 패턴에 대한 통찰을 제시하기도 한다. 19세기 전환기에 윌리엄 워즈워스는 "문학만이 아닌 사회 자체의 혁명"을 언급하며 평범한 주제들에 관해서 접근 가능한 언어로 글을 쓰려고 시도했다. 낭만주의 시인들은 신고전주의 문학의 진지한 주제들과 방법론적 스타일들에 대한 계몽주의의 강조에 반발하며 표준적인 고전적 글쓰기 양식에서 멀어졌다. 가령 문학에 대한 계몽주의의 신고전주의적 접근법은 과학과 질서에 대한 강조를 뜻했는데, 낭만주의 시인들은 여기에 대해 자연과 순수에 관한 글을 쓰는 것으로 대응했다. 여기에서 신고전주의의 문학적 입장은 또한 "미신"을 이겨내는 "합리성"에 대한 더 폭넓은 계몽주의의 욕망을 가리키며, 이는 무엇보다 원주민들을 "구해주려는" 의도에서 나온 식민주의적 기획들을 정당화하는 데에 일조했다. 그러므로 문학적 맥락은 관념들이 어떻게 진보하는지 설명해줄 수 있거나, 아니 오히려 우리가 "진보"를 의문시할 수 있게 해준다.

2012년 레스터의 주차장 지하에서 발견된 으스스한 유골이 15세기의 국왕 리처드 3세의 것으로 확인되었을 때, 국왕에 걸맞게 다시 안장하기 위한 행사가 마련되었다. 세간의 시선은 셰익스피어의 유명 사극 가운데 하나인 『리처드 3세*Richard III*』의 색다른 주인공인 그의 실체에 관한 해답을 찾고자 불가피하게 그 사극의 주인공에게 쏠렸다. 셰익스피어의 리처드는 자신의 외양과 인간관계에 몹시도 자신이 없는 복잡한 캐릭터로서, 막이 오르기가 무섭게 "악당이 되기로 결심했노라"고 선언한다. 리처드는 무대를 독차지하고서 무고한 두 조카를 비롯해서 왕위를 노리는 자신의 앞길을 가로막는 사람은 누구든 죽인다. 리처드의 실제 장례식이 확정되었을 때, 한 타블로이드 신문은 대문짝만 한 머리기사를 실었다. "여왕, '사악한' 왕에게 예를 표하기로." 또다른 신문에서는 한 칼럼니스트가 "의문의 여지없이 이 지상을 거쳐간 가장 간악한 폭군 가운데 한 사람"에 대한 "텔레비전으로 중계되는 기괴한 촌극"을 "갈수록 기겁하며" 지켜보면서 "세상이 완전히 미쳐 돌아간다"고 괴로워했고, "셰익스피어의 묘사는 진정으로 사실에 기초를 두었다"고도 덧붙였다. 실화에 바탕을 둔 영화가 그러하듯이, 사실에 기초한다는 것은 역사적 증거와는 매우 다르다. 우리에게는 리처드 생전에 그려진 그의 초상화도 없다. 그가 희곡에서처럼 주요 정적들이나 심지어 조카들을 죽였다는 명백한 증거는 없다. 셰익스피어가 참고한 출전들은 리처드가 등이 굽고 한쪽 팔이 말라비틀어졌으며 한쪽 발을 눈에 띄게 절었다고 말했다. 유골 분석을 통해서 그가 실제로 심각한 척추 측만증을 앓았다는 사실이 확인되었지만, 말라비틀어진 팔과 한쪽 다리의 불구는 확인이 불가능했다. 이 경우에서 문학은 대중의 상상에 관념들을 심어주었고, 그리하여 역사적 과거에 대한 우리의 이해에 영향을 주고 심지어 지배해온 셈이다. 그리고 그에 따라 문학은 현재의 사건들에 대한 반응들을 유발함으로써 현재와 미래 역사의 서사들을 써내려가는 데에, 다시 말해 이 경우에는 한 잉글랜드 군주의 역사에 새로운 장을 써내려가는 데에 일정한 역할을 하고 있었다.

이렇듯 지속적인 상호 작용 과정은 이 문학 작품 자체가 역사 서술에 기반을 두고 있다는 사실을 기억한다면 한층 분명해진다. 셰익스피어는 사극을 쓰기 전에 역사책들을 읽었고, 이 경우에는 토머스 모어 경의 『리처드 3세의 역사History of King Richard III』(1519)와 『홀린셰드 연대기Holinshed's Chronicles』(1577)를 참고했다. 두 출전은 당대의 정치적 맥락에서 영향을 받았으며, 리처드의 요크 가를 희생시켜 튜더 가의 지배를 정당화하고자 했다. 정말이지 역사의 바로 그 주관성은 역사가 다름 아닌 문학의 한 장르임을 의미한다. 더욱이 셰익스피어는 창조적인 작가이자 사업가로서 그의 목표 중에는 극적 효과를 낳고 사람들을 극장으로 끌어들이는 것도 있었다. 성공의 결과로 셰익스피어는 기득권 세력의 일원이 되었고, 왕족 앞에서 공연되는 희곡들을 썼다. 하지만 그는 글로브 극장을 설립하면서 누구나 즐길 수 있는(1페니만 내면 극장 안뜰에 서서 연극을 구경할 수 있었다) 더 포괄적인 공공 극장을 만드는 데에도 이바지했다. 특정한 출전들에 대한 의존과 주도면밀한 사업 모델, 예술적 허용은 모두 셰익스피어 희곡의 역사성을 다소 가감하여 받아들여야 함을 보여준다. 게다가 셰익스피어는 영국적 정체성에 빠져서는 안 될 핵심 요소가 되어서, 그 자신이 영국사의 일부이기도 하다. 따라서 우리는 권위와 보편성을 전제하여 다른 작가들과는 다르게 그에게 접근할지도 모른다. 그럼에도 불구하고 역사는 확실히 문학의 바탕을 이루는 한편, 문학은 과거 역사에 대한 우리의 독해와 우리의 새로운 역사 창조에 영향을 미친다. 이는 영구적인 진자 운동이다.

독자의 힘

문학은 간단하고 직선적인 현상이 아니다. 여기에는 작가와 독자 양측이 엮인 복합적인 단계와 과정이 작동한다. 소설이나 시 한 편, 혹은 연극을 계약으로 생각해보라. 먼저 작가가 서명하고, 그다음에 독자나 관객이 부서副署한 계약 말이다. 대부분의 경우에 작가는 실질적으로 자신의 텍스트가 읽히고 해석되도록 허용하는 셈이며, 이로써 작품은 더 이상 작가의 전유물이 아니라 공공 자산과 비슷해진다. 독자 측 거래 내용은 그들이 작품을 읽고, 그리하여 그들이 깨달았는지 여부와 상관없이 해석을 제공한다는 것이다. 이 과정에서 텍스트 자체는 여전히 변함이 없는 반면, 그 의미는 독자가 누군지, 그들이 어디에 있는지, 그들이 작품을 언제 어떻게 읽고 있는지에 따라서 달라진다. 나는 이를 매우 단순하게 **독자의 힘**이라고 부른다. 그것은 문학이 시공간을 가로질러 변신할 수 있게 해주는 힘이다. 하지만 그것은 또한 역사의 핵심 특징과 문학의 교차를 확인해주는 것이기도 하다. 그 교차점은 역사와 문학 둘 다 주관적이라는 점이다.

작가들 또한 독자이다. 이는 어떤 경우에 더욱 분명해지기도 한다. 예를 들면 작가들은 자신들이 읽은 것들을 원천이나 영감으로 이용하거나 혹은 이전 작품들로부터 가져온 암시나 상호 텍스트intertext를 제공할 수도 있다. 그러나 더 일반적으로 보자면 우리가 읽는 것은 우리의 개인적이거나 집단적인 정체성의 측면들을 형성할 수 있다. 이는 우리가 잠자리에서 들은 옛날이야기나 학교에서 억지로 읽어야 했던 작품 혹은 지방 신문, 심지어 소셜 미디어 게시물일 수도 있다.

상이한 독자들이 같은 텍스트로부터 서로 다른 것을 취할 수 있음은 명백하지만 흔히 간과된다. 교차성 이론—여러 다른 범주들이 교차하여 우리의 개별 정체성을 이룬다는 이론—이 주장하듯이 상이한 젠더, 인종, 능력, 계급, 섹슈얼리티, 신념 등을 지닌 사람들이 동일한 방식으로 텍스트를 읽는다고 기대할 수 있을까? 성차별과 인종차별이 교차하는 흑인 여성은 어떤 시 한 편(무엇에 관한 것이든 상관없다)에 백인 남성과 다르게 반응할 수 있지 않을까? 아니면 간단한 예로, 홀로코스트 생존자는 『베니스의 상인』의 대사 "너희가 우리를 찌르면 우리라고 피를 흘리지 않겠는가? 우리를 간지럽히면 우리라고 웃지 않겠는가?"를 그만의 방식으로 읽지 않을까? 혹은 나치가 1933-1939년에 반유대주의적 "베니스의 상인" 공연을 50회 이상 올렸으며, 그중 20회는 아돌프 히틀러가 제국 수상으로 취임한 첫해에 이루어졌다는 사실에 놀라워해야 할까? 사람들과 사회들이 문학에 반응하는 방식은 이렇듯 우리에게 그들 역사의 특정한 순간을 이야기해준다.

이슬람 이사

남아프리카의 제도적인 아파르트헤이트(1948–1994) 당시, 경비가 삼엄한 로번 섬 감옥에는 핵심 정치범들이 수감되어 있었다. 종교 텍스트만을 허락받은 수감자들은 셰익스피어 전집을 신성한 힌두교 경전으로 위장해 몰래 들여왔다. 전집이 감옥 안을 돌고 도는 사이에 수감자들은 책에서 자신들에게 가장 와닿는 대목에 밑줄을 긋기로 했다. 1979년 12월 16일에 수감자 중 한 사람인 넬슨 만델라는 이름의 혁명가가 줄리어스 시저의 연설 옆에 자신의 이름을 적었다.

> 겁쟁이들은 정작 죽기 전에 수없이 죽는 법이나
>
> 용자는 단 한 번의 죽음을 맛보지요.
>
> 내가 지금까지 들어본 이적異跡들 중에서
>
> 사람이 두려움을 느낀다는 게 가장 이상한 듯하오.
>
> 죽음이란 필연적인 종말이고
>
> 올 때가 되면 오게 되어 있는 법이니 말이오.
>
> ──「줄리어스 시저」 제2막 2장 33–38행

이 대사는 종신형을 선고받아 사형수 감방에서 17년째 수감 중이던 한 남자에게 와닿았다. 그의 읽기와 해석 행위는 이 대사들에 한층 더 의미를 부여했다. 그리고 이 대사들은 아파르트헤이트와 만델라를 셰익스피어의 역사 일부로, 또 셰익스피어를 아파르트헤이트와 만델라의 역사 일부로 만들었다.

『리처드 2세』에서 셰익스피어는 당대의 뜨거운 감자였던 승계 문제를 생생하게 묘사하는 핵심 장면을 제시한다. 14세기의 사건들을 토대로 한 퇴위 장면에서 리처드는 왕관을 훗날의 헨리 4세인 헨리 볼링브로크에게 넘긴다. 퇴위는 심각한 문제였으므로, 이 장면은 희곡의 초창기 판본들에서 수시로 검열당했다. 이제 대략 100년 뒤인 17세기 전환기로 넘어가보자. 당시 에식스 백작의 런던 거처는 정부에 불만이 많은 사람들이 모여드는 근거지였다. 1601년, 에식스 백작을 비롯한 음모자들은 엘리자베스 1세의 폐위를 도모했다. 이 무렵이면 『리처드 2세』는 인기가 없어져서 그렇게 자주 공연되지 않았으므로, 백작은 셰익스피어 극단에 일반적인 수수료보다 높은 가격인 40실링을 지불하고 『리처드 2세』의 특별 공연을 무대에 올렸다. 그들은 음모자들의 기운을 북돋아줄 생각에서 반란 전날 밤에 공연을 올렸는데, 특히 양위 장면을 염두에 두었을 것이다. 반란이 수포로 돌아가고 공모자들이 처형당했을 때, 공모자 중 한 사람인 길리 메릭 경의 죄목에는 이 공연을 의뢰한 것도 포함되었다. 셰익스피어 극단은 곤경에 처했지만, 자신들은 음모에 관해서는 전혀 몰랐고 이데올로기적 목적 때문이 아니라 순전히 돈을 받고 공연을 했을 뿐이라고 법정을 설득할 수 있었다. 극단은 경고만 받고 풀려났다.

보다 근래의 사례로 살만 루슈디가 1988년에 발표한 『악마의 시The Satanic Verses』를 일대 사건으로 만든 것은 텍스트 자체보다는 그에 대한 반응이었다. 이 작품을 신성 모독이라고 간주한 무슬림들의 항의

이슬람 이사

가 전 세계적으로 빗발쳤으며, 이란의 아야톨라 호메이니는 루슈디를 살해하라고 명령했다. 이 책의 판매량은 이런 일들이 일어나기 전까지 대단하지 않았지만, 이후로는 당연히 전 세계적으로 치솟았다. 어쩌면 사람들이 어떤 텍스트를 읽게 만드는 최고의 방법은 그 텍스트를 금지하는 일 아닐까? 이제 대다수의 대학에서 루슈디를 가르치는데, 그 이유는 텍스트 때문이 아니라 수용 과정 때문이다. 더 넓게 보아 그 문학 작품은 표현의 자유 혹은 영국의 경우에는 집단적 영국-무슬림 정체성의 발전으로 보이는 현상과 같은 오늘날까지 지속되는 실제 세계의 쟁점들에 관해서 일련의 논의의 장을 열어젖혔다.

우리가 알든 모르든, 문학 읽기는 단서를 찾고 텍스트의 세계를 발굴하고 그 세계의 여러 다른 퍼즐들을 짜 맞추는 일이다. 텍스트는 그것이 쓰인 맥락의 산물이며, 사람과 사회, 공적 공간과 사적 공간, 분위기와 감수성들, 사람들의 호오好惡에 대한 통찰을 제공한다. 이는 읽는 행위 역시 마찬가지이다. E. H. 카가 역사가 또한 역사의 중요한 일부라고 지적했듯이, 문학의 작가와 독자 역시 역사를 형성하는 일부이다. 문학은 우리가 현재를 어떻게 바라보는지를 규정하며, 그렇게 형성된 관점에 따라서 우리가 내리는 결정들은 역사의 고갱이가 된다.

수용이 관습으로 탈바꿈하는 시점이 오기도 한다. 이는 신화를 넘어서 실제 인물과 사건들에도 적용된다. 대표적인 사례로 이집트의 여왕 클레오파트라를 생각해보자. 그녀의 고향인 프톨레마이오스 왕조 시기의 알렉산드리아는 부분적으로 물에 잠겼으며, 알렉산드리아 대도서관은 아마도 율리우스 카이사르의 군대의 소행으로 불에 타서 사라졌다. 따라서 우리는 클레오파트라가 사람들 앞에 자신을 어떤 식으로 내세웠는지, 또 백성들이 그녀를 어떻게 인식했는지 알 수 없다. 게다가 카이사르가 암살당한 이후 그녀가 그와의 사이에서 낳은 아들 카이사리온을 제위에 앉히려고 했을 때, 카이사르의 정식 상속인인 옥타비아누스는 그녀를 몰아내기 위해서 맹공격을 펼쳤다. 바로 그 시기에서 유래한 글—고대 세계에 영향력을 발휘한 플루타르코스가 나중에 그 문헌들을 자신의 출전으로 삼았다—이 지금 우리가 아는 클레오파트라의 이미지를 형성했다. 그 글을 프로파간다나 조직적인 평판 훼손이라고 할 수도 있을 것이다. 실제로 로마 쪽 출전들은 그럴싸한 적수를 내세워야 했고, 어떻게 한 사람의 여자가 로마인들의 영웅들 중에서 가장 유명한 두 사람인 카이사르와 마르쿠스 안토니우스의 마음을 사로잡을 수 있었는지를 정당화할 필요가 있었다. 이에 따라서 클레오파트라의 막강한 능력은 바로 그녀의 관능적인 유혹이 되었다. 그녀가 "채울 길 없는 욕정과 탐욕"의 소유자였다는 기원후 2세기의 문헌은 역사가로 변신한 로마 정치가 카시우스 디오의 작품이다. 성차별적인 글들은 그녀를 술꾼, 요부, 성적으로 거부할 수 없는 여성으로 그렸다. 하지만 거의 논의되지 않는 극소수의 이집트와 아랍 쪽 문헌에서 우리는 다른 모습의 클레오파트라를 만날 수 있다. 강력한 지도자이자 지성인인 클레오파트라이다. 한 예로 10세기의 여행가 알 마수디는 그녀의 외양에 대한 불필요한 언급 없이 클레오파트라를 현자이자 철학자라고 불렀다.

클레오파트라의 잘 알려진 자살(기원전 30년)을 생각해보자. 로마인들은 스펙터클의 힘을 잘 알았고, 붙잡혔다면 클레오파트라는 십중팔구 로마로 끌려와서 시내를 돌며 포로로 전시되는 치욕을 당했을 것이다. 그렇다면 그녀의 자살은 어느 로마인과 사랑에 빠져 완전히 이성을 잃어서가 아니라 자신의 방식대로 죽고자 선택한 결과물이다. 클레오파트라의 자살은 이런 식으로 정치적 행위로, 심지어 자존과 저항의 행위로 해석될 수 있다. 또한 우리는 그녀가 독사에 가슴을 물게 하는 방식으로 자살했다고 흔히 알고 있지만, 그녀의 어의는 사인을 따로 언급하지 않았다. 클레오파트라가 독사에 물리거나 독성 연고를 발라 자살했다고 묘사한 사람은 그녀가 죽고 수십 년이 지난 뒤의 그리스 역사가 스트라본이었다. 클레오파트라 사후 수십 년이 흐른 기원후 2세기에 플루타르코스는 그녀가 독을 주입하기 전에 머리핀으로 자신의 팔을 찔렀을 가능성을 제기했고, 무화과 바구니에 독사를 몰래 들여왔다고 덧붙였다. 이 설명은 이후 클레오파트라의 자살에 대한 가장 진상에 가까운 설명으로 받아들여졌지만, 플루타르코스 당대부터 오늘날까지 일부 역사가들은 이 진술의 신빙성을 의심한다. 사실, 클레오파트라 본인이 이 서사를 인정했을 가능성도 있다. 독사란 아마도 이집트 코브라일 텐데, 코브라는 이집트의 여성신들을 묘사하는 데에 쓰이며, 왕권의 신성과 보호의 상징으로서 이집트 문화에서 중요한 위치를 차지해왔기 때문이다. 그러므로 이집트인들에게 독사의 상징성은 왕족으로서 클레오파트라의 신성한 위상을 확인해주는 역할을 하기도 했다.

그후로 유대-기독교 전통, 특히 아담과 이브 이야기는 (남근적인 뱀과 손잡고) 유혹자로서 여성의 이미지를 일반화하는 데에 일조해왔다. 클레오파트라의 죽음은 그러므로 팜 파탈―문학과 예술에서 매력적인 캐릭터의 전형―로서 그녀의 이미지를 굳히는 데에 이바지했다. 따라서 그녀가 영문학의 정전에 등장하게 된 것은 놀랄 일이 아니다. 『착한 여인들의 전설The Legend of Good Women』에서 제프리 초서는 마르쿠스 안토니우스가 명예를 지키기 위해 칼로 몸을 찔러서 자결하자, 연인의 죽음에 상심한 클레오파트라가 무덤을 뱀으로 채운 다음 옷을 벗고 무덤 안으로 들어갔다고 묘사한다. 초서는 다음과 같이 이야기를 끝맺는다.

그리하여 그녀는 기꺼이 죽음을 맞았으니
너무도 소중한 연인 안토니우스를 향한 사랑 때문이라네.
이는 지어낸 이야기가 아니라 진실한 이야기라네.*

— 700-702행

---

* And she hir deeth receyveth, with good chere,
   For love of Anthony, that was hir so dere: -
   And this is storial sooth, hit is no fable.

여기에서 마지막 행은 익히 예상되는 압운 2행 대구(1행의 good chere 와 2행의 so dere 압운을 말한다/옮긴이)에 거의 추기追記 역할을 하면서 이야기 자체만큼이나 흥미롭다. 독자는 여기에서 이것이 "지어낸 이 야기가 아니라" "storial sooth", 즉 역사적 진실이라는 말을 듣는다.

더 유명한 예로, 셰익스피어의 『안토니우스와 클레오파트라Antony and Cleopatra』는 서양인들이 4세기가 넘는 지난 세월 동안 클레오파트라와 접촉하는 주된 통로였다. "천변만화하는" 복잡한 인물을 창조한 것 외에, 셰익스피어 역시 그녀의 자살을 강조한다. 그 희곡에서 클레오파트라는 독사를 이용해 자살하지만 독사는 플루타르코스가 쓴 것처럼 팔을 무는 대신 가슴을 문다. 이렇게 성적으로 묘사된 클레오파트라의 자살은 그 이집트 여왕에 대한 대중의 문화적 인식에 항구적인 효과를 낳았다. 이는 역사가 문학이라는 수단을 통해서 수용되는 대표적 사례이기도 하다. 사실 한쪽으로 치우친 로마 역사책들의 주관성은 그 이후에 창작된 문학의 주관성과 결합되었고, 실제로 클레오파트라 문학의 수용과 더불어 이는 다시금 회화 작품과 할리우드 영화를 통해서 더 대중적인 문화적 관념들을 낳았다.

클레오파트라의 이국적이고 동양화된 이미지는 원천들이 얼마나 중요해지는지, 그리고 그것들이 어떻게 반향 효과를 낳는지를 보여주는 지표이기도 하다. 그녀의 이미지에 대해서 우리가 가진 지식의 원천이 셰익스피어 같은 대중문화이고, 셰익스피어의 원천이 플루타르코스라고 한다면 역사적 설명의 정확성이 서로 다를 수 있다는 점도 당연하다. 이 여왕을 탈역사화하는—또는 해럴드 블룸이 주장하듯이 그녀를 순전히 문학적 캐릭터로 보는—일은 (이상적 미를 보여주기 위해서 중세에 금발 여성이나, 식민주의 시절 구조되어야 할 수동적 여인으로 그리는 것처럼) 그녀를 상이한 의제들을 위한 변화무쌍한 전달 매체로 활용하는 것과 다르지 않다. 이에 대한 한 가지 해법은 더 다양한 관점과 견해들을 대변할 수 있도록 역사든 문학이든 우리의 지식 원천들을 다각화하는 것이다. 가령 이집트의 저명한 계관 시인인 아마드 샤우키는 『클레오파트라의 죽음*Masra' Kliubatra*』(1927)이라는 아랍어 희곡을 썼다. 여기에서 클레오파트라는 자신만만한 웅변가이자 시인으로서, 영적이고, 결혼 제도를 중시하며 이집트의 국익을 최우선시한다. 희곡에 부록으로 딸린 에세이에서 아마도 샤우키로 짐작되는 저자는 로마 출전들의 "허구적 양식"과 "의심스러운 역사성"을 개탄한다. 영문학 정전에 대한 정면 대응으로서 그 글은 "클레오파트라는 셰익스피어나 존 드라이든, 조지 버나드 쇼, 어디에 등장하는 캐릭터든 남성의 상상의 산물인 것 같다"고 덧붙인 다음, "이집트 작가가 이 부당하게 비난받는 이집트인에게 올바른 대접을 해줘야 하지 않을까?"라고 묻는다. 샤우키는 독자이기도 하다. 그의 글은 그 자체로 일종의 수용이다. 또한 그는 문학이 극적인 형식으로서 역사적 사실을 고수하지 않아도 되지만 우리가 사건, 인물, 사회들에 관해서 역사적 사실로 인지하는 것에 확실히 영향을 미친다는 점을 확인해준다. 많은 이집트인들은 셰익스피어를 접하기 한참 전에 샤우키를 접하며, 따라서 샤우키의 문학적 활동이 이집트에서는 역사와 대중문화의 지배적 판본 역할을 한다.

셰익스피어에 대한 그의 대응은 알 나흐다al-nahdah, 다시 말해 19세기 후반과 20세기 초반의 아랍 르네상스 동안에 등장했다. 이 시기에 그 지역은 유럽의 식민 지배, 이집트의 경우에는 영국의 지배를 받고 있었다. 이 문학적 부흥은 식민주의에 정면으로 저항하는 움직임이었다. 특히 셰익스피어를 대표로 하는 식민 지배자들의 문학적 정전은 흔히 문화와 교육 체계 안으로 도입되었는데, 알 나흐다는 재생과 자율을 위한 실험을 통해서 아랍 문학을 격상시키고자 했다. 그 과정에서 아랍 문학은 외국 문학에 대응하고, 그로부터 배우고 또 충분히 능가할 수 있음을 보여주고자 외국 문학과 교류했다. 당시 적잖은 이집트 문학이 애국적이었으므로, 이는 국민 정체성이라는 의식과 반식민주의 정서를 낳는 데에 기여했고, 궁극적으로는 독립으로 이어졌다. 여기에서 역사적 맥락은 이집트 문학을 개조하고 있었고, 그다음 문학은 역사를 개조하는 데에 이용되었다.

이때 우리는 진자 운동에서 더 나아가 순환적 과정을 보게 된다. 과거는 문학을 형성하고, 문학은 미래를 형성한다.

미래

유럽 정착민들이 아메리카 대륙을 식민화하던 시기, 영국 정착민들은 셰익스피어를 가지고 갔다. 셰익스피어는 그들 애국심의 문화적 상징이었다. 지구 반대편에 있음에도 불구하고 셰익스피어를 자신들의 것으로 삼음으로써 정착민들은—그리고 궁극적으로는 건국의 아버지들은—영어를 미합중국 이민자들의 지배적 언어로 내세울 수 있었다. 문학은 언어와 문화의 정치에서 핵심 요소이며, 그에 따라 정체성의 핵심 요소가 된다. 이 경우 문학은 오늘날 지구상 가장 영향력 있는 국가가 될 나라의 미래에 영향을 미쳤다.

그러나 문학이 아직 일어나지 않은 역사적 사건들을 예측할 수도 있을까? 알 나흐다 동안 아랍 문학이 자율성을 얻었듯이 아랍의 나라들도 그랬다. 그들은 문학적 발전 위에서 독립을 달성했다. 그러나 오늘날까지도 7세기 베두인 시인 카이스 알 물라와의 『마지눈과 라일라Majnūn o Laylā』는 셰익스피어보다 몇 세대나 먼저 등장했음에도 불구하고 끊임없이 동방의 "로미오와 줄리엣"으로 일컬어지면서 문화적이고 정말이지 정치적인 위계질서를 확인시켜준다. 영국의 많은 독자들이 영국의 아이콘과 같은 작가들을 의식하면서 그들에 비견될 만한 유럽의 다른 작가들은 잘 모른다는 점은 유럽 대륙의 이웃 나라들을 향한 영국의 입장에 관해(그리고 우리가 브렉시트를 어떻게 예상했을지에 관해) 확실히 무엇인가를 시사한다. 문학적 정전에 분명하게 포함된 흑인 작가들이 없다는 사실도(근래인 2002년에야 린턴 퀘시 존슨이 펭귄 클래식 시리즈에서 출판된 첫 흑인 시인이 되었다) 인종적 불평등을 시급히 바로잡아야 할 필요성을 보여준다.

나는 문학을 향한 우리의 반응들이 미래를 형성할 가능성이 더욱

이슬람 이사

크다고 주장하고 싶다. 일례로 오늘날 셰익스피어를 전 세계로 가져가는 일은 문화적 제국주의나 신식민주의 모델을 영속시킬 위험이 있다. 문학은 지구화가 이른바 "주변부" 문화들의 비가시성을 구성하는 한 요소일 수 있음을 가르쳐준다. 민주화되고, 지구화된 접근법들이 등장해왔지만, 그런 접근법들은 언제나 정규화된 서사에 반응하거나 신화적으로 보편적인 셰익스피어의 위상을 바탕으로 한다. 그 대신 셰익스피어를 향한 우리의 반응에는 전 세계의 여러 다른 문화권들이 그의 작품을 어떻게 읽고 공연하는지에 대한 올바른 이해가 포함되어야 한다. 셰익스피어의 수도는 더 이상 스트랫퍼드 어폰 에이번이나 런던이 아니다. 그것은 어디에나 있다. 셰익스피어가 잉글랜드에서 전 세계로 퍼져나갔듯이, 셰익스피어는 이제 전 세계로부터 잉글랜드로 피드백될 수 있다. 문학에 대한 이러한 다양한 반응들은 상대방을 논파하는 것이 아니라 해석을 향한 지속적인 각축전의 일부이다. 해석의 포괄성은 지구적 시민권의 일부이다. 하지만 일부 독자들이 계속 무시되는 한 포퓰리즘은 계속 부상할 것이다. 결국 포퓰리즘의 매혹은 권력을 기득권층으로부터 가져와 공감대를 형성할 수 있는 이른바 보통 사람으로 간주되는 이들에게 넘겨야 한다는 호소이기 때문이다. 현재의 구조는 주류 해석들에 유리하다. 우리는 흔히 무엇을 읽어야 하는지, 어떻게 읽어야 하는지에 관한 말을 특히나 교육체계와 대중적 채널들을 통해서 듣는다. 따라서 현 구조는 처음부터 편향되어 있다.

오늘날 우리는 소비자로서 권한을 얻는 일을 당연하게 여기지만(특히 이 디지털 시대에는), 과연 독자로서도 권한을 얻고 있을까? 게다가 이데올로기적 전선이 흐릿해진 요즘에는 이를테면 과거 전시나 식민지 시절에서처럼 공통의 적이 더 이상 존재하지 않는다. 이런 종류의 위계질서는 명백하거나 그렇게 유해해 보이지 않는다.

그러므로 우선 나는 우리가 문화와 예술에 어떻게 접근해야 하는지 고려해야 한다고 주장한다. 나는 이것을 **진입 지점**entry point이라고 부르겠다. 진입 지점은 문학에서부터 회화와 텔레비전 프로그램에 이르기까지 어떤 예술적 매체든 가리지 않는다. 진입 지점을 고려하기 위해서 우리는 몇 가지를 자문해야 한다. 우리는 무엇을 수용하고 그것을 어떻게 수용하는지 독자적인 관점에서 접근하고 있는가? 표준화된 서사들을 수동적으로 수용하고 있지는 않은가? 작품과 그 사후 생애를 대중성와 정전성에 관한 역사적 신화들에 기초해서 보는 것은 아닌가? 역사가들과 문학 평론가들의 경우 진입 지점은 또한 덜 알려진 관점들에 타당성을 부여해야 한다.

둘째, 나는 우리의 지구적 시민권과 평등을 향한 열망을 진정으로 반영하기 위해서 **독자의 힘**이 얼마나 다면적일 수 있는지를 인식해야 한다고 믿는다. 앞에서 언급한 대로 텍스트 자체는 오로지 수용을 통해서 변화하며, 작가는 또한 독자이다.

주변부 무시periphery neglect라는 말은 겉보기에 주변부에 위치한 일부 독자들이 주류로 여겨지는 독자들에게 밀려 무시되는 경향을 가리킨다. 상이한 독자들의 존재를 인식하기 위해서 우리는 주류 독자와 작가(흔히 영어를 사용하는 백인 남성들로서, 대체로 전통적인 기관과 출판사와 연관되어 있다)뿐 아니라 주변부 독자와 작가에게도 발언권을 주어야 한다. 실질적으로 이를 촉진할 수 있는 다양한 조치와 행동들이 존재한다. 이를테면 덜 대표되는 집단들이 저널리즘, 글쓰기, 출판, 학문과 같은 분야에 진입하도록 격려하거나(이를 통해 우리가 읽는 것에 새로운 시각들을 가져올 수 있을 것이다), 학생의 정체성이 학생의 기여를 저해하기보다는 증대할 수 있도록 교실을 언제나 안전한 공간으로 지키는 일이 그렇다. 더 개인적인 노력도 가능하다. 우리가 카페에 앉아 이야기를 나눌 때, 더 많은 의견들에 노출될 수 있도록 다양한 친구들을 사귀는 것처럼 간단한 일도 그런 노력 가운데 하나이다. 주변부 독자와 작가들에게 이렇게 발언권을 줌으로써 서로 다른 관점들이 부각될 것이다. 물론 여기에서 핵심은 상호 교차성이다. 상이한 정체성 범주들은 더 정확한 인생 경험을 이루도록 서로 포개지며, 한 가지 변화는 전체에 반향을 불러올 수도 있다. 멀리 텍스트에까지, 그에 따라 역사에 대한 우리의 이해에까지 말이다.

역사와 마찬가지로 문학은 정적이지 않다. 둘 다 유동적이고 끊임없이 변화하는 현상이다. 이는 특히 우리 자신의 관념과 이상들이 항상 발전하기 때문이다. 작가, 독자, 문학 평론가의 역할은 "왜?"라고 묻는다는 점에서 역사가의 역할과 근본적으로 통한다. 이 글의 서두를 연 닭과 달걀의 비유를 계속 가져오자면, 문학과 역사가 여러 의미에서 같다는 점을 기억하는 것이 어떨까? 삶은 예술은 모방하고, 예술은 삶은 모방한다. 아니, 역사는 문학을 모방하고 문학은 역사를 모방한다. 역사와 문학은 서로 영향을 주고받는 현상이다. 그것은 작가와 독자들에 의한 일련의 해석이며, 해석은 개인과 사회에 과거를 들여다보는 렌즈를 주고, 현재의 핵심을 이루며, 미래의 틀을 짠다.

이슬람 이사

더 읽을 거리

M. H. Abrams and Geoffrey Harpham, *A Glossary of Literary Terms* (Stamford, CT: Nelson Education, 2014)

Aristotle, *Poetics* (London: Penguin, 1996)

John Carey, *What Good Are the Arts?* (London: Faber and Faber, 2005)

Kimberlé Crenshaw, *On Intersectionality: Essential Writings* (New York: New Press, 2022)

Ewan Fernie, *Shakespeare for Freedom: Why the Plays Matter* (Cambridge: Cambridge University Press, 2017)

Islam Issa, *Milton in the Arab-Muslim World* (London: Routledge, 2016)

Islam Issa, *Shakespeare and Terrorism* (London: Routledge, 2021)

Edward W. Said, *Orientalism* (London: Penguin, 2003) (『오리엔탈리즘』, 박홍규 옮김 [교보문고, 2015])

Ika Willis, *Reception* (London: Routledge, 2018)

19

자연스레, 역사

사이먼 샤마

자연사는 역사일까? 지구의 대서사시가 역사가가 서술하는 그밖의 모든 것을 둘러싸고 있는데, 당연히 역사 아닐까? 흔히들 역사를 거꾸로 거슬러가며 쓰는 것을 조심하라고 말한다. 오늘날의 관심사를 과거에 투영하여 과거에서 그 우발성, 그 텔로스(telos : 목적인目的因)에 대한 저항성을 빼앗지 말라는 이야기이다. 그러나 현재의 선입관들로부터 자유로운 역사의 상상된 독립성이란, 베네데토 크로체가 유명하게 주장한 대로 환상이다. 주관성에 대한 엄중한 비판가였던 투키디데스도 자신이 서술한 전쟁에서 소외된 주역이었다(투키디데스가 해군 사령관으로 펠레폰네소스 전쟁에 참전했으나 나중에 지휘권을 빼앗기고 물러난 사정을 말한다/옮긴이). 그러므로 우리 시대의 가장 중요한 쟁점은 팬데믹에도 불구하고 거주 가능한 우리 행성의 운명이다. 인류와 자연의 상호 작용이라는 기나긴 이야기는 역사적 사유와 글쓰기에 박차가 되지 않을 수 없다. 물론 그 긴 이야기가 딱히 매력적이지 않은 "환경사"라는 이름으로 역사학의 하위 분야에 자리를 잡기 위해서 역사학계의 인정을 오랫동안 구해온 것은 사실이지만 말이다. 인류와 자연의 상호 작용이라는 생각이 전쟁과 혁명, 계급 투쟁과 국가 간의 갈등에 사로잡혀 있었던 E. H. 카―혹은 그와 동시대인들 다수―에게 떠오르지 않은 이유는 아마도 모든 역사란 그 정의상 인간의 역사라는 자명한 작업상 진술 때문이 아니었을까 한다. (이 같은 정의에서) 자연은 인간 행위가 그 인장을 찍는 수동적인 모형母型으로 격하되었다. 이렇듯 인간 중심적인 시각에서 자연의 존재감이란 인간이 이용한 기록에 불과하다. 이는 추출되고 화폐화되고, 거래되고, 다양한 형태의 에너지나 지위 가치로 전환되고, 축적되고, 오락과 미적 즐거움을 위해서 가공되고, 영토로서 서로 차지하기 위해서 다투는 자원과 상품들의 목록이다. 그러한 가정에서 필연적인 귀결은 무생물의 자연은 말이 없고, 글이 없으니 스스로를 기록할 수 없다는 것이고, 따라서 역사가가 수시로 의존해야만 하는 원자료들이 전혀 없다는 것이다.

그러한 작업상 가정들은 전부 틀렸다. 역사가 자연을 형성하는 만큼 반대로 자연 또한 역사를 형성한다는 점이 속속 확인되면서 우리의 오류를 깨우쳐주고 있다. 반세기 전에 에마뉘엘 르 루아 라뒤리는 기후와 역사에 관한 에세이에서 나무의 나이테, 꽃가루 화석, 지질학적 퇴적 작용, 화산 폭발 이후 기상학적인 보도와 같은 자연사 자료의 풍부한 설명 능력을 주장했다. 하지만 자연 현상이 역사에 미치는 영향에 관한 조사는 그보다 훨씬 더 거슬러가며, 과학 분야로 진출한 역사학자보다는 역사학으로 진출하여 새로운 제2의 천직을 발견한 과학자의 작업인 경우가 많았다. 최초로 연륜연대학을 가르친 애리조나 출신의 앤드루 엘리콧 더글러스는 원래 천문학자였지만, 1920년대에 뉴멕시코의 원주민 건축 유적의 연대 측정을 위한 고고학 프로젝트에 참여하면서 자연사 박물관과 협업했다. 나이테 증거를 토대로 그는 이 건축물들이 12세기에 지어졌음을 확인할 수 있었다. 아메리카의 중세 문화였던 셈이다. 그보다 일찍이 19세기 후반 스웨덴의 화학자이자 물리학자로서 부분적으로는 청어 무역으로 부를 쌓은 집안 출신인 오토 페테르손은 해양학을 전공한 뒤, 보후슬렌 서쪽 해안의 사유지에 민간 해양 연구소를 세웠는데, 그곳에서 수 세기 동안 자취를 감췄던 청어 떼가 수수께끼처럼 다시 모습을 드러낸 터였다. 페테르손은 자신의 수로학 연구소에서 조직한 조사 작업을 통해서 해면 아래 강력한 물살의 존재를 믿게 되었고, 청어 떼가 좋아하는 특정 염도의 바닷물의 흐름을 찾아냈다. 그는 중세 후기에 그 해류에 일어난 변화가 청어 떼를 보후슬렌과 카테가트 해협에서 북해로 이동하게 만들었고, 그에 따라 청어 조업의 패권 세력으로서 네덜란드 선단이 스웨덴 선단을 대체하게 되었다고 믿게 되었다. 해양력 균형에서 중대한 변화가 초래된 것이다.

자연 현상이 권력과 부의 이동에 어떤 방식으로 영향을 줄 수 있는지에 역사가들이 관심을 가지게 되자, 자연사 기록들이 사회사와 정치사의 전통적 의제들이 던지는 질문들에 어떤 대답을 내놓을 수 있는지 면밀히 파헤쳐지기 시작했다. 기근의 발생과 민심 이반의 리듬, 권력 서열의 변화 등이 주된 질문으로 떠올랐다. 이것은 에마뉘엘 르루아 라뒤리와 페르낭 브로델, 영향력을 발휘한 아날 학파의 일원들이 추구한 접근법이었다. 하지만 지난 수십 년 사이 환경사 저술에서는 이전과 달리 자연 자체의 기록이 다수의 질문을 설정하고 주도하는 작업들이 등장해왔다. 수동적이고 부수적인 분야인 자연에서 자체의 내재적인 복잡성과 진화 패턴, 변화무쌍한 특성들, 급격한 혁명들이 존재하는 능동적 힘force으로서의 자연으로 전환이 일어난 것이다. 이러한 새로운 접근법들은 환경사 분야 전체에 중대한 변화를 가져왔다. 베링 해협을 연구하는 역사가이자 이 새로운 세대의 환경사 저자들 중에서 가장 인상적인 작가인 배스시바 디머스가 『떠다니는 해안The Floating Coast』(2019)에서 적절하게 표현한 대로, "자연이 역사를 만드는 것의 일부일 때 자연사란 무엇인가?"

사실, 이 특정 "지금 역사란history now" 분파는 역사학의 전문화 이전 아카이브에 파묻힌 채 언제나 존재해왔다. 역사와 지리학의 기능적인 불가분성은 최소 플리니우스까지 거슬러가며, 그의 『자연사Naturalis』, 다시 말해서 지구(그리고 그 너머 우주까지)에 관해 생각할 수 있는 온갖 지식을 그러모은 그 어마어마한 잡학사전은 그것대로 그 동물학의 상당 부분을 플라톤적 보편주의에 대한 아리스토텔레스의 형태론적 반발, 특히 레스보스 섬 석호에 대한 그의 예리한 관찰에 그리고 그 식물학 부분은 아리스토텔레스의 친구이자 후계자인 테오프라스투스에게 빚지고 있다. 『자연사』의 중요 부분은 책 제목대로 유기체와 비유기체를 가릴 것 없이 물리적 요소들을 다루지만, 플리니우스는 책 전반(특히 제7권)에 걸쳐 생각날 때마다 일화들, 신화와 전설에서 가져온 단편들, 각 민족들의 풍습과 관습, (카이사르를 비롯한) 통치자들의 "귀재鬼才"에 관한 내용들을 덧붙였다. 이 모든 서술에는 자연 세계와 인간 세계—그리고 그들의 역사들은—떼려야 뗄 수 없게 하나로 묶여 있고 각자의 형성에 기여한다는 함의가 담겨 있었다. 르네상스 시대에 인쇄된 역사책들—이를테면 제바스티안 뮌스터의 『코스모그라피아Cosmographia』나 삽화 지도 인쇄의 새 시대에 쓰인 윌리엄 캠던의 『브리타니아Britannia』—도 마찬가지로 역사책인 만큼이나 지리서였으며, 지세topography가 집단 기억의 촉매이자 저장소라고 전제했다. 그런 연대기들에서 사건들은 장소에 박혀 있었다. 전장이나 요새화된 방어 시설의 노두露頭 등이 그런 장소이다. 하지만 이때 사람이 아무것도 세우지 않은 풍경은 모체母體로, 공유된 정체성이 배태되는 어머니의 자궁처럼 여겨지기 시작했다.

낭만주의자들은 한참 더 나아갔다. 낭만주의자들의 글과 회화, 음악에서 자연은 단지 파란만장한 인간 행위를 나타내는 기표 집합이나 인간 지배의 수동적 영역에 그치지 않고, 자체의 독립적인 주체성이 있는 유기적 체계였다. 그들은 인류가 세계의 생명력의 근본 전제—인류와 자연은 필연적인 상호 의존 관계라는 사실—를 깨닫지 못

사이먼 샤마

한다면, 어느 시점에는 수확 체감의 법칙law of diminishing returns을 초래할 수밖에 없다고 믿었다. 러스킨과 워즈워스는 산업화되는 자연에 관한 안일한 태도는 산업이 증진해야 할 인류의 복지를 결국 저해하게 될 것이라고 예견했다. 이는 그저 목가적인 안타까움의 문제가 아니었다. 관습적인 문화적 시대 구분에 따르면 낭만주의는 19세기 중반쯤에 실증적 과학에 자리를 내주게 되지만, 낭만주의자들은 자신들의 시적 표현성과 과학적 탐구의 엄밀성 사이에서 아무런 모순도 느끼지 않았다. 두 가지 모두 세계, 특히 자연 세계를 설명하는 데에 필요하다는 믿음에서 그들 가운데 일부는 식물학에 관한 이래즈머스 다윈의 깜짝 놀랄 만한 에로틱한 운문—「식물의 사랑The Loves of the Plants」—의 예를 따랐고, 그들 모두는 알렉산더 폰 훔볼트의 『코스모스Kosmos』에 등장하는 과학적 형태론에서 아무렇지도 않게 시적인 비가悲歌로 넘어가는 대목들에 푹 빠져 있었다. 그러므로 산을 묘사한 터너의 그림들을 다루는 글을 쓰면서 러스킨은 『현대 화가들Modern Painters』의 거의 한 권 전체를 (그리고 가장 기억에 남을 부분을) 알프스의 지질, 특히 그 빙하에 할애했던 것이다. 한 예로 과장되게 목소리를 높이는 "암회색 결정체"에 관한 장들은 경성 지질학적 분석과 황홀한 산문의 결합으로, 무엇보다도 암석들에 하나의 **역사**를—화산 열기에 의한 그 탄생의 역사를, 표면의 찰흔(擦痕 : 암석 표면에 생긴 가느다란 홈 모양의 자국. 주로 단층 운동과 빙하의 이동에 의하여 생긴다/옮긴이)으로 기적처럼 보존되고 새겨진 거대한 진동과 융기의 역사를 부여하고자 한다. 생명이 없는 암석은 그 생성의 드라마에 관한 지질학적 웅변을 전달할 수 있었다. 화석은 태고의 아카이브였다.

그러나 자연의 형태론이 실제로 일종의 역사임을 가장 명시적으로 주장한 작가는 비범한 쥘 미슐레였다. 루이 나폴레옹에 대한 골수 비판가였던 탓에 콜레주 드 프랑스에서 쫓겨나고 국립 기록 보관소 소장에서 해임된 뒤에 19권짜리 『프랑스의 역사Histoire de France』라는 암벽에 매달려 있던 미슐레는 그와 동시에 짧지만 농후하고 시적이며 대단히 개인적인 책들을 연달아 내놓았는데, 그중 다수는 자연에 관한 책이었다. 『새L'Oiseau』(1856) 다음으로 『곤충L'Insecte』(1858), 『바다La Mer』(1861), 『산La Montagne』(1868)이 차례로 나왔다. 그 사이사이에는 『여자의 사랑L'Amour』과 『여자의 삶La Femme』도 출간되었다. 철도 여행자의 친구라는 형식으로 출간된 자연 책들은 『프랑스의 역사』와 달리 수만 부가 판매되면서 상업적 성공을 거두었다. 자연사 책들은 미슐레와 그보다 훨씬 젊은 두 번째 부인이자 스스로도 어엿한 자연 작가인 아테나이스 미알라레와의 협업의 성과였다. 1874년 미슐레가 사망할 당시 부부는 개괄서 『자연La Nature』을 공동 집필하고 있었고, 아테나이스는 나중에 이 책을 자신의 이름으로 출판했다. 부부 간의 애정사와 자연사는 심리적으로 서로 엮여 있었다. 부부는 1850년에 갓난아기를 잃었고 5년 뒤에는 아버지와 멀어진 이후 역사가 알프레드 뒤메닐과 결혼했던 미슐레의 딸 아델레가 세상을 떠났다. 미슐레는 본인이 잇따른 상실—자식과 친구들, 그를 경제적으로 뒷받침하고 유

사이먼 샤마

명하게 만들어준 학계의 일자리들—에 자신이 세계의 생명력의 원천이라고 부른 것에 몰두함으로써 대처했다고 설명했다. 그러므로 여러 놀라운 특징들(특히 그의 강박적이고 때로는 터무니없는 생물 종과 자연 현상의 성별 구분—가령 동음이의에 따른 바다la mer/어머니la mère의 동일시) 중에서도 무엇보다도 이 자연사 책들은 인간과 자연사 간의 상호 의존성에 대한 열정적인 증언이다. 동물의 가축화에 관한, 친구의 저작을 논평하면서 미슐레는 가축화가 "동물이 인간에게 가지는 쓸모가 아니라 인간이 동물에게 줄 수 있는 쓸모"로 정당화되어야 한다고 주장했다.

린다 오어가 여러 해 전에 설득력 있게 주장했고 더 근래에 라이어널 고스먼이 동조했듯이, 인간과 자연사의 관계에 대한 미슐레의 시각은 자연사를 집필하는 과정에서 급진적으로 달라졌다. 그는 원래 동식물상이 인류의 태곳적 삶의 원시적 모체이며, 프랑스 대혁명으로 민중이 앙시앵 레짐의 껍질을 깨고 나왔듯이 인류가 그 태곳적 삶의 모체로부터 벗어났다는 생각에서 출발했다. 잔인한 우주를 대표하는 동물계의 여러 측면들도 있었다. 그가 전쟁과 살해로 특징지은 측면이자, 곤충과 해양 생물계에서 그를 정말로 소름끼치게 만든 현상—단번에 무려 7,000만 개가 부화하는 대구 알처럼 무한히 비옥한 다산성—이 그것이었다. 하지만 열렬한 범신론자인 미슐레는 책을 써나가면서 인류와 그 역사를 자연 세계에 대한 대립이 아니라 그 연장으로 보게 되었다. 모든 살아 있는 피조물은 현재와 까마득한 과거를 가리지 않고 유기적 연결의 거대한 사슬로 이어져 존재했다. 때로 미슐레는 앞에서 베르나르 드 라세페드가 그랬듯이 감상적인 의인화에 빠져들기도 했는데, 가령 수염고래는 부부 간의 금실과 모성적 헌신의 본보기로 이상화되었다. 그는 새끼 고래가 인간처럼 9개월 동안 어미의 배 속에 있다가 나온다는 사실에 깊은 인상을 받았고, 참고래 8쌍이 1723년에 엘베 강 어귀의 물가로 올라와 나란히 누워 있었다는 장관을 다정한 상호성으로 이해했다. 현대의 동물행동학 연구에 따르면 감정적으로 충만한 그런 관찰 내용은 예전만큼 그리 천진난만해 보이지 않을지도 모른다. 미슐레가 물이 말라가는 바위 틈 웅덩이에서 죽을 위험에 처한 해파리를 보고 너무 마음이 아파 그것을 집어서 촉수에 쏘이지 않은 채 바닷물에 다시 넣어주었다면, 이는 그가 인간 역시 틀림없이 자리를 차지하고 있는 존재의 확장된 스펙트럼 내에서 동물의 위치를 확인할 수 있다고 확신했기 때문이다. 아무리 단순해 보일지라도 해면이나 말미잘은 어떤 식으로든 우리의 먼 조상이었다. 미슐레가 1872년에 출간된 다윈의 『동물의 감정 표현*Expression of Emotions in Animals*』을 알았다는 증거는 없다. 그러나 그는 산호에 관한 다윈의 훨씬 더 초기 저작을 읽었으며 고양이의 습성에 관해 편지도 주고받았으니, 『동물의 감정 표현』에 제시된 다윈의 논의와 사례들에 분명 동의했을 것이다.

아마도 문학적 호기심에서가 아니라면 오늘날 미슐레를 읽는 사람은 심지어 프랑스에서도 그리 많지 않다(물론 문학적 호기심에 미슐레를 집어든 이들은 풍성한 보답을 받을 것이다). 요즘 독자가 미슐레를 읽는다고 해도 그의 자연사 저술을 읽는 경우는 별로 없을 것이다. 미슐레를 시도해보겠다면 원어로 읽기를 권한다. 영어 번역문으로 접할 경우, 문학적인 뜨거운 공기(열정적이고 과장된 문체/옮긴이)에 의한 상승은 어조語調의 고공병을 동반할 수도 있다. 하지만 미슐레의 자연사 책들은 낭만주의적 방종의 아찔한 고공비행으로 치부되어서는 안 된다. 파리로부터 추방된 미슐레는—바다를 노래한 당대의 다른 두 작가 빅토르 위고와 허먼 멜빌처럼—자신이 쓰는 세계들에 깊이 몰입해 있었다. 자리에서 쫓겨나고 찾아간 브르타뉴에서 바닷바람의 내음을 맡을 때나, 따뜻한 리구리아 혹은 그가 삶의 마지막을 보낸 코트다쥐르의 예르에 있을 때도 마찬가지였다. 그가 1858년에 예르에서 『바다』의 소재 상당량을 수집하며 보낸 겨울은, 여러 측면에서 아리스토텔레스가 레스보스 섬 석호에서 선구적인 동물학 저술의 본문을 채울 각종 생물들을 꼼꼼하게 관찰하며 보낸 2년에 비견될 만하다. 그리고 아리스토텔레스처럼 미슐레의 진화하는 방법론은 개별 종들의 특수성을 훼손하지 않으면서도 자연의 분기分岐와 패턴화에서 일관성과 심지어 통합성을 찾아내고자 애썼다. 진화론을 정식으로 공부하지는 않았지만, 나무의 굵은 줄기와 갈라져나온 가지들, 무성한 나뭇잎들은 자연적 발달을 이해하는 그의 사고방식에 모두 친숙했다. 그의 관찰의 예리함은 아무리 시적으로 장식되었다고 해도 레이철 카슨의 초창기 해양 서적들, 특히 『우리를 둘러싼 바다』*The Sea Around*

Us』를 군데군데 예견하는 듯하다. 1950년대에 카슨에게 명성과 부를 가져다준 『우리를 둘러싼 바다』는 해양 생태계의 생성과 그곳을 무수한 생명들로 채우는 과정을 본질적으로 역사적 과정으로 보며, 과학적 엄밀성과 시적인 생생함을 결합하여 즉각적으로 읽히는 훔볼트풍으로 서술되었다.

이 가운데 어느 것도 미슐레가 그 깊이를 헤아림과 동시에 바다의 가장자리에서 인간의 존재감으로부터 눈을 뗐음을 의미하지 않는다. 대신 대체로—개인적 경험에서 우러나와—그는 해변을 순수하고 심지어 치유적인 곳으로 생각했다. 그는 창백한 여행객들을 파리에서 지중해로 서둘러 실어 나르는 기차의 거침없는 속도(고작 20시간밖에 안 걸린다!)를 개탄하면서도 바다—바다/어머니—는 모든 것을 감싸고 치유할 것으로 보았다. 또한 "상자"로 만든 해변 판잣집과 해수욕 오두막의 허술한 구조를 정말로 싫어하기는 했지만, 아직 대규모 무리에 의한 오염의 기미는 없었다. 비록 작살잡이의 시초부터 해수 요법의 등장까지 인간이 바다에 어떻게 관여해왔는지를 조망하지만, 『바다』에는 인간이 바닷가에 도래하면서 생겨난 해로운 결과들에 대한 인식은 없다. 해상 교역에 관해 말하자면, 그는 그것을 그저 물의 도로, 선박 운송으로만 볼 뿐 아무런 관심도 없었다.

그러나 그 물길들, 경제와 더불어 문화들을 이어주는 통로이자 분쟁의 무대는 물론, 바다의 역사를 다루는 오늘날 백과사전적 역사책의 주된 초점이다. 이러한 역사책은 페르낭 브로델의 『지중해 : 펠리페 2세 시대의 지중해 세계*La Méditerranée et le monde méditerranéen à l'époque de Philippe II*』—1960년대와 1970년대에 역사가로 발돋움했던 우리 세대 역사가들의 방법론적 나침반—부터 무려 세계 4대양의 역사 전체를 다루는 데이비드 아불라피아의 무게 있는 대작에까지 이른다. 아불라피아가 다룬 것은 바다의 역사라기보다는 그가 분명히 밝히듯이 그 4대양의 **인간** 역사, 다시 말해서 상업적 접촉과 군사적 분쟁의 역사이다. 아불라피아의『무한한 바다*The Boundless Sea*』는 어떤 기준에서 보더라도 결정판과도 같은 엄청난 역작이지만, 바다가 없다면 멀리 떨어져 있고 종종 서로 이해할 수 없는 문화권들을 이어주는 통로로서가 아니면, 때로는 짠내 나는 바다 자체가 빠진 듯한 느낌이 드는 책이다. 물론 이것도 감지덕지인 독자에게 이 책 자체는 거대한 성과이다. 처음부터 아불라피아는 자신이 책이 무엇이 아님을, 특히 자연사가 아님을 분명히 밝힌다. 이런 접근법은 자연의 역사와 인간의 역사가 실은 단절된 이야기임을 전제한다. 그러나 이런 전제는 청어 떼의 이동은 말할 것도 없고 해양 순환이 기후 변화에 미치는 충격에 관해 오늘날 우리가 아는 것들로 인해서 사실이 아님이 이미 드러났다. 아불라피아는 자신이 고기잡이에 별로 관심이 없음도 시인하는데, 이는 반세기 전 관광객들이 알가르브 해안에 아직 몰려오지 않던 시기에 유서 깊은 알마드라바Al-madrava 고기잡이를 구경했던 이 필자에게는 다소 실망스러운 일이다. 대서양 참다랑어를 그물로 잡아서 처참하게 도살하는 이 고기잡이 방식은 무어-아랍어 이름이 암시하듯이 중세부터 지금까지 면면히 이어져왔으며, 멸종 위기에 처한 대서양 참다랑어의 산업적인 어획에 가장 지속 가능한 대안으로 남아 있다.

지구물리학적 역사와 인간 역사 사이의 단절은 『무한한 바다』에서 남극이 빠진 이유를 설명해준다. 물론 남극 대륙 대부분의 지역에는 인간이 존재하지 않지만, 알고 보면 그곳의 분리 빙하 하나 하나에 전 세계의, 특히 저지대 인구 밀집 지역—마이애미, 뭄바이, 뉴욕, 방콕, 자카르타—의 임박한 운명이 걸려 있다("베네치아여, 안녕"은 말할 것도 없고). 환경사의 위대한 고전 가운데 하나(이자 문학적인 걸작으로도 손색없는) 스티븐 J. 파인의 『얼음 : 남극으로의 여정The Ice: A Journey into Antarctica』(1986)이 30여 년 전에 명백하게 보여주었듯이, 교역과 정착의 부재를 인간 역사의 부재로 혼동해서는 안 된다.

파인의 책 구조는 자연사와 인간 역사를 결합한, 일종의 깊은 환경사를 위한 본보기와 같다. 그는 다종다양한 극지 얼음을 가리키는 100가지가 넘는 놀라운 어휘집으로 책을 연다—빙산에는 "부빙편bergy bit⋯⋯그라울러growler, 파편빙brasher, 지저분한 얼음dirty ice⋯⋯", 해빙에는 "연입빙pancake ice, 프레이질 얼음frazil ice, 연빙grease ice⋯⋯", 연안빙으로는 "정착빙fast ice, 빙설glacial ice tongues, 얼음 케이크ice cake, 상고대rime ice, 얼음더미ice haycock⋯⋯" 등등이 있다. 꼭 포스트 구조주의자가 아니더라도 이름 짓기가 곧 의미하기임을 알 수 있지 않은가? 순수하게 물로 구성된다는 점을 제외하면, 얼음은 다 다르다. 이 첫머리에 뒤이어 파인의 솜씨 좋은 배열에 따라 빙산, 총빙

pack ice, 빙상, 빙봉ice dome에 대한 지구물리학적 묘사가 각각의 인간 역사들로 이어지는 장들이 뒤따른다. 이는 쿡의 "부정적 발견"(사람이 살기에 부적당한 장소)에서부터 1957-1958년 지구 관측년의 중대한 국제적 협력까지 탐험의 심리 드라마를 거쳐서, 남극 지방에 대한 문학적 반응과 그림 같은 사진들이 보여주는 반응, 18세기부터 냉전기를 관통하여 제국주의적인 각축전의 이 마지막 무대를 둘러싼 정치에 이른다.

파인이 보여주듯이, 남극 대륙은 사실 생명체가 없는 빙하의 불모지가 아니다. 총빙은 해양 포유류와 새들을 위한 플랫폼이고, 펭귄과 물개들을 실어나르는 뗏목이지만, 그 안에는 무수한 미생물―"하나의 결정체 발판 안에 조류藻類, 섬모충류와 편모충류"―이 살기도 한다. 그 생물 군집들은 어마어마한 양의 크릴을 생산하고 크릴은 물론 수염고래를 비롯한 각종 해양 생물을 먹여 살리는데, 이것이 고래잡이배들을 남극 지방으로 불러왔다가, 이제는 포경을 금지하는 보호 정책이 시행되기에 이르렀다. 파인의 책―역시 빠트릴 수 없는 불에 관한 그의 많은 저술들(그의『불타는 덤불 : 오스트레일리아 불의 역사 Burning Bush: A Fire History of Australia』에서 불과 유칼립투스 나무에 관한 장을 읽어보라. 그러고 나면 여러분은 식생이 역사적 서사를 가지고 있지 않다고 감히 생각하지 않을 것이다)과 마찬가지로―은 오랫동안 자연사와 인간 역사 사이에 필수적인 상호 연결성의 완벽한 모델이었다. 그는 온갖 종류의 역사 쓰기에 관한 훌륭한 텍스트인『목소리와 비전Voice and

Vision』도 저술했다.

물론 사람이 살지 않는 대륙에는 대다수 환경사 서술의 지배적인 서사로부터 벗어나 거침없이 배회할 수 있는 상상의 자유가 따라온다. 그 상상이 어떻게 흘러갈지는 대충 짐작이 가능하다. 원주민 집단들의 가벼운 발자국만 찍힌 자기 지속적인 자연 그대로의 생태계는, 때로 강제적으로 집약적인 경작 재배와 시장에 내다 팔기 위해 재배하는 외래종의 도입을 겪게 된다. 여기에 자연적인 경계선들과 전통적으로 공유된 용익권用益權을 무시하는 절대적 소유권이 필연적으로 뒤따르면서 집중적인 착취를 허용하고, 착취는 필연적으로 서식지 고갈과 경제적 소모를 불러온다.

걱정할 것 없다! 풀밭과 숲에 대한 생태계 파괴의 행진은 계속되고, 그 뒤에는 황무지만이 남는다. 가축 사료의 생산과 햄버거의 대사슬(하등한 것부터 고등한 것까지 모든 생물이 거대한 연쇄를 이룬다는 자연철학적 개념 "존재의 대사슬the Great Chain of Being"을 패러디한 표현/옮긴이)로 전환된 오늘날의 삼림 파괴지는 바람에 흩날리는 플라스틱으로 뒤덮일 내일의 벌판이다. 이 이야기가 지겹도록 되풀이되는 것일 수도 있지만, 이는 너무도 흔히 쓰라린 진실이다. 환경사의 거대한 패러다임 전환을 가져온 고전 중 하나인—그리고 이 장르의 많은 책들에서 두드러진 사실이기도 한데, 가장 아름답게 쓰인—도널드 워스터의 『흙먼지 지대*Dust Bowl*』(1979)는 이 비극적 변증법을 따른다. 워스터는 미국 대평원의 토착종 풀들을 묘사한다. 높이 자라는 빅블루스

템, 인디언풀, 때로는 2.5미터까지 자라고 땅속으로 1.8미터까지 뿌리를 내리는 스위치풀. 흙먼지 지대가 될 대평원 지역 남서부의 뻣뻣하고 질기고 짧은 풀인 버팔로풀은 장기간의 가뭄과 천지가 개벽할 폭풍우를 오가는 중서부의 극단적 기후에서 생존하기에 적합한 유일한 종이다. 이 서식지에서 원래 풀을 뜯던 2,000만 마리의 들소들은, 워스터가 표현한 대로 대평원 생태계에 "그저 또 하나의 포식자"로 잘 자리 잡고서 그들을 사냥하던 원주민들과 더불어 거의 멸종 위기에 이를 만큼 사냥을 당했고, 급속히 퍼지는 감염병으로 개체수가 더욱 급감했다. 그곳에 소몰이 이주민들이 들어왔다. 소몰이꾼들이 더는 잘나가지 못하게 되자, 이제 그 자리는 토착종 풀들이 질긴 뿌리로 수천 년간 단단히 붙잡아두던 흙을 파헤치며 뗏장을 갈아엎는 증기 구동 기계가 차지했다. 도시의 인구 성장에서 기인한 시장 수요로 돌아가는 경작 농업은 한동안은 현기증 나는 이윤을 거두었다. 하지만 장기간의 가뭄기가 어김없이 찾아오자 치명적으로 파헤쳐진 표토는 날리는 흙먼지가 되었고, 흙먼지는 거대한 흙먼지 폭풍을 일으켜(암울한 해였던 1935년에 특히 심했다) 가축들을 그 자리에서 눈 멀게 하고, 가금을 산 채로 파묻고, 농촌 세계 전체를 흙먼지 더미로 삼켜버렸다. 언론인 로버트 가이거는 1935년에 남은 것을 "초소형 이동 사구들이 있는 광대한 사막"이라고 묘사했다. 잡지 「콜리어스*Collier's*」는 그 지역을 "우리 자식들이 죽는 땅", "기근, 횡사, 사적이며 공적인 무익함, 광기, 잃어버린 세대"만이 있는 곳이라고 불렀다. 그 파국은 존 스타인

벡의 『분노의 포도*Grapes of Wrath*』로 길이 기억될 "오키들"(Okies : 오클라호마 주 출신/옮긴이)과 더불어 대평원 주에 속한 인구 전체의 서부 대이주를 낳았으니, 그들 모두가 지속 불가능하게 산업화된 농업에 대한 광적 맹신의 희생자였다. 하지만 이 재난은 또한 뉴딜 정책의 후원하에 자연이 허용할 수 있는 것과 허용할 수 없는 것에 대한 더 나은 생태학적 이해를 가져오기도 했다.

환경사의 서사들은 생태학적 은총을 잃은 타락에 거의 어김없이 의존하고 있는 것처럼 보일 수도 있다. 인간의 오만한 지구 "정복"에 대한 하나의 대항-성서인 셈이다. 하지만 이는 환경사가들이 인류 타락 이전의 이상주의에 젖어 있기 때문이 아니라 자연의 데이터로부터 나오는 증거가 부인할 수 없을 만큼 심각하기 때문이다. 원주민 마을의 사냥과 채집 활동부터 유럽 정착민들의 집약 농업까지, 윌리엄 크로넌의 고전 『땅의 변화*Changes in the Land*』(1983)에 묘사된 전원적이었던 뉴잉글랜드의 변신은 도덕적인 함의들이 담겨 있다기보다는 소유권과 토지 이용에 대한 근본적으로 다른 태도의 소산이며, 그것은 너무도 흔히 "문명인들"에게 역효과를 낳은 전제들인 것이다. 배스시바 디머스의 『떠다니는 해안』에 묘사된 베링 육교에서 벌어진 북극고래 개체군 대량 살상도 마찬가지이다. 처음에 북극고래 사냥은 고래의 지방에서 얻는 등유에 대한 수요가 이끌었지만, 가스등 조명으로 고래 지방이 더는 쓸모가 없어지자 이번에는 고래 뼈로 보강한 코르셋 시장이 형성되었다. 19세기 전반기 한동안 북극고래는 영리하게 얻어낸 정보를 통해서 사냥꾼들을 피했는데, 해빙 아래로 잠수해버리면 추후 추격하는 작살잡이배들이 불안정한 해빙 조각들 사이에 갇혀 부서질 수도 있음을 알았던 것이다. 그런 사고는 실제로 흔했다. 디머스는 북극고래를 두고 "그들의 문화는 상업 시장을 위해 죽지 않으려고 하는 문화가 되었다"라고 썼다(여기에서 문화란 사회적 학습 과정을 통해서 전달, 계승되는 한 개체군의 행동 유형 전반을 뜻한다/옮긴이). 19세기 마지막 사반세기에 석탄을 이용하는 증기 기관과 철판을 두른 쇄빙선은 그 모든 것을 바꾸었고, 북극고래를 거의 멸종 위기까지 몰아간 가차 없는 사냥을 가져왔다. 디머스가 주장하듯이, 상업이 일시적으로 도래한 동안에 문명이 침몰하고 있었다.

정신을 번쩍 들게 하면서도 열정적인 나의 연구 스승, 리처드 코브가 말한 "발로 뛰는 아카이브"를 통해서 움직이는 환경사가 의로운 숙명론의 외양 아래에 질식하는 것으로 여겨져서는 안 된다. 환경사는 사실 긴 기간에 걸친 복잡한 변화들을 다루기 때문에 저결정된(제약 조건들이 너무 적어서 단 하나의 결과를 도출할 수 없는 경우/옮긴이) 결과를 위한 여지를, 숙명적인 막다른 길만이 아니라 가지 않았지만 여전히 열려 있을 수도 있는 길들을 보여준다. 그러한 결과들 중 하나에는 특히 자연 서식지들에 대한 그리고 그 안에 있는 과거의 태도들의 회복을 통한 지구 행성의 수리도 포함된다. 불의 본성을 순전히 파괴적이라기보다는 과거 문화들에서처럼 재생적인 것으로 이해하고 그에 맞서 싸우기보다는 관여하는 것이 현재와 미래에 적합한 역사적 경험이다. 가속화하는 기후 변화로 매년 늘어나고 있는 침수 지대의 홍수에 차단벽을 덜 치는 접근법에 관해서도 같은 말을 할 수 있다. 우리의 모든 역사 가운데 환경사야말로 어쩌면 과거와 미래가 가장 희망적으로 서로 씨를 뿌리는 분야일 것이다.

　내가 쓴 책들 중에서 무엇보다 미래를 위해 내놓고 싶다고 느낀 책 『풍경과 기억Landscape and Memory』을 출간한 지 사반세기가 조금 넘었다. 그 책은 자연 세계와 인간 세계가 대립하지 않음을 힘주어 강조한 책이었고, 그 점은 지금도 마찬가지이다. 그 책에서 나는 적어도 그 정반대에 가까운 것을 의도했다. 바로 불모의 황야를 따라 많은 결실을 맺었던, 심대하고 벗어날 수 없는 얽힘을 다룬 역사이다. 나는 깊은 환경사가 역사 연구와 역사 쓰기의 거대한 원동력 가운데 하나, 바로 절망을 달래주는 희망의 본능으로 채워지리라고 지금도 믿는다.

허드슨밸리에서

2021년 2월

사이먼 샤마

더 읽을 거리

일반적인 입문서와 연구서

David Armitage, Alison Bashford and Sujit Sivasundaram (eds.), *Oceanic History* (Cambridge: Cambridge University Press, 2017)

William Cronon, *Uncommon Ground: Rethinking the Human Place in Nature* (New York: W. W. Norton, 1993)

J. Donald Hughes, *An Environmental History of the World* (London: Routledge, 2nd ed., 2009)

Andrew C. Isenberg (ed.), *The Oxford Handbook of Environmental History* (Oxford: Oxford University Press, 2014)

Carolyn Merchant, *The Death of Nature: Women, Ecology and the Scientific Revolution* (New York and London: Harper Collins, 1990) (『자연의 죽음 : 여성과 생태학 그리고 과학 혁명』 전규찬, 이윤숙, 전우경 옮김[미토, 2005])

Carolyn Merchant, *The Columbia Guide to American Environmental History* (New York: Columbia University Press, 2002)

기후

Wolfgang Behringer, *A Cultural History of Climate* (Cambridge: Polity Press, 2010) (『기후의 문화사』, 안병옥, 이은선 옮김[공감in, 2010])

Emmanuel Le Roy Ladurie, *Times of Feast, Times of Famine. A History of Climate since the Year 1000* (London: Doubleday, 1971)

Geoffrey Parker, *Global Crisis: War, Climate Change and Catastrophe in the Seventeenth Century* (New Haven and London: Yale University Press, 2013) (뛰어난 연구와 아이디어들이 담긴 역작이다.)

몇몇 고전들

David Abulafia, *The Boundless Sea: A Human History* (Oxford: Oxford University Press, 2019)

William Cronon, *Changes in the Land: Indians, Colonists and the Ecology of New England* (New York: Farrar, Straus and Giroux, 1983)

Robert Macfarlane—그가 쓴 것은 무엇이든 좋지만—특히 *Underland: A Deep Time Journey* (London and New York: Penguin, 2019) (『언더랜드: 심원의 시간 여행』, 조은영 옮김[소소의책, 2020])와 *The Old Ways: A Journey on Foot*(London and New

York: Penguin, 2012)을 추천한다.

Stephen J. Pyne, *Burning Bush: A Fire History of Australia* (Seattle: University of Washington Press, 1988)

Stephen J. Pyne, *Vestal Fire: An Environmental History, Told through Fire, of Europe and Europe's Encounter with the World* (Seattle: University of Washington Press, 2000)

Stephen J. Pyne, *The Ice: A Journey to Antarctica* (Seattle: University of Washington Press, 2006)

Donald Worster, *The Dust Bowl. The Southern Plains in the 1930s* (Oxford: Oxford University Press, 1979)

최근의 접근법

Jakobina Arch, *Bringing Whales Ashore: Oceans and the Environment of Early Modern Japan* (Seattle: University of Washington Press, 2018)

Bathsheba Demuth, *Floating Coast: An Environmental History of the Bering Strait* (New York: W. W. Norton, 2019)

Jon Gertner, *The Ice at the End of the World: An Epic Journey into Greenland's Buried Past and Our Perilous Future* (New York: Penguin, 2019)

Daegan Miller, *This Radical Land. A Natural History of American Dissent* (Chicago: University of Chicago Press, 2018)

Richard Ravalli, *Sea Otters: A History* (Lincoln, Nebraska: University of Nebraska Press, 2018)

그리고 제법 오래된 자료

Simon Schama, *Landscape and Memory* (New York and London: Knopf, 1995)

감사의 말

헬렌 카　이 책을 허락해주고 내내 신뢰와 격려를 아끼지 않은 리즈 올트와서와 데이비드 카에게 감사합니다.

이 책의 아이디어에 선뜻 반응해준 매디 프라이스, 고맙습니다. 함께 일해서 즐거웠어요. 한결같은 지지를 (변함없이!) 보내준 레이철 밀스, 캐리 플릿에게도 고맙습니다. 두 분은 제게 많은 시간과 세심한 배려를 베풀어주셨어요.

감정의 역사에 관해서, 또 제가 이 주제를 어떻게 비교적 간략하게 논의할 수 있을지 시간을 내서 생각을 나눠준 토머스 딕슨 교수님께 감사하다는 말씀 전합니다. 앞으로도 즐거운 대화를 나누길 고대하고 있습니다.

또한 이 프로젝트에 기꺼이 나서준 우리의 멋진 필자들께 대단히 감사드립니다. 여러분의 뛰어난 능력이 없었다면 이 책은 말 그대로 존재하지 못했을 것입니다. 정말 훌륭한 한 팀이었어요.

처음부터 이 책에 대한 비전을 공유해준 수지, 당신이 없었다면 그 비전은 결코 실현되지 못했을 거예요. 자리를 함께한 적은 한 번도 없지만 책을 만들면서 덕분에 정말 많은 것을 배웠습니다. 이 책의 표지에 당신의 이름 옆에 나란히 내 이름을 싣게 되어 자랑스럽고, 표지에 함께 있어줘서 고마워요.

마지막으로 헨리, 누구보다 고마워요. 일과 육아, 요리, 청소로 바쁜 와중에도 얼마 되지 않는 귀중한 자기 시간을 할애해서 내가 끼적인 원고를 읽어주거나 내가 원고를 소리 내어 읽을 때면 귀를 기울여주었죠. 처음부터 이 프로젝트를 격려해주고, 무엇보다도 나의 가장 든든한 버팀목이 되어주어서 고마워요.

수재너 립스컴 이 책에 선뜻 나서준 매디 프라이스, 그리고 전적으로 우리를 지원해준 캐리 플릿과 레이철 밀스에게 감사합니다.

리처드 립스컴의 의복에 관한 생각을 나누어준 힐러리 데이비드슨 박사, 몇몇 멋진 역사 서술로 방향을 잡아준 세라 노트 교수님께도 감사합니다. 나에게 E. H. 카를 처음 소개해준 앨런 스캐딩, 지적인 지지를 아낌없이 베풀어준 로빈 브리그스에게도 변함없이 고마워요.

이 책에 자신들이 아는 바를 그토록 힘이 넘치게 써준 집필진 한명 한명에게 감사합니다. 느닷없이 날아온 메일에 놀랍도록 호의적으로 반응해주신 분들, 그리고 다년간의 우정에 기댄 나를 참고 견뎌준 분들에게도 감사합니다.

언제나 나의 첫 독자가 되어주시는 어머니께 감사합니다.

나의 글을 더 좋게 만들기 위해서 애정 어린(물론 당신은 이게 의미 없는 형용사라고 여기겠죠?) 쓴 소리를 아끼지 않은 댄 존스에게 감사드립니다.

증조부의 중대한 텍스트를 토대로 한 책을 편집하겠다는 프로젝트에 막 착수했을 때, 그 작업에 올라타고 싶다는 나의 뻔뻔한 제안에 열렬히 호응해준 헬렌, 고마워요. 함께 작업하는 내내 정말 즐거웠고 당신의 친구가 되는 특전도 누렸군요. 자매애는 기분 좋은 것이죠.

사랑하는 남편, 모든 것에 언제나 영원히 고마워요.

집필진 소개

거스 케이슬리-헤이퍼드 Gus Casely-Hayford

거스 케이슬리-헤이퍼드 박사는 빅토리아 앤드 앨버트 이스트 박물관의 초대 관장이자 런던 대학교 동양 아프리카 연구 대학의 외래교수이며, 워싱턴 DC에 위치한 국립 스미스소니언 아프리카 미술관의 관장을 역임했다.

댄 힉스 Dan Hicks

댄 힉스는 옥스퍼드 대학교의 현대 고고학 교수이며 피트 리버스 박물관의 세계 고고학 큐레이터이자 옥스퍼드 세인트크로스 칼리지의 연구원이다. 저서로『대약탈박물관*The British Museum*』이 있다.

래너 미터 Rana Mitter

래너 미터는 옥스퍼드 대학교의 현대 중국 정치와 역사 교수이다. 저서로「파이낸셜 타임스*Financial Times*」와「이코노미스트*The Economist*」에서 올해의 책으로 선정된『중일 전쟁*Forgotten Ally: China's War with Japan, 1937-1945*』등이 있다.

레일라 K. 블랙버드 Leila K. Blackbird

레일라 K. 블랙버드는 메스칼레로 아파치족 입양인이며 동부 체로키족 후손이다. 시카고 대학교 역사학 포즌패밀리 휴먼라이츠 박사 연구원이 자 미국역사협회 연구교수이며, 미국 흑인과 원주민, 대서양의 역사가 교차하는 지점을 토대로 연구하고 있다.

마야 재서노프 Maya Jasanoff

하버드 대학교의 쿨리지 역사학 교수인 마야 재서노프는 컨딜 상을 수상한 『새벽 불침번The Dawn Watch』과 전미도서비평가상을 수상하고 베일리 기퍼드 상 최종 후보에 오른 『자유의 망명자들Liberty's Exiles』을 비롯해서 제국의 역사와 지구사를 주제로 한 3권의 저서를 출간하여 절찬을 받았다.

미리 루빈 Miri Rubin

미리 루빈은 런던 퀸메리 대학교의 중세와 근대 초기 역사 교수이다. 그녀는 특히 젠더의 작동, 물질문화와 시각문화, 기독교도와 유대인 간의 관계에 관심을 가지고 유럽의 종교적, 사회적 관계들을 탐구한다. 최근 저작으로는 『이방인들의 도시Cities of Strangers』가 있다.

베터니 휴즈 Bettany Hughes

베터니 휴즈 교수는 다수의 수상 경력을 자랑하는 역사가, 저술가, 방송인이다. 최신 저서로는 『여신의 역사Venus & Aphrodite: History of a Goddess』가 있다.

사이먼 샤마 Simon Schama

사이먼 샤마 경은 컬럼비아 대학교의 예술사와 역사 교수이다. 19권의 책을 저술했고, 예술과 문학, 역사에 관한 BBC 다큐멘터리 50편을 집필하고 진행했다. 그는 「파이낸셜 타임스」의 객원 편집자도 맡고 있으며, 그의 저서는 15개 언어로 번역되었다.

샬럿 리디아 라일리 Charlotte Lydia Riley

샬럿 리디아 라일리는 사우샘프턴 대학교에서 20세기 영국사를 가르치는 강사이다. 『표현의 자유 전쟁 : 우리는 어쩌다 여기까지 왔고 그게 왜 중요한가?*Free Speech Wars: How did we get here and why does it matter?*』를 편집했고, 현재는 영국과 제국의 관계에 관한 대안 역사를 들려주는 『제국의 섬*Imperial Island*』을 집필하고 있다.

세라 처치웰 Sarah Churchwell

세라 처치웰은 런던 대학교 대학원의 미국 문학과 인문학의 대중이해학 교수이다. 최신 저작으로는 『보라, 미국이여 : 미국 우선주의와 아메리칸 드림의 역사*Behold, America: A History of America First and the American Dream*』가 있다.

수재너 립스컴 Suzannah Lipscomb

수재너 립스컴은 로햄프턴 대학교의 명예교수이며, 최근작 『님의 목소리들 : 종교 개혁기 랑그도크에서 여성, 성, 결혼*The Voices of Nimes: Women, Sex and Marriage in Reformation Languedoc*』을 비롯해 5권의 책을 집필했다. 50시간이 넘는 분량의 역사 다큐멘터리 각본을 쓰고 직접 진행해왔으며, 「히스토리 투데이*History Today*」에 칼럼을 기고한다.

알렉스 폰 턴즐만 Alex von Tunzelmann

알렉스 폰 턴즐만은 역사가이자 시나리오 작가이다. 최근 저서인 『무너진 우상 : 역사를 만든 12개의 동상*Fallen Idols: Twelve Statues That Made History*』을 비롯해서 5권의 책을 저술했다. 그녀의 각본을 바탕으로 한 첫 번째 영화는 브라이언 콕스와 미란다 리처드슨이 출연한 「처칠Churchill」(2017)이며, 그녀는 넷플릭스 드라마 「메디치Medici」의 여러 편에 참여해 각본을 썼다.

에밀리 브랜드 Emily Brand

에밀리 브랜드는 조지 왕조 시대에 특히 관심을 가지고 있는 역사가, 저술가, 족보학자이다. 저서 『바이런 가의 몰락*The Fall of the House of Byron*』은 한 악명 높은 가문의 시선을 통해서 18세기를 둘러보는 역사책이다.

오니에카 누비아 Onyeka Nubia

오니에카 누비아 박사는 역사가, 작가, 방송인, 노팅엄 대학교의 강사이다. 그는 르네상스와 영국사, 흑인 연구에 대한 우리의 인식을 완전히 새롭게 바꾸고 있다.

이슬람 이사 Islam Issa

화려한 수상 경력을 자랑하는 이슬람 이사 박사는 작가, 큐레이터, 방송인이다. 버밍엄 대학교의 문학과 역사 준교수인 그는 『아랍-무슬림 세계의 밀턴*Milton in the Arab-Muslim World*』과 『셰익스피어와 테러리즘*Shakespeare and Terrorism*』을 출간했고 「클레오파트라와 나 : 잃어버린 여왕을 찾아서Cleopatra and Me: In Search of a Lost Queen」와 「발코니The Balcony」를 비롯한 텔레비전과 라디오 프로그램도 진행했다.

자이프리트 비르디 Jaipreet Virdi

자이프리트 비르디는 의학, 기술, 장애에 관한 연구자 겸 활동가이자 역사가이다. 델라웨어 대학교의 조교수이며 『듣는 행복 : 역사에서 귀먹음 치료*Hearing Happiness: Deafness Cures in History*』를 썼다. 그녀의 연구는 「애틀랜틱*The Atlantic*」, 「슬레이트*Slate*」, 「이온*Aeon*」, 「웰컴 컬렉션*Wellcome Collection*」과 「뉴 인터내셔널리스트*New Internationalist*」에도 소개되고 있다.

저스틴 벵그리 Justin Bengry

저스틴 벵그리 박사는 런던 대학교 골드스미스 칼리지에서 20세기 영국에 초점을 맞춘 과거의 퀴어와 섹슈얼리티를 연구하는 문화사가이다. 런던 대학교 퀴어 역사 연구소의 소장이며, 퀴어 역사를 전공으로 하는 세계 최초의 석사 과정을 주관하고 있다.

캐럴라인 도즈 페넉 Caroline Dodds Pennock

캐럴라인 도즈 페넉 박사는 셰필드 대학교의 국제사 선임강사이다. 저술로는 『혈연 : 아즈텍 문화에서 젠더, 생애주기, 희생Bonds of Blood: Gender, Lifecycle and Sacrifice in Aztec Culture』이 있고, 현재 『미개한 나라에서 : 아메리카인들이 발견한 유럽On Savage Shores: The American Discovery of Europe』이라는 제목으로 일찍이 유럽으로 이동한 원주민 여행자들에 관한 책을 쓰고 있다.

피터 프랭코판 Peter Frankopan

피터 프랭코판은 옥스퍼드 대학교의 지구사 교수이며, 국제적인 베스트셀러 『실크로드 세계사The Silk Roads: A New History of the World』와 『미래로 가는 길, 실크로드The New Silk Roads: The Present and Future of the World』를 썼다.

헬렌 카 Helen Carr

헬렌 카는 역사가이자 베스트셀러 『레드 프린스 : 랭커스터 공작, 곤트의 존Red Prince: John of Gaunt, Duke of Lancaster』의 저자, TV 프로듀서이다. 현재 런던 퀸메리 대학교에서 중세의 감정의 역사로 박사 논문을 쓰고 있으며, E. H. 카의 증손녀이다.

인명 색인